KB100167

명유학안 역주 明儒學案譯註

An Annotated Translation of "Records of the Ming Scholars"

【6권】

명유학안 역주 【6권】 明儒學案譯註 六

An Annotated Translation of "Records of the Ming Scholars"

—

1판 1쇄 인쇄   2024년 8월 16일
1판 1쇄 발행   2024년 8월 30일

—

저   자 l 황종희黃宗羲
역주자 l 전병욱
발행인 l 이방원
발행처 l 세창출판사
　　　　신고번호 · 제1990-000013호
　　　　주소 · 서울 서대문구 경기대로 58 경기빌딩 602호
　　　　전화 · 02-723-8660   팩스 · 02-720-4579
　　　　http://www.sechangpub.co.kr l e-mail: edit@sechangpub.co.kr

—

ISBN 979-11-6684-244-3 94150
979-11-6684-238-2 (세트)

—

이 역주서는 2018년 대한민국 교육부와 한국연구재단의 지원을 받아 수행된 연구임.
(NRF-2018S1A5A7032306)

명유학안 역주明儒學案譯註

An Annotated Translation of "Records of the Ming Scholars"

【6권】

황종희黃宗義 저

전병욱 역주

세창출판사

● 명유학안 6권 차례

명유학안 권24, 강우왕문학안 9 明儒學案 卷二十四, 江右王門學案 九·전병욱

● 명유학안 역주 전체 차례

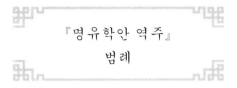

`『명유학안 역주』`
`범례`

1. 역주 저본

❶ 참고 저본: 황종희(黃宗羲) 저, 심지영(沈芝盈) 점교(點校), 『명유학안(明儒學案)』상하(上下) 수정본(修訂本), 북경: 중화서국(中華書局), 2008.

❷ 대조본: 사고전서본『명유학안』과 해당 개별 문집.

2. 표점과 교감

❶ 저본의 표점을 사용하고, 일부 부호를 변경하였다. 판본에 따라 글자가 다른 경우 역자의 판단에 따라 교감을 가하고 필요하다고 생각되는 경우 저본의 표점에 변경을 가하였다.

❷ 저본의 인용부호 (「 」), (『 』)를 (" "), (' ')으로 표기하였다.

❸ 저본의 종지부호 (.)를 (.)로 표기하였다.

❹ 저본의 책명부호 (『 』)를 (『 』)와 (「 」)로 표기하였다.

❺ 저본에서 작은 글자로 표기한 황종희의 원주는 원문과 번역문에서 모두 (【 】)로 변경하였다.

3. 역주 원칙

❶ 저본의 편제에 따라 단락마다 권-단락을 숫자로 표시하였다. 예컨대 "25-7"은 "제25권 南中學案 7번째 단락"을 의미한다.

❷ 저본의 한 단락이 길 경우, 역자의 판단에 따라 단락을 나누고 숫자를 붙이지 않았다. 따라서 숫자 표기가 없는 단락은 앞의 숫자 표기 단락의 한 부분임을 의미한다.

❸ 유종주(劉宗周)의 평어는 번역문에서 '[유종주평어]'의 표제어를 부가하였다.

명유학안 권20,
강우왕문학안5

明儒學案 卷二十,
江右王門學案 五

태상 당남 왕시괴 선생

太常王塘南先生時槐

|20-1| 왕시괴(王時槐: 1522-1605)는 자가 자식子植이고 호가 당남塘南이며 길주吉州 안복安福 사람이다. 가정嘉靖 정미년(1547)에 진사가 되어 남경병부주사南京兵部主事에 제수되었으며 원외랑, 예부낭중禮部郎中을 거쳐 외직으로 나가 장남병순도漳南兵巡道의 첨사僉事가 되었고 천남도川南道로 이직되었다. 상보사소경尙寶司少卿으로 승진해서 태복太僕과 광록대부光祿大夫를 역임하였다. 융경隆慶 신미년(1571)에 외직으로 나가 섬서참정陝西參政이 되었고 치사致仕를 요청하였다. 만력萬曆 신묘년(1591)에 조칙으로 귀주참정貴州參政으로 기용하였으며, 얼마 뒤에 남경홍려경南京鴻臚卿, 태상경太常卿으로 승진하였는데 새 직함에는 모두 부임하지 않고 치사하였다. 을사년 10월 8일에 세상을 떠나니 84세였다.

|20-1| 王時槐, 字子植, 號塘南, 吉之安福人. 嘉靖丁未進士, 除南京兵部主事, 歷員外郎, 禮部郎中. 出僉漳南兵巡道事, 改川南道. 陞尙寶司少卿, 歷太僕, 光祿. 隆慶辛未, 出爲陝西參政, 乞致仕. 萬曆辛卯, 詔起貴州參政, 尋陞南京鴻臚卿, 太常卿, 皆不赴新銜, 致仕. 乙巳十月八日卒, 年八十四.

|20-2| 선생은 약관에 같은 고을의 유양봉(劉兩峰: 劉文敏)을 스승으로 모시고 각고의 노력으로 학문에 매진하였으며 벼슬길에 오르고 서는 사방의 학문하는 이들에게 질정을 구하기를 조금도 태만한 적이 없었지만 끝내 감히 무엇을 터득하였다고는 스스로 자부하지 않았다. 50세에 벼슬을 그만두고는 외적인 일을 전부 끊어 버리고 심신의 수양을 통해 정밀하게 체험하였다. 이와 같이 3년을 공부하고서는 '공적(空寂)의 본체'를 볼 수 있게 되었다. 또 10년이 지나 '생성하고 생성하는 참된 기틀은 정지되거나 그치지 않아서 의념이나 사려를 따라 일어나거나 없어지지 않음'을 이해하게 되었고 학문은 수렴을 통해서 들어가 은미한 영역으로 들어갈 수 있었다. '본성을 투철히 수양함[透性]'을 이상으로 삼고 '연기(研幾)'[1]를 핵심으로 삼았다. 왕양명이 세상을 떠난 뒤에 '치양지'라는 말을 학자들이 그 심오한 뜻까지 깊이 연구하지 못하고 많이들 정식(情識: 감각과 지식)의 차원에서 공부를 해서 행사(行事)에 드러나는 것은 전혀 힘을 받지 못하였다. 섭쌍강과 나염암은 '미발(未發)'을 거론하여 그 폐단을 구명하니 그 일은 너무나 소중한 것이어서 왕양명의 학술이 그 덕분에 땅에 떨어지지 않을 수

|20-2| 先生弱冠師事同邑劉兩峰, 刻意爲學, 仕而求質於四方之言學者, 未之或怠, 終不敢自以爲得. 五十罷官, 屛絶外務, 反躬密體, 如是三年, 有見於空寂之體. 又十年, 漸悟生生眞機, 無有停息, 不從念慮起滅. 學從收斂而入, 方能入微, 故以透性爲宗, 研幾爲要. 陽明沒後, 致良知一語, 學者不深究其旨, 多以情識承當, 見諸行事, 殊不得力. 雙江念菴擧未發以究其弊, 中流一壺, 王學賴以不墜, 然終不免頭上安頭. 先生謂: "知者, 先天之發竅也. 謂之發竅, 則已

---

1   연기(研幾): 자세한 설명은 20-88에 나온다.

있었다. 하지만 끝내 머리 위에 다시 머리를 얹는 것을 면하지 못하였다. 선생은 "지知란 선천의 발규(發竅: 이목구비와 심장 등)이다. '발규'라고 하였으니 이미 후천에 속하는 것이다. 비록 후천에 속하지만 형기形氣는 거기에 관여할 수 없다. 그래서 '지知'한 글자는 안으로는 '공적空寂'에 의존하지 않고 밖으로는 형기形氣에 떨어지지 않으니 이것이 공문孔門의 이른바 중中이다."라고 하였다. 양지에 대해 말한 것 중에 이와 같이 명료하고 정확하게 말한 이가 없었다. 선생은 일찍이 선학禪學을 연구한 적이 있기 때문에 '이치에 더욱 가까워서 진리를 어지럽히는' 지점을 분석해 냈다. 하박재夏樸齋가 "'선도 없고 악도 없는 것이 마음의 본체이다.'라는 말은 이치로 따져 볼 때 어떠하오?"라고 묻자 선생이 "옳은 말이오."라고 대답하였다. "성이 선하다는 이론과는 같은 것이오?"라고 물으니 "선이 없다는 것이 곧 지극한 선이니 또한 같지 않은 점이 없습니다."라고 대답하였다. 하박재가 동의하지 않았고 선생도 하박재의 말에 동의하지 않았다. 뒤에 선생이 『대승지관大乘止觀』을 읽다가 거기에 "본성은 텅 비어서 거울과 같으니 예쁜 것이 오면 예쁜 모습이 드러나고 못난 것이 오면 못난 모습이 드러난다."라고 말한 대목이 있어서 이에 반성하기를, "그렇다면 본성도 또한 공적空寂한 것인데 감촉한 사물에 따라 선과 악이 드러나는 것인

屬後天矣. 雖屬後天, 而形氣不足以干之. 故知之一字, 內不倚於空寂, 外不墮於形氣, 此孔門之所謂中也." 言良知者未有如此諦當. 先生嘗究心禪學, 故於彌近理而亂眞之處, 剖判得出. 夏樸齋問: "無善無惡心之體, 於義云何?" 先生曰: "是也." 曰: "與性善之旨同乎?" 曰: "無善乃至善, 亦無弗同也." 樸齋不以爲然, 先生亦不然樸齋. 後先生看『大乘止觀』, 謂"性空如鏡, 妍來妍見, 媸來媸見", 因省曰: "然則性亦空寂, 隨物善惡乎? 此說大害道. 乃知孟子性善之說, 終是穩當. 向使性中本無仁義, 則惻隱, 羞惡從何處出

가? 내 말이 크게 도道를 해친 것이었다. 이제야 맹자의 성선설이 끝내 온당하다는 것을 알겠다. 만일 본성 속에 본래 인의가 없다면 측은지심과 수오지심이 어디로부터 나온단 말인가? 우리가 일들에 대응하고 사람을 대할 때 이와 같이 하면 편하고 이와 같이 하면 편하지 않으니 이것이 선이 아니고 무엇이겠는가. 이로부터 미루어 본다면 '선도 없고 악도 없다'라는 말뿐 아니라 이른바 '본성 속에는 단지 선만 있을 뿐이다. 어찌 인의가 있겠는가?'라는 이 말도 또한 온당하지 않다."라고 하였다. 또 "불가에서는 '천지가 있기 이전'을 곧바로 깨달으려고 하여 언어의 길이 끊기고 사유의 길이 소멸되니 이것이 바로 사설邪說이고 음사淫辭이다. 저들은 대개 우주를 가득 채운 것이 하나의 기氣여서 천지가 혼돈의 상태로 있고 사람이나 만물이 모두 사라져서 단지 하나 공허일 때도 또한 기氣에 속한다는 것을 모르고 있다. 이것은 지극히 참된 기氣여서 본래 끝과 처음이 없으니 선천先天과 후천後天으로 구분하여 말할 수 없다. 그래서 '한 번 음이 되고 한 번 양이 되는 것이 도道이다'라고 한 것이다. 만약 '별도로 선천이라는 것이 형기 밖에 존재한다.'라고 말한다면 이 리理를 어디에 두어야 한단 말인가? 대개 불교는 기氣를 허상으로 여겨서 리를 헛된 것으로 어기지 않을 수 없었다. 세유世儒들이 리와 기를 둘로 나누고 기氣 이전에

來? 吾人應事處人, 如此則安, 不如此則不安, 此非善而何? 由此推之, 不但無善無惡之說, 卽所謂 '性中只有箇善而已, 何嘗有仁義來'. 此說亦不穩." 又言: "佛家欲直悟未有天地之先, 言語道斷, 心行處滅, 此正邪說淫辭. 彼蓋不知盈宇宙間一氣也, 卽使天地混沌, 人物銷盡, 只一空虛, 亦屬氣耳. 此至眞之氣, 本無終始, 不可以先後天言, 故曰'一陰一陽之謂道'. 若謂 '別有先天在形氣之外', 不知此理安頓何處? 蓋佛氏以氣爲幻, 不得不以理爲妄, 世儒分理氣爲二, 而求理於氣之先, 遂墮佛氏障中." 非先生豈能辨其毫

서 리를 찾으려고 하니 드디어 불교의 장애 속으로 떨어지게 된다.”라고 하였다. 선생이 아니면 어찌 그 작은 차이를 분변해 낼 수 있겠는가. 고충헌(高忠憲: 高攀龍)이 말하기를, “당남의 학문은 80년간 연마하여 이런 경지에 이르렀다.”라고 하였는데 심경心境을 통철하게 이해한 것이라고 할 수 있다.

논학 서신

|20-3| 이른바 ‘의념을 없애고 마음을 지킨다’라는 말이 있는데 의념은 없앨 수가 없고 마음은 지킬 수가 없습니다. 참된 의념은 본디 의념이 없는 것이니 어찌 없앨 것이 있겠습니까? 참된 마음은 본래 상相이 없는데 어찌 지킬 것이 있겠습니까? 오직 적연하면서도 늘 비추는 것이 곧 본체이고 곧 공부이니 원래 군이 강설해야 할 숱한 갈림길이 존재하지 않습니다.【「王永卿」에게 보내는 답신】

|20-4| ‘지知’란 선천의 발규發竅입니다. ‘발규’라고 하였으니 이미 후천에 속하는 것입니다. 비록 후천에 속하지만 형기形氣는 거기에 관여할 수 없습니다. 그래서 ‘지知’ 한 글자는 안으로는 ‘공적空寂’에 의존하지 않고 밖으로는 형기形氣에 떨어지지 않으니 이것이 공문孔門의 이른바 중中입니다. 말세의 학자들이 왕왕 형

氂耶? 高忠憲曰:“塘南之學, 八十年磨勘至此.” 可爲洞徹心境者矣.

論學書

|20-3| 所謂“去念守心”, 念不可去, 心不可守. 眞念本無念也, 何去之有? 眞心本無相也, 何守之有? 惟寂而常照, 卽是本體, 卽是功夫, 原無許多歧路費講說也.【「答王永卿」】

|20-4| 知者先天之發竅也, 謂之發竅, 則已屬後天矣. 雖屬後天, 而形氣不足以干之. 故知之一字, 內不倚於空寂, 外不墮於形氣,

태상 당남 왕시괴 선생

기의 영식(靈識: 지각적 앎)에 떨어져서 그것을 지知라고 하는데, 이것이 성학聖學이 어두워지게 된 이유입니다.【「주이암(朱易菴)에게 답하는 서신」】

|20-5| 가만히 있을 때 욕근欲根이 끊임없이 일어났다 없어졌다 하는 것은 뜻이 세워지지 않았기 때문입니다. 무릇 사람의 뜻이 전일한 바가 있으면 잡념이 저절로 없어집니다. 예컨대 성색聲色을 좋아하는 사람의 경우 곱고 아름다운 것에 마음을 빼앗겼을 때에 어찌 다시 다른 의념이 있겠습니까? 죽음을 두려워하는 사람의 경우 칼과 톱이 몸에 닥쳐오고 있을 때 어찌 다른 의념이 있을 수 있겠습니까?

|20-6| 학문이란 동動과 정靜의 구분이 없는 것입니다. 단지 처음 배우는 사람들이 어지러운 상태로 지내 온 날이 오래되어 본심의 참된 기틀이 모두 세속의 일들 속에 함몰되어 버리고 가려져 버렸기 때문에 선각先覺들이 가르침을 세우면서 사람들이 처음 공부를 시작할 때 잠시 외부의 일을 줄이고 조금 속세의 연들을 끊고서 정좌하는 과정에서 자기 마음의 진면목을 가만히 알아차리게 하고자 [정(靜)을 중시한] 한 것입니다. 그렇게 오래 공부하다 보면 삿된 장애가 뚫어지고 영명한 빛이 드러나서 고요할 때도 이와 같을 뿐 아니라 움직일 때도

此孔門之所謂中也. 末世學者, 往往以墮於形氣之靈識爲知, 此聖學之所以晦也.【「答朱易菴」】

|20-5| 靜中欲根起滅不斷者, 是志之不立也. 凡人志有所專, 則雜念自息. 如人好聲色者, 當其豔冶奪心之時, 豈復有他念乎? 如人畏死亡者, 當其刀鋸逼體之時, 豈復有他念乎?

|20-6| 學無分於動靜者也. 特以初學之士, 紛擾日久, 本心眞機, 盡泪沒蒙蔽於塵埃中, 是以先覺立教, 欲人於初下手時, 暫省外事, 稍息塵緣, 於靜坐中默識自心眞面目. 久之邪障徹而靈光露, 靜固如是, 動亦如是. 到此時, 終日應事接

이와 같을 것입니다. 이때에 이르면 종일토록 일에 응하고 사람을 접하면서 인간관계의 여러 일들 속에서 생활하고 떠나지 않지만 정좌를 하는 것과 동일하고 구분되지 않을 것입니다. 이것이 (『대학』에서) 정定과 정靜이 '숙고할 수 있음[慮]'보다 앞에 있는 이유입니다. 어찌 종신토록 인륜을 없애고 사람과의 관계를 끊고 흙덩이처럼 뻣뻣하게 앉아서 완고한 공空과 차가운 정靜을 지키면서 그것을 최고의 경지로 여겨서야 되겠습니까! 【「주수보(周守甫)에게 답하는 서신」】

物, 周旋於人情事變中而不舍, 與靜坐一體無二, 此定靜之所以先於能慮也. 豈謂終身滅倫絶物, 塊然枯坐, 待守頑空冷靜, 以爲究竟哉!【「答周守甫」】

|20-7| 우리들의 학문이 진척되지 못하는 이유는 바로 진재(眞宰: 참된 주재)를 모르기 때문입니다. 그래서 비록 '공부를 한다'라고 하지만 남이 제시한 도리에 의존하여 단지 세속의 안목에서 그저 흠결이 없는 사람이 되는 데 그칠 뿐입니다. 【「추영천(鄒穎泉: 鄒善)에게 답하는 서신」】

|20-7| 吾輩學不加進, 正爲不識眞宰, 是以雖曰爲學, 然未免依傍道理, 只在世俗眼目上做得箇無大破綻之人而止耳.【「答鄒穎泉」】

|20-8| "불교에서는 묵조默照를 잘못된 것으로 여기고 '백정인 광액廣額도 바로 부처가 될 수 있다'라고 말한다."와 같은 말들은 모두 근세의 벗들이 힘든 공부를 통렬히 진행하여 참된 수양과 실제의 깨달음을 얻으려고 하지 않고 남이 남긴 국과 즙을 빌어먹고 살아가려고 하는 작태입니다. 저 선가의 말은 대개 또한 특정한 배경 속에서 나온 것입니다. 저들은 내

|20-8| 所擧佛家以默照爲非, 而謂 "廣額屠兒, 立地成佛"等語, 此皆近世交朋, 自不肯痛下苦功, 眞修實證, 乞人殘羹剩汁以自活者也. 彼禪家語, 蓋亦

면에 집중하고 적정寂靜을 추구하며 그 마음을
죽이기만 하고 살릴 줄 모르는 사람들이 있는
것을 보고서는 어쩔 수 없이 이런 말을 해서
그 폐단을 구한 것일 뿐입니다. 지금 아주 분
란한 욕심투성이의 마음을 극복하기 위한 공
부를 전혀 하지 않은 채 정좌하는 것을 허용하
지 않으니, 바로 현재의 욕심투성이 마음으로
선 자리에서 부처가 되기를 바라는 것과 같습
니다. 그러고서는 또 번뇌를 여래如來의 종자
라면서 그럴 듯하게 꾸며 주려고 하니, 이런
독약은 사람을 죽음으로 빠뜨립니다.

| 20-9 | 학문은 많은 말이 필요없습니다. 진
정으로 의지가 있는 사람이 단지 여기서 마음
이 분란해서 정좌를 통해 그것을 잘 살피지 않
을 수 없다고 스스로 느꼈다면 반드시 정좌를
해야 하는 것이며, 혹 인륜의 여러 일들 속에
서 실제로 수양하는 것이 결여되어서 움직이
는 때에 노력을 기울이지 않을 수 없다고 스스
로 느꼈다면 반드시 일들 속에서 연마해야 하
는 것입니다. 이런 것은 원래 정해진 방법이
없습니다. 【「하홍임(賀弘任)에게 보내는 답신」】

| 20-10 | 말씀하신 '거경居敬'과 '궁리窮理'는 둘
중 어느 하나라도 결여할 수 없지만, 요컨대
'거경'이란 두 글자가 다 포괄하는 것입니다.
거경의 '정밀하고 밝으며 환히 잘 아는' 측면에

有爲而發. 彼見有
些專內趣寂, 死其心
而不知活者, 不得已
發此言以救弊耳.
今以紛紛擾擾嗜欲
之心, 全不用功, 卻
不許其靜坐, 卽欲以
現在嗜欲之心立地
成佛, 且稱塵勞爲如
來種以文飾之, 此等
毒藥, 陷人於死.

| 20-9 | 學無多說,
若眞有志者, 但自覺
此中勞攘, 不得不靜
坐以體察之, 便須靜
坐; 或自覺人倫事物
上欠實修, 不得不於
動中著力, 便須事上
練習, 此處原無定
方.【「答賀弘任」】

| 20-10 | 所云"居敬
窮理", 二者不可廢
一, 要之"居敬"二字
盡之矣. 自其居敬

서 말하면 곧 그것을 '궁리'라고 말하는 것이지 두 가지 일이 있는 것이 아닙니다. 고금의 일을 연구하고 경사經史를 토론하는 것도 또한 거경 가운데 한 가지일 뿐입니다. 경敬은 포괄하지 않는 바가 없으니 경敬 밖에 더 해야 할 일이 있지 않습니다. 거경과 궁리가 단지 하나의 일이라는 것을 알면 공부에 더는 중단하는 순간이 없을 것입니다. 만약 두 가지 일이라고 여기면 둘을 교체하는 순간이 있을 것이고 그러면 끊어짐과 이어짐이 있을 것이니 한결같음을 이루는 길이 아닙니다.

┃20-11┃ 이 마음은 말갛게 지극히 빈 것이며 텅하니 아무것도 없습니다. 이는 마음의 본체가 원래 이와 같은 것입니다. 늘 이와 같을 수 있으면 곧 '경敬'이라고 합니다. 양명의 이른바 '본체에 맞게 하는 것이 바로 공부이다.'라는 말이 이것을 말한 것입니다. 만약 마음으로 '경'을 일으킨다면 마음이 하나의 실체이고 경도 또 하나의 실체가 되어 도리어 심체 위에 이 혹같은 것을 더 추가하는 것과 같을 것입니다. 이는 '두려워하는 바가 있어서 그 바름을 얻지 못하는 상태'[2]인 것이지 경이 아닙니다.

之精明了悟處而言, 卽謂之"窮理", 非有二事也. 縱使考索古今, 討論經史, 亦是居敬中之一條件耳, 敬無所不該, 敬外更無餘事也. 認得居敬窮理, 只是一件, 則功夫更無歇手. 若認作二事, 便有換手, 便有斷續, 非致一之道也.

┃20-11┃ 此心湛然至虛, 廓然無物, 是心之本體, 原如是也. 常能如是, 卽謂之敬. 陽明所謂"合得本體, 是功夫也." 若以心起敬, 則心是一物, 敬又是一物, 反似於心體上添此一項贅疣, 是有所恐懼, 而不得其正, 非

---

2   두려워하는 … 상태:『大學』, "所謂修身在正其心者, 身有所忿懥, 則不得其正; 有所恐懼, 則不得其正; 有所好樂, 則不得其正; 有所憂患, 則不得其正."

【이상은 「곽이제(郭以濟)에게 보내는 답신」】

|20-12| 저는 예전에 근본을 탐구하고 근원을 궁구하는 것으로부터 공부를 시작하여 참으로 '뻣뻣하고 고요한' 것에 집착하고 미련을 두는 점이 없지 않았소. 하지만 잡는 것이 지극해지면 참된 기틀이 저절로 생기는 것이니, 이른바 '만물과 한 몸이다'라는 마음도 또한 저절로 충만하게 나와서 멈출 수가 없었소. 학문에 전환이 있었던 것이 아니라 마치 음이 다하면 양이 돌아오는 것처럼 그렇게 되는 줄도 모르면서 그렇게 된 것이오. 형의 학문은 본래 '만물과 같은 몸이다'에서 시작하였는데 여기에는 가장 정밀하게 연구해야 할 내용이 있소. 만약 미묘한 지점까지 들어가지 못한다면 또한 흐리멍덩하게 지나가며 내키는 감정에 따라 유전流轉하는 병폐가 없지 않을 것이오.【「소태우 (蕭兌嵎)에게 보내는 서신」】

|20-13| 보내온 서신에 '욕근欲根이 똬리를 틀고 있다'라고 하였는데, 천리天理에 맞는 마음은 성性에서 연원하여 근원이 있는 것이고, 인욕의 마음은 오염에서 생긴 것이어서 근원이 없는 것이오. 오직 천리는 뿌리가 있기 때문에 비록 오랫동안 그것을 해치더라도 끝내는 없어질 수 없는 것이고, 인욕은 뿌리가 없기 때문에 비록 습관이 되고 물든 것이 깊더라도 끝

敬也.【以上 「答郭以濟」】

|20-12| 弟昔年自探本窮源起手, 誠不無執戀枯寂. 然執之之極, 眞機自生, 所謂"與萬物同體"者, 亦自盎然出之, 有不容已者. 非學有轉換, 殆如臘盡陽回, 不自知其然而然也. 兄之學本從"與物同體"入手, 此中最宜精研, 若未能入微, 則亦不無儱侗漫過, 隨情流轉之病.【「與蕭兌嵎」】

|20-13| 所諭"欲根盤結", 理原於性, 是有根者也, 欲生於染, 是無根者也. 惟理有根, 故雖戕賊之久, 而竟不可泯, 惟欲無根, 故雖習染之深, 而竟不能滅性

내 성性을 없앨 수 없소. 만약 인욕이 정말 뿌리가 있다면 인욕도 천성天性에서 연원한 것이 되는데 사람의 힘으로 어찌 그것을 없앨 수 있겠소?

| 20-14 | 우리는 한 시각도 습기習氣가 없을 때가 없지만 각성覺性을 위수로 하여 시시각각으로 비추고 살필 수 있으면 습기의 면목이 또한 한 시각도 저절로 드러나지 않을 때가 없소. 이미 시시각각으로 습기를 볼 수 있게 되면 반드시 습기에 의해 빼앗기지 않을 것이오. 대개 볼 수 있고 들을 수 있는 것은 모두 습기인 것이오. 정욕情欲과 의견意見은 또 습기 중에서도 거친 축에 드는 것들이오.

| 20-15 | 학문이란 의문을 가질 수 있는 것이 귀하지만 (일반적으로) 한 점 한 점이고 한 방울 한 방울이오. 단지 심체에서 공부를 할 수 있으면 그 의문이 또한 단지 한곳에 대해서만 의문을 두게 될 것이오. '한곳에 대해서만 의문을 가진다'라는 것은 의문 중에서 가장 지극한 것이니 필시 저절로 활연하게 깨닫게 될 것이오. 만약 단지 범범하게 도리를 헤아리기만 한다면 그 의문이 근본을 벗어나 버리게 되오. 근본을 벗어난 의문이란 의문을 가질수록 더 여러 갈래로 갈려지는 의혹이 늘어날 것이오.

也. 使欲果有根, 則是欲亦原於天性, 人力豈能克去之哉!

| 20-14 | 吾輩無一刻無習氣, 但以覺性爲主, 時時照察之, 則習氣之面目亦無一刻不自見得. 既能時時刻刻見得習氣, 則必不爲習氣所奪. 蓋凡可睹聞者皆習氣也, 情欲意見又習氣之粗者也.

| 20-15 | 學貴能疑, 但點點滴滴, 只在心體上用力, 則其疑亦只在一處疑. 一處疑者, 疑之極, 必自豁然矣. 若只泛然測度道理, 則其疑未免離根. 離根之疑, 愈疑而愈增多歧之惑矣.

| 20-16 | 이발已發은 둔 채로 별도로 미발未發을 구한다면 그것은 말이 되지 않을 것 같소. 이미 '삼간다'라고 하고 '두려워한다'라고 하였으니 '발한 것'이 아니고 무엇이겠소? 단지 사람들이 '발發'자를 너무 거친 것으로만 보기 때문에 말갛게 아무 의념이 없을 때를 미발이라고 여기고 그 '말갛게 아무 의념이 없음'이 바로 발發임을 알지 못하오.

| 20-17 | 미발未發의 중中은 당연히 성性이지만 천하에 성性의 밖에 있는 것은 없으니 보고 듣고 말하고 행동하는 백 가지 행위와 만 가지 일들이 모두 성性이고 모두 중中이오. 만약 '중中은 단지 성性이고 성은 지나침과 모자람이 없는 것이다'라고 한다면 이 성은 도리어 메마르고 고요한 어떤 것이 될 터이니 단지 '치우친 것'이라고 말할 수 있지 '중中'이라고 말할 수 없소. 불교와 노장은 스스로 '성性을 깨우쳤다'라고 하지만 윤리를 내팽개치고 있으니 바로 성을 모르는 것이오.

| 20-18 | '말갛게 의념이 없다'라는 것은 하나의 의념인 것이지 의념이 없는 것이 아니오. 곧 의념 중에서 지극히 은미한 것이오. 이것은 바로 이른바 '생성하고 생성하는 참된 기틀'이며 이른바 '움직임의 기미'이고 '기미가 먼저 드러난 것'이오. 이 기미는 잠시의 정지도 없

| 20-16 | 舍發而別求未發, 恐無是理. 既曰戒愼, 曰恐懼, 非發而何? 但今人將發字看得粗了, 故以澄然無念時爲未發, 不知澄然無念正是發也.

| 20-17 | 未發之中固是性, 然天下無性外之物, 則視聽言動, 百行萬事皆性矣, 皆中矣. 若謂中只是性, 性無過不及, 則此性反爲枯寂之物, 只可謂之偏, 不可謂之中也. 如佛老自謂悟性, 而遺棄倫理, 正是不知性.

| 20-18 | 澄然無念, 是謂一念. 非無念也, 乃念之至隱至微者也. 此正所謂生生之眞幾, 所謂動之微, 幾之先見者也. 此幾

는 것이니 바로 이른바 '발發'이다. 만약 의념이 끊어졌다 이어졌다 하며 전환하는 것이 한결같이 못하다면 그것은 또 '발發' 중에서 지엽적인 것이오. 비유하자면 맑은 연못의 물은 흐르지 않는 것이 아니라 흐름이 지극히 잔잔하고 지극히 미세한 것이오. 급한 여울이나 빠른 물살 같은 경우는 또 흐름 중에서 마구 흐르는 것이오. 그렇다면 이른바 '미발'이란 어디에 있겠소? 이것은 더욱 말하기 어려운 것이오. 맑은 연못의 물은 진실로 발發한 것이고 산 아래 샘도 또한 발한 것이지만 물의 본성은 '미발'이오. 물을 떠나서 물의 본성을 구하는 것을 '지(支: 지리멸렬함)'라고 하고 물에 나아가 물의 본성을 구하는 것을 '혼(混: 혼동)'이라고 하며 물과 그 본성을 둘로 여기는 것은 '기(歧: 둘로 나눔)'이라고 하오. 오직 시시각각으로 의념을 그윽하게 유지하고 정미함으로 파고들어 가는 것이 진실로 도道를 간직하는 방법이오.

| 20-19 | '한 번 음이 되고 한 번 양이 된다'라는 것은 그 현저한 것으로 말하면 적연부동寂然不動과 감이수통感而遂通, 천리와 인욕이 모두 이것이며, 미미한 것으로 말하면 한 번 숨을 내쉬고 들이쉼, 한 생각의 일어남과 사라짐으로부터 뜬 먼지나 아지랑이처럼 미세한 것에 이르기까지 모두 이것이오. 어찌 끊듯이 기(奇: 홀수)와 우(偶: 짝수)로 나누기를 마치 두 물건이

更無一息之停, 正所謂發也. 若至於念頭斷續, 轉換不一, 則又是發之標末矣. 譬之澄潭之水也, 非不流也, 乃流之至平至細者也; 若至於急灘迅波, 則又是流之奔放者矣. 然則所謂未發者安在? 此尤難言矣. 澄潭之水固發也, 山下源泉亦發也, 水之性乃未發也. 離水而求水性曰支, 卽水以爲性曰混, 以水與性爲二物曰歧, 惟時時冥念, 研精入微, 固道之所存也.

| 20-19 | 一陰一陽, 自其著者而言之, 則寂感理欲, 皆是也; 自其微者而言之, 則一息之呼吸, 一念之起伏, 以至於浮塵野馬之眇忽, 皆是也. 豈截然爲奇爲偶, 眞

서로 대립해 있는 것처럼 할 수 있겠소. 이 이치를 알면 한 번 음이 되고 한 번 양이 되는 것이 곧 이른바 '그 존재하는 방식이 둘로 갈리지 않음'이오. 음양을 버려둔 채 음과 양을 초월하고 기와 우를 떠나서 본성을 구하는 세상 사람들의 방식이 잘못된 것임을 알 수 있소. 【이상은 「전계신(錢啓新)에게 보내는 답신」】

| 20-20 | 일의 본체를 억지로 이름을 지어 '마음[心]'이라고 하고, 마음의 용을 억지로 이름을 지어 '일'이라고 하는 것이니 사실은 단지 하나일 뿐이며 안과 밖, 이것과 저것의 구분이 없소. 그래서 '마음은 있는데 일이 없음'이란 존재하지 않으며 '일은 있는데 마음이 없음'도 존재하지 않소. 그래서 '반드시 일삼는 바가 있다'라고 한 것이고, 또 '만물이 모두 나에게 갖추어져 있다'라고 한 것이오. 그래서 우주를 가득 채운 것은 모두 마음이고, 모두 일이고 물物이오. 내 마음의 크기는 천지를 포괄하고 고금을 관철하오. 그래서 단지 '마음을 다한다'라고 말하면 천지만물이 모두 거기에 포괄되는 것이오. 학자들은 자그만 심장이 조그맣게 흉격 안에 있고 분분한 일들은 몸의 밖에 있다고 오해하기 때문에 '밖으로만 좇아감'과 '안으로만 전일함'이라는 두 가지 방식이 서로 결합되지 못하고 끝내 도道로 들어가지 못하오. 【「곽묵지(郭墨池)에게 보내는 답신」】

若兩物之相爲對待者哉! 識得此理, 則知一陰一陽, 卽所謂其爲物不貳也. 舍陰陽之外, 而世之欲超陰陽, 離奇偶以求性者, 其舛誤可知矣. 【以上「答錢啓新」】

| 20-20 | 事之體强名曰心, 心之用强名曰事, 其實只是一件, 無內外彼此之分也. 故未有有心而無事者, 未有有事而無心者. 故曰"必有事焉", 又曰"萬物皆備於我". 故充塞宇宙皆心也, 皆事也, 物也. 吾心之大, 包羅天地, 貫徹古今, 故但言盡心, 則天地萬物皆擧之矣. 學者誤認區區之心, 渺焉在胸膈之內, 而紛紛之事, 雜焉在形骸之外, 故逐外專內, 兩不相入, 終不足以入

| 20-21 | '생기(生幾: 생성하는 기틀 혹은 기미)'란 천지만물이 나온 곳이니 '유有'에도 속하지 않고 '무無'에도 속하지 않으며 체와 용으로 구분되지도 않소. 이 '기(幾: 기틀 혹은 기미)' 이전에 다시 '미발'이라는 것이 존재하는 것이 아니고, 이 기幾 이후에 이발己發이라는 것이 존재하는 것도 아니오. 만약 '생기生幾 이전에 다시 무생無生의 본체가 있다'라고 말한다면 곧 '둘로 보는 견해'로 떨어지오. 왕양명이 '『대학大學』의 요체는 성의誠意일 뿐이다'라고 말하였는데, 격물치지란 성의의 공부이오. 지知는 의意의 체體이지 의 밖에 지가 있는 것이 아니오. 물物은 의意의 용用이지 의 밖에 물이 있는 것이 아니오. 단지 '의'라는 한 글자만 거론하면 적연부동과 감이수통, 체와 용이 모두 거기에 포괄되오. 의는 의념이 일어나고 없어짐을 말하는 것이 아니고, 생기生幾가 '움직이지만 형체가 없으니 있음과 없음의 사이인' 상태이오. 독獨이란 곧 의意가 정미한 지경에 들어선 것이지 둘이 있는 것이 아니오. 의는 본래 생성하고 생성하는 것인데 오직 조화造化의 기틀을 이기지 못해서 생성하지 못하는 것이오. 그래서 학문은 수렴을 통해서 입문하는 것이 귀한 것이오. 수렴은 곧 '신독愼獨'이며 이것이 도道를 자신의 몸에 응집시키는 추요樞要인 것이오. 맹자가 '배우지 않고도 안다', '생각하지 않고도 안다'

| 20-21 | 生幾者, 天地萬物之所從出, 不屬有無, 不分體用. 此幾以前, 更無未發, 此幾以後, 更無已發. 若謂生幾以前, 更有無生之本體, 便落二見. 陽明曰："大學之要, 誠意而已矣." 格物致知者, 誠意之功也. 知者意之體, 非意之外有知也; 物者意之用, 非意之外有物也. 但舉意之一字, 則寂感體用悉具矣. 意非念慮起滅之謂也, 是生幾之動而未形, 有無之間也. 獨卽意之入微, 非有二也. 意本生生, 惟造化之機不克則不能生. 故學貴從收斂入, 收斂卽爲愼獨, 此凝道之樞要也. 孟子言"不學不慮",

라고 한 것은 곧 어린아이가 부모를 사랑할 줄 알고 형을 공경할 줄 아는 것을 가리켜 한 말이오. 지금 사람들은 어린아이가 부모를 사랑할 줄 알고 형을 공경할 줄 아는 것을 후천後天에 속하는 것으로 보고 사단四端을 확충하는 것을 모두 저급한 공부로 여기고 단지 사람들이 곧바로 '천지가 있기 이전' 언어의 길이 끊기고 사유의 길이 소멸한 것이 배우지 않고 생각하지 않는 본체가 됨을 깨닫게 하려고 하니 바로 사설邪說이고 음사淫辭인 것이오. 저들은 대개 우주를 가득 채운 것이 하나의 기氣여서 천지가 혼돈의 상태로 있고 사람이나 만물이 모두 사라져 단지 하나 공허일 때도 또한 기氣에 속한다는 것을 모르고 있소. 이것은 지극히 참된 기氣여서 본래 끝과 처음이 없으니 선천과 후천으로 말할 수 없소. 그래서 '한 번 음이 되고 한 번 양이 되는 것이 도道이다'라고 한 것이오. 만약 '별도로 선천이라는 것이 형기形氣 밖에 존재한다'라고 말한다면 이 리理를 어디에 두어야 한단 말이오? 이것에 대해 통하면 물 뿌리고 쓸며 반응하고 대답하는 것이 곧 형이상形而上임을 알 것이오.

| 20-22 | 우주에서 만고토록 그치지 않는 것은 단지 이 생성하고 생성하는 리理이니 구분 가능한 체와 용이 있지도 않고 접촉 가능한 소리나 냄새도 없으며 또한 억지로 힘을 써서 탐

乃指孩提愛敬而言. 今人以孩提愛敬便屬後天, 而擴充四端皆爲下乘, 只欲人直悟未有天地之先, 言語道斷, 心行處滅, 乃爲不學不慮之體, 此正邪說淫辭. 彼蓋不知盈宇宙間一氣也, 卽使天地混沌, 人物消盡, 只一空虛, 亦屬氣耳. 此至眞之氣, 本無終始, 不可以先後天言, 故曰"一陰一陽之謂道". 若謂別有先天在形氣之外, 不知此理安頓何處? 通乎此, 則知灑掃應對, 便是形而上者.

| 20-22 | 宇宙萬古不息, 只此生生之理, 無體用可分, 無聲臭可卽, 亦非可以強探

색해서 얻을 수 있는 것도 아니오. 그래서 후학은 왕왕 이 손에 잡히거나 만져지지 않는 지점에 이르러서는 바로 '이 리理는 단지 텅 비고 고요한 것이니 원래 생기生幾라는 것은 없다'면서 의념이 움직이는 지점을 생기生幾로 삼는 방식으로 기꺼이 부차적 진리에 떨어져 드디어 체와 용을 둘로 나누고 공空과 유有를 쪼개며 본과 말이 관통되지 않게 해 버리는 것이고, 공문孔門의 '인仁을 구하는' 참된 혈맥이 드디어 천하에 밝지 못하게 되고 말았소. 【이상 「하여정(賀汝定)에게 보내는 서신」】

| 20-23 | 보내온 서신에 "생기生幾의 자연스러움을 인식할 수 있으면 불이 막 타오르기 시작하고 샘물이 막 흐르기 시작하는 것과 같을 테니 어찌 사람의 노력이 필요하겠는가?"라고 하였는데 내 생각에는 생기生幾를 진정으로 인식한 사람은 반드시 조심조심 행동할 것입니다. 이른바 '부족한 일에 대해서는 감히 노력을 게을리하지 않고, 남아도는 일에 대해서는 감히 다 행하지 않는다'라는 것이니 그래야 실학實學일 수 있소. 지금 사람들 중에는 또한 스스로 '생기를 알 수 있다'라고 주장하면서 왕왕 광경을 탐닉하는 것을 깨달음이라고 생각하니 거리낌이 없는 지경에 빠진 것이라고 할 수 있소. 【「왕몽봉(王夢峰)에게 답하는 서신」】

力索而得之. 故後學往往到此無可捉摸處, 便謂此理只是空寂, 原無生幾, 而以念頭動轉爲生機, 甘落第二義, 遂使體用爲二, 空有頓分, 本末不貫, 而孔門求仁眞脈, 遂不明於天下矣. 【以上 「與賀汝定」】

| 20-23 | 來諭: "識得生幾自然, 火然泉達, 安用人爲?" 但鄙意眞識生幾者, 則必兢兢業業, 所謂不足不敢不勉, 有餘不敢盡, 方爲實學. 今人亦有自謂能識生幾者, 往往玩弄光景以爲了悟, 則涉於無忌憚矣. 【「答王夢峰」】

| **20-24** | 선가禪家의 학문은 공문孔門의 정맥正脈과 전혀 서로 닮지가 않았소. 지금 사람들은 '공자와 부처의 견성見性이 본래는 같고 단지 그 작용에서만 다른 것이다'라고 하는데 그른 말이오. 마음의 종적은 형체의 그림자와 같소. 그림자에는 굽은 것과 곧은 것이 구분되니 형체의 기울고 바른 것을 알 수 있소. 공문孔門은 천지 사이를 가득 채운 것이 단지 하나의 생성하고 생성하는 리理라는 것을 참되고 인식하였는데 이것을 성性이라고 하였소. 배우는 이들이 묵묵히 체인하여 경건하게 간직하면 '친족을 친밀히 대하고 인류를 사랑하며 만물을 아끼는' 일을 절로 그만둘 수 없게 될 것이오. 왜 그렇겠소? 이 본성은 원래 생성하고 생성하는 것이어서 근본으로부터 말단에 이르기까지 만고토록 생성하고 생성할 것이니 누가 그것을 막을 수 있겠소? 그래서 만물에 대해서 환히 알고 인류를 분명히 아는 것은 억지로 그렇게 하는 것이 아니고 본성을 다하는 것을 통해서인 것이오. 불교는 '텅 비고 고요함'을 본성으로 여기고 '생성하고 생성함'을 환상이나 망상이라고 여기니 그 싹부터 이미 잘라 버리는 것이오. 어떻게 군주와 부모를 저버리지 않을 것이며 사물을 떠나지 않겠소? 그래서 부처가 공자와 다른 점은 바로 그 원초의 견성見性에서부터 메마른 쪽으로 들어선다는 것이다. 그 본원의 영역에서 소견이 가을 터럭만큼 차이가 있

| **20-24** | 禪家之學, 與孔門正脈絶不相侔. 今人謂孔, 釋之見性本同, 但其作用始異, 非也. 心跡猶形影, 影分曲直, 則形之欹正可知. 孔門眞見, 盈天地間只一生生之理, 是之謂性, 學者默識而敬存之, 則親親仁民愛物, 自不容已. 何也? 此性原是生生, 由本之末, 萬古生生, 孰能遏之? 故明物察倫, 非強爲也, 以盡性也. 釋氏以空寂爲性, 以生生爲幻妄, 則自其萌芽處便已斬斷, 安得不棄君親, 離事物哉? 故釋氏之異於孔子, 正以其原初見性, 便入偏枯. 惟其本原處所見毫釐有差, 是以至於作用大相背馳, 遂成千里之謬也.

기 때문에 작용이 크게 배치되어 드디어 천 리나 벗어나는 잘못을 만들어 내는 것이오.

| 20-25 | 이 마음의 '생성하는 리理'는 본래 소리도 냄새도 없지만 메마른 가지 같은 것이 아니고 실로 천지만물이 나오는 근원이니 이른바 성性이오. '생성하는 리'가 드러나는 것은 연달아 이어지고 끊어지지 않는데 또한 본래 소리도 냄새도 없으니 이른바 의意이오. 무릇 보고 들을 수 있는 소리나 냄새가 있으면 모두 형기形氣인 것이오. 형기란 피나 살 같은 거친 형질만을 말하는 것이 아니오. 무릇 일체의 광경이 깜빡거리고 일정한 모습 없이 변환하고 막혀서 변하지 않는 것은 모두 볼 수 있고 들을 수 있으니 곧 형기인 것이오. 형기는 어느 때고 없는 때가 없어서 손에 잡을 수도 없고 또한 염증을 낼 수도 없소. 손에 잡을 수도 없고 염증을 낼 수가 없지만 또한 '손에 잡을 수 없고 염증을 낼 수도 없게' 하는 본체가 존재하는 것은 아니오. 만약 밖으로는 손에 잡을 수 없고 염증을 낼 수도 없는데 내면에는 다시 '손에 잡을 수 없고 염증을 낼 수도 없게' 하는 본체가 있다면 이 본체는 또한 소리와 냄새에 속하는 것이어서 또한 형기일 것이오. 이 지점에서 깨달음이 있으면 종일토록 움직이거나 정지함에 상관없이 모두 참된 본성이 활동하는 것으로서 상황에 따라 바뀌지 않고 습기習氣는

| 20-25 | 此心之生理, 本無聲臭而非枯槁, 實爲天地萬物所從出之原, 所謂性也. 生理之呈露, 脈脈不息, 亦本無聲臭, 所謂意也. 凡有聲臭可睹聞, 皆形氣也. 形氣云者, 非血肉粗質之謂, 凡一切光景閃爍, 變換不常, 滯礙不化者, 皆可睹聞, 卽形氣也. 形氣無時無之, 不可著, 亦不可厭也. 不著不厭, 亦無能不著不厭之體, 若外不著不厭, 而內更有能不著不厭之體, 則此體亦屬聲臭, 亦爲形氣矣. 於此有契, 則終日無分動靜, 皆眞性用事, 不隨境轉, 而習氣自銷, 亦不見有

저절로 녹아 버릴 테니 또한 잡을 수 있는 참된 본성이 존재한다고 여기지 않게 될 것이고, 수렴을 말하지 않아도 본연의 참됨이 수렴되는 결과를 저절로 얻게 될 것이오.【이상은 「여정(汝定)에게 보내는 서신」】

┃20-26┃ 선은 성에서 생기는 것이고 악은 외부로부터 물든 것이오. 정자의 이른바 '선은 당연히 성이지만 악도 성이라고 하지 않을 수 없다.'라고 한 것은 '맑은 것은 당연히 물이지만 흐린 것도 물이라고 하지 않을 수 없다.'라는 말일 뿐이오. 하지만 물의 본성에 어찌 흐린 것이 있겠소? 그 흐름이 흐린 것은 외물에 물든 것일 뿐이오.【「곽묵지(郭墨池)에게 보내는 답신」】

┃20-27┃ 무릇 본심은 늘 생성하는 존재인 것이오. 그 생성하고 생성하는 것으로부터 말하면 '일'이라고 하오. 그래서 마음은 한 시각도 생성하지 않은 때가 없으며 곧 한 시각도 일이 없을 때가 없소. 일이 곧 본심이기 때문에 보고 듣고 말하고 행동하는 것이나 효도하고 충성하고 공손하고 우애 있는 것이나 사양하고 받고 취하고 주는 것은 모두 마음이오. 물 뿌리고 쓸거나 응하고 대답하는 것이 바로 형이상의 것이오. 배우는 이가 종일토록 조심조심 두려워하는 것은 단지 이 마음의 생성하는 리

眞性之可執, 不言收斂, 自得其本然之眞收斂矣.【以上「寄汝定」】

┃20-26┃ 善由性生, 惡自外染, 程子所謂 "善固性, 惡亦不可不謂之性"者, 猶言淸固水, 濁亦不可不謂之水耳. 然水之本性豈有濁乎? 其流之濁, 乃染於外物耳.「答郭墨池」】

┃20-27┃ 夫本心常生者也, 自其生生而言, 卽謂之事, 故心無一刻不生, 卽無一刻無事. 事卽本心, 故視聽言動, 子臣弟友, 辭受取予, 皆心也. 灑掃應對, 便是形而上者. 學者終日乾乾, 只是默識此心之生理而已. 時

를 묵묵히 체인하기 위해서일 뿐이오. 시시각각으로 묵묵히 체인하여 안으로 공空에 떨어지지 않고 밖으로 물物을 좇지 않으니 한번에 모든 것을 해결할 수 있어서 자잘한 일과 본령의 구분이 없소. 【「주시경(周時卿)에게 보내는 답신」】

| 20-28 | 마음이 맡은 일은 생각을 하는 것이오. 내면이 늘 깨어 있는 것이 곧 '생각을 함'이오. 생각을 한다는 것은 곧 '이치를 궁구한다'라는 의미이오. 이 '생각을 함'은 곧 '깊고 은미한 기미를 끝까지 연구하는' 그런 '생각함'이오. 이것을 '가까이서 생각함'이라고 하고, 이것을 '자기 자리를 벗어나지 않는다'라고 하니 정신을 밖으로 내달려 탐색하는 그런 생각함이 아니라오. 【「증초백(曾肖伯)에 보내는 답신」】

| 20-29 | 이 리理는 지극히 크고 지극히 핵심적이어서 오직 '비어 있으면서 생성함[虛而生]'이라는 세 글자가 모든 의미를 포괄할 수 있소. 그 비어 있음은 육합을 포괄하여 그것의 바깥이란 존재하지 않으니 '비어 있음'의 상相이 없고, 그 '생성함'은 만고에 이르도록 정지됨이 없으니 '생성'의 흔적이 없소. 단지 이것을 본심이라고 하는 것이고 시시각각으로 그 본래 면목으로 돌아가는 것을 학문이라고 하오.

| 20-28 | 心之官則思, 中常惺惺, 卽思也. 思卽窮理之謂也. 此思乃極深研幾之思, 是謂近思, 是謂不出位, 非馳神外索之思. 【「答曾肖伯」】

| 20-29 | 此理至大而至約, 惟"虛而生"三字盡之. 其虛也, 包六合以無外, 而無虛之相也 ; 其生也, 徹萬古以不息, 而無生之跡. 只此謂之本心, 時時刻刻還他本來, 卽謂之學.

| 20-30 | 태허 속에서 만고토록 하나의 숨이 연이어져 끊어지지 않으니 원래 '감응함'과 '감응하지 않음'의 구분이 없소. 이 이치를 알면 비록 눈을 감고 홀로 앉아 있더라도 감응의 상태인 것이오. 시시각각으로 감응하는 것이니 곧 시시각각으로 움직임인 것이오. 그러니 늘 움직이는 것이 곧 늘 고요함이오. 일체의 '상相이 있음'은 곧 '상이 없음'이오. 산하대지의 풀이며 나무며 수풀은 모두 '상이 없음'이고, 참된 본성은 본래 묘명(杳冥: 아득함)이 없어 시시각각으로 드러나니 곧 '상이 있음'이오. '상'과 '상이 없음'은 결코 이해할 수 없어 말이나 사유의 길이 끊기니 억지로 '본심'이라고 하오.
【이상은 「구극경(歐克敬)에게 보내는 서신」】

| 20-31 | 어떤 이들은 "고요함 속에서는 '붙잡는다'라는 표현을 쓸 수 없다."라고 하였는데, 그렇다면 공자의 이른바 '붙잡으면 간직된다'[3]라고 한 것은 과연 망령된 말이란 뜻이오? 저들은 대개 '붙잡음'이란 '이것으로 저것을 붙잡는다'라는 뜻이 아님을 모른 것이오. 이 마음이 조심조심하고 두려워하는 것이 바로 마음

| 20-30 | 太虛之中, 萬古一息, 綿綿不絕, 原無應感與不應感之分. 識得此理, 雖瞑目獨坐, 亦應感也. 時時應感, 卽時時是動也, 常動卽常靜也. 一切有相, 卽是無相, 山河大地, 草木叢林, 皆無相也. 眞性本無杳冥, 時時呈露, 卽有相也. 相與無相, 了不可得, 言思路絕, 強名之曰本心. 【以上 「與歐克敬」】

| 20-31 | 有謂靜中不可著操字, 則孔子所謂"操則存"者, 果妄語乎? 彼蓋不知, 操者, 非以此操彼之謂也. 此心兢兢業業, 卽是心之本體,

---

3   붙잡으면 간직된다: 『孟子』 「告子上」, "孔子曰: '操則存, 舍則亡. 出入無時, 莫知其鄉. 惟心之謂與!'"

의 본체이고 곧 '붙잡음'이오. 오직 '붙잡음'이 곧 본체이고 '순일하여 잡되지 않음'이 곧 고요함인 것이지 '텅 하니 아무 마음을 쓰지 않음'을 고요함이라고 말하는 것이 아니오. '무엇을 생각하고 무엇을 꾀하겠는가?'[4]라는 말은 생각함과 꾀함이 한결같이 올바르다는 뜻이오. 이른바 '마음이 맡은 일은 생각을 함이다'[5]라거나 '생각이 깊고 밝아 성인(聖人)이 된다'[6]라는 것은 망상이나 잡념으로서의 생각함과 꾀함이 아니오. 어찌 '붙잡지 않음'을 '무엇을 생각하고 무엇을 꾀하겠는가?'라는 말에 담긴 경지로 잘못 생각할 수 있겠소?【「증득경(曾得卿)에게 보내는 답신」】

┃20-32┃ 빈손으로 집을 일으켜야지 다른 사람의 발뒤꿈치를 좇아가지 말아야 하오.【「곽이제(郭以濟)에게 보내는 답신」】

┃20-33┃ '성(性)'이라는 한 글자는 본래 말로 표현할 수 없고 힘으로 이룰 수 없소. 지각과 의념은 성이 드러난 것이니 모두 명(命)이오. 성은

即是操也. 惟操即是本體, 純一不雜即是靜也, 非以蕩然無所用心爲靜也. 何思何慮, 言思慮一出於正. 所謂"心之官則思", "思睿而作聖", 非妄想雜念之思慮也, 豈可以不操冒認爲何思何慮乎?【「答曾得卿」】

┃20-32┃ 白手起家, 勿在他人脚跟下湊泊.【「答郭以濟」】

┃20-33┃ 性之一字, 本不容言, 無可致力. 知覺意念, 總是

4 　무엇을 … 꾀하겠는가: 『周易』「繫辭上」, "易曰: '憧憧往來, 朋從爾思.' 子曰: '天下何思何慮! 天下同歸而殊塗, 一致而百慮, 天下何思何慮!'"

5 　마음이 … 함이다: 『孟子』「告子上」, "耳目之官, 不思而蔽於物. 物交物, 則引之而已矣. 心之官則思. 思則得之, 不思則不得也."

6 　생각이 … 된다: 『尙書』「洪範」, "二五事: 一曰貌, 二曰言, 三曰視, 四曰聽, 五曰思. 貌曰恭, 言曰從, 視曰明, 聽曰聰, 思曰睿. 恭作肅, 從作乂, 明作哲, 聰作謀, 睿作聖."

선천先天의 '리'이고 지知은 발규(發竅: 감각과 지각)에 속하니 선천의 아들이고 후천後天의 어미이오. 이 지知는 체와 용의 사이에 있소. 만약 '지知' 이전에서 체體를 구하면 공空에 떨어지는 것이고 '지知' 이후에서 용用을 구하면 물物을 좇는 것이오. '지' 이전에는 더 이상의 미발未發이 없고 '지' 이후에는 더 이상의 이발已發이 없소. 처음부터 한꺼번에 모두 이루어지는 것이니 더 이상 두 공부가 없소. 그래서 '독獨'이라고 하오. 독이란 상대가 없다는 뜻이오. 상대가 없으면 하나인 것이오. 그래서 '둘로 갈리지 않는다'라고 하는 것이오. '의意'는 지知의 '가만히 움직임'이고 지와 대립하여 둘이 되는 것이 아니오. 그렇기 때문에 성性은 수양을 할 필요가 없고 단지 '깨닫는다'라고 할 수 있을 뿐이오. 명命은 성이 드러난 것이고 그 속에 습기習氣가 숨어 있지 않은 것이 아니니 이것은 수양을 할 수가 있소. 명을 수양하는 것은 '성을 다하는' 공부인 것이오.【「소물암(蕭勿庵)에게 보내는 답신」】

┃20-34┃ 성性과 명命은 비록 둘이 아니라고는 하지만 또한 명칭을 혼동해서는 안 되오. 대개 참되고 일정하며 변하지 않는 '리理'의 관점에서 말하면 '성性'이라고 하며, 그 말없이 운행하고 그치지 않는 기틀의 관점에서 말하면 '명命'이라고 하니 하나이면서 둘이고 둘이면서 하

性之呈露, 皆命也. 性者, 先天之理, 知屬發竅, 是先天之子, 後天之母也. 此知在體用之間, 若知前求體則著空, 知後求用則逐物, 知前更無未發, 知後更無已發, 合下一齊俱了, 更無二功, 故曰獨. 獨者無對也, 無對則一, 故曰不貳. 意者知之默運, 非與之對立而爲二也, 是故性不假修, 只可云悟. 命則性之呈露, 不無習氣隱伏其中. 此則有可修矣, 修命者盡性之功.【「答蕭勿庵」】

┃20-34┃ 性命雖云不二, 而亦不容混稱. 蓋自其眞常不變之理而言曰性, 自其默運不息之機而言曰命. 一而二, 二而

나인 것이오. 『중용』의 '하늘이 명한 것을 일러 성性이라고 한다'라는 말은 바로 사람들이 '명'의 바깥에서 성을 구할 경우 체와 용을 둘로 분리하게 될까 염려해서 특별히 이렇게 말한 것이오. 만약 이 말에 집착하여 드디어 성과 명은 정말 분별이 없다고 말한다면 성을 말할 때는 '명' 한 글자가 남아돌고 명을 말할 때는 '성' 한 글자가 남아돌아 '성을 다하고 명에 이른다'[7]라는 말 등은 모두 군더더기가 될 것이오. 그러므로 '성과 명은 비록 둘이 아니지만 또한 명칭을 혼동해서는 안 된다'라고 한 것이오. '성을 다한다'라는 것은 내 본래의 참되고 일정하여 변하지 않는 본체를 완벽하게 유지한다는 것이고, '명에 이른다'라는 것은 나의 순일하고 그치지 않는 용用을 지극히 구현하여 조화造化가 나에게 있고 방소方所도 없이 신묘하게 변화하는 것이니, 이것이 신성神聖의 극치인 것이오. 【「추자윤(鄒子尹)에게 보내는 답신」】

| 20-35 | '삶에 대해서 알고 죽음에 대해서 안다'라는 것은 억지로 주장을 세우고 영식靈識을 굳건히 지킴으로써 가는 길을 잃지 않게 되기를 기다린다는 의미가 아니오. 대개 참된 본성

一者也. 中庸'天命之謂性', 正恐人於命外求性, 則離體用而二之, 故特發此一言. 若執此語, 遂謂性命果無分辨, 則言性便剩一命字, 言命便剩一性字, 而'盡性至命'等語皆贅矣. 故曰性命雖不二, 而亦不容混稱也. 盡性者, 完我本來眞常不變之體. 至命者, 極我純一不息之用, 而造化在我, 神變無方. 此神聖之極致也. 【「答鄒子尹」】

| 20-35 | 知生知死者, 非謂硬作主張, 固守靈識, 以俟去路不迷之謂也. 蓋直

---

7   성을 … 이른다: 『周易』「說卦」, "和順於道德, 而理於義; 窮理盡性, 以至於命."

이란 본래 살고 죽는 것이 아니라는 것을 곧바로 깨닫는다면 그것이 참된 해탈인 것일 뿐이오.【「왕양경(王養卿)에게 보내는 답신」】

| 20-36 | '시시각각으로 익힌다'라는 말은 시시각각으로 지선至善이 근본이라는 것을 알아서 거기에 그치며 정情을 수렴하여 성을 회복하는 것을 의미일 뿐이오. 『대학』의 '지선에 그친다'라는 말은 『중용』의 '신독愼獨'의 공부인 것이지 두 가지 일이 아니오. 이것을 제외하고 달리 무슨 공부가 있겠소?【「왕경소(王敬所)에게 보내는 답신」】

| 20-37 | 학문이 그침을 알지 못하면 의意가 반드시 성실하지 못할 것이오. 어떤 것을 '그침을 안다'라고 말하는 것이겠소? 대개 의意·심心·신身·가家·국國·천하는 모두 하나인데 근본과 말단이 있소. 무엇을 근본이라고 하는 것이겠소? 의意가 나오는 바가 그것이오. 의가 나오는 바란 성性이고 지선至善이오. 지선인 성에 그칠 줄 알면 의·심·신·가·국·천하가 하나로 관통될 것이오. 이것을 '물物이 격格된 뒤에 지知가 이루어진다'라고 하는 것이오. 무엇이 '격格'이겠소? '격'이란 '통철(通徹: 투철하게 꿰뚫음)'이라는 뜻이오.

| 20-38 | 주자의 격물格物 이론은 정자程子의

透眞性, 本非生死, 乃爲眞解脫耳.【「答王養卿」】

| 20-36 | 時習者, 時知至善爲本而止之, 約情以復性云耳. 大學止至善, 卽中庸愼獨之功, 無二事也. 舍此更有何學.【「答王敬所」】

| 20-37 | 學不知止, 則意必不能誠. 何謂知止? 蓋意心身家國天下總爲一物也, 而有本末焉. 何謂本? 意之所從出者是也, 意之所從出者性也, 是至善也. 知止於至善之性, 則意心身家國天下一以貫之矣, 是謂物格而後知至. 何謂格? 格者, 通徹之謂也.

| 20-38 | 朱子格物

학설에 근본을 둔 것이오. 정자는 '사물의 이치를 끝까지 궁구하는 것'을 격물이라고 여겼소. 성性이 곧 리理인 것이오. 성은 안과 밖이 없고 리는 안과 밖이 없으니 내 지식이나 생각은 천지·일월·산하·초목·조수와 함께 모두 물物이고 모두 리인 것이오. 천하에는 성 밖의 물이 없고 리 밖의 물이 없소. 그래서 이 리를 궁구하여 물에 이르면 물이 모두 하나의 리로 관철될 것이오. 그러니 우주를 가득 채우고 고금에 연이어진 것은 하나의 리일 따름이오. 이것을 일러 '리를 궁구하고 성을 다하는' 학문이라고 하니 양명의 치양지의 종지와 또 뭐가 다르겠소? 대개 이 리의 '밝음'이라는 각도에서 말하면 양지良知라고 하오. 양지는 정식(情識: 감각적 지식)을 말하는 것이 아니니, 정문(程門: 二程의 문하)의 이른바 리이고 성이오. 양지는 천지만물에 통철한 것이니 안과 밖으로 말할 수 없소. 이것에 대해 잘 이해하면 주자의 격물은 외물을 좇는 것이 아니고 양명의 치양지는 내면에 몰두하는 것이 아님이 명백히 알게 될 것이오. 다만 주자의 말은, 사람들이 우주에 가득하고 고금에 연이어진 리를 통철하게 궁구할 수 있기를 바라기는 하지만 초학자로서는 갑자기 시작하기가 어렵기 때문에 우선은 독서를 통해서 들어가서 사물들을 대상으로 이치를 살피고 점진적으로 융회되어 가도록 가르친 것이오. 후학들이 깨닫지 못하고 드

之說, 本于程子. 程子以窮至物理爲格物. 性卽理也, 性無內外, 理無內外, 卽我之知識念慮, 與天地日月山河草木鳥獸, 皆物也, 皆埋也. 天下無性外之物, 無理外之物, 故窮此理至於物, 物皆一理之貫徹, 則充塞宇宙, 綿亙古今, 總之一理而已矣. 此之謂窮理盡性之學, 與陽明致良知之旨, 又何異乎! 蓋自此理之昭明而言, 謂之良知, 良知非情識之謂, 卽程門所謂理也·性也. 良知通徹於天地萬物, 不可以內外言也. 通乎此, 則朱子之格物非逐外, 而陽明致良知非專內, 明矣. 但朱子之說, 欲人究徹彌宇宙, 互古今之一理, 在初學

태상 당남 왕시괴 선생

디어 지엽적인 것을 연구하며 자잘해지고 지리멸렬해지니 이는 그저 외물을 좇기만 하고 리에 통달하지 못한 것이오. 정자와 주자의 본지를 아주 크게 잃어버렸소. 양명은 '학문이란 마음에서 구하는 것'이라는 논리로 그 병폐를 바로잡았으니 후학들에게 큰 공을 세운 것이오. 그런데 또 그 후학은 다시 마음은 내면에 있는 것이고 물은 밖에 있는 것이라고 하고 또 리는 단지 마음에만 있고 물에는 없다고 주장하오. 이것은 마음이란 안과 밖이 없고 물이란 안과 밖이 없다는 것을 모르고 한낱 내면만을 집착하고 외부는 버리는 것이니 또 양명의 본지를 잃어버린 것이오.

| 20-39 | '의意'란 동動과 정靜으로 나누어 말할 수 없는 것이오. 움직이거나 고요해지는 것은 염念이지 의意가 아니오. 의意란 생성하고 생성하는 내밀한 기틀이오. 성性이 있으면 늘 생성하여 의意가 되는 것이고 의가 있으면 점점 드러나 염念이 되는 것이오. 성이 있는데 의가 되지 않는 경우는 없소. 만일 성이 있는데 의가 되지 않는 것이 있다면 그것은 완공(頑空: 완고한 空)이오. 또 의는 있는데 염이 되지 않는 경우는 없소. 만일 의는 있는데 염이 되지 않는 것이 있다면 그것은 체기(滯機: 응체된 기틀)이

遷難下手, 教以姑從讀書而入, 卽事察理, 以漸而融會之. 後學不悟, 遂不免尋枝摘葉, 零碎支離, 則是徒逐物而不達理, 其失程朱之本旨遠矣. 陽明以學爲求諸心而救正之, 大有功於後學, 而後學復以心爲在內, 物爲在外, 且謂理只在心不在物. 殊不知心無內外, 物無內外, 徒執內而遺外, 又失陽明之本旨也.

| 20-39 | 意不可以動靜言也. 動靜者念也, 非意也. 意者, 生生之密機. 有性則常生而爲意, 有意則漸著而爲念, 未有性而不意者, 性而不意, 則爲頑空; 亦未有意而不念者, 意而不念, 則爲滯機.
【以上「答楊晉山」】

오.【이상은 「양진산(楊晉山)에게 보내는 답신」】

|20-40| 순임금의 조정에서는 '중中'을 말하였고 공자의 문하에서는 '독獨'을 말하였으며 주렴계는 '기幾'를 말하였고 이정二程의 문하에서는 주일主一을 말하였으며 백사白沙는 단예(端倪: 실마리)를 말하였고 왕양명은 양지를 말하였는데 모두 두 가지 이치가 아니오. 비록 입언은 다른 것처럼 보이지만 모두 본심의 진면목을 바로 가리킨 것이니 공空에 빠지지도 않고 유有에 응체되지도 않소. 이것이 천고의 바른 학문이오.【「전계신(錢啟新)에게 보내는 서신」】

|20-41| 『주역』에서 '건乾의 지知가 큰 시작이다.'라고 하였는데 이 '지知'는 곧 하늘의 밝은 명命이고 이것을 '성性의 체體'라고 하오. '이것으로 저것을 안다'라는 의미가 아니오.『주역』에서는 또 '곤坤의 작作이 만물을 이룬다'라고 하였는데, 이 '작作'은 곧 밝은 명의 유행이고 이것을 '성의 용用'이라고 하오. '조작하고 억지로 행한다'는 뜻이 아니오. 그래서 '지'는 체이고, 행行은 용이오. 잘 배우는 이들은 늘 이 큰 시작인 '지'를 완전히 보전하니 곧 이른바 '전부 밝히면 곧 천지와 한 몸이 된다'라는 것이오. 그래서 '지'가 곧 '행'인 것이고 체가 곧 용인 것이니 이것을 일러 '지행이 하나이다'라고 하고, '체용이 하나이다'라고 하는 것이오.

|20-40| 虞廷曰中, 孔門曰獨, 春陵曰幾, 程門主一, 白沙端倪, 會稽良知, 總無二埋. 雖立言似別, 皆直指本心眞面目, 不沈空, 不滯有, 此是千古正學.【「寄錢啟新」】

|20-41| 易曰"乾知大始", 此知卽天之明命, 是謂性體, 非以此知彼之謂也. 易曰"坤作成物", 此作卽明命之流行, 是謂性之用, 非造作强爲之謂也. 故知者體, 行者用, 善學者常完此大始之知, 卽所謂明得盡便與天地同體. 故卽知便是行, 卽體便是用, 是之謂知行一, 體用一也.

| 20-42 | 무릇 이것으로 저것을 아는 것은 재어 보고 헤아려 보고 아는 것이니 '공지空知'⁸라고 하오. '건乾의 지知는 큰 시작이다'라고 할 때의 그 '지知'는 곧 본성이고 곧 실사實事인 것이니 '공지'로 말할 수 없소. 이것으로 저것을 상상하는 것은 사발 속에 든 물건을 맞추는 그런 놀이와 비슷한 것이니 '현상(懸想: 근거 없는 상상)'이라고 하오. 묵묵히 아는 것의 경우는 곧 자성自性이 스스로 아는 것이니 주체와 대상이 둘이 아니어서 '현상'으로 말할 수 없소. 【「공수묵(龔修默)에게 보내는 답신」】

| 20-42 | 夫以此知彼, 揣摩測度, 則謂之空知. 若乾知大始之知, 卽是本性, 卽是實事, 不可以空知言也. 以此想彼, 如射覆然, 則謂之懸想. 若默而識之, 卽是自性自識, 覿體無二, 不可以懸想言也. 【「答龔修默」】

| 20-43 | 고요함 속에서 함양해야지 이전 것을 생각하거나 뒤의 것을 염려하지 말아야 하오. 단지 말갛게 마치 잊은 듯이 하여 늘 혼돈이 아직 구별되지 않은 태초에 노니는 것처럼 해야 하오. 이런 즐거움은 당연히 스스로 얻어야 하는 것이니 그러면 참된 기틀이 뜀질한 듯이 드러날 것이고 그 진전하는 것이 저절로 그치지 못할 것이오. 【「유심거(劉心蘧)에게 보내는 답신」】

| 20-43 | 靜中涵養, 勿思前慮後, 但澄然若忘, 常如游于洪蒙未判之初. 此樂當自得之, 則眞機躍如, 其進自不能已矣. 【「答劉心蘧」】

| 20-44 | 성性은 본래 둘이 아니니, 신기한 것

| 20-44 | 性本不二,

8   공지(空知): 인식의 주체가 대상을 수동적으로 받아들이는 방식에 대해 인식의 주체는 원래 텅 비어 있는 것이라는 점에서 이렇게 부른 것으로 보인다.

42

명유학안 권20, 강우왕문학안 5

을 탐색하고 외물을 좇는 것은 늘 '둘로 보는 견해'에 속하오. 만약 오묘한 성이 외물을 초월하여 존재한다는 견해를 면치 못한다면 여전히 법진(法塵: 분별심이 있어 호오를 일으키는 상태)이고 영사(影事: 모든 것을 환영으로 보는 상태)인 것이오. 배우는 사람이 정말 '물이 다하고 산이 다하여서 최상의 위에 더는 나아갈 곳이 없는' 경지를 꿰뚫어볼 수 있게 된다면, 현재 그 자리에서 조심조심 두려워하고 모든 행동이 규범을 벗어나지 않는 것이 바로 궁극적인 경지라는 것을 믿게 될 것이오. 【「유공제(劉公霽)에게 보내는 서신」】

│20-45│ 불교가 우리 유학과 다른 점은 그 최초의 지향이 출세간에 있어서 우리 유학의 지향이 천하에 명덕을 밝히는 데 있는 것과는 길이 갈리기 때문이오. 그래서 '본성을 깨닫는다'라는 말은 비슷해 보이지만 최초에 지향하는 의도는 실제로 다르오. 최초의 의도가 이미 다르니 깨닫는 것이 그로 인해서 달라지고 깨닫는 것이 다르므로 작용이 절로 달라지는 것이오. 【「당응암(唐凝庵)[9]에게 답하는 서신」】

探奇逐物，　總屬二見．　若未免見有妙性超於物外，猶爲法塵影事．　學者果能透到水窮山盡，最上之上更無去處，然後有信當下小心翼翼，動不逾矩，便爲究竟耳．【「寄劉公霽」】

│20-45│ 釋氏所以與吾儒異者，以其最初志願在於出世，卽與吾儒之志在明明德於天下者分塗轍矣．　故悟性之說似同，而最初嚮往之志願異；最初之志願旣異，則悟處因之不同，悟處不同，則用

9　당응암(唐凝庵): 唐鶴征(1538-1619)은 자가 元卿이고 호가 凝庵이다. 강소성 武進 사람으로서 隆慶 연간에 급제하여 光祿寺少卿과 太常寺少卿 등의 관직을 역임하였고, 陳獻章을 文廟에 從祀하자고 건의하였다. 無錫의 東林書院에서 강학하였다.

| 20-46 | 성학聖學이 전수되지 않자 주자朱子 이후로는 학문을 하는 사람들이 왕왕 '방촌方寸 사이에서 천리天理라는 것을 잘 지키는 것'을 공부라고 여겼는데, 이것은 성문聖門의 '(하늘의 일은) 소리도 없고 냄새도 없다'[10]라는 취지와는 서로 맞지 않지 않소. 그러므로 양명이 특별히 '선도 없고 악도 없다'라는 말을 제기한 이유는 바로 '선'이라는 개념에 떨어지면 형상이 있는 것처럼 느껴질 수 있기 때문이었으니, '심체心體'가 어떠한지 제시해서 사람들이 '본심이란 선이라는 말도 붙일 수 없다'는 것을 알게 하기 위해서였다. 다만 그 학설을 떠받드는 사람들이 잘못된 병폐를 만들어 내었으니 차라리 '소리도 없고 냄새도 없다'라는 구절의 자의字義가 더 직접적이고 온당한 것 같소.【「오안(吳安)에게 보내는 서신」】

| 20-47 | 본성의 참된 깨달음은 원래 영명靈明이라는 상相이 없소. 이 본성은 시방에 두루 가득 차 있고 고금을 관철하는 것이오. 대개 '각覺'이란 본래 각覺이 없소. 공자의 무지無知는 문왕의 '불식부지不識不知'이고[11] 곧 진지眞知이

| 20-46 | 聖學失傳, 自紫陽以後, 爲學者往往守定一個天理在方寸之間, 以爲功夫, 於聖門無聲無臭之旨不相契. 故陽明特揭無善無惡, 正恐落一善字, 便覺涉於形象, 提出心體, 令人知本心善亦著不得也. 第宗其說者, 致有流弊, 不若無聲無臭字義直截穩當.【「答吳安」】

| 20-47 | 本性眞覺, 原無靈明一點之相. 此性遍滿十方, 貫徹古今, 蓋覺本無覺. 孔子之無知, 文王之

---

10 소리도 … 없다: 『中庸』, "詩云: '德輶如毛.' 毛猶有倫, '上天之載, 無聲無臭', 至矣."
11 『시경』「皇矣」, "帝謂文王: 予懷明德, 不大聲以色, 不長夏以革. 不識不知, 順帝之則."

오. 만일 한 점 영명靈明이 융화되지 못하면 곧 식신(識神: 후천적 의식)이오. 이 식신을 내려놓으면 혼연히 선천의 경계가 되니 사유의 능력으로는 미치지 못하오. 【「추자여(鄒子予)에게 보내는 답신」】

| 20-48 | '문文'이란 예禮의 다양한 모습들이니 예컨대 보고 듣고 말하고 행동하며 효도하고 충성하고 공경하고 우애로운 것 등 일체의 응수하는 일들이 모두 이것이오.[12] 그것이 다양한 모습들이기 때문에 '박博'이라고 하오. 예禮는 문文의 근저인 것이오. 예컨대 공자가 (『중용』에서) '그것을 행하는 것은 하나이다.'라고 한 것이 이것이오. 그것이 지극한 하나이기 때문에 '약約'이라고 하오. 학자들이 시시각각으로 실행實行을 닦는 것을 '박문博文'이라고 하고, 일마다 천칙天則에 맞게 하는 것을 '약례約禮'라고 하오. 사물이 곧 예禮이기에 종적에 응체된 것이 아니고, 예禮가 곧 사물이기에 공空에 떨어진 것이 아니오. 이것이 박博과 약約의 합일의 학문이오. 【「주종렴(周宗濂)에게 보내는 답신」】

| 20-49 | 성性은 본래 말로 표현할 필요가 없

不識不知，乃眞知也．若有一點靈明不化，卽是識神，放下識神，則渾然先天境界，非思議所及也．【「答鄒子予」】

| 20-48 | 文者，禮之散殊，如視聽言動，子臣弟友，一切應酬皆是也．以其散殊，故曰博．禮者，文之根底，如孔子言"所以行之者一"是也．以其至一，故曰約．學者時時修實行，謂之博文；事事協天則，謂之約禮．卽事是禮而非滯跡，卽禮是事而非落空，此博約合一之學也．【「答周宗濂」】

| 20-49 | 性本不容

---

12 문(文)이란 … 이것이오: 『論語』「雍也」, "君子博學於文, 約之以禮, 亦可以弗畔矣夫." 라는 대목을 둘러싼 논의이다.

태상 당남 왕시괴 선생

소. 억지로 말로 표현한 것을 찾아본다면, 순임금의 조정에서는 '도심道心은 미묘하다'라고 하였고, 공자는 '미발未發의 중中'이라고 하였고 '그것을 행하는 것은 하나이다'라고 하였고 '형이상'이라고 하였고 '보지 않고 듣지 않는다'라고 하였으며, 주렴계는 '무극無極'이라고 하였고 정자는 '사람이 태어났을 때 고요한 상태 이상'이라고 하였으니 이른바 '밀密'이고 '생각하거나 작위하는 것이 없음'이니 총괄하자면 '성性'의 별명이오. 학자가 정말 이 성을 투철하게 깨달을 수 있으면 횡적으로 말하거나 종적으로 말하거나 단지 이 리理일 뿐이오. 일체의 문자와 언어는 모두 표현에 속하는 것이어서 굳이 집착할 필요가 없소. 만약 말이 일치하지 않는다는 점에 집착해서 드디어 성이 여러 이름을 갖는다고 의심한다면 그것은 마치 그 사람이 누군지는 알지 못하고 그 성씨와 이름, 별명 등에 집착하여 같은지 다른지를 가리는 셈이어서 더욱 멀리 벗어난 것이오. 성의 체體는 본래 광대하고 고명하고, 성의 용用은 절로 정미精微고 중용中庸에 맞소. 만약 다시 의심하여 단지 '성을 투철히 깨달음'을 궁극적인 것으로 삼는다면 공空으로 떨어져서 불교나 노장老莊으로 흐를 염려가 있소. 하지만 지엽말단을 좇는 것을 실학實學이라고 여기고 이렇게 해야 불교나 노장과 구별될 수 있다고 여기는 것은 불교나 노장의 문제점이란 성을 투철히 깨달

言, 若強而言之, 則虞廷曰"道心惟微", 孔子曰"未發之中", 曰"所以行之者一", 曰"形而上", 曰"不睹聞", 周子曰"無極", 程子曰"人生而靜以上", 所謂密也, 無思爲也, 總之, 一性之別名也. 學者眞能透悟此性, 則橫說豎說, 只是此理. 一切文字語言, 俱屬描畫, 不必執泥. 若執言之不一, 而遂疑性有多名, 則如不識其人, 而執其姓氏・名諱・別號以辯同異, 則愈遠矣. 性之體本廣大高明, 性之用自精微中庸. 若復疑只以透性爲宗, 恐落空流於佛老, 而以尋枝逐節爲實學, 以爲如此, 乃可自別於二氏. 不知二氏之異處, 到透性後自

은 뒤에는 저절로 가릴 수 있다는 사실을 모르는 것이오. 지금 성을 투철히 깨닫지도 못하였으면서 억지로 어림짐작으로 주장을 세우는 것은 끝내 신발을 신은 채 가려운 발을 긁는 것과 같으니 무슨 소용이 있겠소? 도리어 자신의 참된 본성이 밝지 못하고 기껏해야 단지 도리를 강설하면서 일생을 보내는 것이니 그것을 어떻게 '도를 들었다'라고 평가할 수 있겠소?【「공수묵(龔修默)에게 보내는 답신」】

| 20-50 | 성체性體는 본래 적연하여 만고에 변함이 없지만 완공(頑空: 지각도 움직임도 없는 空)이 아니기 때문에 고요히 움직이며 늘 생성하오. 오직 기틀이 싹트고 지知가 피어나기에 배움을 통해 그 근본으로 돌아가지 않으면 정情이 치달아 성性이 가려지오. 그래서 "자신으로 돌아가 성실하면 즐거움이 어느 것보다 크다."라고 한 것이오.【「당응암(唐凝庵)에게 보내는 답신」】

| 20-51 | 심체心體는 본래 적연하고 '염念'이 심心의 용用이오. 심체에 대해 참되게 알면 시시각각으로 늘 적연한데 사람이 노력을 통해 이루는 것이 아니라 그 체體가 본래 이와 같소. 이것은 본래 늘 적연하니 비록 동요시키고 싶어도 그렇게 할 수 없소. 염念이 감촉된 일에 응할 때는 자연히 절도에 맞고 심체의 적연함

能辨之. 今未透性, 而強以猜想立說, 終是隔靴爬癢, 有何干涉? 反使自己眞性不明, 到頭只做得個講說道理, 過了一生, 安得謂之聞道也?【「答龔修默」】

| 20-50 | 性體本寂, 萬古不變, 然非頑空, 故密運而常生. 惟幾萌知發, 不學以反其本, 則情馳而性蔽矣. 故曰"反身而誠, 樂莫大焉."【「答唐凝庵」】

| 20-51 | 心體本寂, 念者, 心之用也. 眞識心體, 則時時常寂, 非假人力, 其體本如是也. 此本常寂, 雖欲擾之而不可得. 念之應感, 自然中

은 절로 그래도 있소. 심체의 적연함은 만고에 변함이 없는데 이것이 바로 이른바 '미발의 중'이오. 이것을 배제하면 학문이 근본으로 돌아가지 못하고 말단을 좇을 수밖에 없어 장차 '우왕좌왕 왔다갔다'하게 될 테니 도道에서 멀어질 것이오.【「육앙봉(陸仰峰)에게 보내는 답신」】

| 20-52 | 무릇 불교는 출세간을 위주로 하기 때문에 한번 깨달으면 모든 것이 해결된다고 여기고 더 이상 '신독愼獨'을 말하지 않소. 우리 유학은 경세經世를 위주로 하고 학문의 내용과 방법이 인륜의 여러 일들 속에서 실제로 수양하는 데 있기 때문에 신독을 아주 중시하오. '독獨'의 지점에서 삼갈 수 있으면 인륜의 여러 일들이 절도에 맞지 않은 것이 없게 되오. 왜 그렇겠소? '독'은 선천의 아들이고 후천의 어미로서 '무無에서 나가 유有로 들어가는' 추기樞機여서 이것보다 중요한 것이 없소. 만약 단지 '견성見性'만 말하고 '신독'을 말하지 않으면 후학 중에서 성체性體를 대략 보았을 뿐 참되게 깨닫지 못한 이들은 대뜸 '성 속에는 인륜의 여러 일들이 없다'라고 하며 완전히 유有를 떠나 무無을 좇게 될 것이니 체와 용이 분리되고 일과 리理가 갈라질 것이오. 심지어 행실을 돌보지 않으며 도리어 (행실은 원래) 성性과는 상관이 없다고 하니 그 해악이 이루 말할 수 없소. 잘 배우는 방법은 또한 하나의 길만 있는 것이

節, 而心體之寂自若也. 心體之寂, 萬古不變, 此正所謂未發之中. 舍此則學不歸根, 未免逐末, 將涉於憧憧往來, 於道遠矣.【「答陸仰峰」】

| 20-52 | 大抵佛家主於出世, 故一悟便了, 更不言愼獨. 吾儒主於經世, 學問正在人倫事物中實修, 故吃緊於愼獨. 但獨處一愼, 則人倫事物無不中節矣. 何也? 以獨是先天之子, 後天之母, 出無入有之樞機, 莫要於此也. 若只云見性, 不言愼獨, 恐後學略見性體而非眞悟者, 便謂性中無人倫事物, 一切離有而趨無, 則體用分而事理判, 甚至行檢不修, 反云與性無干, 其害有不可勝言者也.

아니오. 본성을 철저하게 깨닫는데 신독愼獨이 그 속에 있는 경우도 있고, 신독을 정밀히 연마하는데 '성을 깨달음'이 그 속에 있는 경우도 있소. 총괄컨대 이 리理에 대해 참된 이해를 하게 되면, 두 가지로 완전히 분리하지도 않고 또 분별없이 모호하게 두지도 않을 것이니 이것은 자득한 사람이 묵묵히 깨닫는 것일 뿐이오. 【「곽존보(郭存甫)에게 보내는 답신」】

어록

|20-53| '성性'은 말로 표현할 수 없다. '지知'는 성의 영靈[13]이다. 지知는 '찰식察識하여 분명하게 비춤'을 말하는 것이 아니다. 이것은 성의 '비어 있고 원만하며 밝고 환하며 맑고 통하며 깨끗하고 오묘함'이며 유有와 무無로 떨어지지 않고 천지 만물의 근본이 될 수 있으며 육합을 채우고 만고에 연이어지되 환히 홀로 존재하는 그런 것이다. 성은 나뉘거나 합쳐지거나 늘어나거나 줄어들 수 있는 것이 아니고, 지知도 나뉘거나 합쳐지거나 늘어나거나 줄어들 수 있는 것이 아니다. 그리고 성인과 범인의 차이

善學者亦非一途, 有徹悟本性, 而愼獨卽在其中者; 有精研愼獨, 而悟性卽在其中者. 總之, 於此理洞然眞透, 旣非截然執爲二見, 亦非混然儱侗無別, 此在自得者默契而已. 【「答郭存甫」】

語錄

|20-53| 性不容言, 知者性之靈也. 知非察識照了分別之謂也. 是性之虛圓瑩徹, 清通淨妙, 不落有無, 能爲天地萬物之根, 彌六合, 互萬古而炳然獨存者也. 性不可得而分合增減, 知亦不可得而分合增減也. 而聖凡

---

13 영(靈): 신령, 신명, 영명 등으로 번역될 수 있으며 정신의 역량을 의미한다.

나 금수와 초목의 차이는 모두 밝음과 가려짐에 있을 뿐이다. 이런 까닭에 학문은 치지致知보다 큰 것이 없다. 【이하는 모두 「삼익헌회의(三益軒會語)」】

| 20-54 | '찰식하여 분명하게 비춤'은 '의意와 형形의 영靈'이며, 또한 성性의 말류이다. 성령性靈의 참된 앎이지 동작과 사려를 통한 앎이 아니다. 그래서 생성과 소멸이 없다. '의와 형의 영'은 반드시 동작과 사려로 외부와 연관을 맺으니 생성과 소멸이 있다. 성령의 참된 앎은 욕망이 없고 '의와 형의 영'은 욕망이 있다. 지금 사람들은 '찰식하여 분명하게 비춤'을 성령의 참된 앎이라고 여기는데 이것은 노비를 주인으로 간주하는 것이다.

| 20-55 | 도심道心은 체體이다. 그래서 바뀌는 것이 없다. 인심人心은 용用이다. 그래서 가고 오는 것이 있다. 공자의 이른바 '잡으면 존재하고 놓으면 없어진다. 나가고 들어오는 것이 일정한 시간이 없으니 어디에 존재하는지 알 수 없다.'라는 말도 인심을 가리켜 말한 것이다. 도심이라면 만고에 걸쳐 천지와 인물人物의 뿌리이니 어찌 존재함이나 없어짐, 나가거나 들어옴이라고 할 만한 것이 있겠는가.

與禽獸草木異者, 惟在明與蔽耳, 是故學莫大於致知. 【以下皆『三益軒會語』】

| 20-54 | 識察照了分明者, 意與形之靈也, 亦性之末流也. 性靈之眞知, 非動作計慮以知, 故無生滅. 意與形之靈, 必動作計慮以緣外境, 則有生滅. 性靈之眞知無欲, 意與形之靈則有欲矣. 今人以識察照了分別爲性靈之眞知, 是以奴爲主也.

| 20-55 | 道心體也, 故無改易; 人心用也, 故有去來. 孔子所謂"操存舍亡, 出入無時, 莫知其鄕", 亦是指人心而言. 若道心, 爲萬古天地人物之根, 豈有存亡出入之可言.

| 20-56 | "정식情識이나 사려는 없앨 수 있습니까?"라고 묻기에 "심체를 깨달은 사람은 정식과 사려가 모두 그 심체가 운행하는 용用인 것이니 어찌 없앨 수 있겠는가. 게다가 이 마음은 거대하게 우주를 가득 채우고 있다. 단지 이 하나의 마음인 것이고 다시 다른 일이 없다. 그러니 정식이나 사려라고 말할 만한 섯이 있다고 보이지 않는다. 마치 물이 늘 흐르며 물결이 일지 않는 것과 같고 해가 늘 비추며 가림이 없는 것과 같다. 성性과 정情, 체와 용이란 모두 군더더기의 말이다."라고 대답하였다.

| 20-57 | 수많은 성인이 학문에 대해 가르칠 때 모두 중도中道를 가리켰고 양쪽 어디로도 떨어지지 않았다. 예컨대 '중中'이라고 말하고 '인仁'이라고 말하며 '지知'라고 말하고 '독獨'이라고 말하며 성誠이라고 말한 것이 이것이다. '적(寂: 寂然不動)'을 말할 때는 반드시 '감(感: 感而遂通)'까지 말한 뒤에야 온전해지고 '무無'를 말할 때는 반드시 '유有'를 말한 뒤에야 완전해지니 그렇지 않으면 편벽해지기 때문이다.

| 20-58 | 마음은 거대하여 마치 태허(太虛: 허공을 가리킨다)가 가없이 넓은 것과 같다. 일상의 말이나 행위, 주고받는 모든 일이 모두 태허의 변화이다. 내면의 심으로 외부의 일에 대응하는 것이 아니다. 만약 내면의 심으로 외부의

| 20-56 | 問: "情識思慮可去乎?" 曰: "悟心體者, 則情識思慮皆其運行之用, 何可去也? 且此心廓然充塞宇宙, 只此一心, 更無餘事, 亦不見有情識思慮之可言. 如水常流而無波, 如日常照而無翳, 性情體用, 皆爲剩語."

| 20-57 | 千聖語學, 皆指中道, 不落二邊. 如言中, 言仁, 言知, 言獨, 言誠是也. 若言寂, 則必言感而後全; 言無, 則必言有而後備, 以其涉於偏也.

| 20-58 | 心廓然如太虛無有邊際. 日用云爲, 酬酢萬事, 皆太虛變化也, 非以内心而應外事也. 若誤

일에 대응하는 것이라고 잘못 알게 되면 마음과 일이 서로 대립하여 적이 되고 끌어가거나 질곡시키는 해로움이 기회를 타고 생길 것이다.

| 20-59 | 성性은 본래 욕망이 없다. 오직 자성自性을 깨닫지 못하고 외부 세계를 탐하는 것이 욕망이다. 잘 배우는 사람은 자성을 깊이 깨닫는다. '욕망이 없는 (성의) 체體'에는 본래 아무것도 없어서 마치 태허와 같다. 뜬구름이 오가지만 태허는 아무 영향을 받지 않는다. 이른바 '온전하게 밝으면 찌꺼기들이 모두 없어진다'라고 한 말이 이를 가리킨 것이다.

| 20-60 | "'사계절이 순환하고 만물이 생겨난다'라는 것은 움직임이 아닌 것이 없는데 '움직이지 않음이 있다'라고 한 것은 사계절과 함께 순환하지 않고 만물을 따라 생겨나지 않는 어떤 것을 말한 것입니까?"라고 묻기에, "그렇지 않다. 이른바 '움직이지 않음'이란 뭉텅하게 어떤 것이 사계절과 만물의 밖에 벗어나 있는 것이 아니다. 사계절을 순환시킬 수 있지만 추위와 더위가 번갈아 바뀌는 것으로 말할 수 없고, 만물을 생성할 수 있지만 성장하거나 쇠약해지며 마르거나 떨어지는 것으로 말할 수 없다. 그래서 '움직임이 없다'라고 말하는 것이다."라고 대답하였다.

認以內心應外事, 則心事相對成敵, 而牽引梏亡之害乘之矣.

| 20-59 | 性本無欲, 惟不悟自性而貪外境, 斯爲欲矣. 善學者深達自性, 無欲之體, 本無一物, 如太虛然. 浮雲往來, 太虛固不受也. 所謂明得盡, 渣滓便渾化是矣.

| 20-60 | 問: "四時行, 百物生, 莫非動也. 而曰有不動者, 豈其不與四時偕行, 不隨百物以生乎?" 曰: "非然也. 所謂不動者, 非塊然一物出於四時百物之外也. 能行四時而不可以寒暑代謝言, 能生百物而不可以榮瘁枯落言. 故曰不動也."

| 20-61 | "'지知'는 하나인데, 지금 심체의 지와 정식情識의 지가 같지 않다고 하시니, 왜입니까?"라고 묻기에 "심체의 지는 비유하자면 돌 속의 불인데, 쳐서 불꽃을 일으키면 불살라 오르니 그것이 정식이다. 또 비유하자면 구리 속의 밝음인데, 갈아서 밝음이 드러나게 하면 거울의 비춤이니 그것이 정식이다. 치지致知란 '그 심체의 지를 이룸'[14]이지 정식을 말하는 것이 아니다."라고 대답하였다.

| 20-62 | 심체의 지知란 어떤 의도를 가지고 지각하는 것을 '지知'로 삼는 것이 아니고 또 완고한 공空으로서 지知가 없는 그런 것이 아니다. 이것이 천덕天德의 양지이다. '치致'란 '지극히 이룬다'는 뜻이다. 그 본연을 회복하여 흠이 없다는 뜻이다.

| 20-63 | '정식情識'이란 곧 의意이다. 의意는 어디서 생기는 것이겠는가? 본심의 허명虛明 속에서 생긴다. 그래서 성의(誠意: 意를 성실히 함)의 조건은 '치지致知'에 있다고 한 것이다. 지知란 의意의 체이다. 만약 또 '정식'을 지知라고 여기게 되면 성의는 결국 체가 없는 학문이 될

| 20-61 | 問: "知一也, 今謂心體之知與情識之知不同, 何也?" 曰: "心體之知, 譬則石中之火也, 擊而出之爲焚燎, 則爲情識矣; 又譬則銅中之明也, 磨而出之爲鑒照, 則爲情識矣. 致知者, 致其心體之知, 非情識之謂也."

| 20-62 | 心體之知, 非作意而覺以爲知, 亦非頑空而無知也, 是謂天德之良知. 致者, 極也. 還其本然而無虧欠之謂.

| 20-63 | 情識卽意也. 意安從生? 從本心虛明中生也. 故誠意在致知, 知者意之體也, 若又以情識爲知, 則誠意竟爲無

---

14 이룸: '致'자는 20-62에서 설명하는 것처럼 '완전히 본연으로 돌아가다'라는 뜻이다.

태상 당남 왕시괴 선생

것이고 성문聖門의 '본성을 다하는 학맥'은 끊어지게 될 것이다.

| 20-64 | "양명은 '선을 알고 악을 아는 것은 양지이다.'라고 하였는데 이것은 '정식'과 어떻게 구별됩니까?"라고 묻기에, "선과 악은 '정식'이고, 지知는 선천적 총명이다. 선악의 염念에 따라 바뀌지 않는 그런 것이다."라고 대답하였다.

| 20-65 | "치지致知를 하면 완벽한 것인데, 왜 굳이 격물을 해야 합니까?"라고 묻기에, "'지知'는 체體가 없으니 잡을 수가 없다. 물物은 지知가 드러난 것이다. 물을 버리고서는 어떻게 이 지知의 용用을 실현할 수 있겠는가. 마치 물의 흐름을 막는 것과 같아서 물의 본성을 다하는 방법이 아니다. 그래서 치지를 하려면 그 조건은 반드시 격물을 하는 데 있는 것이다."라고 대답하였다.

| 20-66 | 양명은 '의(意: 생각의 기틀)의 소재가 물物이다'라고 하였는데 이 의미가 가장 정미하다. 대개 하나의 '염(念: 구체적 생각)'이 싹트지 않으면 모든 '경(境: 외부 세계)'이 전부 고요하고, '염'이 미치는 바에 따라 '경'은 따라서 생겨난다. 게다가 염이 눈앞의 것에 주의를 기울이지 않으면 비록 태산이 눈앞에 나타나도 볼

體之學, 而聖門盡性之脈絕也.

| 20-64 | 問: "陽明以知善知惡爲良知, 此與情識何別?" 曰: "善惡爲情識, 知者天聰明也. 不隨善惡之念而遷轉者也."

| 20-65 | 問: "致知焉盡矣, 何必格物?" 曰: "知無體, 不可執也. 物者知之顯達也, 舍物則何以達此知之用? 如窒水之流, 非所以盡水之性也, 故致知必在格物."

| 20-66 | 陽明以意之所在爲物, 此義最精. 蓋一念未萌, 則萬境俱寂; 念之所涉, 境則隨生. 且如念不注於目前, 則雖泰山覿面而不睹; 念

수 없으며, 염이 세상 바깥의 것을 주의하면 비록 봉래산처럼 멀리 떨어져 있는 것도 형상이 이루어진다. 그래서 의의 소재가 물인 것이다. 이 물은 내면의 것도 아니고 외부의 것도 아니니 본심의 그림자이다.

| 20-67 | 천지 사이를 가득 채운 것은 모두 물物인데 어떻게 다 격(格: 바로잡음)하겠는가? 오직 의의 소재가 물이니 격물의 공부는 물을 좇는 것이 아니고 또 물을 떠나는 것도 아니다. 지극히 넓으면서 지극히 요약된 것이다.

| 20-68 | 의意가 빈 거울에 있으면 빈 거울도 또한 물物이다. 이것을 알면 '격물'의 공부란 동정動靜의 구분이 없다는 것을 알 수 있다.

| 20-69 | 태극은 성性이고 선천이다. '움직여 양을 낳는다' 이하는 기氣에 속하며 후천이다.[15] 성은 기氣를 낳을 수 있지만 성은 기 밖에 있지 않다. 하지만 성을 깨닫지 못하면 형기形氣의 찌꺼기를 녹여 없앨 수 없다. 그래서 반드시 선천을 깨달음으로써 후천을 닦아야 하니 이것을 '성학聖學'이라고 한다.

苟注於世外, 則雖蓬壺遙隔而成象矣. 故意之所在爲物, 此物非內非外, 是本心之影也.

| 20-67 | 盈天地間皆物也, 何以格之? 惟以意之所在爲物, 則格物之功, 非逐物亦非離物也, 至博而至約矣.

| 20-68 | 意在於空鏡, 則空鏡亦物也. 知此, 則知格物之功無間於動靜.

| 20-69 | 太極者, 性也, 先天也. 動而生陽, 以下卽屬氣, 後天也. 性能生氣, 而性非在氣外, 然不悟性, 則無以融化形氣之渣滓. 故必悟

---

[15] 태극은 … 후천이다:『太極圖說』: "無極而太極, 太極動而生陽, 動極而靜, 靜而生陰, 靜極復動."

|20-70| 주자는 지각知覺·운동運動을 형이하
의 기氣로 여기고 인의예지를 형이상의 리理로
여겼다.[16] 이것으로써 불교를 공격하였는데 이
것은 이미 정론이 될 수 없다. 그런데 나정암
(羅整庵: 羅欽順)이 이것을 원용해서 양지良知의
학설을 비판하였다. 이른바 양지라는 것이 바
로 인의예지의 지知를 가리키고 지각·운동의
지知가 아니며 성령性靈이지 정식情識이 아니라
는 것을 알지 못하였다. 그러므로 양지는 곧
천리天理인 것이고 원래 둘이 있지 않다.

|20-70| 朱子以知
覺運動爲形而下之
氣, 仁義禮智爲形而
上之理. 以此辟佛
氏, 旣未可爲定論.
羅整庵遂援此以辟
良知之說. 不知所謂
良知者, 正指仁義禮
智之知, 而非知覺運
動之知, 是性靈, 而
非情識也. 故良知卽
是天理, 原無二也.

|20-71| 그 큰 것을 볼 수 있으면 마음이 넓어
진다. 반드시 이 마음이 육합에 가득 차서 끝
이 없고 만고에 관통하여 시작이나 끝이 없음
을 참되게 깨달아야만 '큰 것을 보았다'라고 할
수 있다. 이미 큰 것을 보게 되면 삶이나 죽음
이라고 할 것도 없으니 또 어찌 순경順境이나
역경逆境, 궁함이나 통함을 마음에 담아 둘 것
이 있겠는가.

|20-71| 見其大則
心泰, 必眞悟此心之
彌六合而無邊際, 貫
萬古而無終始, 然後
謂之見大也. 旣見
大, 且無生死之可
言, 又何順逆窮通之
足介意乎?

---

16 주자는 … 여겼다: 『孟子集註』「告子上」, "性者, 人之所得於天之理也; 生者, 人之所得
於天之氣也. 性, 形而上者也; 氣, 形而下者也. 人物之生, 莫不有是性, 亦莫不有是氣.
然以氣言之, 則知覺運動, 人與物若不異也; 以理言之, 則仁義禮智之稟, 豈物之所得而
全哉?"

| 20-72 | 끊어짐과 이어짐은 '염念'에 대해서는 적용될 수 있는 말이지만 의意에 대해서는 적용될 수 없다. 생기生機는 의意에 대해서는 적용될 수 있는 말이지만 심心에 대해서는 적용될 수 없다. 허명虛明은 심에 대해서는 적용될 수 있는 말이지만 성性에 대해서는 적용될 수 없다. 성性에 대해서는 어떠한 말로도 설명할 수 없다.

| 20-73 | 사람은 태어나면서부터 줄곧 외부의 것을 좇아왔는데 지금 그들에게 경境에 집착하지 말고 염念에 집착하지 말고 '생성하고 생성하는 근본'에 집착하지 말고 곧바로 성透을 투철하게 깨달으라고 가르치니, 그들은 장차 망연하게 아무 의지할 곳이 없게 되어 '공空'에 떨어질까 아주 두려워할 것이다. 이 아무 의지할 곳이 없는 상태가 바로 만고의 평안한 도량道場이고 크게 안락한 공간임을 알지 못한다.

| 20-74 | '치양지'라는 말은 안타깝게도 양명이 만년에 제기한 것이다 보니 학자들과 함께 그 의미를 깊이 구명할 여지가 없었다. 선생이 세상을 떠난 뒤에 학자들은 대부분 정식情識을 양지라고 생각하였다. 그래서 행동으로 드러나는 것에 대해서는 거의 노력을 기울이지 않았다. 나염암(羅念菴: 羅洪先)이 이에 '미발未發'이라는 개념을 제기하여 그 폐단을 구명하였

| 20-72 | 斷續可以言念, 不可以言意; 生機可以言意, 不可以言心; 虛明可以言心, 不可以言性. 至於性, 則不容言矣.

| 20-73 | 人自有生以來, 一向逐外, 今欲其不著於境, 不著於念, 不著於生生之根, 而直透其性, 彼將茫然無所倚靠, 大以落空爲懼也. 不知此無倚靠處, 乃是萬古穩坐之道場, 大安樂之鄉也.

| 20-74 | "致良知" 一語, 惜陽明發此於晚年, 未及與學者深究其旨. 先生沒後, 學者大率以情識爲良知, 是以見諸行事, 殊不得力. 羅念庵乃擧未發以究其

지만 '머리 위에 머리를 두는' 폐단을 면치 못한 듯하다. 무릇 이른바 양지란 곧 본심의 '사려하지 않는 참된 밝음'이니 원래 절로 적연하고 분별에 떨어지지 않는 것이다. 이것 이외에 어찌 다시 미발이라는 것이 있겠는가.

| 20-75 | '지知와 행行의 변별'에 대해서 묻자, "본심의 참된 밝음이 곧 지知이다. 본심의 참된 밝음이 생각과 행위에 관철되어 조금도 어둡게 되거나 가려지지 않으면 바로 행行이다. 지知는 체이고 행行은 용인 것이니 둘로 나누어서는 안 된다."

| 20-76 | "정식情識은 양지가 아닌데 맹자가 말한 '어린아이가 부모를 사랑할 줄 알고 형을 공경할 줄 안다'느니 '어린아이가 우물로 기어들어가는 것을 보면 가슴 덜컹하며 불쌍히 여긴다'느니 '새벽에는 좋아하고 싫어함이 남들과 다르지 않다'느니 '이름을 부르고 발로 차며 주는 음식은 받지 않고 달갑지 않게 여긴다'느니 하는 것들은 모두 정情을 가리켜 말한 것입니다. 왜 그런 것입니까?"라고 묻기에, "성에 대해서는 말로 설명할 수 없기 때문에 편의상 정情에 나아가 성性을 확인한 것이니 마치 연기를 보고 불이 있음을 확인하며 싹을 보고 씨앗을 확인하는 것과 같다. 후학들이 이 의미를 알지 못하기 때문에 드디어 '사랑하거나 공경함',

弊, 然似未免于頭上安頭. 夫所謂良知者, 卽本心不慮之眞明, 原自寂然, 不屬分別者也, 此外豈更有未發耶?

| 20-75 | 問: "知行之辨." 曰: "本心之眞明, 卽知也. 本心之眞明, 貫徹於念慮事爲, 無少昏蔽, 卽行也. 知者體, 行者用, 非可離爲二也."

| 20-76 | 問: "情識旣非良知, 而孟子所言孩提之愛敬, 見入井之怵惕, 平旦之好惡, 呼蹴之不受不屑, 皆指情上言之, 何也?" 曰: "性不容言, 姑卽情以驗性, 猶如卽煙以驗火, 卽苗以驗種. 後學不達此旨, 遂認定愛敬怵惕好惡等, 以爲眞性在是, 則未免執情而障性矣".

'가슴 덜컹하며 불쌍히 여김' '좋아하고 싫어함' 등에 대해 참된 본성이 여기 있다고 여겼으니, 정情에 집착하여 성性에 걸림돌이 되었다."라고 대답하였다.

| 20-77 | 학자들은 '정情에 맡김'을 '성性을 따름'이라고 여기고, 세상에 잘 보이려고 하는 것을 만물과 한 몸이 되는 것이라고 여기며, 계율을 어기는 것을 이름을 좋아하지 않는 것이라고 여기고, 검속을 받지 않는 것을 공자와 안연의 낙처(樂處: 즐거움의 지점)라고 여기며, 부끄러움을 느끼지 않는 것을 부동심不動心이라고 여기고, 마음을 놓치고서는 찾지 않는 것을 '조금의 힘도 들이지 않는 경지'라고 여기는 이가 많다. 개탄스럽다!

| 20-78 | 음陰에 빠지면 점점 형질形質에 정체되고, 양으로 돌아가면 점점 초화(超化: 초월)에 가까워진다. 참된 양이 출현하면 적체된 음이 저절로 사라지니, 이것이 기질을 변화하는 방법이다.

| 20-79 | 내 마음의 거대한 체를 '건乾'이라고 하고, 생성하고 생성하는 용을 '신神'이라고 한다.[17]

| 20-80 | 무릇 건乾은 고요히 있을 때는 전일하

| 20-77 | 學者以任情爲率性, 以媚世爲與物同體, 以破戒爲不好名, 以不事檢束爲孔顏樂地, 以虛見爲超悟, 以無所用恥爲不動心, 以放其心而不求爲未嘗致纖毫之力者, 多矣. 可歎哉!

| 20-78 | 淪于陰, 則漸滯於形質矣; 反于陽, 則漸近於超化矣. 眞陽出現, 則積陰自消, 此變化氣質之道也.

| 20-79 | 吾心廓然之體曰乾, 生生之用曰神.

| 20-80 | 夫乾, 靜

태상 당남 왕시괴 선생

고 움직일 때는 곧은 것이다.[18] 내 마음의 지知는 그 체가 적연寂然하게 하나이기 때문에 '고요히 있을 때는 전일하다'라고 말하는 것이고, 지知가 피어나 만사를 비추면 곧바로 뻗어 가고 굽히지 않기 때문에 '움직일 때는 곧다'라고 말하는 것이다. 무릇 곤坤은 고요히 있을 때는 닫혀 있고 움직일 때는 열린다. 내 마음의 의意는 뿌리가 응집된 듯 정해져 있기 때문에 '고요히 있을 때는 닫혀 있다'라고 말하는 것이고, 의가 피어나 염念이 되면 열려서 변화를 이루기 때문에 '움직일 때는 열린다'라고 말하는 것이다.

| 20-81 | 지知는 우주를 모두 포괄하는 것으로서 통체(統體: 전체로서 주체)로 말한 것이기 때문에 '대大'라고 하고, 의意는 온갖 일들을 다 이루는 것으로서 응용(應用: 감응의 구체적 用)으로 말한 것이기 때문에 '광廣'이라고 한다.[19]

| 20-82 | "지知가 발하여 비춤이 되면 의意에

專動直. 吾心之知體, 寂然一也, 故曰靜專; 知發而爲照, 有直達而無委曲, 故曰動直. 夫坤靜翕動闢. 吾心之意根, 凝然定也, 故曰靜翕; 意發爲念, 則開張而成變化, 故曰動闢.

| 20-81 | 知包羅宇宙, 以統體言, 故曰大; 意裁成萬務, 以應用言, 故曰廣.

| 20-82 | 問: "知發

17 　내 … 한다: 『周易』「繫辭上」, "生生之謂易, 成象之謂乾, 效法之謂坤, 極數知來之謂占, 通變之謂事, 陰陽不測之謂神."

18 　무릇 … 것이다: 이 대목은 『周易』「繫辭上」, "夫易, 廣矣大矣. 以言乎遠則不禦, 以言乎邇則靜而正, 以言乎天地之間, 則備矣. 夫乾, 其靜也專, 其動也直, 是以大生焉, 夫坤, 其靜也翕, 其動也闢, 是以廣生焉. 廣大, 配天地, 變通, 配四時, 陰陽之義, 配日月, 易簡之善, 配至德."을 바탕으로 설명한 것이다.

19 　지(知)는 … 한다: 주석 18) 참조.

속합니다. 그렇다면 건乾의 '움직일 때는 곧다'라는 것은 곧 곤坤에 속하는 것입니다."라고 묻기에, "그렇지 않다. 지知의 비춤은 분별이 없는 것이고, 의意는 분별이 있는 것이다. 어떻게 비춤을 의라고 할 수 있겠는가?"라고 대답하였다.

| 20-83 | 고자告子는 단지 본성이 선악도 없고 수증(修證: 공부)도 없다는 것만을 알아서 모든 것을 자연에 맡길 따름이었다. 조금이라도 공부와 연관이 되면 바로 '의義를 외부의 것으로 여기는 태도'라고 지목하며 배척하였으니 '치우친 공空' 쪽으로 떨어졌다. 맹자는 중도中道란 원래 안과 밖이 없다는 것을 환히 깨달았다. 그는 고자와 토론할 때 모두 용用의 차원에 나아가 보충하여 설명함으로써 고자의 부족한 바를 구제하였다.

| 20-84 | "사상마련事上磨煉이란 어떤 것입니까?"라고 묻기에, "응당 연마하는 바의 대상이 무엇인지 알아야 한다. 만약 단지 세상의 일들에 대해 융통성 있고 원만하게 행하려고만 하면 도道에서 멀리 떨어질 것이다."라고 대답하였다.

| 20-85 | '무욕無欲'은 곧 미발未發을 가리키는 말이다. 【'발(發)'이 곧 '욕(欲)'이다.】 [20]

爲照, 則屬意矣. 然則乾之動直, 卽屬坤矣." 曰: "不然. 知之照無分別者也, 意則有分別者也, 安得以照爲意?"

| 20-83 | 告子但知本性無善惡無修證, 一切任其自然而已, 才涉修爲, 便目爲義外而拒之, 落在偏空一邊. 孟子洞悟中道, 原無內外, 其與告子言, 皆就用上一邊幫補說, 以救告子之所不足.

| 20-84 | 問: "事上磨煉如何?" 曰: "當知所磨煉者何物, 若只要世情上行得通融周匝, 則去道遠矣."

| 20-85 | 無欲卽未發之謂【發便是欲】.

| 20-86 | 『전습속록傳習續錄』에 "마음은 체(體: 실체)가 없고 인간관계의 여러 일들에 감응하는 것을 실체로 삼는다."라고 하였는데 이 말은 미진하다. 무릇 일이란 마음의 그림자이다. 마음은 진실로 소리도 냄새도 없지만 일은 마음의 변화인데 어찌 실체가 있겠는가? 마치 물과 물결의 관계와 같다. '물은 실체가 없고 물결을 실체로 삼는다'라고 하면 옳겠는가? (왕양명이) 이 말을 하는 이유는 대개 마음을 집착하는 잘못을 깨뜨리려고 한 것이었는데 (후학들 사이에서) 다시 일에 집착하는 병통이 생겨나게 될 줄은 몰랐던 것이다.

| 20-87 | 미발未發의 중中은 성性이다. '반드시 수렴하고 응취하여 미발의 본체로 돌아가야 한다'라고 말하는 이가 있는데 옳지 못한 듯하다. 무릇 미발의 성에 대해서는 사유의 대상으로 삼을 수 없고 형용을 할 수가 없다. 묵묵히 이해해야 하는 것이지 억지로 붙잡아서는 안 된다. 정식情識에 대해서는 수렴을 할 수 있고 응취를 할 수 있지만, 본성의 경우는 손을 댈 수가 없으니 어떻게 수렴하고 응취하는 공부를 시행할 수 있겠는가? 수렴하고 응취하는 것

| 20-86 | 『傳習續錄』言"心無體, 以人情事物之感應爲體", 此語未善. 夫事者心之影也, 心固無聲臭, 而事則心之變化, 豈有實體也? 如水與波然, 謂水無體, 以波爲體, 其可乎? 爲此語者, 蓋欲破執心之失, 而不知復起執事之病.

| 20-87 | 未發之中, 性也. 有謂必收斂凝聚, 以歸未發之體者, 恐未然. 夫未發之性, 不容擬議, 不容湊泊, 可以默會而不可以強執者也. 在情識則可收斂可凝聚, 若本性, 無可措手, 何以施收斂凝

20　무욕(無欲)은 … 욕(欲)이다:『太極圖說』, "聖人定之以中正仁義(自註: 聖人之道, 仁義中正而已矣)而主靜(自註: 無欲故靜), 立人極焉." 중에서 '無欲' 개념에 대한 설명이다.

을 미발의 공부로 삼는 것은 '드러난 것을 고수하는 태도를 장애로 여기는' 수준을 면치 못한 것이니 '미발'로부터 더욱 멀어진다.

┃20-88┃ '연기研幾'라는 이론에 대해서 질문하니, "주렴계는 (『통서』에서) '움직이되 형체가 생기지 않아서 유有와 무無의 사이에 있는 것이 기(幾: 기미)이다.'라고 하였다. 대개 본심은 늘 생성되면서 늘 적연寂然하니 유와 무로 설명할 수가 없기에 억지로 이름을 지어서 '기幾'라고 하는 것이다. 기幾란 '미묘함'이니 그것이 소리도 냄새도 없되 단멸된 것도 아님을 말한 것이다. 지금 사람들은 염두念頭가 처음 일어나는 것을 기幾라고 하니 부차적인 의미에 떨어진 것일 수밖에 없고 성문聖門에서 말하는 기幾가 아니다."라고 대답하였다.

┃20-89┃ "어떤 사람은 '성性이란 공부의 대상으로 삼을 수 없고 오직 의념의 차원에서 붙잡고 보존하며 일의 차원에서 잘 가다듬기만 하면 성性이 저절로 존재하게 된다.'라고 합니다."라고 묻기에, "성을 깨닫고 난 뒤에 의념의 차원에서 붙잡고 보존하며 일의 차원에서 잘 가다듬는 것은 괜찮다. 성을 아직 깨닫지 못하였으면서 의념이나 일에 힘을 쏟으면 이른바 '장한 일이라고는 할 수 있겠으니, 어진지는 내가 잘 모르겠다.'라는 수준에 머문다."라고 대

聚之功? 收斂凝聚以爲未發, 恐未免執見爲障, 其去未發也益遠.

┃20-88┃ 問:"研幾之說." 曰:"周子謂'動而未形, 有無之間爲幾'. 蓋本心常生常寂, 不可以有無言, 強而名之曰幾. 幾者微也, 言其無聲臭而非斷滅也. 今人以念頭初起爲幾, 未免落第二義, 非聖門之所謂幾矣."

┃20-89┃ 問:"有謂性無可致力, 惟於念上操存, 事上修飭, 則性自在." 曰:"悟性矣, 而操存于念, 修飭於事, 可矣. 性之未悟, 而徒念與事之致力, 所謂可以爲難矣, 仁則吾不知也."

답하였다.

|20-90| 양명의 학문은 '성을 깨달아서 기氣를 제어하는 것'이었고, 진백사(陳白沙: 陳獻章)의 학문은 '기氣를 길러서 성性에 계합하도록 하는 것'이었다. 이것이 두 선생이 출발점에 있어 차이가 난 점이다.

|20-90| 陽明之學, 悟性以御氣者也; 白沙之學, 養氣以契性者也. 此二先生所從入之辨.

|20-91| 뒷날의 학자들은 정식情識을 심체心體로 잘못 알아서 정식의 차원에서 안배하고 조절하여 그 정식이 안정되고 순정해지게 하려고 노력하는데 결국 불가능하다. 가능하다고 하더라도 또한 하나의 '의견意見'을 지나치게 지키는 것이고 하나의 '광경'을 붙잡고 억지로 주장하여 뭔가 얻은 것이 있다고 여기는 것이고 끝내 이 마음의 본색이 아니어서 결국은 의심을 다 걷어내고 환하게 깨어나지는 못한다.

|20-91| 後儒誤以情識爲心體, 於情識上安排佈置, 欲求其安定純淨而竟不能也. 假使能之, 亦不過守一意見, 執一光景, 強作主張, 以爲有所得矣, 而終非此心本色, 到底不能廓徹疑猜, 而朗然大醒也.

|20-92| 복復괘에서 "동짓날에 관문을 닫는다."라고 하였는데,[21] 무릇 하나의 양陽효가 지극한 고요함 속에서 가만히 싹트고 있는 것이다. 내 마음의 참된 기틀도 본래 이와 같으니

|20-92| 「復」言"至日閉關". 夫一陽潛萌於至靜之中, 吾心眞幾本來如是, 不分

---

21 복(復)괘에서 … 하였는데: 『象』曰: "雷在地中, 復. 先王以至日閉關, 商旅不行, 后不省方."

어느 시각이든 가리지 않고 모두 이른다. 【「서화잉어(瑞華剩語)」】

| 20-93 | 미발未發의 성性은 있다고 하자니 색상色相이 아니고, 없다고 하자니 완공頑空이 아니다. 유有와 무無의 두 쪽으로 떨어지지 않기 때문에 단지 '중中'이라고 이름 짓는다. 【이하는 「잠사차기(潛思劄記)」】

| 20-94 | 『대학大學』에서 '지지(知止: 그침을 알다)'라고 하였는데, 대개 미발의 성은 만고에 걸쳐 늘 그쳐 있다. 늘 그쳐 있으면 천지만물을 생성할 수 있다. 그래서 '그침'이 천지만물의 근본인 것이다. 그래서 『대학』에서 '지지知止'와 '지본(知本: 근본을 알다)'으로 격물치지의 의미를 해석한 것이다.

| 20-95 | 건乾괘의 용구用九에 "여러 용들이 머리가 없음을 본다."라고 하였고, 곤坤괘의 용육用六에 "영구히 곧은 것이 이롭다."라고 하였다. 대개 '건원乾元'이란 성性이고 만물들 위에 머리처럼 우뚝 솟은 것이다. 하지만 머리는 볼 수가 없는 것이니, 만일 머리가 있음을 보게 된다면 잘못된 것이다. 그래서 말하기를, "천덕天德이란 머리가 될 수 없다."라고 한 것이다. 곤은 건의 용用이다. 곤은 반드시 건을 따라야 한다. 정貞은 수렴하여 뿌리로 돌아가서

時刻皆至也.【「瑞華剩語」】

| 20-93 | 未發之性, 以爲有乎則非色相, 以爲無乎則非頑空. 不墮有無二邊, 故直名之曰中.【以下「潛思劄記」】

| 20-94 | 『大學』言"知止", 蓋未發之性萬古常止也. 常止則能生天地萬物, 故止爲天地萬物之本. 故『大學』以"知止""知本"釋格致之義.

| 20-95 | 「乾」用九"見群龍無首",「坤」用六"利永貞". 蓋乾元者性也, 首出庶物者也. 然首不可見, 若見有首則非矣. 故曰天德不可爲首也. 坤者乾之用也, 坤必從乾. 貞者, 收斂歸根以從乎乾也.

건을 따르는 것이다. 그래서 말하기를, "영구히 곧은 것이 이롭다."라고 한 것이다.

|20-96| 기氣는 성性의 용이다. 성은 생성이나 소멸이 없기 때문에 늘 하나이다. 기는 굽히고 펴지는 것이 있기 때문에 늘 둘이다. 하지만 기氣는 성性 안에 있기 때문에 비록 굽히고 펴지는 것이 있지만 또한 생성이나 소멸로 말할 수가 없다. 그래서 성을 다하면 명에 이르게 되는 것이다. 학자들이 이것을 깊이 깨달을 수 있으면 생사의 이론들에 대해 의문이 없게 될 것이다.

|20-97| 성性이란 '하는 것이 없는' 존재인데 성의 용用은 신神이다. 신神이 조밀하게 늘 생성하는 것을 의意라고 한다. 의意는 하나이지만 그 영묘함의 측면에서는 식識이라고 하고, 그 움직임의 측면에서는 염念이라고 한다. 의·식·염은 이름이 셋이지만 사실은 하나이니 다 합쳐서 신이라고 한다. 신은 응집되는 것이 귀하니 수렴하여 뿌리로 돌아감으로써 응집하는 것이 신이다. 신이 응집된 것이 지극하여 '오! 그윽하여 그치지 않는다'는 경지[22]에

故曰利永貞.

|20-96| 氣者性之用也, 性無生滅故常一, 氣有屈伸故常二. 然氣在性中, 雖有屈伸, 亦不可以生滅言. 故盡性則至命矣. 學者深達此, 則無疑於生死之說.

|20-97| 性無爲者也, 性之用爲神. 神密密常生謂之意, 意者一也. 以其靈謂之識, 以其動謂之念. 意·識·念, 名三而實一, 總謂之神也. 神貴凝, 收斂歸根以凝, 神也. 神凝之極, 於穆不已, 而

---

22 오 … 경지: 『中庸』, "詩云: '維天之命, 於穆不已.' 蓋曰天之所以爲天也. '於乎不顯, 文王之德之純.' 蓋曰文王之所以爲文也, 純亦不已."

이르러 성性과 합일되면 (용이) 잠겨 있든, 나타나든, 날아오르든, 뛰어오르든 방소方所도 없고 흔적도 없으니, 이것을 '성인의 경지는 알 수가 없다'라고 한다.

一於性, 則潛見飛躍, 無方無跡, 是謂聖不可知.

| 20-98 | 치지致知는 깨달음을 위주로 하고 성의誠意는 닦음을 위주로 한다. '그침'을 알 수 있으면 성에 대해 깨달은 것이 철저하고 '홀로 아는 마음의 상태'를 삼갈 수 있으면 의意를 닦는 것이 미묘한 데까지 이른다.

| 20-98 | 致知主悟, 誠意主修. 能知止, 則悟於性也徹矣; 能愼獨, 則修於意也微矣.

| 20-99 | 학문이 성을 철저히 깨닫는 데 이르지 못하면 안으로 마음을 집착하고 밖으로 처한 상황에 집착하니 양쪽 모두 장애가 된다. 성에 대해 철저히 깨달은 이는 마음과 처한 상황을 모두 잊어 확연하게 끝이라고는 없게 된다.

| 20-99 | 學未徹性者, 則内執心, 外執境, 兩俱礙矣. 於性徹者, 心境雙忘, 廓然無際.

| 20-100 | 건원乾元은 천지만물이 바로 거기서 시작되는 것이기 때문에 '머리처럼 나와 있다'라고 말하는 것이고, 잠겨 있든, 나타나든, 두려워하든, 뛰어오르든, 날아오르든, 너무 높이 오르든 이런 드러난 모습과는 상관없으니 그 '변화하고 말하거나 행동함'의 소이연所以然은 헤아리기가 어렵기 때문에 '머리가 없다'라고 말하는 것이다.[23] 만약 머리가 있어서 볼 수가 있다면 또한 하나의 사물이니 어찌 여섯 용龍을 때에 맞게 탈 수 있겠는가!

| 20-100 | 乾元爲天地萬物之資始, 故曰首出; 能潛見惕躍飛亢而不涉于跡, 莫測其變化云爲之所以然, 故曰無首. 若有首可睹, 則亦一物而已, 安能時乘六龍乎!

태상 당남 왕시괴 선생

| 20-101 | 어떤 사람이 "성性에 대해서는 노력을 쏟을 수가 없고 굳이 필요하다면 용用을 거둬들여 체體로 돌아가는 공부를 해야 하는 것입니까?"라고 하기에, 내가 "이것은 물론 일리가 있는 말이다. 이는 『중용』의 이른바 '그다음은 부분적인 성실함을 확장시켜 나가는 것이다'라는 말이나 정자의 이른바 '그다음은 장엄하고 경건하게 붙잡고 기르는 것이다.'라는 말과 같은 것이다. 『중용』의 이른바 '성性을 다한다'라는 말이나 정자의 이른바 '다 알게 되면 찌꺼기는 자연히 다 없어지게 된다.'라는 말의 경우는 또 별도로 논의해야 한다. 맹자는 '이것은 하늘이 나에게 준 것이다. 먼저 그 큰 것을 세우면 작은 것이 그것을 빼앗지 못한다.'라고 하였다. '하늘이 나에게 주었다'라고 하였으니 건원乾元의 성性은 내가 본디 가진 것이다. 학자들이 참된 뜻으로 정밀하게 진척시켜 나가서 오랜 시간이 지난 뒤에 묵묵히 깨닫고 깊이 믿을 수 있게 되고 그 대본大本이 나에게 있어서 원래 충분하고 밖에서 빌릴 필요가 없다는 것을 실제로 보게 된다. 모든 순식간의 움직임이나 그침처럼 날마다 볼 수 있는 행위들

| 20-101 | 或謂"性無可致力, 必也攝用以歸體乎?" 余謂: "是固有然者矣, 是『中庸』所謂'其次致曲', 程子所謂'其次則莊敬持養'之說也. 若『中庸』所謂'盡性', 程子所謂'明得盡渣滓便渾化'者, 則又當別論. 孟子謂'此天之所與我者, 先立乎其大者, 則小者不能奪'. 夫曰天與我, 則乾元之性, 我固有之. 學者眞志密詣, 久之能默契而深信, 實見其大本在我, 原是具足不假外求, 則一切瞬息作止, 日可見之行, 由原泉而盈科放海. 卽所以致

---

23   건원(乾元)은 … 것이다: 『周易』「乾」에 "用九, 見羣龍 无首, 吉."이라는 말이 있고 「象」에 "大哉乾元! 萬物資始, 乃統天. 雲行雨施, 品物流形. 大明終始, 六位時成. 時乘六龍, 以御天. 乾道變化, 各正性命, 保合大和, 乃利貞. 首出庶物, 萬國咸寧."이라고 하였다.

을 원천으로부터 시작하여 웅덩이 하나씩을 다 채우면서 흘러서 바다까지 이르는 것처럼 펼쳐 나갈 수 있을 것이다. 이것이 곧 힘을 쏟는 내용들인 것이지 별도로 성性을 어떤 대상으로 삼아서 그것을 붙잡고 움켜쥔 뒤에야 '힘을 쏟는다'라고 말하는 것이 아니다."라고 말하였다.

| 20-102 | "성性이 생긴 이후에 기後가 있고 형체가 있는 것이니 곧바로 그 성을 깨달으면 족한 것이지 어찌 군이 후천의 수양이 필요하겠습니까?"라고 묻기에, "그렇지 않다. 무릇 고금을 관통하고 우주를 가득 채운 것은 모두 후천後天이다. 선천先天은 형체가 없으니 후천을 배제하면 또한 이른바 선천이라는 것도 없다. 그래서 반드시 후천에서 수양을 해야 하는 것이니 그것이 선천의 성을 온전히 유지하는 길이다."라고 대답하였다. 【이하는 「병필(病筆)」】

| 20-103 | "성性은 하는 일이 없고 후천에는 수양이 있습니다. 그렇다면 성은 올연하게 아무 용用이 없는 존재입니까?"라고 묻기에, "그렇지 않다. 성은 형체가 없지만 천지만물은 모두 거기로부터 생성된다. 이것을 이해한다면 '티끌 하나, 터럭 하나도 모두 선천이다'라고 말해도 된다. 일체는 모두 성이니 성의 밖에 어찌 다시 천지만물이 있겠는가!"라고 대답하였다.

力處也, 非別以性爲一物, 執捉把持而後謂之致力也."

| 20-102 | "性之生, 而後有氣有形, 則直悟其性足矣, 何必後天之修乎?" 曰: "非然也. 夫徹古今彌宇宙皆後天也, 先天無體, 舍後天亦無所謂先天矣. 故必修於後天, 正所以完先天之性也."【以下 「病筆」】

| 20-103 | "性無爲, 而後天有修. 然則性爲兀然無用之物乎?" 曰: "非然也. 性無體, 而天地萬物由之以生. 通乎此, 則謂一塵一毛皆先天可也. 一切皆性, 性之外豈更有天地

| 20-104 | "성性은 깨닫는 것이 귀하고 후천은 수양하는 것이 귀합니다. 그렇다면 둘은 당연히 노력을 함께 기울여 가야 하는 것입니까?"라고 묻기에, "그렇지 않다. 이것은 성性과 상相을 나누고 유有와 무無를 쪼개고 은隱과 현顯을 갈라 놓는 것이니 스스로 세계를 둘로 보는 관점을 만드는 것이지 도道를 아는 사람이 아니다. 잘 배우는 사람은 몸이 생기고 생명을 가지게 된 첫 순간부터 천지의 한 기氣가 시작된 태초까지 거슬러 궁구하여 마음의 능력이 미칠 수 없는 곳까지 이르면 깨달음이 있게 될 것이다. 그러니 참으로 모든 것이 모두 성性이고, 한 순간순간에 계신공구戒愼恐懼하는 것부터 천하를 경륜하는 사업에 이르기까지 모두 성性을 다하는 실학實學이다. 그래서 모든 수양이 곧 성이고 모든 성이 곧 수양인 것이지 어찌 '둘에 대해 함께 노력을 기울인다'라는 주장이 있을 수 있겠는가. 이른바 '수양'이란 의념마다 둑을 막듯이 막고 일마다 일일이 안배한다는 뜻이 아니다. 대개 성은 본래 적연하며 우주를 가득 채워 온통 지선至善한 것이다. 성의 용이 신神인데 신이 움직이기만 하고 돌아올 줄 모르게 되면 그제야 악이 생긴다. 잘 배우는 사람은 매 순간마다 적연함으로 돌아감으로써 나의 지선한 본성을 회복하니, 이것을 '참된 수양'이라고 한다."라고 대답하였다.

| 20-104 | "性貴悟, 而後天貴修, 然則二者當並致其力乎?" 曰: "非然也. 是分性相, 判有無, 歧隱顯, 自作二見, 非知道者也. 善學者, 自生身立命之初, 逆溯於天地一氣之始, 窮之至於無可措心處, 庶其有悟矣. 則信一切皆性, 戒愼於一瞬一息, 以極于經綸事業, 皆盡性之實學也. 故全修是性, 全性是修, 豈有二者並致力之說? 所謂修者, 非念念而堤防之, 事事而安排之之謂也. 蓋性本寂然, 充塞宇宙, 渾然至善者也. 性之用爲神, 神動而不知返, 於是乎有惡矣. 善學者, 息息歸寂, 以還我至善之本性, 是之謂眞修."

| 20-105 | 어떤 이가 "성은 본래 적연합니다. 그래서 한번 깨달으면 모든 것이 완료됩니다. 만약 '적연함으로 돌아간다'라고 말하면 '이것으로 저것에 합친다'는 것이어서 끝내 둘로 보는 것입니다."라고 하기에, "그렇지 않다. 무릇 성이 만물을 생성하니 사물 하나하나가 모두 성이다. 사물 하나하나가 석연함으로 돌아가면 그것이 곧 '성의 적연함'인 것이니 어찌 둘이 있겠는가?"라고 말하였다.

| 20-106 | 옛사람이 '배(背: 버림)나 촉(觸: 저촉함)은 모두 그릇된 것이다'라고 말하였는데 대개 일체를 버리고 성에 집착하는 것'이 촉觸이다. 예컨대 신하나 아들이 군주나 아비를 저촉하고 침범하는 것이다. '일체를 따르고 성을 버리는 것'이 배背이다. 예컨대 신하나 아들이 군주와 아비를 배반하고 저버리는 것이다.

| 20-107 | '한 생각 생각마다 뿌리로 돌아감'을 격물이라고 하며, '한 생각 생각마다 밖으로 치달리는 것'을 축물(逐物: 외물을 좇음)이라고 한다.

| 20-108 | 우주의 이 생리(生理: 생성의 리)는 만고에 그치지 않는다는 점에서 명命이라고 하고, 천지와 인성이 모두 거기로부터 나온다는 점에서 성性이라고 하고, 유有와 무無로 설명할

| 20-105 | 或曰: "性本寂也, 故一悟便了. 若曰歸寂, 是以此合彼終爲二之." 曰: "非然也. 夫性生萬物, 則物物皆性. 物物歸寂, 卽是自性自寂, 何二之有?"

| 20-106 | 昔人有背觸皆非之說. 蓋謂遺一切而執性者是觸也, 如臣子之觸犯君父也; 徇一切而遺性者是背也, 如臣子之叛棄君父也.

| 20-107 | 念念歸根謂之格物, 念念外馳謂之逐物.

| 20-108 | 宇宙此生理, 以其萬古不息, 謂之命; 以其爲天地人性所從出, 謂之

수 없다는 점에서 중中이라고 하고, 순수하고 정미하며 지극하여 형용할 길이 없다는 점에서 '지선至善'이라고 하고, 상대되는 것이 없다는 점에서 '독獨'이라고 하고, 둘로 갈리지 않는다는 점에서 '일一'이라고 하고, 천칙天則의 자연스러움이고 사람의 힘을 빌리지 않는다는 점에서 천리天理'라고 하고, 생성하고 생성한다는 점에서 '역易'이라고 하고, 천지와 인물의 배태胚胎가 과일의 씨에 생명을 담고 있는 것과 같다는 점에서 '인仁'이라고 한다. 【이하는 「앙자부견(仰慈膚見)」】

| 20-109 | 이단의 학문은 '부모가 낳기 이전'을 논하기 좋아하여 '생각이 길이 완전히 끊어진다'라고 말하는데, 만고에 걸쳐 이 생리生理가 우주를 가득 채우고 안과 밖, 처음과 끝을 관통하니 어찌 일체를 떠나 별도로 '부모가 낳기 이전'이 있어서 그 위에 발을 딛고 설 수 있겠는가? 만약 "일체 속에서 '부모가 낳기 이전'을 깨닫는 것이 바로 견성見性이다."라고 한다면 또한 '공空과 유有를 둘로 보는 견해로 떨어질 수밖에 없으니 '일一'의 관점을 계속 유지하고 둘로 되지 않는 학문이 아니다.

| 20-110 | 천지의 생성은 관통하지 않는 것이 없기 때문에 식물이나 동물, 한 티끌이나 한 터럭도 기氣를 받아 형체를 드러내지 않는 것

性; 以其不可以有無言, 謂之中; 以其純粹精至極而不可名狀, 謂之至善; 以其無對謂之獨; 以其不二, 謂之一; 以其天則自然非假人力, 謂之天理; 以其生生謂之易; 以其爲天地人物之胚胎如果核之含生, 謂之仁. 【以下「仰慈膚見」】

| 20-109 | 異學喜談父母未生前以爲言, 思路絶殊. 不知萬古此生理充塞宇宙, 徹乎表裏始終, 豈離一切, 別有未生前可容駐脚? 若云卽於一切中要悟未生前乃爲見性, 亦未免落空有二見, 非致一不二之學也.

| 20-110 | 天地之生無不貫, 故草木鳥獸, 一塵一毛, 莫不

이 없다. 성인의 생리生理도 관통하지 않는 것이 없기 때문에 인륜과 만물의 한순간 순간마다 절도에 맞고 분수를 다하지 않는 때가 없다. 그래서 성문聖門에서 사람을 가르치는 방식은 큰 제한을 벗어나지만 않으면 '세세한 행실을 반드시 삼가야 한다'라는 규칙은 지나치게 상소하지 않는다. 실로 나의 생리生利를 온전히 하는 것이 '성性을 다하는' 지극한 공부이다. 그래서 '물 뿌리고 쓸고 응하고 대답하는 것이 곧 형이상의 것이다.'라고 말하는 것이다.

│20-111│ 생리生理는 거대하여 끝이 없으니 방소方所로 규정할 수 없고 단예(端倪: 실마리)를 잡을 수 없으며 변제邊際를 엿볼 수 없다. 저들은 한 의념이 처음 싹트는 것을 생리生理라고 여기는데 정말이지 그렇지 않다.

│20-112│ 성학聖學은 '인仁을 추구함'을 위주로 하는데 인仁의 체體는 가장 인식하기가 어렵다. 만약 인仁을 인식하지 못하면 단지 효제孝悌와 같은 실제의 일에서 자신의 본분을 다해야 한다. 효제를 참되고 절실하게 행할 때 이 마음이 힘차고 성대하게 일어나 스스로 그칠 수 없는데 그렇게 되면 인의 체는 여기에서 묵묵히 이해할 수 있게 된다.

│20-113│ 『중용』에서 '지극한 성誠은 그침이

受氣而呈形; 聖人之生理無不貫, 故人倫庶物, 一瞬一息, 莫不中節而盡分. 是以聖門教人, 大閑不逾, 細行必謹, 非矯飾也. 實以全吾生理, 是盡性之極功也. 故曰灑掃應對, 便是形而上者.

│20-111│ 生理浩乎無窮, 不可以方所求, 不可以端倪執, 不可以邊際窺. 彼以一念初萌爲生理, 殊未然.

│20-112│ 聖學主於求仁, 而仁體最難識. 若未能識仁, 只從孝弟實事上懇惻以盡其分. 當其眞切孝弟時, 此心油然藹然不能自已, 則仁體卽此可默會矣.

│20-113│ 『中庸』言

없다', '순일하여 또한 그치지 않는다', '간절하여 완전한 인仁이고, 깊고 깊어 완전한 연못이고, 넓디 넓어 완전한 하늘이다'라고 하였고, 맹자는 '바르게 길러서 해침이 없으면 천지의 사이에 가득 찬다.'라고 하였다. 이 경지에 이르면 어찌 삶과 죽음이라고 할 만한 것이 있겠는가. 무릇 '삶과 죽음이라고 할 만한 것이 없다'라는 것은 '단멸'을 의미하는 것이 아니다. '단멸하지 않는다'라는 것은 '정혼(精魂: 정신이나 혼백)이 남아 있다'라는 의미가 아니다. 또한 '이 리가 늘 존재하여 사람의 생존과는 상관없다'라는 의미도 아니다. 오직 깊이 연구해 들어간 사람만이 스스로 알 수 있을 것이다.

| 20-114 | '굽히고 펴고 가고 오는' 이치는 역易 속에 갖추어져 있다. '굽히고 펴고 가고 온다'라는 것은 두 가지 존재가 아니다. '굽히고 펴고 가고 올 수 있는 존재'는 본래 하나인데 하나이면서 굽힐 수도 펼 수도 있고 갈 수도 올 수도 있기 때문에 역易이라고 한다. 굽힐 수 있고 펼 수 있으며 갈 수 있고 올 수 있으면서 그치지 않는 것은 역易이 허물어지지 않는 이유이다. 이것을 일러 '생성하고 생성하는 역'이라고 한다. 역을 알면 삶과 죽음에 대한 담론을 알 수 있게 된다.

| 20-115 | 참된 수양을 통해 깨닫는 것은 실제

"至誠無息, 純亦不已, 肫肫其仁, 淵淵其淵, 浩浩其天", 孟子言"直養無害, 塞乎天地之間". 到此境界, 安有生死之可言? 夫無生死可言, 非斷滅之謂也. 不斷滅, 非精魂留住之謂也. 亦非泛論此理常存, 而於人無與之謂也. 惟深造者自知之.

| 20-114 | 屈伸往來之理備于易. 屈伸往來非兩物, 以其能屈伸往來者, 本一也. 一而能屈伸往來, 故謂之易. 能屈伸往來而不息, 易之所爲不毁也, 是謂生生之易. 知易則知生死之說.

| 20-115 | 由眞修而

이고, 견해를 통해 깨닫는 것은 영향(影響: 그림자와 메아리)이다. 이것이 참됨과 거짓의 구분이다. 【이하는 「정섭오언(靜攝寤言)」】

| 20-116 | 성性은 거대하게 끝이 없는 것이고, '생기生幾'는 성이 드러난 지점이다. 성에 대해서는 노력을 가할 수 없기에 잘 배우는 사람은 오직 '기미를 연마한다[研幾]'. '연기研幾'라는 것은 염두念頭가 싹트고 난 뒤에 삿된 것인지 바른 것인지 변별한다는 뜻이 아니다. 이 기미는 생성하되 생성함이 없어 지극히 은미하고 지극히 정밀하며 유有도 아니고 무無도 아니다. 오직 끊임없이 내밀함 속으로 물러나 보존되듯이 할 수 있어야 그 경지에 가까울 수 있을 것이다.

| 20-117 | "사람이 죽으면 형체는 썩어 없어지고 정신도 또한 흩어지게 됩니다. 그래서 순임금과 도척盜跖이 함께 반드시 썩어지게 되고 겨우 보존되는 것이라고는 오직 선과 악이라는 이름이 후세에 남게 되는 것일 뿐입니다."라고 묻기에 내가 "그렇지 않다."라고 대답하였다. 또 "군자가 자신을 수양하고 힘껏 공부하는 것은 도리로 볼 때 당연히 그래야 하기 때문이지 삶과 죽음에 대한 고려 때문에 그렇게 하는 것이 아닙니다. 만약 삶과 죽음에 대한 고려 때문에 선을 행한다면 그것은 무슨 속셈을 가지

悟者實際也, 由見解而悟者影響也. 此誠僞之辨也.【以下「靜攝寤言」】

| 20-116 | 性廓然無際, 生幾者, 性之呈露處也. 性無可致力, 善學者惟研幾. 研幾者, 非於念頭萌動辨別邪正之謂也. 此幾生而無生, 至微至密, 非有非無, 惟綿綿若存退藏於密, 庶其近之矣.

| 20-117 | 問: "人之死也, 形旣朽滅, 神亦飄散. 故舜蹠同歸於必朽, 所僅存者, 惟留善惡之名於後世耳." 予曰: "不然." 又問: "君子之修身力學, 義當然也, 非爲生死而爲也. 倘爲生死而爲善, 則是有所爲而爲

고 행하는 것입니다."라고 묻기에, 내가 "그렇지 않다. 무릇 학문은 '삶을 온전히 영위하고 온전하게 돌아감'을 목적으로 삼는다. 이미 '온전하게 돌아간다'라고 하였으니 어찌 '형체와 함께 썩는다'라고 할 수 있겠는가. '온전하게 돌아간다'라는 것은 덕이 천지와 합치되고 밝음이 일월과 합치되는 것이니 지극한 성실함이 영구히 유지되고 끝남이 없을 수 있는 이유이다. 어떻게 순임금과 도척이 같이 썩어진다고 할 수 있겠는가. '온전히 돌아감'을 학문으로 삼으니 어찌 '속셈을 가지고 하는 것'이라고 할 수 있겠는가."라고 대답하였다. "덕이 천지와 합치되고 밝음이 일월과 합치되고 영구히 유지되고 끝남이 없다는 것은 단지 그 리理를 말한 것일 뿐입니다. 어찌 정말로 정신이나 영혼 같은 것이 영구히 존재하며 없어지지 않겠습니까? 이것은 도리어 '응체되어 바뀔 줄 모르는' 어떤 것입니다."라고 묻기에, 내가 "리라는 것이 과연 존재하는 것인가? 존재한다면 응체될 것이다. 리라는 것이 과연 존재하지 않는가? 존재하지 않는다면 단멸할 것이다. 응체된다면 덕이 아니고 밝음이 아니니 지극한 성실함이 아니고, 단멸한다면 합일됨이 없고 유구함이 없을 것이다. 이런 견해를 모두 돌파할 수 있어야 '삶을 아는' 학문에 대해 말할 수 있을 것이다."【「조문억설(朝聞臆說)」】

矣."予亦曰:"不然. 大學以全生全歸爲准的, 旣云全歸, 安得謂與形而俱朽乎? 全歸者, 天地合德, 日月合明, 至誠之所以悠久而無疆也, 孰謂舜蹠之同朽乎? 以全歸爲學, 安得謂有爲而爲乎?" 曰: "天地合德日月合明悠久無疆, 特言其理耳. 豈眞有精神靈爽長存而不泯乎? 是反爲沉滯不化之物矣."予曰:"理果有乎? 有卽沉滯矣. 理果無乎? 無卽斷滅矣. 沉滯則非德非明非至誠也, 斷滅則無合無悠久也. 此等見解, 一切透過, 乃可以語知生之學."【「朝聞臆說」】

| 20-118 | 본성 속에 생리(生理: 생성의 리)를 품고 있는 것을 '인仁'이라고 하고, 본성 속에 영통靈通함을 품고 있는 것을 '지知'라고 한다. 이 인과 지는 모두 소리도 냄새도 없다. 그래서 '성性의 덕이다'라고 한 것이다. 측은지심과 시비지심은 인과 지의 단예(端倪: 실마리)가 밖으로 발용發用된 것이니 정情이다. 이른바 '성의 용用'이다. 뒷날의 학자들은 '사랑함'으로 인仁을 설명하고 '비춤'으로 '지知'를 설명하였고 드디어 이것에 집착하여 그것을 학문으로 삼았다. 이것은 한낱 정情이라는 유행만을 인식하고 성이라는 깊은 뜻에 대해서는 알지 못하는 것이다. 【이하는 「인지설(仁知說)」】

| 20-119 | 공문孔門은 '구인求仁'을 궁극의 목표로 삼았는데 왕양명은 특별히 '치지致知'라는 개념을 제기하였다. 대개 그 당시에 모두들 '널리 듣고 넓고 보며 외부에서 지식을 구하는 것'을 학문으로 삼았다. 그래서 선생이 그 '성에 근원을 두고 본디 선한 것'이라는 개념을 제기하여 그 병폐를 구제하였다. 그의 말을 보면 '양지는 곧 미발의 중이다'라고 하였는데, 이미 '미발의 중'이라고 하였으니 '인仁'과 '지知'가 어찌 둘이겠는가. 지금 말학들이 왕왕 '분별하고 명료하게 비춤'을 양지라고 여기는데 참으로 그 근본에 대해서는 어두운 것이다.

| 20-118 | 自本性之中涵生理曰仁, 自本性之中涵靈通曰知. 此仁知皆無聲臭, 故曰性之德也. 若惻隱是非, 乃仁知之端倪發用於外者, 是情也, 所謂性之用也. 後儒以愛言仁, 以照言知, 遂執此以爲學. 是徒認情之流行, 而不達性之蘊奧矣. 【以下「仁知說」】

| 20-119 | 孔門以求仁爲宗, 而姚江特揭致知. 蓋當其時, 皆以博聞廣見求知於外爲學. 故先生以其根於性而本良者救之. 觀其言曰"良知卽是未發之中", 旣云未發之中, 仁知豈有二哉! 今末學往往以分別照了爲良知, 固昧其本矣.

| 20-120 | 어떤 이가 "단지 한순간의 '사랑함'을 확충하여 사랑하지 않음이 없는 데 이르면 그것이 바로 인仁이다. 굳이 '성의 체體인 인仁'을 깊이 탐구할 필요가 없다."라고 말하였다. 이것은 '선을 알고 악을 아는 능력'에 집착하여 그것을 양지로 여기고 '성의 체인 지知'를 깊이 탐구하지 않는 것과 다름이 없다. 아, 성학性學이 어두워진 것이 오래되었다!

| 20-121 | 미발의 중은 인仁과 지知가 혼연히 결합되어 있으니 볼 수도 없고 들을 수도 없다. 본디 사랑이라고 말할 만한 것이 없지만 발현하여 '사랑하지 않음이 없는 것'이 되고, 본래 비춤이라고 말할 만한 것이 없지만 발현하여 '비추지 않음이 없는 것'이 된다. 그래서 "넓고 넓으며 깊고 깊은데 때에 맞게 발출된다."[24]라고 한 것이다.

| 20-122 | 옛사람들은 이른바 '불후不朽'라는 말을 하였는데 무릇 자신 밖의 것들은 본디 반드시 썩게 마련이다. 문장·공훈·명예는 모두 반드시 썩는다. 정기精氣·체백體魄·영식靈識도 반드시 썩는다. 그렇다면 썩지 않는 것은

| 20-120 | 或謂"只將一念之愛, 擴而充之, 至於無不愛, 便是仁, 不必深探性體之仁". 此與執知善知惡爲良知而不深探性體之知者無異. 噫, 性學之晦久矣!

| 20-121 | 未發之中, 仁知渾成, 不可睹聞. 本無愛之可言, 而能發之爲無不愛; 本無照之可言, 而能發之爲無不照. 故曰"溥博淵泉而時出之."

| 20-122 | 古人有所謂不朽者, 夫身外之物固必朽, 文章勳業名譽皆必朽也. 精氣體魄靈識亦必朽

24 　넓고 … 발출된다: 『中庸』, "溥博淵泉而時出之. 溥博如天, 淵泉如淵. 見而民莫不敬, 言而民莫不信, 行而民莫不說."

어떤 것인가? 도道에 대해 깊이 아는 사람이 아니면 누가 알 수 있겠는가?【이하는「당서태색서(唐曙台索書)」】

▎20-123▎ (주렴계는) "'적연부동寂然不動'은 성誠이고 감이수통感而遂通은 신神이며 '움직이되 드러나지 않고 유有와 무無의 사이인 것'은 기幾이다."라고 하였는데 이것은 본심을 가장 적절하게 묘사한 것이다. 무릇 마음은 하나인데 적연부동은 그 체이고 감이수통은 그 용이며 기幾는 체와 용이 둘이 아닌 단예(端倪: 실마리)이다. 기幾 이전에 별도의 체가 없고 기 이후에 별도의 용이 없음을 알아야 하는 것이니, 단지 기幾 한 글자가 모든 것을 포괄한다. 성인을 희구하는 사람은 '종일토록 끊임없이 노력하여 오직 기幾를 연마함'을 핵심으로 삼는다.

▎20-124▎ 정자程子는 "이 이치를 알고 나면 성誠이나 경敬으로 보존한다."라고 하였다.[25] 격물치지格物致知란 이 체體를 아는 방법에 해당하고, 성의誠意는 '성이나 경으로 보존하는' 것이다. 격물은 깨달음에 달려 있고 성의는 수양에 달려 있는데『대학』의 핵심은 여기에 모두 포

也. 然則不朽者何事? 非深於道者, 孰能知之!【以下「唐曙台索書」】

▎20-123▎ "寂然不動者誠, 感而遂通者神, 動而未形, 有無之間者幾", 此是描寫本心最親切處. 夫心一也, 寂其體, 感其用, 幾者體用不二之端倪也. 當知幾前無別體, 幾後無別用, 只幾之一字盡之. 希聖者終日乾乾, 惟研幾爲要矣.

▎20-124▎ 程子曰 "識得此理, 以誠敬存之." 格物致知者, 識得此體也. 誠意者, 以誠敬存之也. 格物存乎悟, 誠意存

---

25 정자(程子)는 … 하였다:『二程遺書』권2상, "學者須先識仁, 仁者渾然與物同體, 義禮知信皆仁也. 識得此理, 以誠敬存之而已, 不須防檢, 不須窮索. 若心懈則有防, 心苟不懈, 何防之有? 理有未得, 故須窮索, 存久自明, 安待窮索?"

괄되어 있다. 【이하는 『석경대학약의(石經大學略義)』】

┃20-125┃ "『대학』에서는 단지 '지선至善'만을 말하고 그것이 성性이라고 밝히지 않았고, 단지 '독獨'만을 말하고 그것이 '움직이되 드러나지 않음'임을 묘사하지 않았으며 단지 '신愼'만을 말하고 '간직해 두거나 수렴하는 방법'에 대해 상세하게 보여 주지 않았는데, 지금 무엇을 근거로 그런 해석이 옳다는 것을 수 있는 것이오?"라고 묻기에, "나는 『중용』을 근거로 그러함을 알았다. 『중용』에서는 처음에 '천명天命의 성性'을 거론하고서는 '(희로애락의) 미발未發이 천하의 대본이다'라고 하였다. 이 편(篇:『중용』) 안에서 '선을 밝힘'이나 '선을 택함'을 말하였는데 바로 '성性이 지선을 근본으로 삼는다'는 담론을 가리킨 것이다. '독'에 대해서 말할 때 '보이지 않고 들리지 않음'과 '은미함'을 말하고는 바로 '그보다 드러나는 것이 없고' '그보다 현저한 것이 없다'라고 하였는데 바로 이른바 '움직이지만 드러나지 않아 유와 무의 사이'이니, '독'의 형상에 대한 묘사가 적절하다고 할 만하다. 이미 '계신공구戒愼恐懼'를 말했으면서 마지막 장에서는 '홑옷을 (비단옷 위에) 걸쳐 입음', '보이지 않음', 미묘함으로부터 스스로 덕을 향해 들어가는 방식, 남들이 보지 않는 곳에서 잠겨 엎드려 있음, 움직이지 않을

乎修, 大學之要盡於此矣. 【以下 「石經大學略義」】

┃20-125┃ 問: "大學但言至善, 未嘗指其爲性; 但言獨, 未嘗描寫其爲動而未形; 但言愼, 未嘗極示其爲潛藏收斂. 今何所徵而知其然乎?" 曰: "吾徵於『中庸』而知其然矣. 『中庸』首揭天命之性, 而謂未發爲天下之大本, 篇中言明善擇善, 正指性之至善爲本之說也. 其言獨曰不睹聞隱微, 而卽曰莫見莫顯, 正所謂動而未形, 有無之間. 其描寫獨之面目可謂親切矣. 旣言戒愼恐懼, 而末章詳言尙絅·闇然·由微自以入德·潛伏於人所不見. 敬信於不動不言·篤恭於不顯·

때도 외경의 태도를 가지고 말하지 않을 때도 믿음을 줄 수 있음, 드러나지 않은 곳에서 도탑게 공손함, '소리나 색이라는 말단적인 것을 크게 활용하지 않고 소리도 냄새도 없는 지극한 경지로 완전히 돌아감'에 대해 상세히 말하였으니 바로 '간직해 두거나 수렴하여 기幾를 연마하고 미묘함으로 들어가는' 종지이다. 『대학』은 그 대략을 제기하였고 『중용』은 그 상세함을 보여 주었다. 가규(賈逵: 30-101)는 '『대학』은 경經이고 『중용』은 위緯인데 모두 자사子思가 저술한 것이다.'라고 하였는데, 정말 그런 것 같다!"라고 대답하였다.

| 20-126 | "성性은 본래 저절로 그쳐 있는 것이니 사람의 힘을 빌린 뒤에 그치는 것이 아닙니다. 학문은 오직 한번 깨달으면 모든 것이 다 해결되는 것이니 어찌 굳이 '독獨'을 삼가겠습니까?"라고 묻기에, "성性은 선천이고, 독獨이나 기幾가 한번 싹트면 바로 후천에 속한다. 후천은 습기習氣가 가만히 잠복해 있지 않을 수가 없다. 습기가 완전히 없어지지 않으면 끝내 성性의 장애가 된다. 그러니 반드시 삼가야 한다. 습기가 완전히 없어지고 난 뒤에 깨달음의 실제가 된다. 그래서 참된 수양은 곧 그 깨달음을 완성하는 길이니 또한 두 가지 일이 아니다."라고 대답하였다.

不大於聲色之末, 而歸極於無聲臭之至, 正潛藏收斂研幾入微之旨也. 『大學』擧其略, 『中庸』示其詳也. 賈逵謂『大學』爲經, 『中庸』爲緯, 皆出於子思之筆, 其信然哉!"

| 20-126 | 問: "性本自止, 非假人力而後止也. 學惟一悟便了, 何必愼獨?" 曰: "性先天也, 獨幾一萌, 便屬後天. 後天不能無習氣之隱伏, 習氣不盡, 終爲性之障, 故必愼之. 至於習氣銷盡, 而後爲悟之實際, 故眞修乃所以成其悟, 亦非二事也."

| 20-127 | 성性은 깨달음이 귀할 뿐이고 의식적인 노력을 통해 할 수 있는 일이 없다. 한번 손을 대려고 하자마자 곧바로 물든 것이 되어 버린다. 독獨은 성性의 용이다. 용에 간직해 둘 수 있으면 형기形氣가 주도하지 않아서 그 처음의 상태를 회복할 수 있다. 이른바 '음은 반드시 양을 따른다'는 것이니 곤괘는 '동북쪽에서 친구를 잃은' 뒤에야 경사가 생긴다. '하늘보다 뒤에 있으면서 하늘의 때를 받드는' 것이다.

| 20-127 | 性貴悟而已, 無可措心處. 才一拈動, 卽屬染汙矣. 獨爲性之用, 藏用則形氣不用事以復其初. 所謂陰必從陽, 坤必"東北喪朋"而後有慶, 後天而奉天時也.

명유학안 권21,
강우왕문학안6

明儒學案 卷二十一,
江右王門學案 6

문결 정우 등이찬 선생

文潔鄧定宇先生以讚

| 21-1 | 등이찬(鄧以讚: 1542-1599)의 자는 여덕
汝德이고 호는 정우定宇이며 남창부南昌府 신건
현新建縣 사람이다. 융경隆慶 신미년(1571)의 회
시會試에 장원을 하고 서기사(庶起士: 庶吉士)로
선발되어 한림원편수翰林院編修, 우중윤右中允,
관국자감사업사管國子監司業事, 남경좨주南京祭酒
를 역임하고 이부시랑吏部侍郎에 이르렀다. 벼
슬한 지 20여 년에 봉록을 받은 것은 6년에 지
나지 않으며, 국본(國本: 太子) 문제로 두 번 공
소公疏[1]를 올렸다.

선생은 정신을 맑게 하여 안으로 관조하였
으며 성령性靈을 훤히 알았다. 왕용계王龍溪에
게 "학문은 반드시 자득自得을 추구해야 한다.
하늘을 따르는 일이라도 하지 않고 땅을 따르

| 21-1 | 鄧以讚,
字汝德, 號定宇, 南
昌新建人. 隆慶辛
未會試第一. 選庶
起士, 歷官編修, 右
中允, 管國子監司業
事, 南京祭酒, 至吏
部侍郎. 入仕二十
餘年, 受俸僅六年.
以國本兩上公疏.

先生澄神內照, 洞
徹性靈. 與龍溪言:
"學問須求自得, 天
也不做他, 地也不做

---

1   공소(公疏): 六科가 황제에게 올리는 疏本. '主德闕達', '朝政失得', '百官賢佞' 등 중대
     문제를 다룬다.

는 일이라도 하지 않고 성인을 따르는 일이라도 하지 않는다."라고 말하였다. 장양화張陽和[2]가 "하는 말이 세상 사람들을 놀라게 한다."라고 하자, 선생이 "하늘과 땅을 따르는 것도 결국은 쓸데없이 한 번 더 움직이는 것이다. 이것이 '여래如來가 간 곳으로 따라가지 않는다'라는 방식이다."라고 말하였다. 하지만 선생의 기록에서는 이 몇 마디 말을 삭제하였다. 또한 자신의 학문 종지를 너무 많이 드러내게 되는 것을 염려한 것인가? 그는 "양명이 '옳음을 알고 그름을 아는 것이 양지이다'라고 한 것은 단지 임시방편으로 한 말이다. 무릇 '옳음을 알고 그름을 안다'라는 것은 옳고 그름에 떨어지지 않는 것이다. '(양지가) 발출하여 옳음이 있고 그름이 있다'라는 사실을 내가 알아보고서는 그것을 '비춤'이라고 말한 것이다. 옳음도 없고 그름도 없이 말갛게 안에 있어서 '옳음을 알고 그름을 안다'라고 말하지 않을 수 없는 것이 바로 '지知의 체體'이다. 좋은 색을 좋아하고 나쁜 냄새를 싫어하는 것과 같으니, 그 '좋아함과 싫어함의 체體'[3]가 어찌 색이나 냄새에 떨어지겠는가?"라고 하였다. 양명에게 있어서는 실제로 임시방편의 말이 아니기는 했지만 뒷날

他, 聖人也不做他." 陽和謂"所言駭世人之聽". 先生曰: "畢竟天地也多動了一下, 此是不向如來行處行手段." 而先生記中刪此數語, 亦慮其太露宗風乎? 謂"陽明知是知非爲良知, 特是權論. 夫知是知非不落於是非者也. 發而有是有非, 吾從而知之謂之照. 無是無非, 澄然在中, 而不可不謂之知是知非, 則是知之體也. 猶之好好色, 惡惡臭, 好惡之體, 何嘗落於色臭哉!" 在陽明實非權論, 後來學者多在用處求, 辨之於有是有非之中, 多不得力, 先生

---

2   장양화(張陽和): 張元汴(1538-1588), 자는 子藎이고 호는 陽和이다. 浙江省 山陰 사람이다.
3   체(體): 좋아함과 싫어함의 주체인 마음이라는 본체를 가리킨다.

의 학자들이 용用의 차원에서 구하는 경우가 많아서 '옳음이 있고 그름이 있는 차원'에서 변별하느라 많이들 공부의 성과를 얻지 못하였다. 선생이 그들의 이런 이론들을 무너뜨렸으니 약석藥石이 아니라고 할 수 없다. 선생은 양명의 문인을 통해 사숙私淑하였는데 그 문인이란 왕용계와 장양화가 가장 중요하다.

정우 어록

|21-2| 『대학』의 심성에 대한 논의에서 '정靜'은 마음을 거둬들이는 길이지 마음이 아니고 성性을 구하는 길이지 성이 아니다. 무릇 물物이란 눈에 있어서는 보는 것이고 귀에 있어서는 듣는 것이고 손과 발에 있어서는 쥐거나 걷는 것이니 어디를 가나 존재하지 않겠는가. 어찌 반드시 정靜해야만 하겠는가. 그러므로 옛날 성현聖賢은 측은지심에서 그 '실마리[端]'를 확인하였고 '부모에게 효도할 줄 알고 형을 공경할 수 있음'에서 그 '본디 선함[良]'을 보았으니 요컨대 그 본체를 곧바로 깨달은 것일 뿐이다.

|21-3| 우리의 귀, 눈, 입, 귀는 비록 개인의 것이지만 '생의(生意, 생성하려는 의지)'가 그 사이를 관통하고 있다. 인仁은 사람의 생의인데, 이 생의가 있어야 사람이 비로소 이루어진다. 만

墮其義, 不可謂非藥石也.　先生私淑陽明之門人, 龍溪·陽和其最也.

定宇語錄

|21-2|　『大學』之為心性也, 靜所以攝心而非心也, 所以求性而非性也.　夫是物也, 在目為視, 在耳為聽, 在手足為持行,　安往而不存焉? 惡在其必靜也?　故古之聖賢, 於惻隱而驗其端, 於知能而觀其良, 要以直參其體而已.

|21-3|　吾人耳目口鼻雖是箇人, 還有箇生意貫洽於其間. 仁乃人之生意, 有此

일 마음이 있지 않으면 보아도 보지 못하고 들어도 듣지 못하며 먹어도 맛을 알지 못하니 사람이 될 수 없다.

|21-4| 천지 사이가 모두 역易이니, 보이는 하늘의 바람, 나뭇잎, 새소리가 모두 역이 아닌 것이 없다. 우리가 여기서 한번 움직이면 곧 하나의 효爻로 떨어진다. 도道는 본디 지극한 중中인데 터럭만큼이라도 어디에 기대는 점이 있으면 바로 지나친 지점이 된다.

|21-5| 형색(形色: 사람의 몸)은 천성天性이다. 천성은 원래 형색 안에 있는 것이다. 예를 들어 눈은 볼 수 있고 귀는 들을 수 있으며 손과 발은 쥘 수 있고 걸을 수 있는데 이것은 무엇인가? 바로 천성이 있는 것이다. 성인이 '형색대로 온전히 실현한다[踐形]'라는 것은 이것을 온전히 구현한다는 뜻이다. 보고 듣고 말하고 행동하는 것이 이치에 맞아서 자연히 소리는 음률이 되고 몸은 법도가 되며 귀는 온전한 귀가 되고 눈은 온전한 눈이 되며 손과 발은 온전한 손과 발이 된다. 실천능력이 있거나 지혜로운 이들은 천성이라는 것이 있음을 알기는 하지만 그것이 형색의 안에 있음을 알지 못하니 이는 '하늘만 알고 사람은 알지 못하는 것'이고, 어리석거나 실천능력이 없는 이들은 형색이 있는 것만 알고 천성이 있는 것은 알지 못

生意, 人才成得. 如心不在, 視不見, 聽不聞, 食不知味, 則不成矣.

|21-4| 天地間皆易, 卽所見天風木葉鳥聲, 無非『易』者. 吾人在此一動, 卽落一爻. 道本至中, 稍有一毫倚著, 卽是過處.

|21-5| 形色天性也. 天性原在形色之內, 如眼能視, 耳能聽, 手足能持行, 這是什麼? 就有箇天性. 在聖人之踐形, 全得這箇. 視聽言動以理, 自然聲爲律, 身爲度, 耳成箇耳, 目成箇目, 手足成箇手足. 賢智者知有天性, 而不知其在形色之內, 是知天而不知人; 愚不肖者, 徒知有形色, 而不知有天性, 是知人而不知天.

하니 이는 '사람만 알고 하늘은 모르는 것'이다.

│21-6│ '(세상에) 쓰이게 되면 행한다'라는 말은 그 도道를 크게 행하는 것이고, '버려져 있게 되면 감춰 둔다'라는 말은 '물러나 내밀한 곳에 감춰 둔다'라는 뜻이다.[4] 공자는 노魯나라에서 한번 기용되자 숱한 큰일들을 해내었다. 안연顏淵은 누항陋巷에 거처하였으니 어찌 그 한 몸을 감춰 두는 데 그쳤겠는가. 일생의 학문을 모두 감춰 두었다. 그래서 지금까지 사람들은 단지 그가 성인인 것만 알지 그의 언어나 문자 등 대략을 구하려고 해도 전혀 찾지 못하니, 어찌 이 속의 깊고 깊은 것을 알 수 있겠는가. 이것이 성인에게 있어 가장 오묘한 지점이다.

│21-7│ 사람의 참된 마음은 귀신 앞에 이르면 좋은 것이든 추한 것이든 모두 드러나게 되니 '완전히 없앨 수 없는 지점'이 있다.

│21-8│ 곱자로 네모를 그릴 때 지극한 네모가 바로 '교巧'이고, 그림쇠로 원을 그릴 때 지

│21-6│ 用之則行, 大行其道也; 舍之則藏, 退藏於密也. 夫子在魯國一用, 便幹出許多大行事出來. 顏子居陋巷, 豈止藏他一身? 將生平所學儘是藏了. 故到今人只知他是箇聖人, 卽求他言語文字之粗, 了不可得, 何曾識得此中之深深? 此是聖人最妙處.

│21-7│ 人之眞心, 到鬼神前, 毋論好醜, 盡皆宣洩, 有是不能泯滅處.

│21-8│ 制方以矩, 至極方處就是巧; 制

4　쓰이게 … 뜻이다: 『論語』「述而」, "子謂顏淵曰: '用之則行, 舍之則藏, 唯我與爾有是夫!'"『周易』「繫辭上」, "夫易 開物成務, 冒天下之道, 如斯而已者也. 是故, 聖人以通天下之志, 以定天下之業, 以斷天下之疑. 是以, 蓍之德, 圓而神; 卦之德, 方以知; 六爻之義, 易以貢. 聖人以此洗心, 退藏於密."

극한 원이 또한 '교'이다. 네모나 원의 위에 다시 또 더할 수 있는 것이 있으면 굽자나 그림쇠일 수가 없다.

|21-9| 학문은 몸과 마음에서 찾아야 한다. 비록 숱한 잘못이 생기고 우왕좌왕하더라도 물이 다하고 산이 다한 곳에 이르면 결국 이 길에 오르게 된다.

|21-10| 사람의 삶은 바로 일상의 일들과 같다. 남이 부르면 내가 응하고 남이 베풀면 내가 보답하며 목이 마르면 마시고 배가 고프면 먹는 것이 그것이다. 만약 이 과정 속에서 조금이라도 사유, 계교, 견강부회, 꾸밈이라도 있게 되면 곧 '어두워짐'이다.

|21-11| 사람의 기氣는 용사(用事: 주도적으로 움직임)하게 해서는 안 된다. 성性에서 발출한 것이 바로 중화中和이고 기氣에서 발출한 것이 곧 '괴려(乖戾: 어긋남)'이다.

|21-12| 집에 있거나 일을 처리할 때 마음에 차지 않는 점이 있을 경우 단지 '본체의 늘 참된 것'을 구하면 된다. 조금이라도 '인위적인 지혜'를 구하려는 생각이 있으면 벌써 옳지 못한 것이다. 단지 지극한 성실함으로 대하면 되는 것이다.

圓以規, 至極圓處亦是巧. 方圓之上更復可加, 就非規矩.

|21-9| 學問從身心上尋求, 縱千差萬錯, 走來走去, 及至水窮山盡, 終要到這路上來.

|21-10| 人之生也, 直如日用之間. 人呼我應, 人施我答, 遇渴卽飮, 遇饑卽食便是. 若於此中起半點思維計較, 牽強裝飾, 卽謂之罔.

|21-11| 人之氣不要他用事. 凡從性上發出的便中和, 從氣上起的便乖戾.

|21-12| 居家處事, 有不慊意處, 只求本體常眞. 有一毫求人知意思, 就不是, 只以至誠相處.

|21-13| '점을 치지 않을 뿐이다.'라고 하였는데[5] '점'이란 복서卜筮가 아니다. '헤아림'이나 '계획함'은 나에게 있고 길함과 흉함도 나에게 있다. 『역易』에서 "헤아린 뒤에 말하고, 계획한 뒤에 움직인다."라고 하였는데, 무릇 거동이나 언어나 진퇴는 조금 늦더라도 무방하다.

|21-14| 학문은 단지 내면을 향하는 데 있다. 도시에 있거나 시골에 있거나 상관없이 모두 자신을 바르게 하여 남이 바르게 되도록 해야 한다. 그렇지 않으면 한낱 남들 눈을 의식하는 것이어서 주도면밀할수록 더욱 산만해져 결국은 끝내 공부의 성과를 얻지 못하게 된다.

|21-15| 노자가 "어렴풋이 물物이 있고 아득하게 정精이 있다."라고 하였는데, 지금 우리 몸에서 이른바 '물'과 '정'이란 무엇인가? 일찍이 그것을 구해 보았더니 그럴싸한 점이 있는 것 같았는데 요사이에 보니 또 달랐다. 그래서 '모이는 것이 있으면 흩어지는 것이 있고, 생성되는 것이 있으면 없어지는 것이 있으며 천지가 있으면 혼돈이 있다.'라고 생각하였다. 그래서 범인과 성인을 구별하고 싶지 않았고, 옳

|21-13| 不占而已, 占非是蓍筮, 擬議在我, 吉凶亦在我. 『易』曰: "擬之而後言, 議之而後動." 凡擧動言語進退, 不妨慢些.

|21-14| 學問只在向內, 不論朝市山林, 皆須正己物正. 不然, 而徒陪奉世情, 愈周密, 愈散漫, 到頭終不得力.

|21-15| 老子曰: "恍惚有物, 窈冥有精." 卽今如我身中, 所謂物與精者何也? 蓋嘗求之, 庶幾有似, 而近見則又異矣. 以爲有聚則有散也, 有生則有滅也, 有天地則有混沌

---

5 점을 … 하였는데: 『논어』「子路」, "子曰: '南人有言曰: "人而無恒, 不可以作巫醫." 善夫! 不恒其德, 或承之羞!' 子曰: '不占而已矣.'"

고 그름을 분별하고 싶지 않았으며, 적연함을 좋아하고 싶지 않았고 움직임을 싫어하고 싶지 않았다. 늘 스스로 웃으며 말하기를, "나는 모이는 것이 없는데 어찌 흩어지겠는가. 나는 생성됨이 없는데 어찌 죽겠는가. 나는 천지가 없는데 어찌 혼돈이 있겠는가. 그렇다면 이것은 더욱 어렵다."라고 하였다.

|21-16| 심心에 대해 논하는 이들은 모두들 "반드시 본체를 알아야 한다."라고 하는데, 나는 이렇게 생각한다. 심의 본체는 그 처음 면목을 잘 따르는 데 달려 있다. 처음 면목이란 모든 사려를 전부 잊은 때를 말한다. 돌연히 감촉하고 졸연히 응하는 것은 하늘과 완전히 부합하는 것이다. 의기意氣가 한번 움직이면 두 번째, 세 번째 의념이 그 뒤에 이어진다. 또 더 심한 것은 이 의념이 막 싹틀 때 두 번째, 세 번째 의념이 이미 그 사이에서 같이 생기는 것이다. 이어서 생기는 것이나 같이 생기는 것은 모두 그 처음 면목이 아니다. 그래서 부모에 대해서는 내가 사랑하지만, 만일 '응당 사랑해야 한다'라면서 의식적인 노력을 가한다면 잘못된 것이다. 어른은 내가 공경하지만, 만약 '응당 공경해야 한다'라면서 의식적인 노력을 가한다면 잘못된 것이다. '죽음으로 지킴'은 옳지만, '죽으려고 덤비는 것'은 잘못된 것이다. 재물을 독차지하는 것도 잘못이고 재물을 마

也. 故不欲別凡聖, 不欲揀是非, 不欲忻寂, 不欲厭動. 常自笑曰: "吾無聚, 胡散? 吾無生, 胡死? 吾無天地, 胡混沌? 然則此愈難矣."

|21-16| 論心者皆曰: "須識其本體." 余謂心之本體, 在順其初者也. 初者, 萬慮俱忘之時也. 突然感之, 卒然應之, 則純乎天者也. 意氣一動, 而二三之念則繼乎後. 又其甚者, 此念方萌, 而二與三已並出其間, 繼與並皆非初也. 故親, 我愛也, 謂當愛而加之意則否; 長, 吾敬也, 謂當敬而加之意則否. 守死是也, 爭死未是; 專財非也, 散財亦非. 貴而益謙與傲同, 醉而

구 흩어 버리는 것도 잘못이다. '귀해지자 더욱 겸손해짐'과 오만함은 같은 것이고, '취하자 더욱 공손해짐'은 주사를 부림과 같은 것이다. 왜 그렇다는 것인가? 외부의 사정을 따르려는 마음은 남의 눈을 의식하는 마음이기 때문이다. 이른바 '이어서 생김'과 '같이 생김'이다. 이 마음의 본 모습은 방체(方體: 일정한 모습)에 떨어지지도 않고 계교(計較: 따지고 듦)에 빠지지도 않는다. 갑자기 갔다가 갑자기 온다. 그 앞을 보고 그 뒤를 보지 않고 그 하나를 알고 그 둘을 알지 못한다. 이와 같을 뿐이다. 이것이 이른바 '처음 면목'이다.

|21-17| 심心이란 하늘이 나에게 준 것이라는데 어떻게 준 것인가? 사람이 금수와 다른 점은 아주 적다는데 어떻게 다른 것인가? 무엇 때문에 기뻐할 수 있는 것이고, 무엇 때문에 분노할 수 있는 것인가? 사려는 어디서 일어나는 것이고 적연하게 되는 것은 어떻게 수렴해서 그런 것인가? 사람들은 모두 '아무도 그렇게 하지 않는데 그렇게 되고, 아무도 불러오지 않는 데 이르게 된다.'라고 한다.[6] 무릇 천지의 운행은 밤낮 쉬지 않는데 어찌 정말 이렇게 되도록 주재하는 것이 없겠는가?

益恭與亂同. 何也? 徇外之心, 爲人之心也, 所謂繼與並者也. 此心之原, 不墮方體, 不落計較, 儵然而往, 倏然而來, 見其前而不見其後, 知其一而不知其兩, 如此而已矣. 此則所謂初者也.

|21-17| 心者, 天之所以與我, 何以與之? 人之異於禽獸者幾希, 何以異之? 胡爲而能喜? 胡爲而能怒? 其思也於何而起? 其寂也於何而斂? 人皆曰: "莫爲而爲, 莫致而致". 夫天地之運, 日夜不息, 豈誠無以主

---

6 사람들은 … 한다: 『孟子』「萬章上」, "莫之爲而爲者, 天也; 莫之致而至者, 命也."

문결 정우 등이찬 선생

93

논학서신

|21-18| 무릇 성性은 '생각하지 않고 힘쓰지 않는 상태'이니 '천天'을 말하는 것이오, 의意는 '알아차리고 아는 상태'이니 '인人'을 말한 것이오. 저 깨달음을 구하는 이들이 과연 '생각하고 힘씀'의 상태에 떨어지지 않았다면 '관觀'은 말할 것도 없고 추론하여 탐구하는 것도 모두 성性이오. 왜 그렇다는 것이겠소? 분별함도 또한 의意가 아니니, '관觀'이라고 해서 성性이라고 할 수는 없을 것 같소. 만약 그 깨달음을 구하는 이가 '알거나 알아차리는' 능력의 수준을 아직 벗어나지 못하였다면 '찰察'은 말할 것도 없고 영명한 마음이 의존성을 완전히 끊었다고 하더라도 모두 의意인 것이오. 왜 그렇다는 것이겠소? 성제聖諦도 또한 하나의 단계여서 '찰'만을 의라고 할 수 없을 것 같기 때문이오. 대개 '관'과 '찰'은 모두 방편으로 설정한 문일 뿐이니, 단지 아이의 울음을 그치게 할 수 있다면 어떤 잎인지 상관이 없소.[7] 성性과 의意는 곧 '천'과 '인'으로 구분되는 것이니, (의는) 닥나

論學書

|21-18| 夫性者, 不思不勉, 天之謂也; 意者, 有識有知, 人之謂也. 彼其求覺者, 果不落於思勉, 則毋論觀也, 即推求尋達, 皆性也. 何則? 分別亦非意也. 似不得獨以觀爲性也. 倘其求覺者, 或未離於知識, 則毋論察也, 即靈心絕待皆意也. 何則? 聖諦亦階級也, 似不得獨以察爲意也. 蓋觀察皆方便之門, 但可以止兒啼, 不問何葉也. 性意即天人之分, 即有以似楮

---

[7] 단지 … 없소:「李總幹遺詩 十四句師於一句之下加頌七句 其一」, "僧家起大屋, 枉費他金穀. 不是明眼人, 眞如大地獄. 黃葉止孩啼, 只要免啼哭. 不犯一滴酒, 不動一片肉."

무 잎처럼 보일 수는 있지만 필시 진짜 닥나무 잎이 아니오.[8] 그러니 제군들은 '관'과 '찰'을 변별할 필요 없고 단지 성과 의를 분별하면 되는 것이오.【「장양화(張陽和)에게 보내는 답신」】

|21-19| 옛날의 철인哲人은 마음을 한곳에 두었지만 모두 수십 년 만에 가능했던 것이니 그 어려움이 이와 같소. 생멸하는 마음을 가지고 오묘한 깨달음을 얻으려고 함부로 바라는 것은 누구를 속이겠다는 것이오?【「오안절(吳安節)에게 보내는 서신」】

|21-20| "군주가 사방을 시찰하지 않으면 상인이 다니지 않는다."라고 하였는데,[9] '사방을 시찰한다'라는 것은 '살핌'을 주로 하는 것이니 이른바 '의견'이 이것이고, 상인이란 구하는 것을 주로 하는 것이니 이른바 '반원(畔援: 이득을 취함)'이 이것이오.【「서노원(徐魯源)[10]에게 보내는 서신」】

葉, 必非眞楮也. 故以爲諸君不必辨觀察, 而但在辨性意也.【「答張陽和」】

|21-19| 古之哲人, 置心一處, 然率以數十年而解, 其難也如是. 藉以生滅之心, 猥希妙悟, 誰誑乎?【「與吳安節」】

|21-20| 后不省方, 商旅不行. 省方主於察, 所謂意見是也; 商旅主於求, 所謂畔援是也.【「與徐魯源」】

8　닥나무 … 아니오: 송(宋)나라 사람이 상아로 닥나무 잎을 만들어 닥나무 잎들 사이에 섞어 놓았는데 분별할 수 없었다는 이야기를 원용한 것이다.『韓非子』「喩老」, "宋人有爲其君以象爲楮葉者, 三年而成. 豐殺莖柯, 毫芒繁澤, 亂之楮葉之中而不可別也."

9　군주가 … 하였는데:『周易』「復·象」, "雷在地中, 復. 先王以至日閉關, 商旅不行, 后不省方."

10　서노원(徐魯源): 徐用檢(1528-1611)은 字가 克賢이고 호가 魯源이며 蘭溪 사람이다. 嘉靖41년(1562)에 급제하고 廣東按察使와 河南布政使 등을 역임하고 太常寺卿으로 致仕하였다.

| 21-21 | '무념無念'을 깨닫지 못하였다면 지금의 의념이 얼마나 위태한 것인지 알 수 없소. 천심天心을 보지 못하였다면 물칙(物則: 사물들의 법칙)이 유래가 있다는 것을 알지 못할 것이오. 근원이 맑은 뒤에야 그 흘러나온 것이 깨끗해질 수 있으며, 마음이 적연한 뒤에야 감응하는 것이 신묘해질 수 있소. 【「허경암(許敬菴)[11]에게 보내는 서신」】

| 21-22 | 양명 선생은 '옳음을 알고 그름을 아는 것'을 양지良知라고 말하였는데 이것은 임시방편의 이론일 뿐이다. 무릇 양지는 무엇을 옳다고 여기고 무엇을 그르다고 여기겠는가. '앎'[知]이란 그 비춤이다. 지금 사람에게 달이나 거울을 바로 가리켜 보여 주지 않고 그 빛을 보게 한다면 찾을수록 더 멀어진다. 또한 그 옳음과 그름이 함께 나온 뒤에 이루려고[12] 한다면 이것은 크게 이루지 못하는 것이다.

| 21-23 | 마음을 곧게 하여 움직이면 허물이 있을 때 사람들이 모두 쳐다보고 고치면 사람들이 모두 우러러본다. 그렇지 않으면 감추는 것과 같다. 우리들은 땅을 가려 가면서 딛는데

| 21-21 | 非悟無念,
則未知今念之多危.
非見天心, 則未知物
則之有自. 源清而
後流潔, 心寂而後感
神.【「與許敬菴」】

| 21-22 | 陽明 先生
以知是知非爲良知,
權論耳. 夫良知何
是何非, 知者其照
也. 今不直指人月
與鏡, 而使觀其光,
愈求愈遠矣. 且及
其是非並出而後致,
是大不致也.

| 21-23 | 直心而動,
過也人皆見之; 更也,
人皆仰之. 不然, 猶
藏也. 我輩擇地而

11 　허경암(許敬菴): 許孚遠(1535-1604)은 字가 孟仲이고 號가 敬菴이며 절강성 德淸 사람이다. 嘉靖 임인년(1562)에 급제하여 벼슬이 兵部左侍郞에 이르렀다.

12 　이루려고: '致知'의 '致'인데, 여기서는 '온전하게 깨닫다'는 의미일 것으로 보인다.

'몸소 실행한다'라고 왜 스스로 말하지 않는가? 내가 일찍이 헤아려 보니 여전히 칭찬과 비방의 사이에 있었다. 한결같이 그림쇠에 들어맞고 한결같이 굽자에 들어맞는다고 해서 어찌 본심이라고 할 수 있겠는가!【이상은 「추유기(秋遊記)」】

蹈, 詎不自謂躬行? 予嘗度之, 猶然在譽毀之間. 假饒一規一矩, 曾何當於本心!【以上「秋遊記」】

문결 정우 등이찬 선생

참정 몽산 진가모 선생

參政陳蒙山先生嘉謨

21-24 진가모(陳嘉謨: 1521-1603)의 자는 세현世顯이고 호는 몽산蒙山이며 여릉(廬陵: 지금의 강서성 吉安시) 사람이다. 가정嘉靖 정미년(1547)에 진사進士가 되어 여주(廬州推官)에 제수되었다. 호과(戶科給事中)로 기용되어 이과吏科와 병과兵科를 역임하고 분의分宜[1]에게 밉보여서 사천부사四川副使로 쫓겨나서는 상천남上川南 지역을 순행巡行하며 고추高酋를 사로잡고 백련교白蓮教를 평정하고 봉토관鳳土官을 평정하는 데 모두 공적이 있었다. 부모의 상을 당하여 귀향하였다. 만력萬曆 갑술년(1574)에 호남참정湖廣參政으로 기용되었지만 부임하지 않았다. '학문이 아직 크게 밝지 못하였으니 기심機心을 멈추고 세상을 잊지 않고서는 깊은 조예를 얻지 못한다'

21-24 陳嘉謨, 字世顯, 號蒙山, 廬陵人, 嘉靖丁未進士, 授廬州推官. 召爲戶科給事中, 歷吏兵二科, 不爲分宜所喜. 出任四川副使, 分巡上川南, 擒高酋, 平白蓮教, 平鳳土官, 皆有功績. 丁憂歸. 萬曆甲戌起湖廣參政, 不赴. 以學未大明, 非息機忘世, 無以深造, 遂乞休. 癸

---

1 분의(分宜): 明나라 간신 중 하나인 嚴嵩(1480-1566)을 가리킨다. 엄숭은 자가 惟中이고 호는 勉庵 등이며 강서성 袁州府 分宜縣 사람이다.

라고 생각하여 드디어 퇴직을 청하였다. 계묘년에 83세의 나이로 세상을 떠났다.

|21-25| 어려서 서탑西塔에서 독서하였는데 마침 유양봉(劉兩峰: 劉文敏, 1490-1572)이 거기 있었기에 바로 스승으로 모셨다. 간혹 유양봉의 말들을 당남(塘南: 王時槐, 1522-1605)에게 늘려주었더니 당남도 마음이 동하여 또한 가서 스승으로 섬겼다. 같은 시기의 동지로는 추광조鄒光祖 · 오종렴放宗濂 · 왕시송王時松 · 유이송劉爾松 등 17명이 있었는데 모두 유양봉의 문하에서 같이 배웠다. 나천螺川의 인사들이 드디어 학문이라는 것이 있음을 알게 되었는데 선생이 창도한 것이다. 고향으로 돌아간 뒤에는 청원산靑原山에서 공부 모임을 만들어 당남塘南과 서로 질정하였다. 선비의 습속이 비루해진 것을 개탄하여 수시로 강문江門의 명절名節을 지킨 법도와 관련한 말을 거론해서 진작시켰다. 그의 문하에 이른 모든 사람들에게 선생은 "학문은 한 학파의 소유물이 아니다. 당남이 있는데 그대들은 왜 가서 스승으로 모시지 않는가?"라고 하였다. 그가 남과 자기의 구분을 잊은 것이 이와 같았다.

몽산의 논한 서신

|21-26| 「벗에게 보낸 답신」에서 "사람이 태

卯年八十三卒.

|21-25| 少讀書西塔, 值劉兩峰在焉, 卽師事之. 間以其說語塘南, 塘南心動, 亦往師之. 一時同志鄒光祖 · 放宗濂 · 王時松 · 劉爾松輩十有七人, 共學兩峰之門. 螺川人士始知有學, 先生倡之也. 歸田後爲會靑原, 與塘南相印正. 慨然士習之卑陋, 時擧江門名節藩籬之語, 以振作之. 凡來及門者, 先生曰: "學非一家之私也, 有塘南在, 賢輩盍往師之." 其忘人我如此.

蒙山論學書

|21-26| 「答友人書」

어나서 올 때에도 성명性命을 가지고 오지 않고 죽어서 돌아갈 때도 성명을 가지고 가지 않으니 성명이란 본래 가고 오는 것이 없다. '건乾의 성性'과 '곤坤의 명命'이라는 리理는 천지만물을 합하여 일체로 삼는 것이다. 성을 깨닫고 명을 수양하는 학문은 다시 성과 명의 본연으로 돌아가 천지만물을 하나로 관통시키는 것이다. 공자는 '건곤이 허물어지면 역易을 볼 수 없고 역을 볼 수 없으면 건곤은 거의 멈추게 될 것이다.'라고 하였다. 고심이 많았으리라, 성인의 말씀이여! 바로 건과 곤은 허물어질 리가 없음을 밝히려는 것이었다. 이 리는 만고에 늘 그러하고 일순간도 그러하지 않은 적이 없다. 가고 옴이 있으면 동요됨이 있고 증손增損이 있으며 방소方所가 있으니 어찌 '일체'라고 할 수 있겠는가. 어찌 '일관'이라고 할 수 있겠는가? 내가 그래서 말하기를, '성과 명은 본래 가고 옴이 없다.'라고 한 것이다. 한번 비유를 해보자면 달 밝은 밤에 두 사람이 두 갈래 길로 가는데 한 사람은 남쪽으로 가니 달이 그를 따라 남쪽으로 가고 한 사람은 북쪽으로 가니 달이 그를 따라 북쪽으로 간다. 한 사람으로부터 천 명, 만 명에 이르기까지, 남쪽과 북쪽의 두 갈래 길로부터 천 갈래 만 갈래 갈림길에 이르기까지 모두 그러하다. '달이 사람을 따라가거나 오지 않는다'라고 말하면 뭇사람들이 의심할 것이지만, '달이 사람을 따라가거나 온

曰: "人之生而來也, 不曾帶得性命來, 其死而往也, 不曾帶得性命去, 以性命本無去來也. 乾性坤命之理, 合天地萬物爲一體者也. 悟性修命之學, 還復其性命之本然, 通天地萬物爲一貫者也. 孔子曰: '乾坤毀則無以見易, 易不可見, 則乾坤或幾乎息矣.' 苦心哉聖言! 正以明乾坤無可毀之理. 此理萬古常然, 一瞬息未嘗不然. 有去來則有動搖有增損有方所, 惡得謂之一體? 惡得謂之一貫? 予故曰: '性命本無去來也.' 姑借譬之明月之夜, 兩人分路而行, 一人往南, 月隨之而往南, 一人往北, 月隨之而北, 自一人以至千萬人, 自

다'라고 말하면 지혜로운 이들이 비웃을 것이다. 그렇다면 달은 사람을 따라가거나 온 적이 없다는 것을 단연코 알 수 있다. 비록 그렇지만 모습을 드러내고 있는 달은 그 형체를 가리켜서 볼 수 있다. 대개 형체는 '다른 형체를 드러나게 하는 존재'가 아니고, 성명性命은 '다른 형체를 드러나게 하는 존재'이다. 오직 '다른 형체를 드러나게 하는 존재'인 뒤에야 천하의 형체를 드러나게 할 수 있다. 천지만물은 어떤 것에 의해 시작되는 것이겠는가? 모두 건원乾元을 바탕으로 해서 시작된다. 건원乾元은 성性이다. 천지만물은 어떤 것에 의해 생겨나는 것이겠는가? 모두 곤원坤元을 바탕으로 생겨난다. 곤원은 명命이다. 천지만물은 성과 명으로부터 생기니, 아들이 부모에게서 태어나는 것과 같다. 그것을 일체라고 하지 않을 수 있겠는가. 오직 일체이기에 '일관'이라고 칭하는 것이다. 오직 '일관'이기 때문에 가고 옴이 없는 것이다. 뒷날의 학자들은 잘못 이해하고 그릇되게 해석하여 '사람이 태어날 때 성과 명이라는 것을 전부 가지고 오며 사람이 죽을 때 그 성과 명을 전부 가지고 가는데, 이렇게 해야만 도道를 온전히 갖추고 완벽한 모습을 이루어 조금도 이지러짐이 없게 된다.'라고 한다. 이 말은 이치에 가까워서 믿기 쉬운데, 그것이 지리멸렬한 주장이어서 일관의 종지로부터 멀리 벗어난 것임을 알지 못한다."라고 하였다.

南北二路歧, 以至千萬路歧皆然. 謂月不隨人去來, 衆人疑之, 謂月隨人去來, 智者笑之. 然則月未嘗隨人去來也, 斷可知矣. 雖然, 懸象之月, 其體魄可指而見, 蓋形也而非形形者, 性命則形形者. 惟形形者而後能形天下之形. 天地萬物孰爲之始? 咸資始於乾元, 乾元性也. 天地萬物孰爲之生? 咸資生於坤元, 坤元命也. 天地萬物由性命而生, 猶之人子由父母而生, 不得不謂之一體也. 惟一體, 故稱一貫, 惟一貫, 故無去來. 後儒誤認錯解, 以爲 '人生時全帶一副當性命來, 人死時全帶一副當性命去, 如此而後爲之備道全美,

略無虧欠'. 此言近
理而易信, 不知其割
裂支離, 其悖一貫之
旨遠矣."

｜21-27｜「乾惕齋警
語」曰: "夫人一心之
應感, 一身之勤動,
其事殊矣, 其在五倫
上用心, 則一也. 於
此盡道, 便是聖賢胚
胎. 於此造業, 便是
輪回種子. 於此一
切置之不問, 便是釋
氏作用. 所以吾徒
與釋氏決分兩路, 決
難合併. 釋氏之言
與吾儒相近者, 間一
借證, 以相發明, 使
人易曉, 亦自無妨.
必欲一一效其所爲,
則舛矣."

又曰: "天地絪縕,
卽氣卽理, 卽理卽

｜21-27｜「건척재경어乾惕齋警語」에서, "무릇 온 마음의 감응과 온 몸의 운동은 그 일은 다르지만 그것이 오륜에서 마음을 쓰는 것이라는 점에서는 한가지이다. 여기에서 도道를 다하면 그것이 바로 성인이 될 배태胚胎이며 여기서 업을 지으면 그것이 바로 윤회를 하게 될 종자이며 여기서 모든 것을 치지도외하고 상관하지 않으면 그것이 바로 불교의 '작용作用'²이다. 그래서 우리는 불교와 결연코 두 갈래의 길이지 결코 합쳐지기 어렵다. 불교의 말 중에서 우리 유가와 서로 가까운 것은 간혹 한번 빌려다가 논거로 사용해서 논리를 강화하고 사람들이 쉽게 이해할 수 있게 하는 것이야 또한 본디 무방한 일이다. 그런데 굳이 하나하나 그들이 하는 대로 따라 하려고 하면 그릇된 것이다."라고 하였다.

또 "천지의 인온(絪縕; 음양의 상호 교차) 상태에서는 기氣가 곧 리理이고 리가 곧 기여서 만

---

2 불교의 작용(作用): 성리학자들은 불교에 대해 '만물의 작용이 바로 본성이다[作用是性]'라는 관점을 가지고 있다고 보았다.

102

명유학안 권21, 강우왕문학안 6

물이 자연스럽게 변화하고 순정하다. 사람은 하나의 물物이다. 사람이 천지의 인온 속에 있는 것은 마치 물고기가 물속에 있는 것과 같아서 잠시도 떠날 수 없다. 물고기는 물을 떠날 수 없지만 물을 안 적이 없고 사람은 잠시도 도道를 떠날 수 없지만 도道를 안 적이 없다. 그래서 '백성은 날마다 사용하면서 알지는 못한다.'라고 한 것이다. 도道를 밝히는 책임을 군자에게 돌리는 것은 성인은 먼 시대에 있고 그 말씀은 제대로 이해되지 않고 있어서 각각 자신의 본성에서 가까운 것만을 얻을 뿐이지 절충할 줄을 모르기 때문이다. 그래서 말하기를, '군자의 도道를 알고 행하는 사람이 드물다.'라고 한 것이다."라고 하였다.

또 "힘들게 수행한 뒤에 깨달아야 참된 깨달음이다. 잘 깨달은 뒤에 수행하야 참된 수행이다. '반드시 일삼는 바를 두되 너무 몰두하지 말고, 마음이 잊지도 말고 조장하지도 말아야 하는 것이니' 가는 터럭만큼의 힘도 들인 적이 없다. 이것이 그 보존하는 방법이니 이것을 '투철한 깨달음'이라고 하고 또 '참된 수행'이라고 한다. 깨달음과 수행을 함께 진행하는 것은 비유하자면 배움과 사유를 어느 하나도 빠뜨릴 수 없는 것과 같다. 그런데 사유는 가장 부정확하게 이해될 수 있기 때문에 공자가 '사유만 하는 것을 무익하다'고 말한 것이고 사람들을 가르칠 때도 '사유를 삼가라'고 한 것이며

氣, 萬物化醇. 人一物也, 人在天地絪縕之中, 如魚在水中, 不可須臾離也. 魚不能離水而未嘗知水, 人不能須臾離道而未嘗知道, 故曰'百姓日用而不知'. 明道之責歸君子, 聖遠言湮, 各得其性之近, 莫知所取衷也. 故曰'君子之道鮮矣'."

又曰: "苦修後悟, 方是眞悟, 了悟後修, 方是眞修. 必有事焉而勿正, 心勿忘, 勿助長, 未嘗致纖毫之力. 此其存之之道, 此名徹悟, 亦名眞修. 悟修并擧, 譬則學與思, 缺一不可. 而思最易混見, 故孔子謂思無益, 其敎人曰'愼思'. 子夏亦曰'切問近

참정 몽산 진가모 선생

자하子夏도 또한 '절실히 묻고 천근하게 사유하라.'라고 한 것이다."라고 하였다.

또 "이 학문은 사면이 다 막혀서 갈 수 있는 길이 없을 만큼 깊이 파고들어야 비로소 점점 참된 길이 열린다. 이 길은 반드시 자신이 파고들어야 한다. 자기가 파고들지 않으면 비유하자면 그림 속의 산천을 보는 것과 같아서 그 길로는 걸을 수 없다."라고 하였다.

또 "학문은 기질을 변화시키는 것보다 큰 일이 없고 변화시키는 것은 반드시 건도乾道에 근본을 두어야 한다. 그래서 '건도乾道가 변화한다.'라고 한 것이다."라고 하였다.

또 "'미래를 아는 것은 거스름이다'라는 말은 건도乾道로 그 기질을 변화하여 거슬러 올라가 수행하는 것을 말한다. 성현은 그 기질의 치우친 장점을 변화시키고 학자는 그 기질의 치우친 부족함을 변화시키는데 한결같이 건도에 근본을 둔다. '기제旣濟'괘와 '미제未濟'괘에서 두 차례 '귀방鬼方을 정벌한다'라고 하였는데,[3] 학자들에게 그 좋지 못한 기질을 변화시키는 것은 당연히 이와 같이 해야 함을 가르친 것이

又曰: "此學尋求到四面迫塞無路可行, 方漸漸有眞實路頭出. 此路須是自己尋出, 不是自己尋出的, 辟如畫圖上看出山川, 照他路徑行不得."

又曰: "學莫大於變化氣質, 而變化必本於乾道, 故曰'乾道變化'."

又曰: "知來者逆, 謂以乾道變化其氣質而逆修之. 聖賢變化其氣質之偏長, 學者變化其氣質之偏蔽, 一本之乾道也. 『旣』『未濟』兩言伐鬼方, 教學者變化其不美之質當如

3　기제(旣濟)괘와 … 하였는데: 『周易』「旣濟」, "九三, 高宗伐鬼方, 三年克之, 小人勿用." 「未濟」, "九四, 貞, 吉, 悔亡, 震用伐鬼方, 三年, 有賞于大國."

다. 일단 기질의 단점을 가리려고 들면 재앙을 불러올 마음을 품고 있는 것이 되어 자신을 그르치고 남을 그르쳐서 종신토록 벗어날 날이 없을 것이다."라고 하였다.

또 "이 리理는 늘 관심이 거기에 있지 않고서는 깨달을 수가 없으며 늘 관심이 거기에 있지 않고서는 지킬 수가 없다. 상산 선생이 '사람의 정신이 밖으로 내달리면 죽을 때가 되어서도 분답하다.'라고 하였는데, 정신이 밖으로 내닫는지 밖으로 내닫지 않는지는 단지 여기서 변별된다. 덕을 수양하는 자는 이것으로 스스로 변별하고 벗을 택하는 이는 이것으로 사람을 변별한다."라고 하였다.

또 "'사심(死心: 마음을 죽이다)' 두 글자는 학문에 있어서 관문을 돌파하는 장수이다. 사람이 죽기는 쉬워도 마음이 죽기는 어렵다. 자고로 강개한 마음으로 자신의 죽음을 불사하는 사람은 몸은 죽지만 그 마음은 (실제로 어떠한지) 알 수가 없다. 그래서 말하기를, '몸은 죽기 쉬워도 마음이 죽기는 어렵다'라고 한 것이다. 하늘은 일찍이 '마음을 죽일' 기회機會들로 사람을 가르쳤는데 사람들이 쉽게 받아들이지 못한다. 일체의 위태한 처지와 위태한 질병 및 닥쳐오는 인류의 변고는 매우 마음을 거스르는데, 이는 모두 사람들에게 마음이 죽게 되도록 가르치는 것이다. 대단하다, 천심天心의 어짐이여! 세상 사람들은 박복해서 쉽지 받지는

此. 一爲氣質護短, 包藏禍心, 誤己誤人, 終身無出頭之日."

又曰: "此理非常目在之不能悟, 非常目在之不能守. 象山先生云: '人精神逐外, 到死也勞攘.' 精神逐外不逐外, 只在阿堵中辨之. 修德者以此自辨, 取友者以此辨人."

又曰: "死心二字, 是學問斬關將. 身死易, 心死難, 自古慨慷殺身者, 身死矣, 心未可知也. 故曰'身死易, 心死難.' 天嘗以死心機會教人, 而人未易受. 一切危境危病, 及遭際人倫之變, 異常拂逆, 皆教人心死也. 甚矣, 天心之仁也! 世人福薄, 故未易受. 龍場驛萬死一

못한다. 용장역龍場驛에서 수없이 죽을 고비를 넘기고 겨우 살았으니 양명 선생은 복이 커서 세속적 정서를 모두 죽일 마음을 받을 수 있었고 만물일체의 본원을 환히 보았던 것이며, 그런 뒤에야 정좌 공부가 편안해지고 오래갈 수 있다. 오래가면 공부하는 것이 더욱 정밀해지고 마음의 도량은 더욱 한이 없어지고 끝과 시작이 없게 되는 것이니 일체가 더욱 친절하고 의미심장함을 보게 되어 이 마음과 이 리理가 점점 합치되는 때가 있게 된다. 자기의 잘못을 보지 못하거나 견해를 붙잡고 그것을 실제라고 여기게 되면 정신이 바로 밖으로 비추게 된다. 상산의 이른바 '죽을 때가 되어도 분답하다'라는 상태이니, 모든 일을 다 완전히 끊고 깊은 산에 가부좌를 틀고 앉아서 몇 년을 수양하더라도 무슨 도움이 되겠는가."라고 하였다.

또 "'복復에서 천지의 마음을 본다'[4]라는 것은 사람의 마음이 곧 천지의 마음이어서 하나의 마음 밖에 천지가 없기 때문이다. 이 천지의 마음이 곧 학문의 큰 두뇌이고 만물일체의 큰 본원이다. 단지 회복할[復] 수 없기에 볼 수가 없는 것이다. 그래서 '복에서 천지의 마음을 본다.'라고 한 것이다."라고 하였다.

生, 陽明先生福氣大, 故能受死盡世情心. 洞見萬物一體本原, 然後靜坐功夫可安而久. 久則用功愈密, 心量愈無窮際, 無終始, 見得一體愈親切有味, 此心與此理, 漸漸有湊泊時也. 一或不見己過, 一或執見解爲實際, 精神便外照. 象山所謂'到死也勞攘'者, 假饒屛絕萬事, 趺坐深山, 積以年歲, 何益乎?"

又曰: "「復」見天地之心, 以人之心, 卽天地之心, 一心之外, 無天地也. 這箇天地之心, 便是學問大頭腦, 便是萬物一體大本原. 只因不

---

4 복(復)에서 … 본다: 『周易』「復·象」, "復亨, 剛反. 動而以順行, 是以出入无疾, 朋來无咎. 反復其道, 七日來復, 天行也. 利有攸往, 剛長也. 復, 其見天地之心乎!"

또 "복復괘 뒤에 무망無妄괘가 있다. 학문의
정도가 아직 두뇌를 보지 못하였을 때는 마음
을 쓰는 것이나 행동하는 것이나 망령되지 않
는 것이 없다."라고 하였다.

復, 故不能見, 故曰
'復見天地之心'."

又曰: "「復」而後
有 「無妄」, 學問未
見頭腦時, 　舉心動
用, 無非妄也."

징군 노소 유원경 선생

徵君劉瀘瀟先生元卿

| 21-28 | 유원경(劉元卿: 1544-1609)은 자가 조부調父이고 호가 노소瀘瀟[1]이며 길주吉州의 안복安福 사람이다. 향시에서 거인擧人으로 뽑혔지만 벼슬하지는 않았는데 예부주사禮部主事로 징빙徵聘되었다. 명明나라가 들어서고 강서성에서 징빙된 사람은 오강재(吳康齋: 吳與弼)·등잠곡(鄧潛谷: 鄧元錫)·장본청(章本淸: 章潢)과 선생, 이 사군자四君子이다. 처음에 선생이 청원靑原으로 가서 공부할 때 여인輿人에게 "청원은 시서詩書의 전통이 있는 지역으로 생황과 노랫소리[2]가 밤새도록 들렸는데, 두 추鄒 공자 이후로 이 풍습이 끊겨 버렸다."라는 말을 들었다. 두 공자란 여해汝海와 여광汝光[3]이다. 선생은 그 말

| 21-28 | 劉元卿, 字調父, 號瀘瀟, 吉之安福人. 鄕舉不仕, 徵爲禮部主事. 有明江右之徵聘者, 吳康齋·鄧潛谷·章本淸及先生, 爲四君子. 初先生游靑原, 聞之輿人曰: "靑原詩書之地也, 笙歌徹夜, 自兩鄒公子來, 此風遂絶." 兩公子者, 汝海·汝光

1 　노소(瀘瀟): 瀘瀟山은 강서성 서쪽의 吉安·宜春·萍鄕에 걸쳐 있는 산으로 羅霄山으로도 불렸으며 지금 이름은 武功山이다.
2 　생황과 노랫소리: 儒家의 경전을 읽고 외우는 소리를 가리킨다.

이 맞다고 여겼다. 두 추^鄒 공자가 그와 학문에 대해 얘기를 나누자 드디어 간절하게 학문을 추구하는 뜻을 가지게 되었다. 돌아와 선유^{先儒}의 어록을 읽으며 학문을 탐구하였으니 소득이 없었다. 그래서 유삼오(劉三五: 劉陽)에게 배우기 시작하였으며 과거 시험공부가 학문에 방애가 된다고 여겨 만력^{萬曆} 갑술년(1574)에 낙방하자 드디어 과거시험 공부를 포기하고 난계^{蘭谿} 서노원(徐魯源: 徐用檢)과 황안^{黃安} 경천대(耿天臺: 耿定向)를 찾아가 배웠다. 경천대로부터 '생성되고 생성되어 그칠 수가 없다'라는 취지의 말을 듣고 기쁜 마음으로 자신을 가지게 되고서는, "맹자가 말하지 않았던가! 사단을 확충하면 사해를 보전할 수 있다고! 내 현재 다행히도 샘이 흐르지 않았는데 고의로 막아 버리고 불이 타들어 가지 않는데 고의로 꺼 버린 상태이다. 저 꺼 버리고 막아 버린 것은 불교와 노장의 무리들이니 내가 참지 못하는 바이다."라고 하였다. 선생은 불교를 증오하였으며 평소 그가 가장 신복^{信服}하였던 경천대나 왕당남(王塘南: 王時槐)에 대해서도 또한 가볍게 부화뇌동하지 않았다. 그래서 "천지 사이에 어느 것이나 신^神이 아닌 것이 없다. 신^神이 응집

也. 先生契其言, 兩鄒與之談學, 遂有憤悱之志. 歸而考索於先儒語錄, 未之有得也. 乃棄學劉三五, 以科擧妨學, 萬曆甲戌不第, 遂謝公車, 遊學於蘭谿徐魯源, 黃安耿天臺. 聞天臺"生生不容已"之旨, 欣然自信曰: "孟子不云乎? 四端充之, 足保四海! 吾方幸泉不流也而故遏之, 火不然也而故滅之. 彼滅與遏者, 二氏之流, 吾所不忍." 先生惡釋氏, 卽平生所最信服者天臺·塘南, 亦不輕相附和. 故言: "天地之間, 無往非神. 神凝則生, 雖形質貌

3 　여해(汝海)와 여광(汝光): 두 사람은 鄒守益의 손자이다. 鄒德涵은 字가 汝海이고 號가 聚所이며, 鄒德溥는 字가 汝光이고 號가 四山이다.

되면 살게 되는 것이니 비록 형질은 아주 작지만 생성될 수 있는 조건은 이미 갖추어진 것이고, 신이 다하면 죽는 것이니 비록 형체가 이전과 같더라도 그 살게 되는 조건이 이미 없어진 것이다. 그렇지만 통체統體의 신은 만고에 걸쳐 영원히 존재하는 것이고 원래 끊기거나 없어지지 않는다. 각 개체의 시한이 다한 혼백은 끝내 무無로 돌아간다. 이것이 곧 장횡거의 '물과 물방울의 모이고 흩어짐'의 이론이다. 그것에 대해 탐구해 보고 논하자면, 통체統體의 신이나 각 개체의 신은 하나일 따름이다. 각 개체의 신을 배제하고는 이른바 통체의 신이라는 것도 존재하지 않는다. 그 생성되고 생성되어 그치지 않으며 하나의 근본으로부터 만 가지로 달라지는 그것은 어찌 모이고 흩어진다고 할 만한 것이 있겠는가. 진실로 '생성하고 생성하여 그치지 않는 근원'에 대해 잘 이해하게 되면 자연히 건원乾元과 합일된다. 취생몽사醉生夢死한다면 살아 있을 때도 그 신神은 이미 존재하지 않으니 더구나 죽은 뒤에 흩어지지 않을 수 있겠는가. 그래서 불교의 '반드시 윤회하는 것이 있다'라는 이론과 유가의 '현능한 사람이나 어리석은 사람이나 다 같이 없어진다'라는 이론은 모두 하늘과 사람의 관계에 대해 논하기에 부족하다."라고 말하였다.

然, 而其所以生者已具; 神盡則死, 雖形體如故, 而其所以生者已亡. 然而, 統體之神, 則萬古長存, 原不斷滅, 各具之殘魂舊魄, 竟歸烏有. 此卽張橫渠水漚聚散之說. 核而論之, 統體之神, 與各具之神, 一而已矣. 舍各具之外, 無所謂統體也. 其生生不息, 自一本而萬殊者, 寧有聚散之可言? 夫苟了當其生生不息之原, 自然與乾元合體. 醉生夢死, 卽其生時, 神已不存, 況死而能不散乎? 故佛氏之必有輪回, 與儒者之賢愚同盡, 皆不可言於天人之際者也."

유조부 논학 어록

|21-29| "반드시 덕행의 근원에 대해 밝게 안 뒤에 덕행을 닦을 수 있다. 만약 일마다 좇아가며 점검하는 방식일 경우 일이 없으면 떠나게 될 것이니, 이른바 '떠날 수 있으면 도道가 아니다'라는 것에 해당한다. 그래서 덕행이란 그 행하지 않을 수 없는 바를 행하는 것이라면 어느 것이나 덕행을 수양하는 것이 아닌 것이 없다."라고 하니, 조순부趙純父가 "지금 화로를 끼고 불을 쬐는 동작도 덕행을 수양하는 것인가?"라고 물어서 유대야劉大冶가 "불을 쬐어야 할 때 마음을 놓치지 않으면 그것이 곧 학문이다."라고 대답하였다. 유조부가 "색을 좋아하는 것도 마음을 놓치지 않으면 또한 학문인가?"라고 묻자, 유임지劉任之가 "그것은 아마 '밝게 알고 정밀히 알아차림[著察]'에 해당하는 것 같다."⁴라고 대답하였다. 유조부가 "지금 누군들 살피지 못하겠는가? 누구라도 발을 화로 속에 넣는 사람을 본 적이 있는가?"라고 묻자, 주사극周思極이 "심체는 지극히 크고 지극히 오묘하다. 불을 쬐어야 할 때는 자연히 불을 쬐

劉調父論學語

|21-29| 曰: "必明於行之原, 乃知所以修行, 若逐事檢點, 無事則離, 所謂'可離非道'也. 故行也者, 行乎其所不容不行, 則無往而非修行矣." 趙純父曰: "卽今擁爐向火, 亦修行乎?" 劉大冶曰: "向火能不放心, 卽是學問." 調父曰: "卽好色能不放心, 亦是學問乎?" 劉任之曰: "恐是不著察." 調父曰: "只今孰不著察? 抑曾見有人置足爐中者乎?" 周思極曰: "心體至大至妙, 當向火自向火, 當應對

4　그것은 … 같다:『孟子』「盡心上」, "行之而不著焉, 習矣而不察焉, 終身由之而不知其道者, 衆也." 朱子는『孟子集註』에서 '著'는 아는 것이 밝음을 가리키고, '察'은 아는 것이 정밀함을 가리킨다고 설명하였다. "著者, 知之明; 察者, 識之精. 言方行之而不能明其所當然, 旣習矣而猶不識其所以然, 所以終身由之而不知其道者多也."라고 설명하였다.

고 응대해야 할 때는 자연히 응대하며 측은지심을 가져야 할 때는 측은지심을 가지고 수오지심을 가져야 할 때는 수오지심을 가진다. 순임금이 '중中을 쓴'[5] 것이나 안연이 '중용을 택한'[6] 것이나 공자가 '요순을 멀리 계승하고 문왕과 무왕을 법도로 삼은' 것은 당지 이 '불을 쬐는' 심체를 온전하게 발휘할 수 있었을 뿐이다. '불방심不放心'이라고 할 때 '방放'은 '잃어버린다'는 뜻이다. 이 심체의 온전함을 잃지 않는다는 의미이다. '저著'와 '찰察'이란 묵묵히 안다는 뜻이다. 이 심체의 온전함을 묵묵히 알아서 보존한다는 것이다. '불방不放'이라고 하고 '저著'와 '찰察'이라고 하는 것이 어찌 '생각하지 않고 작위하지 않음'에서 조금이라도 더할 수 있는 것이겠는가. 지금 이른바 '불방심'이나 이른바 '저'와 '찰'은 모두 마음 안에서 무슨 조작을 하는 것이다."라고 대답하였다. 【「복례회어(復禮會語)」】

| 21-30 | 무릇 이목구비는 형체이고 이목구비를 주재하는 것은 성性이오. 어떤 사람은 "형기形氣의 성性은 후천에 속하므로 반드시 이른바 '태어나기 이전'의 것을 구해서 그것을 완전히

自應對, 當惻隱自惻隱, 當羞惡自羞惡. 舜之用中‧顏之擇乎中庸‧孔子之祖述憲章, 只是能全盡此向火之心體耳. '不放心'者, 放, 失也, 不失此心體之全也. 著察者, 猶默識也, 默識此心體之全而存之也. 曰不放, 曰著察, 豈能於無思無爲上加得一毫? 今之所謂不放心, 所謂著察, 皆有所造作於心之內矣." 【「復禮會語」】

| 21-30 | 夫耳目口鼻形也, 而所以主夫耳目口鼻者性也. 或謂落形氣之性, 尙

---

5 중(中)을 쓴: 『中庸』, "舜其大知也與! 舜好問而好察邇言, 隱惡而揚善, 執其兩端, 用其中於民. 其斯以爲舜乎!"
6 중용을 택한: 『中庸』, "回之爲人也, 擇乎中庸, 得一善, 則拳拳服膺, 而弗失之矣."

보전해야 한다."라고 말하오. '태어나기 이전' 이라고 했으면 어떻게 그것을 완전하게 한다 는 말이오? 또 어디에 노력을 기울 수 있단 말이오? 이러하기 때문에 상상에 맡기지 않을 수 가 없소. 상상하는 것이라면 끝내 실제로 보는 것이 아니오. 비록 드러나는 것이 있다고 해도 필시 항구적이기는 힘들 테니 공력을 들인 것이 엄밀할수록 구덩이로 들어가는 것이 더욱 깊어질 것이오. 무릇 귀가 소리를 듣고 싶어하고 눈이 색을 보고 싶어하는 것은 '생성함이 없는' 참된 기틀이오. 하지만 예가 아닌 색을 보고 예가 아닌 소리를 듣는다면 그 속에는 스스로 편안하지 못할 바가 있을 듯할 테니 또한 '생성함이 없는' 참된 기틀이 아닐 것이오. 그래서 군자가 본성을 다스리는 것은 오직 '내 마음이 편안히 여기는 바'에 대해서 반드시 그 모든 것을 구현시키는 방식이오. 그러니 무릇 소리를 듣고 싶어하고 색을 보고 싶어하는 욕망은 참된 기틀의 유동流動이 아닌 것이 없소. 또 어디를 간들 본성이 아니겠소? 천지는 다함이 있지만 이 성은 무궁하오. 저 '생성하고 생성함'을 벗어나 '생성함이 없는' 본래면목을 구하는 자들은 눈 깜짝할 사이조차도 이미 견지하지 못하는데 영구히 썩지 않을 수 있겠소?

| 21-31 | 맛을 아는 것은 마음이오. 음식을 만나면 맛을 알고 부모를 만나면 효도할 줄 알고

屬後天, 必求所謂未生以前者而完之. 夫曰未生矣, 則安用完之? 而又安所致力? 以是不得不托之想像. 想像則終非實見, 雖有呈露, 勢必難恒, 用功愈密, 入穴愈深. 夫耳之欲聲, 目之欲色, 無生之眞機也. 然而視非禮之色, 聽非禮之聲, 則其中若有不自安者, 亦無生之眞機也. 故君子之治性, 惟於吾心之所安者, 而必滿其量焉. 則凡欲聲欲色之欲, 無非眞機之流動, 又焉往而不得性哉! 天地有盡, 此性無窮, 彼外生生而求無生面目者, 轉瞬之際, 已不可持, 能不朽乎?

| 21-31 | 知味, 心也. 遇飮食則知味,

형을 만나면 공경할 줄 알고 아이가 우물로 들어가려 하는 장면을 만나면 가슴 덜컹할 줄 아는 것이오. 천지의 모든 영역에 이 지(知: 앎)의 체(體: 대상)가 가득 채우고 있지 않는 곳이 없소. 그래서 (왕양명이) '지知를 이루면 완벽하다.'라고 말한 것이오. 【이상은 「왕중석(王中石)에게 보내는 서신」】

遇父知孝, 遇兄知悌, 遇孺子入井知怵惕. 窮天徹地, 無非此知體充塞, 故曰致知焉盡矣.【以上「與王中石」】

|21-32| '마음을 간직한다'라는 것은 '그 심체의 모든 것을 다할 수 있다'라는 뜻이오. 그 심체의 모든 것을 다하면 지知가 광대해져서 아무리 멀어도 비추지 못하는 것이 없게 될 것이오.【「장두진(章斗津)[7]에게 보내는 서신」】

|21-32| 存心者, 能盡其心體之量者也. 盡其心體之量, 則知乃光大, 無遠不燭.【「與章鬥津」】

|21-33| 성인은 '나의 그칠 수 없는 참된 마음'에 근본을 두고 세상을 어루만지고 만물을 응대하오. 사물의 이치대로 사물을 대하니 그 얼마나 '빈' 것이오? 천지는 다함이 있는데 이 그칠 수 없는 마음은 실로 다함이 없소. 어찌 연마하지 않겠소?【「조순부(趙純父)에게 보내는 서신」】

|21-33| 聖人本吾不容己之眞心, 撫世酬物. 以事處事, 何其空也? 天地有盡, 此不容己之心, 實無有盡, 何其不磨也? 【「與趙純父」】

|21-34| 나근계(羅近溪: 羅汝芳) 선생이 회강會講을 할 때 어떤 승려가 자리에 앉아 있었다.

|21-34| 近溪羅先生會講, 有僧在座.

---

7   장두진(章斗津): 章潢(1527-1608)은 字가 本淸이고 別號가 鬥津이다.

근계가 "유자儒者는 심心을 말하고 성性을 말하고 염念을 말하고 의意를 말하고 사려[慮]를 말하고 재才를 말해서 누에의 실처럼 어지럽소. 미세한 의혹들을 하나하나 나를 위해 한번 설파해 주시오."라고 질문하니, 승려가 한참을 있다가 근계에게 "내가 지금 근계를 보고 근계라고 불렀소. 부인은 뭐라고 부르오?"라고 되물어서 "상공相公이라고 부르오."라고 대답하였다. "부모는 뭐라고 부르오?"라고 물어서 "'몇째'라고 부르오."라고 대답하였다. "제생으로 있을 때 광문(廣文: 교수나 조교)은 뭐라고 불렀소?"라고 물어서 "자字로 불렀소."라고 대답하였다. 승려가 큰 소리로 근계를 향해서 말하기를, "그대는 수많은 이름이 있는 것이겠구료!"라고 하였다. 근계가 그 말에 황연恍然하게 깨닫는 바가 있어서 절을 올렸다. 구여지丘汝止가 그 말을 해 주었다. 유조부가 말하기를, "무릇 여러 가지 이름들은 남의 입장에서 부른 것이라는 점은 확실히 맞는 말이다. 하지만 영부인이 선생의 이름을 부르고 부친이 선생의 호를 부른다면 선생이 그것을 편안히 받아들일 수 있겠는가. 이것을 통해 '삼천 가지 세부적 예절'이나 '삼백 가지 큰 줄기의 예절'은 탐색하려 들면 막연하게 아무것도 없고 통달하게 되면 빽빽하게 존재한다는 것을 알 수 있다. 그 없는 것을 억지로 있다고 하는 것을 '착(鑿: 천착)'이라고 부르고, 그 있는 것을 억지로 없다

近溪問之曰: "儒者言心言性言念言意言慮言才, 紛若繭絲. 諸微細惑, 試一一爲我破." 僧久之謂近溪曰: "我今見近溪, 喚作近溪矣. 不知夫人作何稱謂?" 曰: "稱相公." 曰: "父母云何?" 曰: "稱行." 曰: "爲諸生時廣文云何?" 曰: "稱字." 僧大聲向近溪云: "汝乃有許多名色!" 近溪恍然下拜. 丘汝止述之. 謂父曰: "夫紛紛名號, 由人所稱, 信矣. 然令夫人喚先生名, 家公稱先生號, 先生能安之耶? 以斯知三千三百, 探之則漠然而無, 達之則森然而有. 强有其所無, 命之曰鑿, 强無其所有, 命之曰滅. 鑿與滅, 皆不可以爲道."

고 하는 것을 '멸(滅: 멸절)'이라고 부른다. 착鑿
이나 멸滅로는 모두 도道를 추구해 갈 수 없
다."라고 하였다. 【「명리(名理)를 논함」】

【「論名理」】

|21-35| 무릇 욕(欲: 욕망)에는 두 가지가 있다.
'그렇게 하지 않을 수 없는 것'인 욕망이 있고,
'마음이 어디엔가 빠져 있는 것'인 욕망이 있
다. '그렇게 하지 않을 수 없음'으로부터 말한
다면 '명덕을 밝히려고 하는' 욕망이라고 해도
없앨 수 없는 것은 물론이고 '소리, 색, 냄새,
맛'의 욕망조차도 하루인들 없앨 수 있겠는가.
왜인가? 모두 하늘로부터 타고난 것이기 때문
이다. '마음이 어디엔가 빠져 있음'으로부터 말
한다면 소리, 색, 냄새, 맛의 욕망을 없애지 않
을 수 없음은 물론이고 '인의를 행하려고 하는'
욕망이라도 하루도 있어서는 안 된다. 왜인가?
모두 하늘로부터 타고난 것을 가로막는 것들
이기 때문이다.

|21-35| 夫欲有二,
有不容不然之欲, 有
心所沉溺之欲. 自
不容不然者而言, 無
論欲明明德之欲, 不
可去, 卽聲色臭味之
欲, 何可一日無. 何
也? 皆天也. 自心所
沉溺而言, 無論聲色
臭味之欲, 不可不
去, 卽行仁義之欲,
亦不可一日有. 何
也? 皆障天者也.

|21-36| '욕欲'을 없애는 것은 단지 학문 중의
한 가지 일일 뿐이다. 예를 들어 군주는 육관六
官을 통솔하여 사해四海를 다스리는데 어느 것
인들 그의 일이 아니겠는가. 전적으로 도적 잡
는 것을 자기 일로 삼는다면 그것은 포도군관
한 명의 능력일 뿐이다. 어찌 국가를 다스릴
수 있겠는가. 누가 "그대의 말대로라면 마음은
하는 일이 없는 것이다."라고 물어서 "마음은

|21-36| 去欲 特學
中之一事耳. 辟如
人君統六官治四海,
孰非其事? 而專以
捕盜爲役, 一追胥之
能耳, 何國之能爲?
曰: "如子之說, 則心
無事矣." 曰: "心自

하는 일이 절로 있다. 일을 좇아가며 마음을 견지하는 것은 마음을 가로막는 것이 실로 크다. 눈의 용도는 본래 보지 않는 바가 없는데 만약 가시나무에 새긴 원숭이를 주시한다면 하늘과 땅을 헷갈리게 될 것이고, 오吳나라 말에 정신을 집중하면 한 수레 가득한 장작도 놓치게 될 것이다. 욕을 없애고 염念을 없애는 능의 일을 제외하고는 우주의 일 중에서 일이 아닌 것이 없다.”라고 대답하였다. 【이상은 「거욕설(去欲說)」】

有事. 尋事持心, 障心實大. 如目之爲用, 本無所不睹, 若注視棘猴, 將迷天地; 凝神吳馬, 或失輿薪. 舍去欲去念等事, 則宇宙內事, 無非事矣.”【以上 「去欲說」】

| 21-37 | 경耿선생이 “학문에는 세 개의 관문이 있다. 처음에는 ‘마음이 곧 도道’라는 것을 보게 되는데 이제 바야흐로 초입에 들어선 것이다. 또 ‘일이 곧 마음’이라는 것을 보게 되는데 이제 바야흐로 한 걸음 나아간 것이다. 또 대인의 일과 소인의 일을 분별하고자 하게 되는데 이제 바야흐로 성취가 있게 된 것이다. 우리 안복安福8은 세련되게 많은 얘기들을 하는데 학자들은 혹은 성체性體로 움직이는 것을 밝음이라고 여기고, 혹은 격식으로 검칙하는 것을 행실이라고 여기며, 혹은 견문으로 이해하는 것을 터득이라고 여기니 ‘마음이 곧 도’라는 관문으로부터도 이미 멀리 떨어져 있다. 또

| 21-37 | 耿先生謂: “學有三關, 始見卽心卽道, 方有入頭; 又見卽事卽心, 方有進步; 又要分別大人之事與小人之事, 方有成就. 我安福彬彬多談, 學者或從性體造作以爲明, 或從格式修檢以爲行, 或從聞見知解以爲得, 則於卽心卽道已遠, 又何論第二三關也?”

---

8   안복(安福): 劉元卿이 安福 사람이기 때문에 이렇게 부른 것이다.

어찌 두 번째, 세 번째 관문을 논할 것이 있겠는가?"라고 하였다.

|21-38| 고자告子가 "성性에는 선도 없고 불선도 없다."라고 말한 것은 하늘만 보고 사람은 보지 못한 것이다. 어떤 이가 "성은 선을 행할 수도 있고 불선을 행할 수도 있다."라고 하였는데 이는 사람만 보고 하늘은 보지 못한 것이다. 어떤 이는 "성이 선한 이도 있고 성이 불선한 이도 있다."라고 하였는데 이는 하늘과 사람을 반반씩 본 것이다. 오직 맹자만이 "그 올바른 정情일 경우 선을 행할 수 있다."라고 하였으니 하늘을 알고 사람을 알아 하나로 관통한 것이다. 【이상은 「복례회의서(復禮會語序)」】

|21-38| 告子曰 "性無善無不善", 見天而不見人; 或曰 "性可以爲善, 可以爲不善", 見人而不見天; 或曰 "有性善, 有性不善", 則天與人互見其半. 惟孟子曰 "乃若其情, 可以爲善", 則知天知人, 一以貫之. 【以上 「復禮會語序」】

독학 사묵 만정언 선생

督學萬思默先生廷言

|21-39| 만정언萬廷言은 자가 이충以忠이고 호가 사묵思默이며 남창南昌 동계東溪 사람이다. 그 부친 만우개萬虞愷는 형부시랑刑部侍郎이었다. 양명 선생에게 수업을 받고 진사에 급제하였다. 예부 낭관을 거쳐 외직으로 제학첨사提學僉事가 되었다. 벼슬을 그만두고 귀향하여서는 30여 년 동안 두문불출하여 종적을 감추고 빛을 숨긴 채 학문을 깊이 연구하였다. 나염암(羅念菴: 羅洪先)의 학문은 선생을 얻음으로써 전수될 수 있었다. 선생이 학문 역정을 자술하기를, "약관에 이 마음을 수습할 줄 알았는데 몹시 힘들게 사유하고 그치기 힘든 것을 억지로 그치고 한결같은 마음으로 정좌를 하여 조금은 이 마음 안이 흡사 '스스로 쉴 만한 곳'이 있게 됨을 느꼈다. 마치 원숭이가 잘 곳을 얻어 점점 유순해지는 것과 같아서 자못 스스로 기뻐하였다. 하루는 석련동石蓮洞에서 『주역』

|21-39| 萬廷言, 字以忠, 號思默, 南昌之東溪人. 父虞愷, 刑部侍郎. 受業於陽明先生, 登進士第. 歷禮部郎官, 出爲提學僉事. 罷官歸, 杜門三十餘年, 匿跡韜光, 研幾極深. 念菴之學得先生而傳. 先生自序爲學云: "弱冠卽知收拾此心, 甚苦思, 強難息, 一意靜坐, 稍覺此中恰好有箇自歇處. 如猿猴得宿, 漸可柔馴, 頗爲

을 읽다가 간(艮)괘의 '생각이 자기의 자리를 벗어나지 않는다'라는 대목에 이르러 황홀하게 깨닫는 바가 있었다. 그래서 나염암에게 여쭤보았더니 나염암이 매우 좋게 수긍해 주었다. 벼슬에 들어선 뒤로 교유하는 범위가 자못 넓어지자 견문과 논의가 잡스러워지고 마음은 얕고 힘은 하늘거려 점점 흔들리고 어두워졌다. 동動이니 정靜이니, 적寂이니 감感이니 하는 개념의 관계를 사유하고 공空이니 각覺이니 유有니 무無니 하는 개념의 차이를 탐구하느라 위아래로 빠져서는 미리 재 보고 안배하며 지낸 세월이 거의 20년이었다. 때로는 이해하거나 깨닫는 것이 있어서 넓고 깊을 것이라고 여겼는데 자신의 마음에 돌아보니 끝내 '(마음을) 일으키고 없애는' 수준에서 괴로워하고 있는 수준이고 아직 편안하고 적절한 경지를 얻지 못하였다. 마음의 근원이 아직 깨끗해지지 않았으니 일체가 다 뿌리 없이 떠 있는 것 같았다. 다행히 산으로 돌아올 수가 있어서 더욱 두문불출하고 고요히 마음을 거두어들이고 묵묵히 자신의 마음을 인식해 나갔다. 그렇게 한동안 지나자 들뜨고 와자한 습심習心이 갑자기 사라져 버리고 이 속에 '바른 사유'가 있음을 느꼈다. 오직 은은하게 내 형기形氣 안에 깃들어 있어서 사유를 하는 것 같기도 하고 사유가 없는 것 같기도 하였는데 환하고 맑았으며 사방이 드넓어서 아득히 보통의 마음 상태와는 같지

自喜. 一日讀『易』石蓮洞, 至艮'思不出位', 恍有契證. 請於念菴師, 師甚肯之. 入仕後, 交遊頗廣, 聞見議論遂雜, 心淺力浮, 漸爲搖眩, 商度於動靜寂感之間, 參訂於空覺有無之辨, 上下沉掉, 擬議安排, 幾二十年. 時有解悟, 見謂弘深, 反之自心, 終苦起滅, 未有寧帖處. 心源未淨, 一切皆浮, 幸得還山, 益復杜門靜攝, 默識自心. 久之, 一種浮妄鬧熱習心, 忽爾銷落, 覺此中有箇正思. 惟隱隱寓吾形氣, 若思若無思, 洞徹淵澄, 廓然邊際, 夐與常念不同, 日用動靜初不相離, 自是精神歸併在此. 漸覺氣靜神恬, 耳目各

않았는데 일상의 동정으로부터 전혀 떨어지지 않았으니 이로부터 정신이 여기로 전부 돌아왔다. 점점 기운이 고요해지고 기氣가 편안해지며 귀와 눈이 각자 그곳으로 돌아갔다. 자못 하늘처럼 맑고 땅처럼 고요함이 있었고 보드랍게 태화太和의 기상이 있어 변화하고 변화하며 생성하고 생성하는데 기틀이 모두 나에게 있었다. 참으로 떠돌이가 고향으로 돌아온 것 같았으니 풀이나 나무나 바람이나 연기가 모두 아름다운 풍경이 되었다."라고 하였다. 선생은 『주역』에 조예가 있어 384효가 심체의 유행이 아닌 것이 없었는데 효상爻象에 교착되지도 않고 또 효상을 떠나지도 않았다. 예로부터 『주역』에 대해 해설한 이들 중에서 정이천程伊川 『역전易傳』 이외에는 그런 것을 본 적이 없다. 대개 건원乾元의 지극히 선한 체體가 '어린 아이의 부모를 사랑함과 형을 공경함'으로 융합되어 응취되는 것을 깊이 본 것이다. 선생 같은 분이라야 '본성을 안다'라고 할 수 있다.

만사묵 약어

| 21-40 | 사람이 일들에 대해 잘 대응한다면 그것은 재능이지 꼭 학문인 것은 아니다. 반드시 '사물에 응수함, 말하거나 침묵함, 소리나 색, 형기形氣' 이외에 자신의 마음에 어떤 본 것이 있어서 시시각각으로 이쪽으로 거두어들여

歸其所, 頗有天淸地寧, 沖然太和氣象, 化化生生, 機皆在我. 眞如遊子還故鄕, 草樹風煙皆爲佳境矣." 先生深於『易』, 三百八十四爻, 無非心體之流行, 不著爻象, 而又不離爻象. 自來說『易』者, 程『傳』而外, 未之或見也. 蓋深見乾元至善之體, 融結爲孩提之愛敬, 若先生始可謂之知性矣.

萬思默約語

| 21-40 | 人於事上應得去, 是才未必是學. 須應酬語默聲色形氣之外, 於自心有箇見處, 時時向此

서 늘 일이 없는 것처럼 보이지만 일체의 일에 대해 이것을 바탕으로 대응하여 하나하나 부절符節을 맞춘 듯 맞아야 비로소 학문이다. 마음이란 사람의 신명神明이고 천지, 만물, 만사의 주재이다. 비록 물物이 없지만 한순간도 물物과 응수하지 않는 적이 없다. 그래서 (『주역』에서) "고요히 움직이지 않다가 감응하여 천하의 일들에 알맞게 대응한다."라고 말한 것이다. 하지만 그 감응할 때 늘 적연부동하여 지극한 '없음'이면서 '있음'이니 매우 미묘하고 매우 깊어서 헤아릴 수가 없다. 반드시 극도로 잠기고 극도로 물러나 간직해야만 볼 수 있게 될 것이다. 보통 사람들의 마음은 늘 들떠서 물物을 따라가니 오직 일들 위에 편안히 정박해 있다. 일을 떠나면 원숭이가 나무에서 떨어진 것과 같으니 편안히 쉴 수 있는 시간이 없다. 일들로 마음을 채워 버리고 타고난 감각기관을 막아 버린다면 어떻게 이 본체를 볼 수 있겠는가. 그래서 잡념이 어지럽게 일어나서 전혀 돌아가 정박할 곳이 없고 마음의 근원이 맑지 않아서 모든 것이 들뜨게 된다. 비록 좋은 일로 향하더라도 또한 의기意氣이고 의견이어서 모두 재질才質[1]에 속할 뿐이다. 진정한 성

凝攝, 常若無事, 然一切事從此應付, 一一合節, 始是學. 心者, 人之神明, 所以爲天地萬物萬事之主, 雖無物, 未嘗一息不與物應酬. 故曰 "寂然不動, 感而遂通天下之故". 但其感處常寂, 至無而有, 甚微甚深, 不可測度, 必極潛極退藏, 庶其可見. 衆人心常浮動隨物, 祇在事上安泊. 舍事如胡孫失樹, 無時寧息, 以事實心, 蔽塞天竅, 何由見得此體? 是以雜念紛紛, 全無歸泊, 心源不淨, 一切皆浮. 雖向好事, 亦是意氣意見, 總屬才質耳. 與眞正性命,

---

1　재질(才質): 氣質과 비슷한 의미로 사용한 용어이며, 본성이 아니라 육신과 관련된 것이라는 의미이다.

명性命이나 생기生幾의 감통이나 유행과는 전혀 상관이 없으니 어떻게 학문이라고 할 수 있겠는가!

| 21-41 | '사람이 태어나 아직 고요한 상태 그 이상'[2]으로부터 일상 속에서 드러나는 순간들까지 온통 한 덩이가 되어 있으니 하늘과 사람의 구분이 없다.

| 21-42 | '곤坤'은 건乾의 용用이다. 곤이 될 수 없으면 건이 아니다. 그래서 용구用九는 '머리 없음'을 귀하게 여기는 것이다.[3] 곤坤괘의 초효初爻는 '단단한 얼음'을 싫어한다.[4] 무릇 (건을) 바탕으로 생성된 뒤에 형체를 나눠 받고 정신이 활동하여 유類별로 감각을 일으키고 인식이 열린다. 양은 위로 오르고 음은 응결되어 '재才'에 따라 각자 달라지니 모두 건乾에 맞게 작용하지는 못한다. 이에 반드시 보합保合하여 잘 조화시키는 노력이 필요하다. 대개 곤坤은 사람에게 있어서는 의意이며 의가 움직이는 곳에는 반드시 물物이 있고 물은 반드시 유類가 있다. 붕류朋類가 서로 이끌면 의는 집중하는 곳

生幾感通流行, 了無相干, 安得爲學!

| 21-41 | 自人生而靜以上, 至日用見前渾成一片, 無分天人.

| 21-42 | 坤者乾之用, 不坤則非乾. 故用九貴"無首". 坤初惡"堅冰". 夫資生之後, 形分神發, 類誘知開. 陽亢陰凝, 隨才各異, 不能皆順乾爲用, 於是必有保合太和之功. 蓋坤在人是意, 意動處必有物, 物必有類, 朋類相引, 意便有著重處, 便是陰凝. 是

---

2 사람이 … 이상:『二程遺書』권1, "蓋生之謂性. 人生而靜以上不容說, 才說性時, 便已不是性也. 凡人說性, 只是說繼之者善也, 孟子言人性善是也."

3 용구(用九)는 … 것이다:『周易』「乾」, "用九, 見羣龍, 无首, 吉."

4 곤(坤)괘의 … 싫어한다:『周易』「坤」, "初六, 履霜, 堅氷至."

이 있게 되니 그것이 바로 음陰의 응결이며 '단단한 얼음'이고 또한 '머리가 있음'이어서 건양乾陽의 본색을 잃게 되니 이른바 '먼저 길을 헤매어 도道를 잃는 것'[5]이다. 그래서 성인은 의가 움직이는 은미한 곳에서 '서리를 밟는' 일이 점점 발생하지 않도록 삼가서 정신을 수렴하고 시시각각으로 물러나 감추고 재계하여 일양一陽을 위주로 삼아 의意 속에 있는 '음이 응결되어 생긴 습기'를 녹여 버린다. 유類를 잃고 건乾을 따라서 중화에 합치되게 하는 것은 이른바 '나중에 순탄하여 정상적인 궤도를 얻음'이다. 덕이 고단하지 않고 하는 일에 의혹을 갖지 않게 되면 그제야 '황상黃裳의 크게 길함'[6]이다.

| 21-43 | 요순堯舜이 조심하고 두려워하였던 것이나 문왕文王이 조심하였던 것이나 공자가 모든 것에 대해 감히 하지 않는 바가 있었던 것은 이와 같이 하지 않으면 건건乾乾[7]이 아니

"堅冰"亦是有首. 失卻乾陽本色, 所謂先迷失道也. 所以聖人於意動微處, 謹"履霜"之漸, 收斂精神, 時時退藏齋戒, 務以一陽爲主, 消蝕意中一點陰凝習氣. 喪類從乾, 使合中和, 所謂後順得常也. 到德不孤, 不疑所行, 方是"黃裳元吉".

| 21-43 | 堯·舜兢業, 文王小心, 孔子一切有所不敢, 不如此則非乾乾. 所謂以

5　먼저 … 것: 坤卦의 卦辭에 "先迷, 後得"이라고 하였는데, 「彖傳」에 "'먼저 헤맨다'는 것은 길을 잃는다는 뜻이고, '뒤에 순탄해진다'는 것은 정상적인 궤도를 얻는다는 뜻이다[先迷, 失道; 後順, 得常]."라고 풀이하였다.

6　덕이 … 되면: 坤卦의 六二에 "直方大, 不習无不利."라고 하였는데, 「文言傳」에 "直, 其正也; 方, 其義也. 君子敬以直內, 義以方外, 敬義立而德不孤. 直方大, 不習无不利, 則不疑其所行也."로 설명하였다. '황상(黃裳)의 크게 길함'은 坤卦의 六五 효사이다. 六二와 六五가 '應'의 관계이기 때문에 이렇게 설명한 것이다.

7　건건(乾乾): 『周易』「乾」, "九三, 君子終日乾乾, 夕惕若 厲, 无咎."「文言」, "乾卦居上位而不驕, 在下位而不憂. 故乾乾, 因其時而惕, 雖危, 无咎矣." 乾卦의 德인 自彊不息

기 때문이다. 이른바 '성경誠敬으로 보존한다'[8]라는 것이다. 그래서 학자는 먼저 건원乾元의 본체를 알아야 비로소 두뇌가 있게 된다.[9] 대개 곤坤은 건원乾元을 위주로 한다. 원元은 생성의 리理이니 모름지기 시시각각으로 '천지가 변화하여 초목이 번성함'의 기상이 있어야 한다. 이런 기상으로 스스로 보존할 수 있어야 비로소 건원乾元에 내재한 태시太始의 기상을 잃지 않는다. 그래서 (곤괘에서) "곧고 바르고 크니, 익히지 않아도 이롭지 않음이 없다."라고 한 것이다. 무릇 '익히지 않음'이란 곧 '배우지 않고 생각하지 않음'이니 자연스러움이다. 귀가 밝고 눈이 밝으며 손으로 쥐고 발로 걸으며 아이가 울거나 웃고 부모를 사랑하고 형을 공경하는 것과 같은 것은 언제 익혔던 적이 있던가. 자연히 천지변화와 그 묘용을 같이한다. 만약 하나하나 익혀야 한다면 얼마나 되는 사업을 할 수 있겠는가. 움직이자마자 바로 막힐 것이니 단지 구구한 형국 속의 한 물건이 될 뿐이다. 그래서 경敬을 말할 때는 반드시 정명도가 말한 대로 "잊지 않고 조장하지 않아 조

誠敬存之也. 故學者先須識得乾元本體, 方有頭腦. 蓋坤以乾元爲主, 元是生理, 須時時有天地變化草木蓄意思. 以此意自存, 始不失乾元太始氣象. 故曰"直方大, 不習無不利". 夫不習卽不學不慮, 是自然的. 如耳聰目明, 手持足行, 孩提啼笑愛敬, 何嘗習來? 自與天地變化, 同其妙用. 若待一一習得, 能做幾多事業? 動手便滯, 只區區形局中一物而已. 故說敬必如明道所云: "勿忘勿助, 未嘗致纖毫之力", 方是

의 태도를 견지한다는 의미이다.

8 성경(誠敬)으로 보존한다: 『二程遺書』 권2상, "學者須先識仁, 仁者渾然與物同體, 義禮知信, 皆仁也. 識得此理, 以誠敬存之而已, 不須防檢, 不須窮索. 若心懈則有防, 心苟不懈, 何防之有? 理有未得, 故須窮索, 存久自明, 安待窮索?"

9 그래서 … 된다: 元은 仁과 상통하기 때문에 程明道의 「識仁篇」을 원용하여 설명한 것이다.

금의 힘도 기울이지 않아야" 비로소 본체와 합일되는 공부이다. 뒷날 유자儒者들이 형국에 얽매인 것과는 같지 않다.

| 21-44 | 성의誠意의 공부는 단지 호오好惡에 있어서 그 지(知: 앎)를 스스로 속이지 않는 것일 뿐이다. 그 '지知'를 속이지 않으려고 하면 그 역시 '지知'에서 분명하게 해야 한다. 그래서 '반드시 그 홀로일 때를 삼간다'라고 한 것이다. '독(獨: 홀로일 때)'은 지知의 체가 영명하게 어둡지 않은 지점이다. 비록 전혀 소리나 냄새는 없지만 시비의 문제는 조금도 그것을 속일 수 없어서 저절로 적연하게 스스로 비출 수 있고 물物과 상대적인 것이 되지 않는다. 그래서 독獨이라고 한다. 반드시 이 지점을 엄군嚴君으로 받들어야 한번 좋아하거나 한번 싫어하는 것을 모두 경건하게 그것에 의존할 수 있으니 이렇게 해야 '삼감'이다.

| 21-45 | (『대학』의) '소인小人' 한 단락[10]에 대해서 어떤 이는 '자기를 속임으로써 가려진 것이다'라고 설명하는데, 그렇지 않다. 이것은 바로 자신이 속임을 당하지 않으면 남들이 그를

合本體功夫, 不似後儒拘滯於形局也.

| 21-44 | 誠意功夫, 只好惡不自欺其知耳. 要不自欺其知, 依舊在知上討分曉, 故曰"必愼其獨". 獨是知體靈然不昧處. 雖絶無聲臭, 然是非一些瞞他不得, 自寂然自照, 不與物對, 故謂之獨. 須此處奉爲嚴君, 一好一惡皆敬依著他, 方是愼.

| 21-45 | '小人' 一節, 或云'自欺之蔽', 不然. 此正見他不受欺, 人欺蔽他不

10　소인(小人) 한 단락: 『大學』, "小人閒居爲不善, 無所不至, 見君子而后厭然, 揜其不善, 而著其善. 人之視己, 如見其肺肝然, 則何益矣? 此謂'誠於中, 形於外.' 故君子必愼其獨也."

속일 수 없음을 보여 주는 대목이다. 그래서 두려울 만하고 삼가지 않을 수 없는 것이다. 대개 이것은 전부 천명의 지극히 정미함이니 인위가 조금도 물들일 수가 없다. 어떻게 속이려고 하든 반드시 드러난다. 그것은 하늘로부터 얻은 것이어서 한 점 티끌없이 순수하게 맑아 만고에 홀로 참되니 누가 그것을 속일 수 있겠는가? 마치 별교(別敎: 불교)에서 '장부丈夫가 작은 금강金剛을 먹더라도 평생 속에서 녹이지 못한다.'¹¹라고 말한 것과 같다. 끝내 몸 밖으로 뚫고 나오게 될 것이다. 왜 그렇겠는가? 금강은 몸속의 더러운 것들과 함께 머물러 있지 않기 때문이다. 그래서 소인이 군자를 보고서는 바로 겸연쩍어하며 그 불선한 것을 가리려고 하고 폐와 간까지도 보는 것처럼 느낀다. 이 '겸연쩍어함'이나 이 '보는' 것이 어찌 소인이 바라는 것이겠는가? 바로 그가 실제로 이것(양지)을 내면에 지니고 있어서 모든 불선하고 기만적인 것을 뚫고 나오려고 하기 때문에 소인이 하고 싶은 대로 두지 않고 반드시 밖으로 표출되어 나오려고 하고 결코 불선한 것과 함께 지내려고 하지 않는다. 그래서 이것을 '성誠'이라고 한다. 성실하면 반드시 드러난다. 그래

得, 所以可畏, 不容不愼. 蓋此中全是天命至精, 人爲一毫汙染不上, 縱如何欺蔽, 必要出頭. 緣他從天得來, 純淸絶點, 萬古獨眞, 誰欺得他? 如別敎有云, '丈夫食少金剛, 終竟不消', 要穿出身外. 何以故? 金剛不與身中雜穢同止故. 所以小人見君子, 便厭然欲掩其不善, 便肺肝如見. 此厭此見, 豈小人所欲? 正是他實有此件在中, 務穿過諸不善欺瞞處, 由不得小人, 必要形將出來, 決不肯與不善共住, 故謂之誠. 誠則必形, 所以至嚴可畏, 意從此

---

11   장부(丈夫)가 … 못한다: 『金剛般若經』, "復次譬如丈夫食小金剛, 終身不銷; 波若亦爾, 若能了悟不可朽滅, 必得作佛."

서 지극히 엄하고 두려워할 만하다. 의가 이것을 따라 움직여야만 '성의'라고 할 수 있다. 그래서 군자는 반드시 그 홀로인 순간에 삼가는 것이다. 만일 남이 속이게 둔다면 무슨 엄함이 있겠는가.

|21-46| 어떤 사람이, "'사사물물에서 양지良知를 이룬다'라는 것은 용用의 차원에서 말한 것이고, '지지知止'는 '이 마음이 그치는 지점'의 차원에서 말한 것이니 다른 점이 있는 것 같다."라고 말해서, "체와 용은 원래 하나의 마음이다. 물物과 내가 모두 동일하게 이 '그침'이다. 마음은 그쳤는데 물은 그칠 곳을 얻지 못한 경우란 없고, 또한 물은 그칠 곳을 얻었는데 마음은 그치지 못하는 경우란 없다. 일을 처리하는 데 하나라도 부당한 바가 있으면 사람들의 마음에 불안할 것이니 이것은 물이 그 그칠 곳을 얻지 못한 것이고, 자신의 마음도 또한 후회하고 불안한 점이 있을 것이니 이것은 내 마음도 그칠 곳을 얻지 못한 것이다. 모름지기 하나하나 천칙天則에 합치되어서 남과 자기가 모두 편안해지고 각자 그칠 곳을 얻게 되어야만 바야흐로 '그침'이라고 할 수 있는 것이지 나 한 사람만 홀로 그칠 수 있는 것을 말하는 것이 아니다. 이것이 바로 '사사물물에서 양지를 이루는 것이다.' '사사물물에서 양지를 이루는 것'이 곧 이른바 '지지(知止: 양지가 그칠

動, 方謂之誠意, 故君子必愼其獨. 若是由人欺蔽得, 何嚴之有?

|21-46| 或謂: "致良知於事事物物, 就用說; 知止, 就是心止處說, 似有不同." 曰: "體用原是一心, 物我皆同此止. 未有心止物不得所止, 亦未有物得所止心不止者. 如處事一有不當, 則人情不安, 是物失所止, 自心亦便有悔吝不安處, 是吾心亦失所止. 須一一停當合天則, 人己俱安, 各得所止, 方謂之止, 非謂我一人能獨止也. 此正是致良知於事事物物也. 致良知於事事物物, 卽所謂知止也, 故知止

곳에 그침)'이다. 그래서 '지지'와 치지致知는 하나의 공부이다."라고 반박하였다.

| 21-47 | '평천하平天下'의 '평平'자는 가장 미묘하니 깊이 음미하면 사람을 당장 편안하게 해주어서 '천지만물과 함께 각자 자신의 자리에 그치는' 기상이 있다. 한결같이 맑고 맑아서 만고에 늘 적연할 것이니 학자는 모름지기 이 기상을 보아야 한다. 격물·치지·성의·정심과 수신·제가·치국은 모두 아무 일이 생기지 않는 길을 가는 것이어서 치우치지도 않고 부분에 떨어지지도 않는다. 사람마다 효도하고 공경하고 자애로우면 곧 사람마다 정해지고 고요해지고 안정될 것이다. 물결이 잔잔해지고 바람이 고요해져서 거대하게 아무 일이 생기지 않을 테니 늘 지선의 경계일 것이고 이른바 '네가 그칠 곳에 편안히 머문다'[12]는 것이다. 얼마나 태평한가. 대개 옛날의 제왕은 손을 대는 것이 모두 '평平'의 의미였다. 그래서 결과가 천하가 평안해지는 것으로 돌아왔다. 후세는 그렇지 않아서 의기意氣·의견·조작·공능 등에 맡기는 경우가 많았으니 자기 마음의 물결이 잔잔해지지 못하였는데 어떻게 남

致知是一箇功夫."

| 21-47 | 平 天 下 "平"字最妙, 深味之, 令人當下恬然, 有與 天地萬物同止其所 氣象. 一道清冷, 萬 古常寂, 學者須見此 氣象. 格致誠正與修 齊治, 皆行所無事, 不作頗僻, 不落有 所, 人人孝弟慈, 便 人人定靜安. 浪靜 風恬, 廓然無事, 總 一箇至善境界, 所謂 安汝止也, 何等太 平! 蓋古之帝王, 起 手皆是平的意思, 故 結果還他一箇天下 平. 後世不然, 多屬 意氣, 意見, 造作功 能, 自己心浪未平,

---

12 네가 … 머문다: 『서경』「益稷」, "安汝止. 惟幾惟康, 其弼直, 惟動丕應徯志. 以昭受上帝, 天其申命用休."

의 마음을 태평하게 할 수 있겠는가. 옛사람이 가졌던 '평'의 기상은 꿈도 꾸지 못한다.

| 21-48 | (공자가) "아는 것은 안다고 하고 알지 못하는 것은 알지 못한다고 하는 이것이 바로 아는 것이다."라고 하였는데, '아는 것'과 '알지 못한다'고 할 때의 그 앎이란 '앎의 내용'으로서 외물을 감지하면서 생기게 되며 용用이 작동한 것이다. '이것이 아는 것이다'라고 할 때의 '앎'은 '앎의 능력'이니 감지함을 통해서 생기는 것이 아니라 늘 알면서도 늘 앎의 내용이 없으니 체體의 은미함이다. 이 체는 고금천지에 걸친 사람과 만물의 영근靈根이니, '오, 그윽한' (세계) 속의 한 점 '반드시 스스로 그만둘 수가 없는' 명맥이다.[13] 공자는 천지를 위해 마음을 세웠고 인류를 위해서 명을 세웠으니 모두 이것을 밝힌 것이다. 성인 문하의 학자 중에서 오직 안연顔淵만이 '앎의 능력' 차원에서 공부를 할 수 있었다. 종일토록 어리석은 사람 같았지만 곧바로 마음의 근원을 맑게 하여 뿌리를 든든하게 내릴 수 있었다. 그 나머지는 '앎의 내용'의 차원에서 공부하는 이들이 많았다. 자공의 이른바 '문장에 대해서는 들을 수 있었

| 21-48 | "知之爲知之, 不知爲不知, 是知也." 知之不知之知是所知, 因感而有, 用之發也. 是知之知是能知, 不因感有, 常知而常無知, 體之微也. 此體是古今天地人物之靈根, 於穆中一點必不能自己之命脈. 夫子爲天地立心, 生民立命, 全是發明此件. 聖門學者, 惟顔子在能知上用功, 終日如愚, 直要瑩徹心源, 透根安立. 其餘多在所知上用力, 子貢所謂"文章可聞", 皆是所知, 惟"性與

安能使人心太平? 古人平的氣象, 未夢見在.

---

13 오 … 명맥이다:『中庸』, "詩云: '維天之命, 於穆不已.' 蓋曰天之所以爲天也. 於乎不顯, 文王之德之純. 蓋曰文王之所以爲文也, 純亦不已."

다.'라는 말은 모두 '앎의 내용'이다. (자공의 경우) 오직 '성性과 천도天道는 들을 수 없었다.'라고 한 대목만이 '앎의 체'에 대해 안 것이라고 할 수 있다.[14]

|21-49| 안자顔子는 자질이 높아서 그 처음에는 사물에 대해서 마음을 둘 필요가 없다고 여겨 그냥 지름길인 간약簡約한 방법을 사용하려고 하여 곧장 형이상의 차원으로부터 추구해 들어갔는데, '우러러보려고 하고 뚫어 보려고 하고 앞쪽에서 보려고 하고 홀연히 뒤쪽에서 보려고 하였지만' 어디로 들어가야 할 줄 몰랐다.[15] 그래서 공자가 그에게 하나하나 사물로부터 해결해 나가도록 가르쳐서 박문博文을 통해서 비로소 의거할 곳이 있게 되고 사물에 대해 투철한 것이 바로 형이상의 차원임을 알게 하였다. 안자는 재능을 다 발휘하여 공부하여 오랜 시간이 지나자 활연하게 어디에 '높고 건고한 곳과 앞인 곳과 뒤인 곳'이 있는지 깨닫게 되어 혼연하게 단지 당장의 자기 마음이 바로 전날 '우러러보고 뚫어 보고 앞으로 보며 홀연

天道不可聞"者, 始是知體.

|21-49| 顔子資高, 其初以爲事物不必留心, 便要徑約, 直從形而上處究竟, 仰鑽瞻忽, 無有入處. 故夫子教他須一一從事物上理會, 由博文, 方有依據; 事物透徹, 方是形而上者. 顔子竭才做去, 久之豁然覺得何處有高堅前後, 渾然只當前自己一箇心, 便是前日能仰鑽瞻忽者. 視聽言動, 處處顯露, 不加減分毫,

---

14   오직 … 있다: 『論語』「公冶長」, "子貢曰: '夫子之文章, 可得而聞也; 夫子之言性與天道, 不可得而聞也.'"

15   안자(顔子)는 … 몰랐다: 『論語』「子罕」, "顔淵喟然歎曰: '仰之彌高, 鑽之彌堅; 瞻之在前, 忽焉在後. 夫子循循然善誘人, 博我以文, 約我以禮. 欲罷不能, 旣竭吾才, 如有所立卓爾. 雖欲從之, 末由也已.'"를 바탕으로 한 논의이다.

히 뒤에서 볼' 수 있는 그 주체여서 보고 듣고 말하고 행동하는 곳곳에서 드러나서 조금도 더하거나 덜지 않아도 위와 아래도 없고 앞과 뒤도 없었다. 그래서 "우뚝하게 서 있는 듯한 것이 있다."라고 한 것이다. 하지만 안자의 '넓게 배우고 예禮로 간약簡約하게 하는' 일이란 뒷날 학자들의 해석과 다른 의미이다. '넓음'이란 바로 그 간약한 것을 기초로 넓히는 것이다. 예를 들어 일에 대응할 때는 반드시 자기 마음에서 판단근거를 찾아야 하고, 책을 읽을 때는 반드시 자기 마음에서 시비의 근거를 마련해야 한다. 예를 들어 성현의 격언이나 지론至論을 하나하나 없애고 자신으로 돌아가며 일체의 여러 흩어진 현상들을 모두 자기 마음의 조리로부터 나오는 것으로 인식하고, 시간이 지나 단지 자기 한 마음뿐이라는 것을 인식해야 한다. 무릇 '(화나는 마음을) 옮기지 않음', '(잘못을) 두 번 반복하지 않음', '멀리 잘못되지 않고 돌아옴'은 모두 이 한곳에 대해 분명하냐에 달려 있으니 또 얼마나 간약한가? 그러므로 '넓힘'으로부터 '간약히 함'까지는 말에 차례가 있지만, '넓힘'은 곧 '간약히 함'이어서 논리적으로 선후가 없고 동일한 시간에 벌어지는 일이다. 뒷날 학자의 해석대로라면 '넓힘'은 밖으로부터 구하는 것이다. 분명 두 갈래로 공부하는 것이어서 정신이 소모될 테니 어떻게 '우뚝할' 수가 있겠는가!

無上下, 亦無前後. 故曰"如有所立卓爾." 但顔子博約, 與後儒説不同. 博便是博乃約的, 如處事必討自心一箇分寸, 如讀書必本自心一箇是非, 如聖賢格言至論, 一一消歸自心, 一切種種散見處, 皆見得從自心條理中出, 久之覺得只是自己一箇心. 凡不遷・不貳・不遠復, 皆在此一處分曉, 又何等約! 故自博而約, 語有次第, 博卽是約, 理無先後, 同一時事. 若後儒所云, 博是從外面討, 分明作兩截做, 精神耗蝕, 何由得"卓爾"?

| 21-50 | 공자의 '살아 움직이는' 기상을 오직 안자만이 가장 깊이 이해하였다. 그래서 공자의 말을 들으면 기뻤고[16] 누추한 동네에서 지내면서 즐거울 수 있었으며[17] 그러면서도 바보 같은 자세로 지켜 갈 수 있었다.[18] 그 나머지는 집착하거나 막혀 있는 경우가 많았다. 만약 증점曾點이 그러한(살아 움직이는) 광경을 말하지 않았다면 공자의 뜻은 거의 전해지지 못했을 것이다.[19] 나머지 세 사람의 말과 비교해 보면 증점의 뜻이 살아 있고 세 사람의 뜻은 막혀 있음을 볼 수 있을 것이다. 여기서 자신을 돌이켜 비춰 볼 수 있으면 자기 정신의 상태를 알 수 있을 것이다. 이 지점은 모두 고착되어서는 안 된다. 이것을 아는 것이 바로 '인仁을 앎'이다. 대개 살아 움직이는 것이 인체仁體이

| 21-50 | 孔子一段生活意思, 惟顏子得之最深. 故於言而悅, 在陋巷而樂, 卻以如愚守之. 其餘則多執滯. 若非曾點說此段光景, 孔子之意, 幾於莫傳. 以三子照看, 便見點意活, 三子意滯, 於此反照自身, 便知自己精神. 是處一切不應執著, 識此便是識仁. 蓋生活是仁體, 夫子言語實落又卻

---

16 공자의 … 기뻤고: 『論語』「先進」, "回也非助我者也. 於吾言, 無所不說."

17 누추한 … 있었으며: 『論語』「雍也」, "賢哉, 回也! 一簞食, 一瓢飮, 在陋巷, 人不堪其憂, 回也不改其樂. 賢哉, 回也!"

18 바보 같은 … 있었다: 『論語』「爲政」, "吾與回言, 終日不違, 如愚. 退而省其私, 亦足以發. 回也不愚!"

19 증점(曾點)이 … 것이다: 『論語』「先進」, "子路·曾晳·冉有·公西華侍坐. 子曰: '以吾一日長乎爾, 毋吾以也. 居則曰「不吾知也.」如或知爾, 則何以哉?' 子路率爾而對曰: '千乘之國, 攝乎大國之間, 加之以師旅, 因之以饑饉, 由也爲之, 比及三年, 可使有勇且知方也.' 夫子哂之. '求. 爾何如?' 對曰: '方六七十, 如五六十, 求也爲之, 比及三年, 可使足民. 如其禮樂, 以俟君子.' '赤. 爾何如?' 對曰: '非曰能之, 願學焉. 宗廟之事, 如會同, 端章甫, 願爲小相焉.' '點. 爾何如?' 鼓瑟希, 鏗爾舍瑟而作, 對曰: '異乎三子者之撰.' 子曰: '何傷乎? 亦各言其志也.' 曰: '莫春者, 春服旣成, 冠者五六人, 童子六七人, 浴乎沂, 風乎舞雩, 詠而歸.' 夫子喟然歎曰: '吾與點也.' 三子者出, 曾晳後. 曾晳曰: '夫三子者之言, 何如?' 子曰: '亦各言其志也已矣.'"

다. 공자의 말은 실제적이면서도 또 원활해서 잘 체험적으로 이해해야 한다. 예를 들어 '경敬'에 대해 말할 때 "문을 나설 때 큰손님을 만난 듯이 하고, 백성을 부릴 때 큰제사를 지내듯이 한다."라고 하였는데 경敬이 무슨 형상이 있겠는가.[20] '큰손님 만난 것'과 '큰제사 지내는 것'을 빌려서 아주 실감나게 묘사하였다. 하지만 '여(如: 듯이)'자를 통해 또 '큰손님 만난 것'과 '큰제사 지내는 것'에 제한되는 것이 아니라 사람들로 하여금 그것을 통해 비춰 보게 하는데, 그렇게 함으로써 사람들은 '경'의 뜻을 깨닫게 된다. 예를 들어 '말은 충실忠實하고 행동은 경건하다'라고 하였으니 '충忠'과 '경敬'자를 말과 행동에 배속하여 정말이지 착실한 것인데, 이어서 바로 "서 있을 때는 그것이 눈앞에 와서 서 있음을 보고 수레를 타고 있을 때는 그것이 수레의 횡목에 기대 있음을 본다."[21]라고 하였다. 도대체 무엇이 그렇게 '와서 서 있고' '수레의 횡목에 기대 있음'을 본다는 것일까? 또한 사람으로 하여금 당장 말이나 행동의 차원에 고착되어 있지 않은 것이 있음을 스스로 보고

圓活, 要善體會. 如言敬, 云"出門如見大賓, 使民如承大祭", 敬有甚形狀! 借賓祭點出甚實落? 然如字又不著賓祭上, 令人照看, 便可悟敬的意思. 如云"言忠信, 行篤敬", 以忠敬屬言行, 煞是著實, 卻云"立則見其參於前, 在輿則見其倚於衡", 是見何物參倚? 亦是令人當下自見有箇不著在言行上的, 時時存主. 蓋夫子處處指點心體, 令人自見現前一箇如有立卓體段, 乃天所以與我者, 所謂仁也.

---

20 '경(敬)'에 … 있겠는가: 『논어』「顔淵」, "仲弓問仁. 子曰: '出門如見大賓, 使民如承大祭. 己所不欲, 勿施於人. 在邦無怨, 在家無怨.' 仲弓曰: '雍雖不敏, 請事斯語矣.'"

21 말은 … 본다: 『論語』「衛靈公」, "子張問行. 子曰: '言忠信, 行篤敬, 雖蠻貊之邦, 行矣. 言不忠信, 行不篤敬, 雖州里, 行乎哉! 立則見其參於前也, 在輿則見其倚於衡也. 夫然後行.' 子張書諸紳."

시시각각으로 그것을 간직하고 그것을 위주로 삼게 한 것이다. 대개 공자는 곳곳에서 심체를 가리켜 주어서 사람들로 하여금 마치 우뚝하게 서 있는 듯한 모습이 현전하는 것을 스스로 보게 하였는데 이것이 하늘이 나에게 준 것이고 바로 이른바 인仁이다.

▌21-51▌ '희로애락이 발하지 않은 상태를 중中이라고 한다'라는 말은 심오하게 말을 한 것이 아니고, 바로 성명性命의 실상이 사람들의 일상적인 희로애락 속에 존재하고 그 '미발未發'이 곧 저 '희로애락을 일으킬 수 있는 능력을 가진 것'으로서 늘 자연히 존재함을 보게 하려는 것이었으니, 지극히 가깝고 지극히 쉽다는 것을 밝힌 것이다. 성인聖人의 '천지를 제자리 잡게 하고 만물을 기르는' 공효는 모두 평상의 자재로움 속에서 나오는 것이고 특별한 작위가 없이 이루어지는 것이어서 조작이 필요하지 않다. 그래서 '담박하되 질리지 않는다'라고 한 것이고 '중용'이라고 한 것이다. 하지만 '사람들 중에서 그렇게 할 수 있는 이가 드문' 것은 이치 자체가 하기 힘든 점이 있는 것이 아니고 사람이 스스로 쓸데없는 짓을 해서 분란을 일으키고, 평상적인 것을 편안히 여기며 자연에 맡기려고 하지 않기 때문일 뿐이다.

▌21-52▌ 요사이에 늘 편안하고 담박하며 비어

▌21-51▌ 喜怒哀樂之未發, 謂之中, 不是推深說, 正要見性命之實在人尋常喜怒哀樂中, 其未發就是那能喜怒哀樂的, 常自然在也, 明其至近至易也. 聖人位育功化, 皆從平常自在中來, 無爲而成, 不須造作, 所以謂之淡而不厭, 謂之中庸. 然民鮮能者, 非理有難能, 人自好起風作浪, 不肯安常, 任其自然耳.

▌21-52▌ 日間常令

있고 한가한 뜻이 많게 할 수 있으면 점차 미발未發의 기상을 볼 수 있게 된다.

| 21-53 | 소리나 색깔이나 냄새나 맛이 있어서 총명과 기교를 구사할 수 있는 대상들은 비록 아주 정묘하더라도 단지 마음을 쓰기만 하면 모두 이해할 수 있다. 오직 이 '덕'이라는 것은 기왕 '드러나지 않는다'라고 칭해졌으니 조금도 소리나 냄새를 찾을 수 없어서 총명함과 기교의 대상이 되지 않아서 마음을 사용할수록 더욱 멀리 떨어지기에 이해해 들어가기가 어렵다. 왜 그렇다는 것인가? 그것이 원래 없는 것이기 때문에 이해해 들어갈 수가 없는 것이다. 모름지기 자신의 총명과 기교와 습기習氣를 깨끗이 없애고 거둬들여야 비로소 이해해 들어갈 수 있다. 그래서 맛이 있고 문리文理가 있어서는 안 되는 것이고 일체의 담박하고 간이하고 따뜻함이라야만 한다. 멀고 현저한 것에서 구하려고 하면 안 되는 것이고 일체를 안으로 가까이 모아서 은미한 내면의 마음으로부터 투철하게 이해해야 한다. 그래서 '함께 덕으로 들어갈 수 있다'[22]라고 말한 것이다. 이른바 '들어간다'라는 것은 단지 심기心氣를 지

| 21-53 | 凡有聲色臭味可著聰明技巧者, 雖絶精妙, 只用心皆可入. 惟此德旣稱不顯, 無絲毫聲臭可尋, 聰明技巧總無著處, 愈用心愈遠, 所以難入. 何也? 爲其原無, 故無可入. 須將自己聰明技巧習氣淨盡, 斂得, 方可入. 故有滋味, 有文理, 便不得; 一切淡, 簡, 溫, 方得. 稍求之遠與顯, 則不得; 一切攢簇向裏從近, 自微處透, 方得. 故曰'可與入德'. 所謂入, 只心氣斂到極微, 此德自

---

22   함께 … 들어간다: 『中庸』, "詩曰'衣錦尙絅', 惡其文之著也. 故君子之道, 闇然而日章; 小人之道, 的然而日亡. 君子之道, 淡而不厭, 簡而文, 溫而理; 知遠之近, 知風之自, 知微之顯, 可與入德矣."

극히 은미한 곳으로 수렴하는 것이며, 거기에 이 덕이 자연히 존재한다. 마치 물과 같아서 흐린 것이 맑아지면 맑은 것이 드러나는 것이지 달리 들어갈 수 있는 통로가 있지 않다.

在. 如水, 濁澄淸現, 非有所入之處也.

|21-54| '현저하면서 숨겨져 있다'라는 것은 바로 '색은(索隱: 숨어 있는 것을 찾아냄)'에 상대해서 말한 것이다. 은미한 것은 탐색할 필요가 없고 눈앞에서 사용하고 있는 것이 바로 그것이다. 날마다 그것을 사용하면서도 또 보거나 들을 수 있는 소리나 냄새는 없다. 그래서 '현저하면서 숨겨져 있다'라고 말한 것이다. 만약 현저함 밖에 숨겨짐이 있다면 탐색하는 과정을 거쳐야 한다. '거대함에 대해 말함', '작음에 대해 말함', '보통의 사내', '보통의 아낙', '솔개', '물고기'가 어느 것이든 현저한 것이 아니겠는가.[23] 어느 공간이 있어서 감춰 두고서 탐색하기를 기다리겠는가.

|21-54| 費 而 隱, 正對索隱說. 言隱 不必索, 就在面前用 的便是. 日日用著 他, 卻又無些聲臭可 睹聞得, 故曰費而隱 也. 若費外有隱, 則 須待索, 語大語小, 夫婦鳶魚, 何處不是 費? 便有何空閒處, 可藏隱而待索耶?

|21-55| 성性과 하늘은 모두 마음이다.[24] 단지 마음을 다하면 바로 성을 알고 하늘을 알며,

|21-55| 性 天 皆 心 也. 只盡心便知性知

---

23 거대함에 … 아니겠는가:『中庸』, "君子之道, 費而隱. 夫婦之愚, 可以與知焉; 及其至也, 雖聖人亦有所不知焉. 夫婦之不肖, 可以能行焉; 及其至也, 雖聖人亦有所不能焉. 天地之大也, 人猶有所憾. 故君子語大, 天下莫能載焉; 語小, 天下莫能破焉. 詩云: '鳶飛戾天, 魚躍于淵.' 言其上下察也. 君子之道, 造端乎夫婦; 及其至也, 察乎天地."

24 성(性)과 … 마음이다:『孟子』「盡心上」, "盡其心者, 知其性也. 知其性, 則知天矣. 存其心, 養其性, 所以事天也. 殀壽不貳, 修身以俟之, 所以立命也."에 대한 논의이다.

단지 마음을 간직하면 바로 성을 기르고 하늘을 섬기게 된다. 사실은 단지 '간직함'일 뿐이다. 하지만 간직하기란 쉽지가 않다. 삶과 죽음을 마음에서 끊어내 버려야 한다. 그래서 비록 요절하거나 장수하더라도 마음이 갈라지 않고 자신을 수양하여 기다리는 것이니 명命이란 자신이 세우는 것이다. 일체를 자신이 주재해야만 '간직함'의 공부이다. 늘 간직하는 것이 바로 마음을 다하는 것이니, 그래서 '요절하거나 장수하더라도 마음이 갈리지 않는다'라는 것은 곧 존심存心의 공부가 지극히 긴절하고 진실해진 상태를 가리키는 것이다. 오랫동안 간직하면 자연히 밝게 될 것이다. 성과 하늘은 나에게 있으니 '간직함' 이외에 다시 '하늘을 알고' '성을 기르며' '명을 세우는' 공부가 있는 것이 아니다.

| 21-56 | 어린아이가 부모를 사랑하고 형을 공경하는 것에 대해 세상의 학자들은 형체가 생긴 이후의 일이라고 여긴다. 가장 최초에 하나의 생각을 일으키는 그 가장 눈여겨보아야 할 대목을 오히려 사소하게 본다. 건곤乾坤은 단지 '생성의 리理'이고, '태화太和'의 원기이다. 그래서 부모를 사랑하고 형을 공경하는 것은 건곤乾坤의 골수이고 사람을 태어나게 하는 명맥이다. 이것을 기초로 결합하고 응취해야 사람을 형성하게 된다. 그래서 태어나면서부터 바

天, 只存心便養性事天. 其實只一存字, 但存不容易, 須死生判斷始得. 故必夭壽不貳, 修身以俟, 命自我立. 一切自做主宰, 方是存的功夫. 常存便是盡, 故夭壽不貳, 乃存心功夫極繁切眞實耳. 久存自明, 性天在我, 非存外更有一箇知天養性立命之功也.

| 21-56 | 孩提愛敬, 世儒看作形生以後, 最初一竅發念最好處, 卻小看了. 乾坤只是一箇生理, 一箇太和元氣. 故愛敬是乾坤骨髓, 生人的命脈. 從這些子結聚方成人. 故生來便會愛敬, 不是生後

로 부모를 사랑하고 형을 공경하는 것이지, 태어난 뒤에 비로소 이런 마음을 가지게 되는 것이 아니다. 그렇지 않으면 이미 배우거나 생각해 본 것도 아니라면서 이 부모를 사랑하고 형을 공경하는 마음이 어디로부터 획득한 것이겠는가? 맹자는 『주역』에 대해 깊이 알았기에 '각 사물들의 기원이 되는 것'으로부터 이 문제에 대해 투철하게 이해하였다. 그래서 '성性은 선하다'라고 단언한 것이다. 만약 사람들이 이 의미에 대해서 깊이 이해할 수 있으면 천지, 일월, 풍뢰風雷, 산천, 조수, 초목이 모두 이것의 발현이어서 어린아이가 아닌 사물이 없으며 어린아이가 아닌 때가 없다. 형색形色과 천성天性을 혼연하게 함께 놓고 보았기 때문에 '다른 것이 없다. 천하에 두루 적용하면 되는 것이다.'라고 한 것이다.[25]

始發此竅也. 不然, 既非學慮, 此念愛敬的, 從何處交割得來? 孟子深於『易』, 從資始處看透這消息, 故斷以性善. 若人深體此意, 則天地日月風雷山川鳥獸草木, 皆是此竅, 無物不是孩提, 無時不是孩提. 形色·天性渾然平鋪, 故曰 '無他, 達之天下也'.

| 21-57 | 요사이에 '마음이 무엇인가를 옳다고 여기고 있는데 또 은연중에 불가하다고 여기는 생각이 있는 것 같고, 무엇인가를 옳지 않다고 여기고 있는데 또 은연중에 옳다고 여기는 생각이 있는 것 같을 때에 만약 그것을 따르면 길하고 그렇지 않으면 흉하거나 후회하

| 21-57 | 日間嘗驗心有所可, 又隱然若有以爲不可者; 有所不可, 又隱然若有以爲可者, 依之則吉, 不則凶悔吝. 是常

---

25 천하에 … 것이다: 『孟子』「盡心上」, "人之所不學而能者, 其良能也; 所不慮而知者, 其良知也. 孩提之童, 無不知愛其親者, 及其長也, 無不知敬其兄也. 親親, 仁也; 敬長, 義也. 無他, 達之天下也."

게 되거나 곤혹스럽게 된다'라는 것을 체험하게 되었다. 이것은 늘 어떤 것이 있어서 아무 일이 생기지 않게 하는 방식으로 묵묵히 가운데 존재하는 것 같으니 수응酬應의 주체가 되어서 인위적인 것은 그것을 조금도 움직이거나 바꿀 수가 없다. 이른바 '미발의 중中'이나 '도심道心은 미묘하다'라는 것이 이것이다. 사람이 어찌 두 개의 마음이 있겠는가?[26] 단지 정밀하게 하면 하나가 되는 것이고 정밀하게 하지 못하면 둘이 되는 것이며, 하나가 되면 은미한 것이고 둘이 되면 위태한 것이다. 앞의 '옳게 여기는 것이 있음'과 '옳지 않게 여기는 것이 있음'은 생명체의 습기習氣로서 사물을 좇는 것으로 습관이 된 마음이니 이것을 인심人心이라고 하며 가슴속에 마치 두 개의 사물이 있어서 싸우고 있는 것 같은 느낌이 든다. 그래서 위태한 것이다. 뒤의 '은연중에 옳지 않다고 여김'과 '옳다고 여김'은 천칙天則의 자연스러움이니 도심道心이라고 한다. 만사가 모두 여기에서 나오지만 가슴속은 늘 편안하고 담박하고 고요하고 깊어서 한 가지 일도 없기 때문에 은미하다고 한다. 요컨대, 인심이란 일시적인 감정이나 일시적인 형체일 뿐이고 늘 단지 도심

若有一物, 居無事而默默在中, 爲酬應之主, 人僞都一毫移易他不得. 所謂"未發之中""道心惟微", 是也. 人豈有二心? 只精則一, 不精則二, 一則微, 二則危矣. 前有所可, 有所不可, 是有生習氣, 逐物慣習之心, 謂之人心, 胸中若有二物, 交搆相似, 故危. 後隱然以爲不可, 又以爲可, 是天則自然, 謂之道心, 萬事皆從此出, 而胸中常恬澹靜深, 無有一事, 故微. 要之, 人心是客感客形耳, 總只是箇道心, 故用功全在惟精. 所謂精者, 非精察之精, 乃

---

26 사람이 … 있겠는가: 『尙書』「大禹謨」, "人心惟危 道心惟微. 惟精惟一 允執厥中."을 둘러싼 논의이다.

만 존재한다. 그래서 공부를 하는 것은 전부 '정精'에 달려 있다. 이른바 '정'이란 '정찰(精察: 정밀히 살핌)'의 그 '정'이 아니고 '정전(精專: 전일함)'의 '정'이다. 가만히 수렴하여 들뜨고 거짓되며 잡박한 습기의 나쁜 영향력을 제거하여 기氣가 가라앉고 신이 응취되면서 가슴속이 점점 하나가 되고 하나가 되면 은미해진다. 늘 은미하고 늘 현저한 것을 '진실로 그 중中을 삼는다'라고 한다.

┃21-58┃ 이른바 '한결같이 복희씨伏羲氏의 「하도河圖」를 생각한다'라는 말은, 예를 들어 한 가지 일을 처리할 때 생각을 거둬들이고 사고를 집중하는 것은 '곤坤'괘이고 사유를 통해 터득하여 태연하게 행하는 것은 '복復'괘이다. 혹은 일을 만났을 때 생각이 아주 날카로운데 갑자기 수렴해 버리는 것이 곤괘이고 얼마 뒤 의기가 화평해지는 것이 복괘이다. 징분질욕(懲忿窒欲: 분노를 누르고 욕심을 막음)이 모두 그러하다. 만약 늘 물러나 간직하게 되면 늘 하나의 건원乾元이다. 스스로 말아 들이고 스스로 펴며 스스로 전일하고 스스로 곧으니 선천적으로 나에게 있다. 마음이 조급하게 잡으려고 하면 둘이 되는 것이니, 내달리는 마음이 있고 그것을 잡는 마음이 있는 것이다. 대개 혼연히 효도하면 하나가 되니 이것을 입성(立誠: 성실성을 세움)이라고 한다. 도道를 갖춘 사람은 정신

精專之精也. 闇然收斂, 屏浮僞雜駁習氣之累, 氣潛神凝, 胸中漸一, 一則微. 常微常顯, 是謂"允執厥中".

┃21-58┃ 所謂"一念義「圖」"者, 如處一事, 斂念注思, 是坤; 思而得之, 泰然行去, 是復. 或遇事念中大銳, 便銼斂, 是坤; 少間意氣和平做去, 是復. 懲忿窒欲皆然. 若能常自退藏, 則總是一箇乾元, 自卷自舒, 自專自直, 先天在我. 心急操之則二, 有馳者, 有操之者. 蓋渾而孝之則一, 是謂立誠. 有道者神常勝形, 形雖槁寂, 自有

이 늘 형체를 이기니 형체가 비록 메마르고 적적해지더라도 자연히 형체 밖의 존재가 있어서 큰비가 쏟아지듯이 사람을 엄습하여 오래될수록 더욱 맛이 있다. 대개 평소에 쌓은 함양 속에서 얻는다.

一種在形骸之外, 油然襲人. 愈久愈有味, 蓋得之涵養之素也.

|21-59| 학문을 통해 기氣가 누그러지고 사려가 편안해지는 정도까지 수양하게 되면 눈앞에서 바로 우주 사이에 확연하게 아무 간격이 없고 아무 문제가 생기지 않는 느낌을 가지게 되는데, 그 수용(受用: 쓰임새)은 말로 다 형용할 수 없다.

|21-59| 學問養到氣下慮恬, 見前便覺宇宙間廓然無一絲間隔, 無一毫事, 受用不可言說.

|21-60| 요사이에 여기서 함양하여 늘 담담히 편안하고 즐거우며 화평하고 마음에 맞으며 물상物象에 고착되지 않는 그런 느낌이 있으니 비로소 자득하게 된 것이다.

|21-60| 日間涵養此中, 常有沖然恬愉和適, 不著物象之意, 始是自得.

|21-61| 이른바 '원길元吉'[27]이란 말에서 '원元'은 생성하고 생성하는 그런 기상이다. 만약 늘 이 기상이 유행할 수 있으면 어느 곳에서나 길하게 된다는 뜻이다. 쉬우니 그로써 험난함에 대해 알고, 간단하니 그로써 장애됨에 대해 안다. 험난함이나 장애됨에 대해 알려고 하는 것

|21-61| 所謂元吉者, 元是一團生生之意, 若常是這意流行, 無處不吉. 易以知險, 簡以知阻. 不是要知險阻, 是當險

---

27   원길(元吉): 『周易』「坤」, "六五, 黃裳, 元吉."

이 아니라 험난함이나 장애됨을 만났을 때 한 결같이 쉽고 간단한 이치로 대응하기에 눈에 험난함이나 장애됨을 보지 못할 뿐이다. 대개 성인의 경지는 늘 건원乾元의 세계이다. 64괘에 대해 모두 이 기상을 보아야 한다.

|21-62| 심체心體는 무한히 광대하니 한 사람의 한 마음이 아니다. 삼재三才와 만물이 예로부터 지금까지 늘 그 속에 존재하면 곧 비로소 만물들을 생성하여 만국이 모두 편안하게 된다. 이것을 '인극人極을 세움'이라고 한다.

|21-63| 『시경』에서 문왕文王의 덕을 칭송하면서 반드시 '화경和敬'이라고 하였는데[28] '화和'는 경敬의 자연스러움이니 경이 곧 화이다. 이른바 '자연'이란 또한 억지를 통해서 이루는 것이 아니다. 마음은 비록 분잡하더라도 천생적으로 가장 적절하게 간직해야 할 방식이 있으니 이 가장 적절한 방식을 찾아내면 자연히 하나가 되고 그것이 곧 경이다. 정명도程明道의 이른바 '잊지 말고 조장하지 말라'라고 한 것은 중간의 정당한 지점을 말한 것이다. 그래서 '보존한다'라는 것은 그 자연스러운 적절한 지

阻處, 一味易簡之理應之, 目不見險阻耳. 蓋聖人隨處總一箇乾元世界, 六十四卦皆要見此意.

|21-62| 心體無量廣大, 不是一人一箇心. 三才萬物, 互古至今, 總在裏許存得, 便首出庶物, 萬國咸寧, 是謂立人極.

|21-63| 『詩』稱文王之德, 必曰"和敬", 和是敬之自然處, 敬便和也. 所謂自然, 亦非由勉, 心念雖紛雜, 天生有箇恰好存處, 尋到恰好處, 自然一便是敬. 明道所謂勿忘勿助, 中間正當處也. 故存是合他自然恰好處, 非

28　『시경』에서 … 하였는데: 예를 들어 『詩經』 「文王之什」 중의 「思齊」편에 "離離在宮, 肅肅在廟"라고 하였는데, '離離'은 和를 가리키고, '肅肅'은 敬을 가리킨다.

점에 맞게 하는 것이지 억지로 보존할 수 있는 것이 아니다. 만약 억지로 보존하려고 한다면 단지 분란만 만들 것이다. 비록 억지로 해서 지극한 경지에 도달하더라도 또한 '경敬을 수단으로 삼아 내면을 곧게 하는 것'이다.[29]

|21-64| 어떤 이가 "선생은 늘 '마음을 간직하여 낮춘다'라고 말씀하셨다는데, 그렇습니까?"라고 물어서, "그렇다. 외물에 이끌려 들뜨고 억지스럽다. 그래서 낮춘다. 낮추면 '잠김[潛]'에 가깝다."라고 대답하였다. "또 '그럼으로써 그치게 한다'라고 말씀하셨다는데, 그렇습니까?"라고 물어서 "그렇다. 작위에서 생겨서 질곡하고 망가뜨린다. 그래서 멈추게 한다. 멈추게 하면 '그침[止]'에 가깝다."라고 대답하였다. "누르면 더욱 머리를 처들고 멈추게 하면 더욱 날뛰니, 어떻게 하면 좋습니까?"라고 물어서, "누를수록 더욱 머리를 처드는 것은 낮추려는 의도를 가지고 낮추는 것일 뿐이고 심체가 본래 낮다는 것을 모르기 때문이다. 『서경』에서 '그침'이라고 칭한 이유이다. 잠기면 연못처럼 간직하고 그치면 적연함에 가깝다. '연못 같음'과 '적연함'은 천지의 영묘한 근원이고, 『주역』

能強存, 若強存祇益紛擾, 卽勉到至處, 亦是以敬直內.

|21-64| 或曰: "先生恒言'存心以下', 然歟?" 曰: "然. 惡其牽於物而浮以強, 故下之. 下則近乎潛矣." "又言'以息', 然歟?" 曰: "然. 惡其作於爲而桎以亡, 故息之息則幾乎止矣." 曰: "抑之而愈亢, 息之而愈馳, 奈何?" 曰: "抑之愈亢, 爲以有下下之, 不知心體之自下也, 乾所以爲潛也. 息之愈馳, 爲以有息息之, 不知心體之本息也.

---

29 경(敬)을 … 것이다: 『周易』 「坤 · 文言」에 '敬以直內'라고 하였는데 이것은 '敬'이라는 공부를 해서 자연스럽게 내면을 바르게 하는 방식인 데 반해, '以敬直內'는 내면을 바르게 하려는 목적으로 '敬'이라는 공부를 억지로 동원하는 것이라는 의미이다.

공부의 궁극적 목표이다."라고 대답하였다. "그렇다면 두 가지는 하나가 아닙니까?"라고 물어서, "그렇지 않다. 멈추게 한 뒤에 낮출 수 있다. 이것이 '간직하고 간직함'의 오묘한 종지이다. 하나인 것도 얻을 수 없는데 더구나 하나가 아닌 것이겠는가. 아, 들뜬 양陽의 치켜듦과 사려로 인한 치달음을 보면 우리의 습심習心이 유주(流注: 몸의 깊은 조직이 곪는 병)한 지가 오래다. 세상이 바야흐로 그것에 의존하여 일을 이루려고 하니 누가 그것을 그칠 수 있겠으며 누가 그것을 낮출 수 있겠는가?"라고 대답하였다.

|21-65| 간직함이 오래되면 저절로 밝아지니 궁구하고 탐색할 필요가 있겠는가?[30] 궁구하고 탐색한다는 것은 사유방식과 개념정의에 대한 것이니 성명性命의 리理와는 상관이 없다. 대개 '밝힘'의 지점이 곧 '간직함'의 지점이다. '간직함' 이외에 별도로 밝혀야 할 리가 존재하는 것이 아니다. 천지의 만물과 고금의 만사가 모두 여기서부터 나온다. 늘 간직하면 모두 여기에 있게 된다. 지기志氣가 청명하면 점점 저

『書』所以稱止也. 潛則藏乎淵, 止則幾乎寂. 淵寂者, 天地之靈根, 學『易』之歸趣也." "然則兩者不一乎?" 曰: "否. 息而後能下也, 是存存之妙旨也. 一旦不可得, 而況不一乎? 嗟夫! 浮陽之亢, 緣慮之馳, 吾人習心流注久矣. 世方倚以立事, 而孰能息之? 孰能下之?"

|21-65| 存久自明, 何待窮索? 窮索是意路名言, 與性命之理無干. 蓋明處卽存處, 非存外別有理可明. 天地萬物, 古今萬事, 總自這裏來, 常存得, 便都在裏許, 志氣清明, 漸

---

30   간직함이 … 있겠는가: 『二程遺書』 권2상, "學者須先識仁. 仁者, 渾然與物同體, 義禮知信皆仁也. 識得此理, 以誠敬存之而已, 不須防檢, 不須窮索. 若心懈, 則有防, 心苟不懈, 何防之有? 理有未得, 故須窮索, 存久自明, 安待窮索."과 관련된 논의이다.

독학 사묵 만정언 선생

절로 드러나게 된다.

| 21-66 | '생각이 자신의 위치를 벗어나지 않는다'라고 하였는데 '생각'은 '그침'의 주체이고 '자리'는 그침의 내용이다. '벗어나지 않는다'라고 하였으니 늘 행하면서 늘 그치는 것이다. 하지만 생각이란 살아 있는 존재인데 자리란 무슨 형체가 있겠는가? 늘 천칙天則의 자연일 뿐이다. 이것을 절실하게 이해하려면 (『예기』의) '엄연하기가 사유를 하고 있는 것 같다[儼若思]'라는 말만 한 것이 없다. 대개 생각을 하는 것이니 없는 것이 아니고 '엄연하여 어떠어떠한 듯하다'라고 하였으니 있는 것이 아니다. 있음과 없음의 사이이니 신명의 자리가 환히 눈앞에 보인다.

| 21-67 | '식息'이란 '그침'이고 '생성함'이다. 그치자마자 생성하게 된다. 새벽에 비와 이슬이 내려 만물을 윤택하게 하면 공덕이 천하에 두루 미치는데 눈깜짝할 사이에 어디로부터 생성된 것인지 오묘하기가 헤아릴 수가 없다. 도道를 아는 사람은 묵묵히 이루어 갈 뿐이다. 주렴계周濂溪와 정명도程明道 이후로 유자儒者 중에서 이 이치를 아는 사람이 적었다. 사유함이 있는 상태로 공업을 이루려고 하면 끝내 국한됨이 있으니 '넓게 생성하고 크게 생성함'으로부터 나오지 않았기 때문이다.

自顯露.

| 21-66 | "思不出位", '思'是'能止', '位'是'所止', 云'不出', 是常行而常止也. 然思是活物, 位有何形? 總天則自然耳. 親切體此, 無如'儼若思'三字, 蓋思則非無, 儼若則非有, 有無之間, 神明之位, 昭然心目.

| 21-67 | 息, 止也, 生也, 才息便生. 平旦雨露, 潤澤萬物, 功德遍天下, 俊忽之間, 從何處生來, 妙不可測, 知道者, 默成而已. 周·程後, 儒者少知此理. 向有作思惟處, 理會功業, 終有方局, 爲不從廣生大生中來也.

|21-68| 내가 사부祠部에서 벼슬할 때 동료와 함께 어떤 절에 가게 되었는데 그 동료가 "독실하게 삼가니 천하가 고르게 된다."라는 말의 의미에 대해서 물었는데 내가 대답하지 못하였다. 마침 한 승려가 공손함이 단정하게 앉아 불경을 외우고 있었는데 다 외우고는 일어나 인사를 주고받고는 다시 앉았다. 느긋하고 고요하게 아무 말이 없었고 눈은 자연스러운 시선이었고 깜빡이지 않았다. 그때 또 두 관원이 뜨거운 자루를 들고 함께 왔는데 의기意氣가 매우 성하였다. 말로 슬쩍 떠 보았지만 대답하지 않았고 잠시 뒤에 각자 침묵한 채 가만히 있었으며 또 얼마 지나서는 모두 옷깃을 걷고 쉬려고 하는 뜻이 있었다. 내가 그 자리에 종일토록 앉아 있었더니 모두 망연자실하였다. 내가 그래서 그 동료에서 "이것이 바로 '독실하게 삼가니 천하가 고르게 된다'라는 이치인 것이오. 단지 자신을 반성하는 것이 깊지 못해서 지극한 곳에 나아가지 못할까 걱정일 뿐이오. 지금 사람들이 이 이치를 말하지 않고 성색聲色으로 사람을 감동시키려고 하니, 비록 감동시킬 수 있더라도 또한 얕을 뿐이오. 하지만 이 이치는 주렴계와 정명도 이후로 깊이 믿는 사람이 없었소. 만일 이 승려가 당시에 문답을 주고받았다면 이 분위기가 모두 흩어져 버렸을 것이니 어떻게 사람을 감동시킬 수 있었겠소?"라고 말하였다.

|21-68| 予官祠部, 與寮友至一寺中, 友問篤恭天下平意旨, 予未答. 時一僧端坐誦經, 誦畢起, 問訊就坐, 閒靜無一言, 目平視不瞬. 時又兩官人提熱柄者偕來, 意氣甚盛, 以語挑問之, 不答. 稍頃, 各默然. 又頃, 則皆有斂衽消歇意. 予留坐終日, 則皆茫然自失. 予因與友人言, 此便是篤恭天下平之理, 只患反己不深, 不造至處耳. 今人不說此理, 要以聲色動人, 卽動亦淺. 然此理自周, 程後, 未有深信者. 使此僧當時答問往復, 這意思便都浮散了, 安能感人?

독학 사묵 만정언 선생

| **21-69** | 마음은 화火에 속한다. 그 성질은 본래 조급하고 움직인다. 전생에 또 얼마나 장작을 많이 쌓았는지 모른다. 그래서 광명이 밖으로 태우고 나가고 다른 사물이 붙어 만연해지니, 사려가 번잡하면 신기神氣가 고갈된다. 마치 기름이 다하여 다 탄 것과 같으니 그 살아 있는 것이 얼마나 되겠는가? 옛날 마음을 잘 기른 이들은 반드시 한줌의 맑고 깨끗한 '잔잔한 물'을 구해서 밤낮으로 적셔서 탁하고 무더운 상태를 맑고 시원한 상태로 바꾸고 강하고 외향적인 상태를 온화하고 순수하게 바꾸려고 하였다. 그래서 『대학』의 '정定'과 '정靜'이나 『중용』의 '연천淵泉'이나 『맹자』의 '새벽에 자란 기운'이나 『주역』의 '간배艮背'의 취지[31] 내지 '세심洗心'의 내밀함 등은 모두 먼저 이것을 힘썼고, 자신을 윤택하게 하고 가족, 국가, 천하를 윤택하게 하는 것은 한결같이 여기서 유출되었다. 그렇지 않으면 견지가 높고 논의가 투철하더라도 끝내 의기意氣에 속한 것일 테니 와자한 욕망의 기틀이 남과 자기의 사이에서 땔나무를 더 넣어 불을 지르게 될 것이다. 하지만 이 말은 별도의 통로가 있어 천원天源으로부터 나와서 한없이 큰 것이니 의기意氣로 취할 수가

| **21-69** | 心, 火也. 性本躁動, 夙生又不知費多少薪樵蘊積之, 故光明外鑠, 附物蔓延, 思慮煩而神氣竭. 如膏窮爐滅, 其生幾何! 古之善養心者, 必求一掬清淨定水, 旦夕澆浸之, 庶轉濁溽爲清涼, 化強陽爲和粹. 故『大學』定靜·『中庸』淵泉·『孟子』平旦之息·『周易』艮背之旨·洗心之密, 皆先此爲務, 潤身潤家·國·天下, 一自此流出. 不然, 卽見高論徹, 終屬意氣, 是熱鬧欲機, 人己間恐增薪樵耳. 但此水別有一竅, 發自天源, 洞無涯涘,

---

31   『주역』의 '간배(艮背)'의 취지: 욕망에 대해서 등을 지듯이 그친다는 의미이다. 『주역』의 「간」에 있는 말이다.

없다. 반드시 덕을 드러내지 않는 군자처럼 모습을 감추고 빛을 숨겨서 기를 누르고 마음을 가라앉힐 수 있어야 은연중에 이해하게 되는 것이다. 그러면 천원天源이 깨끗이 준설되어 한 점 신령한 빛이 대연人淵 속에서 잉태되고 자라서 맑고 온화하며 혼연히 합일되어 묵묵히 중화中和를 이루이 천지를 제자리 잡게 하고 만물을 자라게 하는 공효를 눈깜짝할 사이에 거두게 될 것이니 간절하고 거대하며 심원한 조화가 나에게 있을 것이다. 대개 '만물자시萬物資始' 이상의 생애이니 '운우유행雲雨流行' 이후의 일은 관여하지 않는다.[32]

| **21-70** | 충서忠恕는 건곤乾坤의 이치를 다 아우른다. 희로애락의 미발을 중이라고 하니, '중'은 심체이다. 모든 일들을 단지 이 '심'에 맞게 해 나가면 그것이 바로 '서恕'이다. 정명도가 "하늘의 명命은 아, 그윽하여 그치지 않는다.'라고 하였다. 충忠이지 않은가? '천지가 변화하여 초목이 번성한다'라고 하였다. 서恕이지 않은가?"라고 말하였다.[33] 이 말이 가장 투철하

未可意取. 必闇然君子, 晦跡韜光, 抑氣沉心, 庶其冥會. 則天源浚發, 一點靈光, 孕育大淵之中, 清和渾合, 默收中和位育之效於眉睫間, 肫肫浩浩淵淵, 造化在我. 蓋是資始以上生涯, 不作雲雨流行以後活計也.

| **21-70** | 忠恕盡乾坤之理, 喜怒哀樂之未發謂之中, 中是心體. 凡事只如這箇心做去, 便是恕. 明道曰: "惟天之命, 於穆不已', 不其忠乎? '天地變化, 草木蕃',

---

32 만물자시(萬物資始) … 않는다:『周易』「乾卦」의「丹田」에 있는 말이다. "大哉乾元! 萬物資始, 乃統天. 雲行雨施, 品物流形. 大明終始, 六位時成, 時乘六龍以御天. 乾道變化, 各正性命, 保合太和, 乃利貞. 首出庶物, 萬國咸寧." 만물자시 이상은 선천을, 운우유행 이후는 후천을 가리키는 말로 볼 수 있겠다.
33 정명도가 … 하였다:『二程外書』권7에 있는 말이다.

다. 그 나머지는 모두 말이 조악하다.

| **21-71** | 나의 학문은 '놓친 마음을 거두어들임'을 위주로 삼는다. 매번 조금 흩어진 것이 있으면 바로 거두어들여 의념을 바로잡고 멀리 가지 못하게 한다. 그렇게 오랜 시간 공부를 하였더니 심원心源에 대해서 점점 엿볼 수 있게 되었다. '자신에게서 돌아보고 묵묵히 인식한다'라는 하나의 방법이 그 의미가 심장함을 스스로 느끼게 되었다.

| **21-72** | 자립하고 싶어 하고 성공하고 싶은 것은 사람들의 동일한 마음이다. 오직 줄곧 자기만을 위하면 사사로움이 되는 것이고 그것이 쌓이면 천지가 닫히고 현인이 숨게 된다. 만약 이 욕구로 다른 사람의 마음을 이해할 수 있으면 사람이 굳이 달리 생각을 낼 것도 없이 단지 본래의 의념에서 조금도 움직이지 않고 당장 남과 자기가 혼연일체가 되어 각자가 원하는 것을 모두 채울 수 있게 된다. 그것이 바로 '천지가 변화하여 초목이 번성함'이다. 하지만 이것은 한 의념이 미미하게 일어날 때에 달려 있다. 조금이라도 옮겨지게 되면 곧 진실과 허위, 왕도와 패도가 갈려진다. 그래서 학문은 기미에 대해 연마하는 것이 중요하다.

| **21-73** | 성誠은 하는 것이 없고 '기(幾: 기미)'는

不其恕乎?"語最徹, 其餘都說粗了.

| **21-71** | 予學以收放心爲主, 每少有馳散, 便攝歸正念, 不令遠去. 久之, 於心源一竅漸有窺測, 惟自覺反身默識一路, 滋味頗長耳.

| **21-72** | 欲立欲達, 人有同情, 惟一向爲己則爲私, 積之則是天地閉, 賢人隱. 若能就將此欲譬諸人, 人不必更別起念, 只本念上不動絲毫, 當下人己渾然, 分願各足, 便是天地變化草木蕃也.　然此在一念微處,　轉移毫忽, 便有誠僞王霸之辨, 故學貴研幾.

| **21-73** | 誠無爲,

선과 악이 있다. 왜인가? 무릇 움직이면 바로 작위와 관련이 생긴다. 작위가 있으면 유有를 좇기 쉽다. 유를 좇으면 비록 선하더라도 또한 조악하고 악으로 흐르는 것이 많다. 그래서 학문은 전적으로 '연기研幾'가 필요하다. 여기서 '연研'이란 연마한다는 뜻이다. 그 유를 좇아서 조악해지는 마음을 연마해서 지극히 깊고 지극히 미묘한 지점까지 도달하려고 노력하고 늘 '움직이되 드러나지는 않아서 있음과 없음의 사이에 있는' 본색으로 돌아가게 되면, 그 움직임이 신묘하지 않는 것이 없다. 그래서 "성誠·신神·기幾를 온전히 체현한 이를 성인聖人이라고 한다."라고 말한 것이다.[34]

| 21-74 | 『대학』에서 '지知'는 적연부동寂然不動이고 '물物'은 감이수통感而遂通이며 '의意'는 기幾이다. 그래서 반드시 먼저 성의誠意라는 공부를 해야 한다. 무릇 천·지·인은 모두 움직이는 기미이다. 천지가 생긴 이래로 이 기미는 잠시도 움직이지 않은 적이 없다. 잠시라도 움직이지 않으면 건곤이 무너진다. 사람이 생긴 이래로 이 의意는 잠시도 생기지 않은 적이 없다. 잠시라도 생기지 않으면 사람의 마음이 죽

幾則有善惡. 何者? 凡動便涉於爲, 爲便易逐於有, 逐於有則雖善亦粗, 多流於惡, 故學問全要研幾. 研者, 磨研之謂. 研磨其逐有而粗的, 務到極深極微處, 常還他動而未形者・有無之間的本色, 則無動非神. 故曰"誠神幾, 曰聖人".

| 21-74 | 『大學』知是寂, 物是感, 意卻是幾, 故必先誠意. 夫天地人, 總是箇動幾. 自有天地, 此幾無一息不動, 一息不動, 則乾坤毀. 自有此人, 此意無一息不生. 一息不生, 則人

---

34   성(誠) … 것이다: 『通書』「聖」편에 있는 내용이다. "寂然不動者, 誠也; 感而遂通者, 神也; 動而未形, 有無之間者, 幾也. 誠精故明, 神應故妙, 幾微故幽. 誠, 神, 幾, 曰聖人."

어 버린다. 단지 '움직이되 늘 고요한' 오묘한 본체를 인식해야 한다. 움직임 밖에 적연함이 있는 것이 아니라 움직임이 곧 적연함이다. 움직임의 주체는 작위와 상관이 없고 움직임의 내용은 현상에 정체되지 않으니 바로 '참된 적연함'이다.

| 21-75 | 『주역』에서 말한 것은 자기 몸을 안돈하는 방법에 대한 것이다. 몸이 올바른 방식으로 안돈되면 일마다 올바르게 된다. 그래서 말하기를, '자리가 정당하다'[35]라고 말하고, '강剛하고 바르기 때문이다.'[36]라고 말하였으니, 모두 그 몸을 안돈한 뒤에 움직인다는 뜻이다. 만약 자신을 안돈하는 것이 올바르지 못하면 일마다 올바르지 못하게 된다. 그래서 '자리가 바르지 않다.'라고 말한 것이다. 사군자土君子가 천하국가에 처할 때 곤궁하든 영달하든 모두 먼저 이 몸을 안돈해야 한다는 것을 알 수 있다.

| 21-76 | 어떤 이가 "난신적자亂臣賊子는 이미 가 버렸는데(죽어 버렸는데) 어찌 두려움을 알겠는가?"[37]라고 묻기에, 내가 "이것은 어딘가에

心死. 但只要識得動而常寂之妙體耳. 非動外有寂, 卽動是寂. 能動處不涉於爲, 所動處不滯於跡, 便是眞寂.

| 21-75 | 『易』所謂是安頓自己身子處, 身子安頓停當, 事事停當. 故曰"位正當", 又曰"以剛正", 皆安其身而後動之意. 若自身安頓不停當, 事事不停當, 故曰"位不當". 可見士君子處天下國家, 無論窮達, 先要安頓此身.

| 21-76 | 或曰: "亂臣賊子已往, 安知懼?" 曰: "此拘儒之

---

35 자리가 정당하다: 『周易』「履·象」, "夬履, 貞厲. 位正當也."
36 강(剛)하고 바르기 때문이다: 『周易』「蒙·象」의 "初筮告, 以剛中也; 再三瀆瀆則不告, 瀆蒙也."라는 대목처럼 '以剛中'은 있지만 '以剛正'은 보이지 않는다.

구애된 학자의 견해이다. 만고에 걸쳐 이 군신君臣이고 만고에 이 인심이니 또한 만고에 이 한 점 두려움 마음이다. 공자는 만고를 한순간같이 보고서 단지 이 한 점 두려운 마음을 오려서 천지 사이에 밝게 드러내어 군신과 상하가 각자 두려워하고 각자 그 몫을 편안히 여기며 그 식분을 다하게 하였다. 지금은 또한 옛날과 같고 옛날은 또한 지금과 같다. 어찌 '이미 가 버림'이라는 것이 있겠으며 현재와 미래가 있겠는가? 이것은 모두 세속 학자들의 협소한 견해로서 형체의 차원에서 분별하는 것이니 사마천司馬遷이나 반고班固의 역사서를 논하는 것과 무엇이 다르겠는가?"라고 대답하였다.

見也. 萬古此君臣, 萬古此人心, 則亦萬古此一點懼心. 夫子視萬古如一息, 只剔得這點懼心昭然在天地間, 便自君臣上下各自竦懼, 各安其分, 各盡其職. 今亦猶古, 古亦猶今, 有何已往? 有何現在未來? 此皆世儒小見, 在形骸世界上分別, 與論遷, 固之史何異!"

37 　난신적자(亂臣賊子)는 … 알겠는가: 『孟子』「滕文公上」, "孔子成春秋, 而亂臣賊子懼."

명유학안 권22,
강우왕문학안7

明儒學案　卷二十二,
江右王門學案　七

헌사 여산 호직 선생

憲使胡廬山先生直

|22-1| 호직(胡直: 1517-1585)은 자가 정보正甫이고 호는 여산廬山이며 길주吉州의 태화泰和 사람이다. 가정嘉靖 병진년(1556)에 과거에 급제하여 처음에 비부주사比部主事에 제수되었다가 호광첨사湖廣僉使로 나갔고 호북도湖北道를 다스렸다. 사천참의四川參議로 승진하고 얼마 뒤에 부사副使로서 그 지역의 학정學政을 감독하고 사직을 청하여 귀향하였다. 조칙을 내려 호광독학湖廣督學으로 기용하였고 광서참정廣西參政으로 옮겼다가 광동안찰사廣東按察使로 옮겼다. 사직소를 올려 부모를 공양하게 해 달라고 요청하였다. 만력萬曆 을유년(1583) 5월에 벼슬을 살면서 세상을 떠나니 나이 69세였다.

선생은 어려서 방탕하여 고문사古文詞 공부를 좋아하였다. 나이 26년에 비로소 구양문장(歐陽文莊: 歐陽德)에게 배우게 되었는데 문장공이 그에게 '도道'와 '예藝'의 변별성에 대해 얘기

|22-1| 胡直, 字正甫, 號廬山, 吉之泰和人. 嘉靖丙辰進士. 初授比部主事, 出爲湖廣僉事, 領湖北道. 晉四川參議, 尋以副使督其學政, 請告歸. 詔起湖廣督學, 移廣西參政, 廣東按察使. 疏乞終養. 起福建按察使. 萬曆乙酉五月卒官, 年六十九.

先生少駘蕩, 好攻古文詞. 年二十六, 始從歐陽文莊問學, 卽語以道藝之辨.

해 주었다. 선생은 악을 증오하는 것이 아주 엄하였는데, 문장공이 "사람이 누군들 사람을 좋아하거나 미워하지 않겠는가. 어째서 '능히 좋아할 수 있고 능히 미워할 수 있는 것'을 인자仁者로 귀결시킨 것인가?[1] 대개 그 본심을 얻지 못하면 '좋아하고 싫어함'에 의해 도리어 영향을 받게 되어서 언제나 분노에 휩싸여 불평을 하게 될 테니 이것은 먼저 이미 인체仁體를 잃고 악으로 굴러떨어진 것이다."라고 말하였다. 선생이 그 말을 듣고 놀라서 땀이 등에 흘러내렸다.

나이 서른에 다시 나문공(羅文恭: 羅洪先)에게서 배웠는데 문공이 정좌를 가르쳤다. 촉蜀 지방의 지방관으로 나가게 되었을 때 나문공이 "자네가 하는 말은 견해이지 실제가 아니네. 아침부터 저녁까지 흩어지지도 않고 집착하지도 않고 한 시각도 쉬지 않고 시시각각으로 본체를 볼 수 있으면 그것을 실實이라고 한다. 앎은 넘치고 행실은 부족하여 늘 내면에 부족함이 있어서 조금도 다하지 못할 테니, 이것을 '견해'라고 한다."라고 하였다. 촉 지역에서 돌아간 뒤에는 선생의 깊이를 나문공이 더 이상 알지 못하였다.

先生疾惡甚嚴, 文莊曰: "人孰不好惡人, 何以能好能惡歸之仁者? 蓋不得其本心, 則好惡反爲所累, 一切忿忿不平, 是先已失仁體而墮於惡矣." 先生聞之, 憮然汗背.

年三十復從學羅文恭, 文恭教以靜坐. 及其入蜀, 文恭謂之曰: "正甫所言者見也, 非實也. 自朝至暮, 不漫不執, 無一刻之暇, 而時時覰體, 是之謂實. 知有餘而行不足, 常若有歉於中, 而絲毫不盡, 是之謂見." 歸蜀以後, 先生之淺深, 文恭不及見矣.

---

1   어째서 … 것인가:『論語』「里仁」, "子曰: '唯仁者, 能好人, 能惡人.'"

선생의 저술은 전적으로 학문의 대의를 밝히는 데 있었다. '리理'가 마음속에 있고 천지만물에 있지 않다는 주장으로 왕양명의 종지를 소통시켰다. 무릇 이른바 '리'란 기氣의 유행이 그 법칙을 잃지 않는 것이다. 태허太虛 중에 어느 곳이나 기氣가 아닌 곳이 없으니 또한 어느 곳이나 리理가 아닌 곳이 없다. 맹자는 '만물이 모두 나에게 갖추어져 있다'라고 하였다. 이것은 내가 천지만물과 하나의 기운으로 유통하고 막힘이 없다는 의미이다. 그래서 사람 마음의 리가 곧 천지만물의 리인 것이니 둘이 아니다. 만약 '나를 내세우는 사私'를 제거하지 못하고 육신의 차원에 떨어져 있으면 만물을 갖추지 못한다. 만물을 갖추지 못하고 한낱 만물을 향해 리를 구한다면 나와 조금도 상관이 없는 것이 된다. 그래서 '리는 나에게 있지 천지만물에 있지 않다'고 말하는 것이지 천지만물에는 전혀 리가 없다는 뜻이 아니다.

선생이 "내 마음은 천지만물을 만드는 존재이다. 이것이 아니면 어둠의 세계일 뿐이어서 천지만물이 다 없어질 것이다. 그래서 솔개가 날고 물고기가 튀어 오르는 것은 비록 '마음이 없다'라고는 하지만 형기形氣에 의해 그렇게 된 것에 지나지 않으니 솔개나 물고기가 하나하

先生著書, 專明學的大意, 以理在心, 不在天地萬物, 疏通文成之旨. 夫所謂理者, 氣之流行而不失其則者也. 太虛中無處非氣, 則亦無處非理. 孟子言"萬物皆備於我", 言我與天地萬物一氣流通, 無有礙隔. 故人心之理, 卽天地萬物之理, 非二也. 若有我之私未去, 墮落形骸, 則不能備萬物矣. 不能備萬物, 而徒向萬物求理, 與我了無干涉. 故曰"理在心, 不在天地萬物", 非謂天地萬物竟無理也.

先生謂: "吾心者, 所以造天地萬物者也. 匪是, 則黯沒荒忽, 而天地萬物熄矣. 故鳶之飛, 魚之躍, 雖曰無心, 然不

나 도道에 맞을 수 있는 것은 아니다."라고 하였으니, 이것은 왕양명의 '(마음과 천지만물은) 하나의 기氣로서 상통한다'라는 종지와 서로 비슷한 것일 수 없다. 선생의 종지는 기왕 불교의 이른바 '삼계三界는 오직 마음이니 산하대지는 신묘하고 밝은 마음 안의 사물이다.'라는 인식과 멀지 않으니 그 말이 불교와 다른 점은, 불교는 비록 천지만물이 마음 밖에 있지 않다는 것을 알지만 출세간을 위주로 하기 때문에 그 학문이 '마음을 밝힘'에서 그치고 마음을 밝히면 비록 천지만물을 밝힐 수 있지만 끝내 아무것도 없는 것으로 돌아가는 데 반해, 우리 유가는 경세를 위주로 해서 그 학문은 '마음을 다함'이고 마음을 다하면 천지만물을 살필 수 있어서 늘 유有의 세계에 처하게 된다는 점이기 때문에 단지 마음을 다하느냐 마음을 다하지 않느냐의 구분에 있을 뿐이라고 하겠다.

내 생각[2]에는 그렇지 않은 것 같다. 불교는 '리'가 천지만물에 있고 내가 소유할 수 없는 것이라고 생각한다. 그래서 리를 장애로 여기고 제거하려고 한다. '산하대지를 마음이라고 여기는' 것은 산하대지가 있다는 것을 보지 않

過爲形氣驅之使然, 非鳶魚能一一循乎道也." 此與文成"一氣相通"之旨, 不能相似矣. 先生之旨, 旣與釋氏所稱"三界惟心, 山河大地, 爲妙明心中物"不遠, 其言與釋氏異者, 釋氏雖知天地萬物不外乎心, 而主在出世, 故其學止於明心, 明心則雖照乎天地萬物, 而終歸於無有; 吾儒主在經世, 故其學盡心, 盡心則能察乎天地萬物, 而常處於有. 只在盡心與不盡心之分.

義則以爲不然. 釋氏正認理在天地萬物, 非吾之所得有. 故以理爲障而去之. 其謂'山河大

---

2   내 생각: 황종희 자신의 생각을 말한다.

는 것이다. 산하대지는 그들이 공空을 추구하
는 데 방애가 되지 않기에 산하대지가 신묘하
고 밝은 마음속의 사물이 될 수 있는 것이다.
그래서 세유世儒가 리를 (사물에서) 구하는 것과
불교가 (사물에 있는) 리를 구하지 않는 것은 학
술의 방법은 비록 다르지만 리가 천지만물에
있다고 보는 점에서는 동일하다.

地爲心'者,   不見有
山河大地.   山河大
地無礙於其所爲空,
則山河大地爲妙明
心中物矣.   故世儒
之求理, 與釋氏之不
求埋, 學術雖殊, 其
視理在天地萬物則
一也.

호자형제[3]

|22-2| 이미 '물物에 있는 것은 리理이다'라고
말하고 또 '물物에 대처하는 것은 의義이다'라
고 말하였으니, 의義에 대해 리理가 아니라고
말하는 것이 옳겠는가?[4] 이미 '사물에 있는 것
이 리이다'라고 말하고 또 '성이 곧 리이다'[5]라
고 말하였으니, 성에 대해 사물에 있는 것이라
고 말하는 것이 옳겠는가?

胡子衡齊

|22-2| 既曰"在物
爲理", 又曰"處物爲
義", 謂義非理也, 可
乎? 既曰"在物爲理",
又曰"性卽理也", 謂
性爲在物, 可乎?

---

3   호자형제: 胡直이 지은 책이름이며 「言末」·「理問」 등 9편으로 되어 있으며 '衡齊'는
     학문의 균형점을 제시한다는 의미이다.
4   이미 … 옳겠는가: 『二程遺書』 권18, "問: '心有善惡否?' 曰: '在天爲命, 在義爲理, 在人
     爲性, 主於身爲心, 其實一也. 心本善, 發於思慮, 則有善有不善, 若既發則可謂之情, 不
     可謂之心. 譬如水, 只謂之水, 至於流而爲派, 或行於東, 或行於西, 却謂之流也.'" 이와
     관련하여 朱子는 "'在義爲理', 疑是'在物爲理'."라고 주석을 달았다.
5   성이 곧 리이다: 『이정유서』 권22상, "性卽理也. 所謂理, 性是也."

｜22-3｜ 지금 리理에 대한 언급은 언제부터 시작되었는가? 『시경』에 이르기를, "내 밭두둑을 내가 다스린다[理]."라고 하였는데 해석하는 사람이 "'리理'자는 봇도랑과 밭두렁을 획정한다는 뜻이다."라고 하였다. 사람이 정한다는 뜻이지 봇도랑과 밭두렁이 저절로 정해진다는 뜻이 아니다. 그렇다면 '리가 봇도랑이나 밭두렁에 있다'라고 말하는 것이 옳겠는가? 『서경』에서 "음양을 섭리燮理한다"라고 하였는데 해석하는 사람들이 "섭리란 조화시킨다는 뜻이다."라고 하였다. 사람이 조화시킨다는 뜻이지 음양이 저절로 조화된다는 뜻이 아니다. 그렇다면 '리가 음양에 있다'라고 말하는 것이 옳겠는가? 공자가 『주역』을 해석하면서 "황중黃中이어서 리에 통한다."[6]라고 하였다. 지극히 바르고 지극히 알맞아서[7] 리가 통한다는 말이지, 바름과 알맞음이 물物에 있다는 말은 못 들었다. 또 "쉽고 간단해서 천하의 리가 부합된다."라고 하였는데, 쉽게 알고 간단히 능하여 리가 부합된다는 뜻이지 앎과 능함이 물에 있다는 말은 듣지 못하였다. 또 "성인聖人이 『주역』을 지어 장차 성명性命의 리理에 순응할 수 있게 하였다."라고 하였다. 공자는 '성명의 리'라고

｜22-3｜ 今夫理之說曷始乎? 『詩』曰: "我疆我理." 釋者曰: "理定其溝塗也." 謂人定之也, 非謂溝塗自定也. 然則謂理在溝塗可乎? 『書』曰: "燮理陰陽." 釋者曰: "燮理, 和調之也." 謂人調之也, 非謂陰陽之自調也. 然則謂理在陰陽可乎? 夫子贊『易』曰: "黃中, 通理." 言至正至中而理通焉, 未聞中正之在物也. 曰: "易簡而天下之理得." 言易知簡能而理得焉, 未聞知能之在物也. 曰: "聖人作『易』, 將以順性命之理." 夫子固明言性命之理, 而世

6　황중(黃中)이어서 리에 통한다:『周易』「坤‧文言」, "君子黃中, 通理."
7　지극히 … 알맞아서: '黃中'을 이렇게 해석한 것이다.

명백히 말하였는데 세상 사람들이 굳이 '사물에 있다'라고 하니 어떻게 된 것인가?【이상은 「리문(理問)」】

|22-4| 세상의 유자儒者들은 온갖 리理를 실제라고 여기니, 천지는 실재하는 천지이고 만물은 실재하는 만물이며 군신과 부자도 모두 그러하다. 오직 실제인 뒤에야 천하가 환상으로 보지 않는다. 만약 심心에서 리理를 구하면 천지만물을 아무것도 없는 환상으로 여기게 될 테니 또 부자와 군신인들 무슨 필요가 있겠는가. 호자(胡子: 호직 자신을 가리킴)가 말하기를, "무릇 온갖 리의 실제가 어떻게 정말 사물에 존재하겠는가. 그 '실리實理'라는 것은 곧 실심實心이 그것이다. 맹자께서 '만물은 모두 나에게 갖추어져 있다.'라고 하고, 곧 이어서, '자신에게 돌아보아 성실하면 즐거움이 그보다 큰 것이 없다.'라고 하였다. 만약 실리가 모두 사물에 있다면 만물이 어떻게 나와 상관이 있겠는가. 또 어떻게 자신에게 돌아보아 성실하기를 구할 수 있겠는가? 왜 그렇다는 것인가? 사람의 마음이 성실하면 천지를 볼 때도 실제의 천지로 여기고 만물을 볼 때에도 실제의 만물로 여기게 된다. 부자 사이의 친함이나 군신 사이의 의로움은 마음에서 떨칠 수 없는 것이니 모두 실리實理이다. 만약 사람의 마음이 한 번 거짓되게 되면 저들은 부자나 군신의 관계

必以爲在物, 何哉?

【以上「理問」】

|22-4| 世儒以萬理爲實, 天地實天地, 萬物實萬物, 君臣父子皆然. 惟其實而後天下不以幻視, 若惟求理於心, 則將幻天地萬物於無何有矣, 又何有於父子君臣哉? 胡子曰: "夫萬理之實, 豈端在物哉! 其謂實理, 卽實心是也. 孟子曰'萬物皆備於我', 卽繼之曰'反身而誠, 樂莫大焉'. 若實理皆在於物, 則萬物奚與於我? 又奚能反身以求誠哉? 何則? 人心惟誠, 則其視天地也實天地, 視萬物也實萬物, 父子之親・君臣之義, 不可解於心者, 皆實

를 뜬구름처럼 보게 될 것이니 어떻게 부자와 군신이 실리인 것을 알 수 있겠는가. 저들은 천지만물을 꿈같이 여길 것이니 어떻게 천지만물이 실리인 것을 알 수 있겠는가. 그래서 '성실하지 않으면 실재가 없다.'라고 말한 것은 이것 때문이다. 세상의 유자들은 스스로 그 본래 실재하는 마음을 환상으로 여기고 도리어 두리번두리번 사물을 탐색하여 리를 구하고 외물을 실제로 여기니, 이른바 '환상으로 환상을 구하는 것'이어서 그 환상은 끝이 없을 것이다."라고 하였다. 【「허실(虛實)」】

|22-5| 정이천程伊川이 "성인은 하늘에 근본을 두고 불교는 마음에 근본을 둔다."고 하였다. (그의 논리에 따르면) 하늘에 근본을 두는 이들은 도道의 대원大原이 하늘에서 나온 것이기 때문에 천서天敘·천질天秩·천명天命·천토天討·천공天工·천관天官[8]이 모두 하늘로부터 정해지고 사람의 마음이 더하거나 덜 수 없다고 여긴다. 성인은 거기에 근본을 두기 때문에 그들이 '사물의 리理'에서 구하는 것은 장차 '하늘

理也. 若人心一僞, 彼且視父子君臣浮浮然也, 烏睹父子君臣之爲實理哉? 彼其視天地萬物夢夢然也, 烏睹天地萬物之爲實理哉? 故曰 '不誠無物'者此也. 世儒自幻視其本實之心, 而反瞿瞿焉索物以求理, 認外以爲實, 所謂以幻求幻, 其幻不可究竟矣."
【「虛實」】

|22-5| 程叔子言: "聖人本天, 釋氏本心." 本天者以爲道之大原出於天, 故天敘·天秩·天命·天討·天工·天官咸自天定之, 非人心所得增損者也. 聖人本之, 故其求諸物

---

8   천서(天敘) … 천관(天官): 『書經』「皋陶謨」, "天叙有典, 勅我五典. 五惇哉! 天秩有禮, 自我五禮. 有庸哉! 同寅協恭, 和衷哉! 天命有德, 五服五章哉! 天討有罪, 五刑五用哉!"; "無曠庶官, 天工人其代之."

에서 나온 것'을 구하여 정리定理로 삼기 위해서이고 사람의 마음이라는 사사로움은 거기에 끼어들지 못한다. 저 불교는 삼계三界가 오직 마음에서 비롯되고 산하대지는 모두 묘용妙用인 마음 안의 사물이라고 여긴다. 이것은 오직 심법心法으로 천지를 일으키기도 하고 없애기도 하며 삼계의 산하대지山河大地를 있음이나 없음이 되기에 부족하다고 여기는 것이다. 마음에 근본을 둔 것의 잘못이 아니겠는가. (이것이 정이천의 논리이다.)

호자胡子는 (거기에 반대하여) "하늘이 내려 준 충衷[9]이나 하늘이 명한 성性이라고 해도 이미 사람의 마음속에 존재하게 된 지 오래이다. 성인이 하늘에 근본을 둔다는 것은 사람의 마음 말고 또 무엇을 근본으로 삼는 것이겠는가. 마음의 바깥에 별도로 하늘이 존재하는 것이 아니다. 진실로 하나의 사의私意라도 그 사이에 끼어들게 되면 비록 사나운 사람이라고 해도 그 일을 할 때 필시 겸연쩍어 마음속이 개운하지 못할 것이고, 비록 어리석은 사람이 그 일을 당하더라도 필시 기분이 나빠 마음속이 상쾌하지 못할 것이다. 저 사나운 사람과 어리석은 사람이 어찌 일찍이 사물의 리를 연구한 적이 있겠는가. 그러니 그것은 마음속의 하늘이

理者, 將求出於天者以爲定也, 而人心之私不與焉. 彼釋氏三界惟心, 山河大地, 皆妙用心中物, 是獨以心法起滅乎大地, 視二界山河大地不足爲有無, 非本心者之誤歟?

胡子曰: "當皇降之衷·天命之性, 固已在人心久矣. 聖人本天, 舍人心又孰爲本哉? 非心之外別有天也. 苟一私意奸於其間, 雖自悍夫行之, 必有厭然而不中慊; 雖自愚夫當之, 必有怫然而不中甘. 彼悍夫愚夫豈嘗考物理哉? 則心天者爲之也. 審如叔子之言, 則天之生

---

9   하늘이 내려 준 충(衷):『詩經』「湯誥」, "惟皇上帝, 降衷于下民, 若有恒性."

그렇게 한 것이다. 정이천의 말대로라면 하늘이 만물을 생성할 때 모두 리를 가지게 되는데 사람의 마음만이 홀로 리가 없다는 것인가? 무릇 '마음에 근본을 두는 것'이 불교의 잘못이 있다고 하더라도 이 마음이 진실로 사람의 큰 빌미이겠는가. 이른바 황극皇極 · 제칙帝則 · 명명明命 · 천리天理가 모두 심장을 쪼개 거기서 본성을 도려낼 때 별도로 존재하는 어떤 것이어서 온갖 복잡한 사물 속에서 찾은 뒤에야 얻을 수 있겠는가? 맹자는 '인의예지는 마음에 뿌리를 두고 있다'고 하였고 '부모를 사랑하고 어른을 공경하는 것이 양지이다'라고 하였는데 모두 그릇된 것인가? 진실로 그 마음이 하늘임을 스스로 믿지 못하고 온갖 복잡한 사물 속에서 찾아서 구한다면, 내가 보기에 응취되거나 분열되고, 고착되거나 산란하여 이루 다 추측할 수 없고 이루 다 안배할 수 없다. 궁구하는 것이 정밀하고 비교하는 것이 그럴싸할수록 하늘과는 더욱 떨어질 것이니 나는 그것을 근본으로 삼을 수 있는 줄 모르겠다."라고 말한다. 【「천인(天人)」】

| **22-6** | 누군가 "선유先儒는 심心에 대해 설명하면서 '지각知覺' 개념에서 그치고 그 지각에 갖추어진 리는 성이라고 하였다. 그래서 그의 말에 '지각의 주체는 심이고, 지각의 내용은 리이다.'라고 하였다. 지각은 빈 것이고 리는 실

物莫不有理, 而人心獨無理乎? 凡本心者卽有釋氏之失, 則此心固爲人之大祟乎? 所謂皇極 · 帝則 · 明命 · 天理, 皆當刳心剔性, 別有一物, 以索諸棼棼芸芸而後爲得也? 孟子謂仁義禮智根於心, 愛親敬長爲良知, 皆非也? 夫苟不能自信其心爲天, 索諸棼棼芸芸以求之, 吾見其劈積碎裂, 膠固紛披, 不勝推測, 不勝安排. 窮搜愈精, 比擬愈似, 而天者愈離, 吾未見其能本也."【「天人」】

| **22-6** | 曰: "先儒以爲心者, 止於知覺, 而知覺所具之理爲性. 故其言曰: '能覺心者, 所覺者理.'

재하는 것이다. 심은 빈 것이고 성은 실재하는 것이다. 심과 성은 비록 떨어질 수 없지만 더욱 구분이 없어서는 안 된다."라고 주장하였다. 거기에 대해 "지각을 심이라고 하고 실재하는 리를 성이라고 하면 구분이 없지 않다고 할 수 있다. 하지만 '리를 사물에 존재한다'라고 하면 성도 당연히 사물에 존재하는 것이 된다. 이렇게 되면 성이 비록 심과 구분이 없게 되지는 않았지만 사물과 구분이 없게 되고 만다. 그 주장이 통하겠는가?"라고 대답하였다. 그가 "선유의 말에 '성은 심의 리이다'라고 하고 또 '심은 성과 정을 통괄한다.'라고 하였으니 '성이 심에 갖추어진 것'이라고 여기지 않은 적이 없다. 단지 '지각을 성이라고 간주하지' 않았을 뿐이다."라고 하였다. 거기에 대해 "만일 그렇다면 선유가 리와 성에 대해 말할 때 하나는 '사물에 있다'라고 하고 하나는 '마음에 있다'라고 한 것이니 이것은 사물에 있는 것과 마음에 있는 것이 각각 반반씩 차지한다는 것이다. 이런데도 그 주장이 이치상 통하겠는가? 시험삼아 비유를 해본다면, '심'은 불과 같고 '성'은 밝음과 같다. 밝음은 불의 바깥에 있지 않은데 성은 불의 밝음과 같고, 정情은 밝음의 빛과 같은데 빛은 밝음의 바깥에 있지 않다. 그래서 불, 밝음, 빛 이 셋을 다른 이름이라고 말하는 것은 괜찮지만 다른 실체라고 말하면 옳지 않다. 심, 성, 정 셋을 다른 글자라고 말

覺虛而理實, 心虛而性實. 心性雖不可離, 尤不可混." 曰: "以知覺爲心, 以實理爲性, 固可謂之不混矣. 然以理爲在物, 則性亦當爲在物. 是性雖不與心混, 而不免與物淆矣. 其可通乎?" 曰: "先儒有言'性者, 心之理', 又曰'心統性情', 則未嘗不以性具於心者也, 獨未認知覺爲性耳." 曰: "若是, 則先儒之語理與性也, 一以爲在物, 一以爲在心, 是在物在心, 其各居半焉已矣. 又可通乎? 嘗試譬之, 心猶之火, 性猶之明, 明不在火之表; 性猶火之明, 情猶明之光, 光不在明之後. 故謂火明光三者異號則可, 謂爲異物則不可

하는 것은 괜찮지만 다른 실체라고 말하는 것은 옳지 않다. '성性'이라는 글자는 '심心'자와 '생生'자로 이루어져 있다. 사람의 마음은 지각을 할 때 살아 있고 지각을 하지 못하면 살지 못한다. 오직 살아 있기에 리인 것이고 살아 있지 않다면 리가 아니다. 가령 흙을 뭉치고 나무를 걸어서 엄연하게 사람의 모양을 만들고는 그것에게 '이것이 부자의 친함이고 군신의 의로움이다'라고 가르쳐 주더라도 그냥 덩그렇게 놓여 있지 아무 반응이 없을 것이다. 왜 이런 것이겠는가? 흙이나 나무는 지각이 없기 때문이다. 그러므로 사람 마음의 지각을 배제하고는 성이라는 것이 존재하지 않는다. 또 어찌 리가 있겠는가? 이와 같기 때문에 인의예지는 다른 실체가 있어서 그 속에 담겨져 있는 것이 아니니 지각이 주재를 하는 것이고, 또한 다른 실체가 있어서 그 바깥에 놓여 있는 것이 아니니 지각이 운용하는 것이다. 그것이 주재할 때는 운용하지 않는 것이 없어서 비록 천하의 지극히 빈 것이지만 실재하지 않는 때가 없으며, 그것이 이 운용할 때는 주재하지 않는 것이 없어서 비록 천하의 지극히 실재하는 것도 비지 않은 때가 없다. 그래서 지각이 곧 성인 것이지 지각의 바깥에 성이 있는 것이 아니다. 성이 곧 리인 것이지 성의 바깥에 리가 있는 것이 아니다. 그렇다면 이른바 '지각의 내용'이란 '지각의 주체'가 만들어 내는 것이다.

也; 謂心性情三者異文則可, 謂爲異體則不可也. 性之文從心從生. 夫人心惟覺則生, 弗覺則弗生, 惟生則理, 弗生則弗理. 假令捧土揭木, 儼若人形, 而告之曰: '是爲父子之親, 君臣之義.' 蓋塊如也. 何者? 以土木無覺故也. 是以舍人心之覺, 則無性矣, 又焉有理哉? 是故仁義禮智非有物焉, 以分貯於中也, 則覺爲之宰也; 亦非有物焉, 以分佈於外也, 則覺爲之運也. 方其宰也而無不運, 雖天下之至虛而無不實也; 方其運也而無不宰, 雖天下之至實而無不虛也. 故覺卽性, 非覺之外有性也; 性卽理, 非性之外有理也. 然則

물어 보자. 지각의 주체가 없으면 또한 흙을 뭉치고 나무를 걸어 놓은 것에 불과한데, 또한 어떻게 지각의 내용이 있겠는가?"라고 하였다. 그가 또 "선유는 또 말하기를, '리(理: 天理)에서 지각이 일어난 것이 도심이고, 욕(欲: 人欲)에서 지각이 일어난 것이 인심이다'라고 하였다. 지각을 가지고 성性을 논할 경우 어떻게 그 지각이 욕에서 일어나서 인심이 된 것이 아님을 어떻게 알 수 있겠는가?"라고 하였다. 거기에 대해, "이와 같은 방식으로야 어떻게 지각에 대해 말할 수 있겠는가? 의서醫書에 손발이 마비되는 것을 불인不仁이라고 하였으니 '지각을 하지 못한다'라는 의미이다. 진실로 지각을 한다면 아픔이나 가려움에 대한 감각이 온몸에 통해 있을 테니, 인仁의 리理[10]는 그 속에 있다. 어찌 지각 이외에 별도로 아픔이나 가려움이 있고 별도로 인의 리가 있겠는가? 이와 같기 때문에 지각이 곧 도심인 것이지 또한 지각 이외에 별도로 도심이 있는 것이 아니다. 사람이 그 본래의 지각이 가려진 뒤에 다욕多欲이 되는 것이고 인심이 되는 것이다. 다욕이 되고 인심이 되면 비록 견문과 지식이 있고 사물의 리理[11]를 변별할 수 있더라도 또한 마비된

所覺者, 卽能覺者爲之也. 問無能覺者, 則亦捧土揭木而已爾, 又烏有夫所覺者哉?"曰: "先儒又言: '覺於理, 則爲道心; 覺於欲, 則爲人心.' 以覺語性, 安知其不覺於欲, 而爲人心歟?"曰: "若是, 烏足以言覺? 醫書以手足痿痺爲不仁, 言弗覺也. 誠覺, 則痛癢流行, 而仁理在其中矣. 豈覺之外而別有痛癢, 別有仁理哉? 是故覺卽道心, 亦非覺之外而別有道心也. 人惟蔽其本覺, 而後爲多欲, 爲人心. 當其爲多欲, 爲人心, 則雖有見聞知識, 辨別物

---

10   리(理): 여기서는 본성이 지닌 도덕적인 능력이나 가능성을 의미하는 것으로 보인다.
11   리(理): 여기서는 '이치'라는 말에 가까운 것으로 보인다.

것과 똑같을 뿐이니 어찌 지각이겠는가. 그렇다면 지각에 대해 '욕에서 지각한 것'이라고 말하는 것은 잘못이다."라고 대답하였다. 또 그가 "불교는 '작용을 성이라고' 한다. 그렇다면 그들의 주장과 무엇이 다른가?"라고 하였다. 거기에 대해 "우리 유자들이 성을 말할 때는 전적으로 체體의 관점에서 말할 때가 있는데 『예기』의 이른바 '처음 태어나 아직 고요한 상태'라는 것[12]이 이것이고, 전적으로 용用의 관점에서 말할 때가 있는데 이른바 '측은지심·수오지심·사양지심·시비지심'이 이것이다. 만약 단지 작용의 관점에서 성을 말했다고 해서 불교를 비판한다면 맹자도 또한 잘못된 것이다. 무릇 지각이나 성에 대한 논의는 유교나 불교나 같은 이치이다. 다른 점이라면 완전하냐 미진하냐의 구분이 있을 뿐이다."라고 대답하였다. 【「심성(心性)」】

| 22-7 | 누군가 "도道에는 체體가 있고 용用이 있다. 체는 있고 용은 없거나 용은 있고 체는 없는 경우란 없다. 지금 자네는 리를 '찰察'로 설명하고 성性을 '각覺'으로 해석하는데 이렇게 하는 것은 용의 차원에 빠지고 체는 빠뜨리는 것이 아니겠는가?"라고 하였다. 거기에 대해,

理,　亦均爲痿痺而已,而笑其覺? 然則謂覺爲覺於欲者,非也." 曰: "釋氏以作用爲性, 若是, 則胡以異也?" 曰: "吾儒之語性, 有專以體言者, 『記』所爲'生而靜者'是也; 有專以用言者,　所謂'惻隱·羞惡·辭讓·是非'是也. 若獨以作用罪釋氏, 則孟子亦失矣. 夫覺性者, 儒釋一理也, 而所以異者, 則盡與未盡由分也."【「心性」】

| 22-7 | 曰: "道有體有用, 未有有體而無用, 有用而無體者也. 今子辨理以察, 而語性以覺, 無乃溺於用而遺於體歟?"

12　『예기』의 … 것: 『禮記』「樂記」, "人生而靜, 天之性也; 感於物而動, 性之欲也."

"옛날의 군자는 체에 대해서 말할 때 용이 거기에 내재해 있지 않은 적이 없고 용을 말할 때 체가 거기에 내재해 있지 않은 적이 없었다. 그 심은 관통하지 않은 것이 없기 때문이다. 어찌 세상의 유자(儒者)들이 체에 대해 말할 때는 절연하게 '이것은 용일 수 없다'라고 하고 용에 대해 말할 때는 절연하게 '이것은 체일 수 없다'라고 말하는 것과 같겠는가. (그들은) 사물에 대해 말하고 리에 대해 말할 때 반드시 체와 용을 상응시켜 넷으로 나누는데, 문의가 상세히 분석될수록 논변이 더 고착되고 도道는 더욱 밝지 못하게 된다는 것을 알지 못한다." 라고 대답하였다. 【「체용(體用)」】

|22-8| 누가 "옛날 소학에서는 『시』·『서』·『예』·『악』을 배웠지 먼저 심성에 대한 공부에 종사한 적이 없었다. 지금 자네가 떠들썩하게 심성에 대한 공부를 먼저 힘쓰고 영각靈覺에 대해 홀로 절실하니, 선후의 순서가 문란한 것이 아니겠는가?"라고 하였다. 거기에 대해, "옛 사람은 근본을 먼저 공부하고 말단을 뒤에 공부하고, 첫 단계를 먼저 공부하고 마지막 단계를 뒤에 공부하는 것을 순서로 삼았지, 먼저 말단과 마지막 단계를 공부하는 것을 순서로 삼았다는 말은 듣지 못하였다. 나무를 심을 때는 반드시 먼저 그 뿌리를 심고 물을 다스릴 때는 먼저 그 수원을 준설한다. 심성은 학문의

曰: "古之君子語體而用無不存, 語用而體無不存, 以其心無不貫也. 豈若世儒語體則截然曰'是不可爲用', 語用則截然曰'是不可爲體'! 語物語理, 必應體用而成四片, 不知文義愈析, 論辨愈執, 而道愈不明矣."【「體用」】

|22-8| 曰: "古之小學, 學於『詩』『書』『禮』『樂』, 未有先從事心性者也. 今子嘵嘵然惟心性之務先, 靈覺之獨切, 無乃紊先後之序乎?" 曰: "古人以先本後末先始後終爲序, 未聞先末與終之爲序也. 種樹必先植其根, 治水必先濬其源. 心性者, 學之

뿌리이자 수원이다. 세상의 유자들은 도리어 근본을 먼저 공부하는 것을 그릇된 것으로 여기고 반드시 물리를 궁구하고 탐색하는 식으로 미리 말단과 마지막 단계에서 구하려고 하니 순서가 문란한 것이 아닌가? 천자로부터 서인에게 이르기까지 한결같이 모두 수신을 근본으로 삼는다. 만약 리가 사물에 존재한다고 여기고 사물들에서 그 리를 탐색한다면 위로는 반드시 천자에 통하지 못하고 아래로는 반드시 서인에 통하지 못할 것이니 또 어찌 리를 말하기에 충분하겠는가?"라고 대답하였다. 【「순서(循序)」】

| 22-9 | 누군가 "동월(東越: 양명을 가리킴)은 격물格物을 '그 바르지 않은 것을 바르게 하여 바른 마음으로 돌아가게 한다'라고 풀이하였는데 초학자들이 갑자기 해내기는 어렵다."라고 말하였다. 거기에 대해 "(『대학』에서) '치지致知의 방법은 격물格物에 있다'라고 한 것은 대개 '옛사람들이 그 양지를 이루는 방식은 비록 자신의 각성覺性에 따름으로써 모든 감촉된 것에 전부 응하는 것이었다지만 그래도 그것이 범범할까 염려해서 늘 사물의 근본과 말단을 소통시키는 데 관심을 두었다'라는 말이었던 것이고, 말단을 그 근본보다 먼저 공부하였던 것은 아니다. 그렇다면 근본을 아는 것이 곧 격물인 것이고 치지의 공부를 섞어 넣지 않는다.

根與源也. 世儒反以先本爲非, 必欲窮索物理而豫求於末終, 是不爲紊也哉? '自天子至於庶人, 壹是皆以修身爲本.' 若以理爲在物, 從物物而索之, 則上必不能通於天子, 下必不能通於庶人, 又奚足以言理?'【「循序」】

| 22-9 | 曰: "東越訓格物曰'正其不正, 以歸於正'. 初學猝難了也." 曰: "致知在格物'者, 蓋言古人之致其良知, 雖曰循吾覺性, 無感不應, 而猶懼其泛也, 則恒在於通物之本末, 而無以末先其本. 夫是則知本卽格物, 而致知之功不雜施矣. 其下文曰: '此謂知本, 此謂知

그 아래의 글에 '이것을 일러 근본을 안다고 하고, 이것을 일러 앎의 지극함이라고 한다'라고 하였고 더는 '물物'자를 보태지 않았으니 격물이 '근본을 앎'인 것이 명백하다.[13] 공자가 말하기를 '그 자신에게 돌이켜 구한다'라고 하고 맹자가 말하기를 '자기한테서 돌이켜 구한다'라고 하고 또 '만물이 모두 갖추어져 있으니' '자신에게 돌이켜 성실하다'라고 하였는데 모두 격물에 대한 주석이고 해석이다. 총괄해서 말하자면 '근본을 아는 것'일 뿐이다. 무릇 '치지'는 근본을 빠뜨리는 것이 아니고 그 단예(端倪: 실마리)를 구하여 열심히 공부하는 것이다. 돌이켜 구함은 더더욱 근본에 있는 것이니 그런 뒤에야 범범하지 않게 될 수 있다."라고 대답하였다. 그가 또 "격물은 그렇다 치고, 궁리窮理는 왜 해야 하는가?"라고 하였다. 거기에 대해 "궁窮의 의미는 '다함'이고 '지극히 함'이다. 궁구하고 탐색한다는 뜻이 아니다. '궁리窮理'는 '천리를 지극히 구현한다'라는 의미이다. 진실로 천리를 지극히 구현하면 인욕이 없어진다."라고 대답하였다. 【「격물(格物)」】

之至也.' 更不添一物字, 則格物之爲知本明矣. 夫子曰'反求諸其身', 孟子曰'反求諸己', 又曰"萬物皆備", '反身而誠', 皆格物疏義也. 括而言之, 知本而已. 夫致知非遺本也, 而求其端, 用力孜孜, 反顧尤在於本, 而後能不泛也." 曰: "格物則然, 窮理何居?" 曰: "窮之義, 盡也, 極也, 非謂窮索也. 窮理者, 卽極夫天理之謂也, 誠極夫天理, 則人欲滅矣."【「格物」】

---

13 근본을 … 명백하다:『禮記』「大學」, "古之欲明明德於天下者, 先治其國; 欲治其國者, 先齊其家; 欲齊其家者, 先脩其身; 欲脩其身者, 先正其心; 欲正其心者, 先誠其意; 欲誠其意者, 先致其知. 物格而后知至, 知至而后意, 誠意誠而后心正, 心正而后身脩, 身脩而后家齊, 家齊而后國, 治國治而后天下平. 自天子以至於庶人, 壹是皆以脩身爲本. 其本亂, 而末治者, 否矣; 其所厚者薄, 而其所薄者厚, 未之有也. 此謂知本, 此謂知之至也."

| 22-10 | 누군가 '박문약례博文約禮'의 의미에 대해서 물어서, "문文이란 배움의 일이다. 지극히 불일치하는 것이기 때문에 '박博'이라고 하는 것이다. 문文이 아닌 것이 없지만 내 마음의 더하거나 덜 수 없는 영칙(靈則: 영묘한 원칙)이 그 사이를 관통하지 않는 경우가 없으니 예禮가 그것이다. 예는 지극히 일치하는 것이다. 그래서 '약約'이라고 한다. 진실로 예禮로 집약하지 않는다면 문은 그 법칙을 잃게 되어 비록 넓지만 학문이 아니게 된다. 이와 같기 때문에 보고 듣고 말하고 행동하는 것으로 흩어진 것이 '박문博文'이고 예가 아니면 보지 않고 듣지 않고 말하지 않고 행동하지 않는 방식으로 간직하는 것이 '약례約禮'이다."라고 대답하였다. 【「박변(博辨)」】

| 22-11 | 그 간직된 것을 말할 때는 '혼혼渾渾'이니 '연연淵淵'이니 '공공空空'이라고 하였는데, '하나임'은 하나이지 않을 수 없어서 그런 것이지 반드시 합친 뒤에야 하나가 되는 것이 아니다. 그 전개되는 것을 말할 때는 '정정井井'이니 '근근斤斤'이니 '규규睽睽'라고 하였는데 '다름'은 다르지 않을 수 없어서 그런 것이지 반드시 분석한 뒤에 달라지는 것이 아니다. 나는 사람들이 '리의 하나임'을 알지 못할까 걱정일 뿐이니 어찌 개별들이 다르지 않을까 걱정하겠는가. 또 어찌 먼저 분석하여 다르게 하고 나중에 합

| 22-10 | 問: "博文約禮." 曰: "文者, 學之事也, 至不一者, 故稱博. 莫非文也, 而莫不有吾心不可損益之靈則以行乎其間者, 禮是已. 禮, 至一者也, 故稱約. 苟不約禮, 則文失其則, 雖博而非學矣. 是故散之視聽言動者, 博文也; 存之勿非禮視聽言動者, 約禮也."【博辨】

| 22-11 | 語其藏, 則渾渾淵淵空空, 一者不得不一, 非必合之而後一也. 語其放, 則井井斤斤睽睽, 殊者不得不殊, 非必析之而後殊也. 吾惟虞人之不理一也, 奚虞分之不殊哉! 又寧先析之爲殊, 後合之爲一哉!

하여 하나가 되게 하겠는가. 진실로 개별들의 다름이 없으면 '리理가 하나다'라고 말할 수 없는 것이지만, '리의 하나임'이 없으면 또 누가 리를 개별에서 다르게 할 수 있겠는가? 왜 그렇다는 것인가? 리는 내 마음의 환한 조리이다. 그 '지극히 하나임'으로 그 '지극히 불일치함'을 다스리는 것이다. 모호하여 구분이 없는 그런 것을 말하는 것이 아니다. 【「명중(明中)」】

|22-12| (뒷날의) 유자들은 반드시 '지知를 먼저 하고 행行을 뒤에 한다'라고 말한다. 그런데 공자는 열다섯 살에 배우기 시작하고 서른 살에 도덕인격을 세웠으니 '행'을 먼저 한 것이고, 마흔에 의혹을 갖지 않게 되었으니 '지'를 뒤에 한 것이다. '지를 먼저 하고 행을 뒤에 한다'라는 가르침과는 또 자명하게도 어긋나는 것이 아닌가? (뒷날의) 유자들은 '사물의 리理를 완전히 궁구하는 것'을 입문처로 삼으니 이른바 '그 소당연所當然과 소이연所以然을 궁구하는 것'이 모두 처음 배우는 단계의 일이다. 지금 '불혹不惑'에 대해 풀이하며 '그 소당연을 아는 것'이라고 하고 '지천명知天命'에 대해 풀이하며 '그 소이연을 아는 것'이라고 하였다. 이것은 공자가 마흔 살과 쉰 살이 되어서야 비로소 처음 배우는 단계의 일을 할 수 있게 되었다는 것이다. 그렇다면 (앎이라는 것이) 학자들에 있어서는 너무 이르고 공자에 있어서는 너무 늦

苟無分殊, 則不得謂
理一; 無理一, 又孰
爲理之使分殊也?
何則? 理者, 吾心之
燦爛者也, 以其至一
理至不一者也, 非謂
漫漶而靡所區分之
爲物也. 【「明中」】

|22-12| 儒者必曰,
先知後行. 夫子十
五而學, 三十而立,
則爲先行; 四十不
惑, 則爲後知. 其與
先知後行之訓, 又自
悖矣! 儒者以窮至
物理爲入門, 所謂窮
其當然與其所以然,
皆始學事也. 今訓
不惑, 則謂知其所當
然; 訓知天命, 則謂
知其所以然. 是孔
子以四五十之年, 乃
得爲始學之事, 則在
學者爲過早, 而在孔
子爲過晚矣, 不又悖
之甚乎? 【「徵孔」】

은 것이다. 또 어긋남이 심하지 않겠는가?
【「징공(徵孔)」】

|22-13| 기氣는 음양과 오행이 있으니 뒤섞여 일치하지 않는 것이다. 음양오행의 기가 '질(質: 형질)'을 이룬 것이 형形이고 성性이 그곳에 거처하게 된다. 성은 곧 '하늘의 명命'이고 음양오행을 주재하는 존재이다. 하늘에 있으면 '명'이라고 하고 사람에게 있으면 '성'이라고 하며 '심'에 통괄된다. 그래서 심을 말하면 곧 성을 말하는 것이니, 물을 말하면 곧 샘을 말하는 것임과 같다. 샘은 맑지 않은 것이 없으니 뒤에 비록 진흙으로 흐려지더라도 맑히면 다시 맑아진다. 성은 선하지 않은 것이 없으니 뒤에 비록 기질에 의해 흐려져도 '[성性)을] 간직하는 공부'를 하면 선이 다시 회복된다. 이를 통해서 보면 성은 성이고 기질은 기질이니 또 어떻게 기질지성氣質之性이라는 것이 있겠는가. 또 예로부터 두 개의 성이 있다는 얘기는 못 들었다. '성性'이라는 글자는 '심心'과 '생生'자로 이루어져 있다. 지금 어떤 생물이 죽었을 때 그 형질은 남아 있지만 생명은 어디에 있는가? 사람이 처음 죽었을 때 그 기氣는 여전히 남아 있지만 그 생명은 어디에 있는가? 그렇다면 기질에 성이 있다고 하는 것은 군더더기 말이고 또한 어긋난 말이다.

|22-13| 氣有陰陽五行, 揉雜不一者也. 二五之氣, 成質爲形, 而性宅焉. 性者, 卽維天之命, 所以宰陰陽五行者也. 在天爲命, 在人爲性, 而統於心. 故言心卽言性, 猶言水卽言泉也. 泉無弗淸, 後雖於泥淖, 澄之則淸復矣. 性無弗善, 後雖汩於氣質, 存之則善復矣. 由是觀之, 性是性, 氣質是氣質, 又烏有氣質之性哉! 且古未聞有兩性也. 性之文, 從心從生. 今夫物斃矣, 其質猶存, 而生奚在? 人之初死, 其氣猶存, 而生奚在? 然則謂氣質有性者, 贅也, 亦舛也.

| 22-14 | 내 본심에 합치되면 곧 사심이 없는 것이고 곧 하늘과 합일되는 것이다.

| 22-15 | "왕용계(王龍溪: 王畿)는 '진정으로 성진(性眞: 본성이라는 참된 것)에 이르게 되면 악명에 매몰되더라도 일생동안 돌아보지 않는다.'라는 말을 하였던데 그러한가?"라고 묻기에, "군자가 그 성진性眞을 회복하면 앞에 명예가 있는 것을 알고 좇거나 뒤에 비방이 있는 것을 알고 피하지 않는다. 만약 비방을 무릅쓰고 성진에 도달하고자 한다면 이것은 앞과 뒤에 모두 의도를 하는 것이지 진체眞體가 아니다. 군자는 어쩔 수 없이 세상의 큰 비방을 뒤집어쓸 때가 있지만 모두 마음을 두지 않는다. 그런데 천하후세는 또한 그 마음의 정심精審함을 헤아려 주지 않은 적이 없다. 왜 그런가? 사람의 마음은 지극히 신령하기 때문이다."라고 대답하였다.

| 22-16 | '학문을 통해서 모은다'[14]라는 말의 의미에 대해 물어서, "'모은다'라는 것은 응취한다는 뜻이지 '쌓아서 모아 둔다'는 뜻이 아니다."라고 대답하였다.

| 22-14 | 合吾之本心, 卽爲無私, 卽爲合天.

| 22-15 | 問: "龍溪有'眞達性眞, 惡名埋沒, 一世弗恤'之語, 然否?" 曰: "君子復其性眞, 固不知前有譽而趨之, 後有毀而避之. 若欲冒毀以達性眞, 是前後皆意之矣, 非眞體也. 君子卽有不得已, 蒙世之大詬, 固皆付之無意, 而天下後世, 亦未嘗不終諒其心精也. 何者? 以人心至神故也."

| 22-16 | 問: "學以聚之." 曰: "聚卽凝聚之謂, 非襲積而聚之之謂也."

---

14 학문을 통해서 모은다: 『周易』「乾・文言」, "君子學以聚之, 問以辨之, 寬以居之, 仁以行之."

|22-17| '독지(獨知: 홀로 앎)'에 대해서 물어서, "무릇 '독지獨知'란 염려念慮를 주재하여 염려에 의해 고착되지 않는 것이며 동정動靜을 관통하여 동정에 의해 달라지지 않는 것이다. '신愼'의 의미는 '신고봉수(愼固封守: 방어 장치를 튼튼히 하여 지킴)'의 의미이다. 공부는 기선(幾先: 기미가 생기기 이전)에 달려 있으니 '이에 보전한다'[15]라는 것이 이것이다. 만약 '반드시 선악으로 염려가 생긴 뒤에 삼간다'라고 말하게 되면 삼가지 못한 점이 많게 된다."라고 대답하였다.

|22-18| 문인이 "선생님은 무엇을 공부합니까?"라고 묻기에 "내 학문은 '성性을 다하여 명命에 이름'[16]을 종지로 삼고, '관심을 두는 일은 신묘하게 이루어지고 지나가는 곳은 올바로 변화된다'[17]라는 말을 공부의 내용으로 삼는다. 성性이란 신神이다. 신은 의념意念에 의해 응체시킬 수 없으니 그렇게 때문에 늘 변화한다. 정명도의 이른바 '명각明覺의 자연스러움'은 '관심을 두는 일이 신묘하게 이루어짐'을 말한 것이고, 이른바 '무엇인가를 행하여 상황에 대응함'은 '지나가는 곳이 올바로 변화됨'을 말

|22-17| 問: "獨知." 曰: "夫獨知者, 宰夫念慮, 而不以念慮著; 貫乎動靜, 而不以動靜殊也. 愼之義, 猶愼固封守之謂. 功在幾先, '于時保之'者是也. 若曰必待動念於善惡而後愼之, 則不愼多矣."

|22-18| 門人問曰: "先生奚學?" 曰: "吾學以盡性至命爲宗, 以存神過化爲功. 性也者, 神也. 神不可以意念滯, 故常化. 程伯子所謂'明覺自然', 言存神也; 所謂'有爲應跡', 言過化也. 今之語盡性者失之, 則意念累

---

15 이에 보전한다: 『詩經』「周頌・淸廟之什・我將」, "我其夙夜, 畏天之威, 于時保之."
16 성(性)을 … 이름: 『周易』「說卦」, "和順於道德, 而理於義. 窮理盡性, 以至於命."
17 관심을 … 변화된다: 『孟子』「盡心上」, "夫君子, 所過者化, 所存者神. 上下與天地同流, 豈曰小補之哉!"

한 것이다.[18] 지금 '성을 다함'에 대한 설명이 잘못된 이유는 의념이 영향을 미쳤기 때문이다."라고 대답하였다. 그가 "그 아래의 수준에 대해 말씀해 주십시오."라고 청하여, "'인仁'을 종지로 삼고 '각覺'을 공부로 삼으며 '만물이 각자 자기의 자리를 얻는 것'을 목표로 삼고 '밤과 낮을 상통한다고 보고 타자와 자아를 잊음'을 증험으로 삼고 '소리도 없고 냄새도 없음'을 지극한 경지로 여기는 것이다."라고 대답하였다. 그가 "다시 그 아래의 수준에 대해 말씀해 주십시오."라고 청하여, "'한 몸으로 여김'을 종지로 삼고 '독지獨知'를 체體로 삼으며 '계신공구戒慎恐懼하여 어두워지지 않음'을 공부로 삼고 '삼감, 충실함, 경건함'을 일상의 실천 규범으로 삼고 '인욕이 없어 영명靈明에 도달함'을 지극한 경지로 여기는 것이다."라고 대답하였다. 그가 "이와 같은 것은 감히 실행해 보겠습니다."라고 하여, "이것이 '성명性命'이나 '신화神化'와 어찌 둘이겠는가? 단지 이해하는 데 느리고 빠름의 차이가 있기 때문에 공부에 어렵고 쉬움이 있는 것이고 익힘에 생경함과 익숙함의 차이가 구분이 있는 것이다. 요컨대 모두 의념으로 응체해서는 안 되는 것이다."라고 대

之也." 曰: "請下之." 曰: "以仁爲宗, 以覺爲功, 以萬物各得其所爲量, 以通晝夜忘物我爲驗, 以無聲無臭爲至." 曰: "復請下之." 曰: "以一體爲宗, 以獨知爲體, 以戒懼不昧爲功, 以恭忠敬爲日履, 以無欲達於靈明爲至." 曰: "若是, 則敢請事矣." 曰: "是與性命神化豈有二哉! 第見有遲速, 故功有難易, 習有生熟, 要之皆非可以意念滯也."【以上 「續問」】

---

18 명각(明覺)의 자연스러움 … 것이다:『二程文集』「答橫渠先生定性書」, "人之情, 各有所蔽, 故不能適道. 大率患在於自私而用智. 自私, 則不能以有爲爲應迹〈一作物〉; 用智, 則不能以明覺爲自然."

답하였다.【이상은 「속문(續問)」】

┃22-19┃ 일찍이 살펴보건대, 천지 사이를 가
득 채우고서 오르내리고 여닫히며 응취됨이
있고 흩어짐이 있는 것은 어느 것이든 기氣가
아니겠는가마는, 무엇이 주재하는가? 제천(帝
天: 상제)이 주재할 때 따르는 것은 명命이고 곧
리理이다. 그래서 『시경』에서 "하늘의 명은
아, 그윽하여 끝이 없다."라고 일컬었던 것이
이것이다. 사람이 천지 사이에 태어나 숨을 내
쉬고 들이쉬며 몸을 움직이고 멈추는 것이 어
느 것인들 기氣가 아니겠는가마는, 무엇이 주
재하는가? 심각(心覺: 마음이라는 지각)이 주재할
때 따르는 것은 성性이고 곧 리이다. 그래서
『서경』에서 "위대한 상제가 백성들에게 충衷
을 내려 주어서 그 항구적인 본성을 따른다."
라고 칭하였으니, 이것이다. 그래서 리는 사람
에게 있어서 온 마음을 주재하고 천하까지 두
루 미치는 것이어서 기약하지 않아도 따르게
되고, 한 시기를 주재하지만 천만세에 두루 미
치는 것이어서 기약하지 않아도 맞게 된다. 이
것은 나의 지각이 본래 타인의 지각과 통하고,
본래 천하 · 후세의 지각과 통하고 본래 유아有
我의 태도로 사유화할 수 있는 것이 아니다. 이
른바 '나'를 위주로 하고 '각覺'을 성을 여기는
것은 본래 잘못된 것이 아니고 또한 사심도 아
니다. 하지만 준칙이나 표준이 없는 지경에 이

┃22-19┃ 蓋嘗觀之,
盈天地間, 升降闔闢,
凡有聚有散者, 疇非
氣也, 而孰宰之? 則
帝天爲之宰焉者, 是
命也, 卽理也. 故
『詩』稱"維天之命,
於穆不已"者是也.
人生天地間, 呼吸作
止, 凡有聚有散者,
疇非氣也? 而孰宰
之? 則心覺爲之宰
焉者, 是性也, 卽理
也. 故『書』稱"惟皇
上帝, 降衷於下民,
若有恆性"者是也.
故理之在人也, 宰之
一心, 而達之天下,
不期而准; 主之一
時, 而施之千萬世,
不約而協. 是我之
知覺, 本通乎人之知
覺, 本通於天下後世
之知覺, 本非有我之
所得私. 所謂以我

르면 이른바 '물物을 감지하여 움직임'이 그 본지(本知: 본연의 앎)와 본각(本覺: 본연의 알아차림)을 잃어버린 것이다. 그 본지와 본각을 잃어버렸지만 본지와 본각의 체體는 없어지지 않는다. 그래서 '정精'[19]이란 이것이 정심하게 되는 것을 가리키고, 준칙이나 표준이란 이것이 담당하는 일이다.

| 22-20 | 사려가 일어나지 않았을 때 지각이 어두워지지 않는다는 것은 곧 희로애락이 발하지 않은 중中을 가리킨다.

| 22-21 | 평소의 분노, 욕망, 긍지, 명예심 등 여러 병통들이 스스로 돌아보자니 아직 완전히 낫지 않았다. 그렇게 된 이유는 단호하지 못하게 형체의 차원에서 맛을 취할 뿐 형체를 의존하지 않는 하늘의 맛이 있다는 것을 믿지 않고, 세계를 향해 승부를 다툴 뿐 세상에 고착되지 않는 하늘의 승리가 있다는 것을 믿지 않기 때문이다. 【이상은 「신언(申言)」】

爲主, 以覺爲性者, 本未爲非, 亦未爲私也, 覺卽理也. 然至於無准與權者, 則所謂感物而動, 失其本知本覺者也. 失其本知本覺, 而本知本覺之體固未亡也, 故精者此精也, 准與權者, 此爲之也.

| 22-20 | 思未起而覺不昧, 卽喜怒哀樂未發之中.

| 22-21 | 生平忿欲矜名諸病, 反觀尙未盡瘳. 所以然者, 猶是依違在形骸上取滋味, 而不信有不依形之天味也; 向世界上爭勝負, 而不信有不著世之天勝也. 【以上「申言」】

19　'정(精)': 『書經』 「大禹謨」, "人心惟危, 道心惟微, 惟精惟一, 允執厥中."

『곤학기』

|22-22| 나는 어릴 때 자질이 방종하여 일찍이 선친이 학문을 논하시는 것을 듣기는 했지만 어떻게 종사해야 하는 줄 몰랐다. 나이 열일곱에 읍성으로 유학을 떠나 학사에서 공부하게 되면서는 드디어 태탕하고 방종하였고, 이해 섣달에 선친이 세상을 떠나면서 더욱 방종하게 되었다. 하지만 기이한 명성을 좋아하여 공문거(孔文擧: 孔融)·곽원진(郭元振: 郭震)·이태백(李太白: 李白)·소자첨(蘇子瞻: 蘇軾)·문신국(文信國: 文天祥)의 사람됨을 담론하기 좋아하였다. 공문거나 이태백은 꿈에서 만나기도 하였다. 사장(詞章: 문학 공부)을 아주 좋아하였는데 당시 이동양李東陽[20]과 하심은河心隱[21]의 시문이 전해져서 그것을 모방해 보기도 하였다. 또 분노와 욕심이 많아서 조급하게 움직이고 검속할 줄을 몰랐다. 일찍이 「격물론格物論」을 지어 양명 선생의 이론을 반박하였다. 나이 열아홉에 구양문조歐陽文朝와 동창이 되었고 가장 마음이 맞았다. 때로는 그릇되다고 여기기도 하여, 홀연히 분발해서 공부하기도 하고 구양

困學記

|22-22| 予童頗質任，嘗聞先府君論學，而不知從事. 年十七, 遊學邑城, 讀書學舍, 遂致駘蕩喜放. 是歲臘, 先府君卒, 愈自放. 然慕奇名, 好談孔文擧·郭元振·李太白·蘇子瞻·文信國之爲人, 如文擧·太白, 夢寐見之. 酷嗜詞章, 時傳李·何詩文, 輒自倣傚. 又多忿欲, 躁動不知檢, 嘗著「格物論」, 駁陽明先生之說. 年十九, 與歐陽文朝同硯席, 最契. 時或覺非, 忽自奮爲學, 要文朝【諱

---

20 이동양: 李東陽(1447-1516)은 字가 賓之이고 號는 西涯이며 지금의 湖南省 茶陵縣 사람이다. 茶陵詩派의 핵심 인물이고 내각의 최고위까지 올랐다.

21 하심은: 何心隱(1517-1579)은 본명이 梁汝元이고 字는 柱乾이고 號는 夫山이다. 江西省 吉安市 永豐縣 사람이다. 泰州學派에 속한다.

문조【이름은 창(昌)이고 호는 촉남(蜀南)이며, 상생(庠生)[22]이다. 남야(南野) 선생의 족손이다.】에게 함께하자고 권하였다. 열심히 학업을 닦았지만 한두 달 만에 방법을 알지 못해서 드디어 이전의 습관으로 떨어졌다. 가정嘉靖 임인년(1542)에 내 나이 스물여섯이었는데 당시 백학관白鶴觀 아래에 집을 사서 살고 있었다. 마침 구양남야歐陽南野 선생【이름은 덕(德)이고 자는 숭일(崇一)이며 호는 남야(南野)이다. 벼슬이 예부상서(禮部尚書)에 이르렀으며 시호는 문장(文莊)이다. 양명 선생의 수제자 중 한 사람이다.】이 고향으로부터 읍성으로 나와서 제자를 모아 강학하고 있었는데 온 읍성의 사우士友들이 가서 강회에 모였지만 나는 홀로 가지 않았다. 그 뒤 며칠이 지나 구양문조가 나에게 "자네만 홀로 예부상서(구양남야를 가리킨다)를 찾아가 뵐 수 없다는 것인가?"라고 하였다. 내가 이에 구양문조를 따라 보각사普覺寺로 선생을 찾아뵈었다. 선생은 보자마자 바로 나를 이전의 자字로 부르며, "의거宜擧는 왜 이렇게 늦게 왔는가?"라고 하고, 또 나이를 묻기에 몇 살이라고 대답하였더니, 선생이 "자네의 나이로 보면 응당 아무개의 아래 자리에 앉아야겠네."라고 하였다. 나는 당시 선생의 말하는 방식이나 예의범절이 간결하고 알

昌, 號蜀南, 庠生, 南野先生族孫.】共爲之. 勉修一二月, 不知方, 遂仍墮舊習. 嘉靖壬寅, 予年二十六, 方買居白鶴觀卜, 適歐陽南野先生【諱德, 字崇一, 號南野. 仕至禮部尚書. 諡"文莊". 爲陽明先生高第弟子.】自鄉出邑城, 會友講學, 傾城士友往會, 而予獨否. 既數日, 文朝則語予曰: "汝獨不可行造訪禮耶?" 予乃隨文朝往訪先生於普覺寺. 先生一見, 輒呼予舊字, 曰: "宜擧來何晚?" 又問齒, 對若干. 先生曰: "以汝齒當坐某人下." 予時見先生辭禮簡當, 不爲時態, 遽歸

---

22   상생(庠生): 縣學 등의 학생이다.

맞으며 시속의 태가 없었기에 드디어 그에게 마음이 쏠렸다. 선생이 그 뒤에 (『논어』의) '오직 어진 사람만이 남을 좋아할 수 있다' 장을 강학하고 "오직 어진 사람만이 생성하고 생성하는 마음이 있기 때문에 남의 선한 점을 보면 마치 자기가 그 선을 가진 듯이 여기고 '좋아하는 척하려는 마음'을 가진 적이 없다. 그래서 남을 좋아할 수 있다. 그리고 남의 나쁜 점을 보면 마치 자신의 몸이 병든 것 같은 기분이 들고 '싫어하는 척하려는 마음'을 가진 적이 없다. 그래서 남을 미워할 수 있다. 지금 사람들은 좋아하는 척하고 싫어하는 척하니 좋아하고 싫어함에 의해 누累가 되는 경우가 많아서 (올바로) 좋아하거나 싫어할 수가 없다."라고 하였다. 나는 평소에 악을 증오하는 병통이 있었는데 그 말을 듣고 나서 망연자실해져서 마치 나를 위해서 그런 말씀을 하신 것처럼 느꼈다. 그래서 얼마 뒤에 걸어서 선생을 배알하였더니, 입지立志에 대해 말씀하시기를, "천하에 명덕을 밝히는 것이 우리가 뜻을 세우는 지점인데 그 공부는 '나의 양지를 이룸'에 있다."라고 하였다. 또 "오직 뜻이 참되면 내 양지가 자연히 가려지거나 이지러짐이 없다."라고 하였다. 말하는 것이 내 생각에 딱 들어맞았다. 하루는 선생이 문공文公의 '어기여차 소리 속 만고의 마음'이라는 구절[23]을 노래해서 내가 한순간에 깨달아 평소의 습기習氣를 제거할 수 있

心焉. 先生因講"惟仁者能好人"一章, 言"惟仁者有生生之心, 故見人有善, 若己有之, 而未嘗有作好之意, 故能好人; 見人有惡, 若瘰厥躬, 而未嘗有作惡之意, 故能惡人. 今之人作好作惡, 則多爲好惡累, 未可謂能好惡也." 予素有疾惡之病, 聞其言憮然, 若爲予設者. 已乃走拜先生, 語以立志曰: "明明德於天下, 是吾人立志處, 而其功在致吾之良知." 又曰: "唯志眞則吾良知自無蔽虧." 語若有契. 一日, 先生歌文公"欸乃聲中萬古心"之句, 予一時豁然, 若覺平日習氣可除, 始有嚮往眞意. 次年癸卯春, 爲小試之迫, 此意雖未

을 것 같은 느낌이 들어서 비로소 진리를 향해 공부하고 싶은 생각을 가지게 되었다. 이듬해 인 계묘년 봄에 소시小試가 임박하여 이 의향을 비록 누를 수는 없었지만 뜻이 (과거시험으로) 내달렸다. 가을에 향시에 합격하고 돌아가 선생을 뵈었고 또 대과를 치르러 간다고 선생한테 인사를 드리러 갔더니 선생이 나에게 기대하는 것이 매우 은근하였고 나도 또한 자못 그기대를 받아들였다. 갑진년(1544) 회시에 낙방하고 돌아오는 길에 길동무들과 소란을 피웠다. 돌아와서는 비록 다시 선생을 뵙기는 했지만 의향이 여러 차례 일어나고 여러 차례 엎어졌다. 다만 그 내면 속의 간절하게 스스로 그만두고 싶지는 않은 그런 마음은 있었다. 을사년 가을에 조모의 승중承重 상[24]을 당하였다. 병오년(1546)에 다시 구양문조·나일표羅日表【이름은 붕(鵬)이고 계묘년에 함께 향시에 합격하였다.】와 함께 용주龍洲에서 공부하였다. 그로 인해 강동면공康東沔公【이름은 서(恕)이고 자는 구인(求仁)이며 현령 벼슬을 지냈다.】과 창화倡和하여 자신을 격려하였지만 학문을 향한 공부는 더욱 해이해졌다. 정미년(1547)에 이르러 선조모先祖母의 복

寢, 而志則馳矣. 秋擧於鄉, 歸見先生, 又北行赴辭, 而先生屬望殷甚, 予亦頗承當. 及甲辰會試下第, 歸途與同侶者撓亂, 旣歸, 雖復見先生, 然屢興屢仆, 第其中耿耿有不甘自己之念. 乙巳秋, 丁祖母承重憂. 丙午復同文朝及羅日表讀書龍洲,【名鵬, 癸卯同鄕擧.】因與康東沔公倡和【諱恕, 字求仁, 縣令.】自遣, 而向學功愈弛. 至丁未, 爲先祖母卜兆致訟. 適先生起少宗伯, 予送至省城. 旣歸, 復畢訟事. 自覺學無力, 因悔時日之過,

---

23   문공(文公)의 … 구절: 주자의 「武夷櫂歌」의 '제5곡'에 있는 구절이다.
24   승중(承重) 상: 자신과 부친이 모두 적장자인데 부친이 먼저 세상을 떠나면 조부모의 상을 당했을 때 자신이 조부모의 전중(傳重)을 받아 승중손(承重孫)이 되어 참최(斬衰)를 입는다.

조(卜兆: 묘자리)를 위해 소송을 벌였다. 마침 선생이 소종백少宗伯에 기용되어서 내가 성성省城까지 배웅하였다. 배웅을 마치고 돌아와서는 다시 송사를 끝마쳤다. 내 학문에 아무 힘이 없다는 느낌이 들어서 그로 인해 시간을 흘려보낸 것을 후회하였다. 큰 병은 사장詞章을 좋아하고 또 분노와 욕심이 많다는 데 있었다. 세 가지가 가슴속에 가로놓여 있어서 비록 싸워서 이길 때가 있었지만 오래 유지하지는 못하였다. 이것은 내가 뜻을 세우지 못한 죄이니 말할 만한 것이 없다. 이때 나이가 이미 서른하나였다.

| 22-23 | 정미년 겨울에 나는 갑자기 표연하게 멀리 세상을 떠나 버리고 싶은 흥취가 일어났다. 친구인 왕유훈王有訓【이름은 탁(託)이고 호는 미암(末菴)이며 다른 호는 석벽병농(石壁病農)이다.】에게 말했더니 왕유훈이 "멀리 떠나는 것은 힘껏 공부하는 것보다 못하다."라고 하였다. 그로 인해 나와 함께 나염암【이름은 홍선(洪先)이고 자는 달부(達夫)이며 길수(吉水) 사람이다. 벼슬이 찬선(贊善)에 이르렀고 시호가 문공(文恭)이었다.】을 찾아가 뵙고 석련동石蓮洞에서 지냈다. 그렇게 한 달이 되는 동안 날마다 선생의 말을 듣고 감명을 받고 북면하여 제자로서 배웠다. 선생은 처음에는 양지良知를 그렇게 좋아하지 않았고 양명 선생의 학문도 다 믿지는 않았다.

大病在好詞章, 又多忿欲, 三者交剚於胸中, 雖時有戰勝, 不能持久, 此予志不立之罪, 無可言也. 時年已三十一矣.

| 22-23 | 丁未冬, 予忽有飄然退舉離世之興, 及就友人王有訓語.【名託, 號末菴, 一號石壁病農.】有訓曰: "退舉不如力學." 因偕予往訪羅念菴先生,【諱洪先, 字達夫, 吉水人. 官贊善. 諡文恭.】居石蓮洞, 既一月, 日聞先生語感發, 乃北面稟學焉. 先生初不甚喜良知, 亦不盡信陽

우리들에게 전적으로 주정主靜과 무욕無欲에 힘
쓰도록 가르쳤다. 나는 비록 그다지 이해하지
는 못하였지만 날마다 '무욕'의 가르침을 받들
었다. 그렇게 익숙해지자 정신이 날로 탄탄해
졌다. 그로 인하여 '취取하거나 주는 것을 엄히
하는 도리'를 알게 되었다. 무신년(1548) 봄에
내가 소주韶州로 여행을 갔더니 태수 진공陳
公【이름은 대륜(大倫)이고 남녕(南寧) 사람이다. 관직
이 태수에 이르렀다.】이 명경서원明經書院을 열고
여섯 읍의 여러 뛰어난 인재들을 모아서 가르
치고 있었다. 또 먼저 고을의 진신縉紳인 등둔
봉鄧鈍峰【이름은 노(魯)이고 낙창(樂昌) 사람이다. 관
직은 학정(學正)에 이르렀다.】을 초빙하여 서원 안
에서 지내도록 하여 동료로 삼았다. 진공은 일
찍이 양명 선생에게서 배운 적이 있는데 나중
에는 전적으로 현문(玄門: 도교)에 뜻을 두었다.
나는 어려서 폐병을 앓아서 각혈과 정충(怔忡:
가슴이 뛰면서 두려움을 느끼는 병증)으로 밤에 잠
못들 때가 많았다. 그래서 바로 진공을 모시고
현문의 학문을 배웠지만 깨달음을 얻지는 못
하였다. 둔봉은 처음에 위장거공魏莊渠公【이름
은 교(校)이고 관직이 좨주(祭酒)에 이르렀다. 곤산(崑
山) 사람이다.】의 제자였으며 또한 남야 선생의
문하에서 배웠는데 나중에는 전적으로 선종禪
宗에 뜻을 두었다. 나도 둔봉에게 선禪에 대해
서 물었더니, 둔봉이 "자네의 병은 화증火症이
니 응당 선禪으로 치료해야 한다."라고 하였

明先生之學, 訓吾黨
專在主靜無欲. 予
雖未甚契, 然日承無
欲之訓, 熟矣. 其精
神日履, 因是知嚴取
予之義. 戊申春, 予
游韶, 太守陳公,【諱
大倫, 南寧人. 官至太
守.】關明經書院, 延
教六邑諸俊. 又先
延鄉縉紳鄧鈍峰, 居
書院中爲侶,【諱魯,
樂昌人. 官學正.】陳
公嘗從陽明先生學,
後專意玄門. 予少
病肺, 咳血怔忡, 夜
多不寐, 則就拜陳公
學玄, 未有入. 鈍峰
始爲魏莊渠公【諱校,
官至祭酒, 崑山人.】弟
子, 亦游南野先生
門, 後專意禪宗. 予
亦就鈍峰問禪, 鈍峰
曰: "汝病乃火症, 當
以禪治." 每日見予
與諸生講業畢, 則要
共坐. 或踞床, 或席

다. 매일 내가 제생들과 강학을 마치는 것을 보면 함께 좌선하자고 하였다. 혹은 평상 위에 걸터앉기도 하고 혹은 땅바닥에 자리를 깔고 앉기도 하였는데 늘 한밤중까지 좌선하였고 조금 잠자리에 들었다가 닭이 울면 다시 좌선하였다. 그 공부는 '마음을 쉬고 잡념을 없애는 것'을 위주로 하였으며 그 궁극적 목표는 견성見性에 있었다. 내가 오랫동안 마음을 내달렸었기 때문에 처음 좌선하여 한두 달이 되었을 때 밤낮으로 이상한 현상을 보곤 하였는데, 둔봉이 "이것은 불교나 도교에서 말하는 '마경魔境'이라는 것이다. 자네의 평소 분노, 욕심, 이해, 명예 등 여러 염려들이 이런 망상들로 변한 것이다. 『주역』에서 말한 '유혼遊魂이 변화한다'[25]라는 것이 이것이다. 자네는 이상하게 여기지 말라. 공부가 오래 되면 자연히 없어질 것이다."라고 하였다. 네다섯 달이 지나자 과연 점점 없어졌고 여섯 달이 되자 드디어 적연寂然해졌다. 하루는 심사心思가 홀연 깨쳐져서 저절로 잡념이 없어지고 천지만물이 모두 내 심체임을 환히 볼 수 있게 되었다. 그래서 '휴' 하며 탄식하기를, "나는 마침내 천지 만물이 밖에 있는 것이 아니라는 것을 알게 되었다."라고 하였다. 이로부터 무슨 일이 닥쳐와

地, 常坐夜分. 少就寢, 雞鳴復坐. 其功以休心無雜念爲主, 其究在見性. 予以奔馳之久, 初坐至一二月, 寤寐間見諸異相. 鈍峰曰: "是二氏家所謂魔境者也. 汝平日忿欲利名, 種種念慮, 變爲茲相, 『易』所爲'遊魂爲變'是也. 汝勿異, 功久當自息." 四五月果漸息. 至六月遂寂然. 一日, 心思忽開悟, 自無雜念, 洞見天地萬物, 皆吾心體. 喟然歎曰: "予乃知天地萬物非外也." 自是事至亦不甚起念. 似稍能順應, 四體咸豐泰, 而十餘年之火症向愈, 夜寢能寐. 予心竊

---

25 유혼(遊魂)이 변화한다: 『周易』「繫辭上」, "精氣爲物, 游魂爲變. 是故, 知鬼神之情狀."

도 또한 그다지 의념을 일으키지 않고 조금 순조롭게 반응할 수 있게 된 것 같았고 사지가 다 편안해져서 십여 년 동안의 화증이 나아지고 밤에 잠을 잘 잘 수 있게 되었다. 나는 내심으로 기뻐하여 둔봉에게 고하였다. 그러자 둔봉이 "그대의 본성이 드러났다."라고 하였다. 얼마 지나자 비록 잘 때도 정신이 깨어 있어서, 잠이 들었을 때 늘 남의 말 한마디나 발걸음 하나를 모두 또렷하게 듣게 되었다. 둔봉이 "이것이 곧 낮과 밤을 꿰뚫게 될 점진적인 단계이다. 자네는 열심히 나아가게. 그러면 생사를 초월할 수 있게 될 것이다."라고 하였다. 내가 그래서 "생사를 초월한다는 것은 무슨 의미입니까?"라고 물었더니, 둔봉이 "생사를 초월하지 못하면 이전의 병이 아직 남아 있는 것이다."라고 대답하였다. 나는 그로 인하여 둔봉으로부터 생사를 초월할 수 있는 방법의 종지를 배웠고 날마다 깨닫는 바가 있는 느낌이었다. 또 함께 조계曹溪를 여행하다가 육조탑六祖塔을 바라보게 되었는데 이상한 꿈을 꾸게 되어서 드디어 또 세상을 잊을 뜻을 가지게 되었다. 가을로 접어들었을 때 월越 땅의 전서산錢緒山【이름은 덕홍(德洪)이고 여요(餘姚) 사람이다. 양명 선생의 제자이다.】이 소주蘇州에 이르렀는데 진공이 그를 서원으로 모셔서 지내게 하였다. 나는 아주 기뻐서 그분에게 배움을 청하였다. 하지만 전공錢公이 상喪을 당하고서 대상大祥이

喜, 以告鈍峰. 鈍峰曰: "子之性露矣." 久之, 雖寐猶覺, 凡寐時聞人一語一步, 皆了了. 鈍峰曰: "是乃通晝夜之漸也, 子勉進之, 可以出死生矣." 予乃問: "出死生何謂也?" 鈍峰言: "不出死生, 則前病猶在." 予因是從鈍峰究出死生之旨, 若日有所悟. 又偕游曹溪, 瞻六祖塔, 感異夢, 遂又有忘世意. 至秋, 越錢緒山【名德洪, 余姚人, 陽明先生弟子.】公至韶, 陳公延留書院中. 予甚喜, 請益. 然見錢公以憂制未大祥, 遽遠遊, 又乘青幰, 張皂蓋, 前呼導, 予心私計曰: "予雖學出世事, 亦未敢謂然也." 亡何, 冬盡, 予方圖歸. 因起

되지 않은 상태에서 느닷없이 멀리 여행을 하였고 또 청위靑幃를 타고 조개(皂蓋: 검은색 蓬傘)를 펼쳤으며 길라잡이를 앞세운 것을 보고서 내 마음에 가만히 헤아리기를, "나는 비록 출세간의 일을 배웠지만 또한 감히 저것이 옳다고 하지는 못하겠다."라고 하였다. 얼마 지나지 않아서 겨울이 끝나고 내가 막 돌아가려고 하게 되었는데 그로 인해 의념이 일어나면서 드디어 처음 깨달았던 것을 잃어버리고 갑자기 가슴이 답답해졌다. 비록 이전의 그 견지를 극도의 노력을 들어 찾아보았지만 의상意象이 모두 비슷하기는 하였지만 진체眞體는 어둡고 막혀서 몹시 마음에 흡족하지 못하였다. 그 이전의 일들을 진술하고 전공에게 질문하였더니 전공은 발명해 주는 것이 자못 상세하였다. 하지만 끝내 내 마음에 들지는 않았다. 하루는 여러 벗들과 구성대九成臺에서 노닐다 땅바닥에서 좌선하고서는 막 기지개를 켜며 몸을 일으키려고 하는데 갑자기 다시 천지만물이 과연 밖에 있는 것이 아니라는 것을 깨닫게 되었다. 자사子思의 '위와 아래로 드러난다'26는 말이나 맹자의 '만물이 모두 갖추어져 있다'는 말이나 정명도의 '혼연히 만물과 동일한 몸이다'라는 말이나 육상산의 '우주가 곧 내 마음이다'

念, 遂失初悟. 忽若痞悶, 雖極尋繹, 宿見意象俱似, 而眞體昏塞, 甚不自得. 述其故, 質於錢公, 錢公發明頗詳, 迄不當予意. 一日, 同諸君游九成台, 坐地方久身起, 忽復悟天地萬物果非在外. 印諸子思"上下察", 孟子"萬物皆備", 程明道"渾然與物同體", 陸子"宇宙卽是吾心", 靡不合旨. 視前所見, 灑然徹矣. 因自審曰: "吾幸減宿障, 從此了事, 又何可更纏世網, 從事殘蠹, 致汩吾眞耶?" 旣歸, 以先君方待吉淺土, 卜葬不果, 此中不自安. 又家人輩不善事老母, 致有不懌

라는 말들에 맞추어 보았더니 뜻이 부합하지 않는 것이 없었다. 이전에 깨달은 바와 비교하면 시원하게 더 투철하였다. 그로 인해 스스로 반성해 보기를, "내가 다행히 오래 묵은 장애를 줄이고 이로부터 공부를 마칠 수 있었다. 또 어떻게 다시 세상의 그물에 얽매여서 해치고 좀먹는 일을 하여 내 참됨을 없앨 수 있겠는가."라고 하였다. 그러고 나서 돌아왔는데 선친의 못자리로 길하고 얕은 땅을 찾느라 아직 장례 지낼 곳을 정하지 못하였기에 이곳에서는 마음이 편안할 수가 없다. 또 가족들이 노모를 잘 모시지 못하여 노모가 불편한 마음을 가지게 하였기에 내 마음이 또한 늘 불만스러워 떨칠 수가 없었다. 이미 어렴풋하게 유교와 불교의 지향을 변별할 수 있었지만 아직 완전히 구분할 수는 없었다.

기유년(1549)에 집에 머물고 있었는데 읍중의 증사건曾思健【이름은 어건(於乾)이고 호는 월당(月塘)이다.】·나동지羅東之【이름은 조(潮)이다. 모두 상생(庠生)이다.】·소천총蕭天寵【이름은 융우(隆佑)이고 관원이며 관직이 현승(縣丞)이었다.】과 왕유훈·구양문조와 함께 모임을 결성하여 자못 분발하는 마음이 있었다.

겨울에 접어들어 나는 회시에 참여하게 되었는데 왕무양王武陽【이름은 저(羉)이고 왕유훈의 숙부이다. 벼슬은 교유(教諭)였다.】와 함께 배를 타고 아침저녁으로 학문만을 논하였다. 팽려(彭

意.　予衷亦常怏怏無以遣, 已隱隱有儒釋旨歸之辨, 而猶未決也.

己酉家居, 因結邑中曾思健·【諱於乾, 號月塘.】羅東之·【諱潮. 俱庠生.】蕭天寵【名隆佑, 吏員, 官縣丞.】及王有訓·歐陽文朝爲會, 頗有興發.

至冬,　予赴會試, 與王武陽【諱羉, 有訓叔, 教諭.】同舟, 晰夕惟論學.　方浮彭

蠡: 鄱陽湖)로 막 접어들었을 때 마침 풍랑이 밤에 일어나 기슭에 배를 댈 수가 없었고 배가 엎어져 거의 전복될 뻔한 것이 여러 번이었다. 같이 배를 탄 인사들이 모두 새벽이 될 때까지 울부짖었는데 나는 홀로 술을 내오라고 하여 통쾌하게 마시고 호기롭게 노래를 부른 뒤에 잘 잤다. 날이 밝고 바람이 조금 안정되었을 때 비로소 깼다. 동료들 중에 내가 사리분별이 없다고 욕하는 이가 있었지만 나는 태연자약하였다.

경술년(1550)에 낙방한 뒤에 남옹南翁 선생 댁에 묵었다. 하루는 배가 전복되려고 하는데도 잠을 잘 잔 일로 질정을 구하였더니, 선생이 "이것은 물론 어려운 일이기는 하지만 인체仁體라고 하기에는 아직 멀었다."라고 하였다. 내가 "인체仁體은 어떤 것입니까?"라고 여쭤보자 "위태로움에 임하여 마음이 동요되지 않았지만 또 방도를 잘 강구하여 구원할 수 있어야만 인체이다."라고 하였다. 내가 비록 그 말을 받들기는 하였지만 그 의미를 완전히 이해하지는 못하였다. 중하(仲夏: 음력 5월)에 이 석록공李石鹿公【이름은 춘방(春芳)이고 자는 자실(子實)이며 흥화(興化)[27] 사람이다. 벼슬이 원보(元輔)에 이르렀다.】이 나를 자기 집으로 초대하여 자제

蠡, 值風濤夜作, 不能泊岸, 舟頗幾覆數矣. 同舟人士皆號呼達旦, 予獨命酒痛飮, 浩歌熟寢. 天明, 風稍定, 始醒. 同侶有詈予不情者, 予自若也.

庚戌落第後, 舍南翁先生宅. 一日, 以舟頗熟寢事請正, 先生曰: "此固其難, 然謂仁體未也." 予曰: "仁體當如何?" 曰: "臨危不動心, 而又能措畫抹援, 乃仁體也." 予雖聆服, 然未繹其旨. 仲夏, 李石鹿公【諱春芳, 字子實, 興化人. 官元輔.】延予過家, 訓諸子, 因盡聞王心齋公之

27　흥화(興化): 泰州시 관할의 도시이다.

들을 가르치게 하였다. 그로 인해 왕심재공王心齋公【이름은 간(艮)이고 자는 여지(汝止)이며 안풍장(安豊場) 사람이다. 양명 선생의 고제자이다.】의 학문에 대해 다 듣게 되었는데, 참으로 한 시기의 걸출한 인물이었다. 다만 그 문도들이 전승한 것이 참됨을 잃어서 왕왕 방종하고 제마음대로였다. 흥화 사람들이 이 때문에 학문을 믿지 않았는데, 얼마 시간이 지난 뒤에 내 행실에 익숙해져서 마침내 함께 와서 묻고 배우고 공부모임을 세웠다. 겨울 끝 무렵에 내가 의진儀眞으로부터 돌아올 때 배를 출발시킨 사흘 동안 모두 극악한 도적을 만났지만 바람이 맹렬하여 벗어날 수 있었다. 같은 배를 탄 사람들 중에 또한 우는 이도 있었는데 나만 홀로 도적이 오면 주머니를 털어 주어야지 다른 방법이 없다고 생각하였기 때문에 또한 마음이 동요되지 않았다.

신해년(1551)에 내가 가족을 이끌고 의화義和의 창주滄洲 옛집으로 돌아왔다. 홀로 공부하고 동료가 적어서 공부하는 힘이 조금 느슨해졌다. 또 이듬해 임자년에 건주虔州에서 학생들을 가르치며 지내게 되었는데 이전 버릇이 크게 일어나 거의 스스로 무너질 뻔하였다. 겨울이 되자 구양왈색歐陽曰穡【이름은 소경(紹慶)이고 호는 건강(乾江)이다. 남야(南野) 선생의 둘째 아들이다. 벼슬이 공부 주사에 이르렀다.】과 함께 회시에 나아갔다. 이때 구양왈색은 증사건을 초대

學,【諱艮, 字汝止, 安豊場人, 陽明先生高弟子.】誠一時傑出, 獨其徒傳失眞, 往往放達自恣, 興化士以是不信學. 久之熟予履, 乃偕來問學立會. 冬杪, 予歸自儀眞, 發舟三日, 皆遇劇盜, 以風猛得脫. 同舟亦有泣者, 予獨計寇至, 則當倒囊輸之, 它無虞也, 以是亦不爲動.

辛亥, 予挈家歸義和滄洲故居, 獨學寡侶, 力有少弛. 又明年壬子, 館虔, 舊習大作, 幾自墮. 至冬, 同歐陽曰穡赴會試.【諱紹慶, 號乾江, 南野先生仲子, 官工部主事.】時曰穡延思健赴京訓諸子, 亦在

하여 북경으로 회시에 참여하는 학생들을 가르쳤는데 또한 배에 있었다. 비록 날마다 늘 함께 절차탁마하였지만 내 옛 버릇은 고쳐지지 않았다.

| 22-24 | 계축년(1553)에 낙제하고 처음에는 학직學職에 응모하려고 하였는데 1년이 되자 후회가 들어 그만두었다. 친구인 주중함周仲含【이름은 현의(賢宜)이고 호는 동암(洞岩)이며 만안(萬安) 사람이다. 관직이 우포정사(右布政使)에 이르렀다.】와 증사건曾思健·구양왈색歐陽曰穡이 모두 나에게 응모하기를 권하였고 증사건은 서안을 치고 얼굴을 붉히며 성을 내면서, "자네의 부모가 연로하였는데 제때에 녹을 받아 봉양하지 않는다면 효가 아니다."라고 말하였다. 나는 억지로 응모하여 구용句容[28]의 교수직을 맡게 되었다. 그곳에 부임하여 과거시험 교육에 제약을 받아 날마다 학생들의 과제물이나 점검하였고 스스로 출세간의 학문은 남들에게 말해 주기 어렵다고 생각하였다. 또 오만한 마음이 있어서 상하의 사람들과 어울릴 때 막히는 것이 많아 매번 자신을 질책하였다. 그 뒤에 "내가 이전에 깨달았던 것이 미진한 점이 있는 것인가?"라는 의심이 생겼다.

舟. 雖日常切琢, 而予故未瘳. 就友人王有訓語.

| 22-24 | 癸丑落第, 初擬就選學職, 至期悔止. 友人周仲含【名賢宜, 號洞岩, 萬安人. 官至右布政使.】及思健, 曰穡, 咸勸予選, 而思健至拍案作色, 奮曰: "子母老, 不及時祿養, 非孝." 予勉從謁選, 得教句容. 既至, 方牽業擧, 日課諸士文, 而自以出世之學難語人, 又負高氣, 處上下多窒, 每自疚. 已乃疑曰: "豈吾昔所悟者有未盡耶?"

---

28 구용(句容): 江蘇省의 도시이다.

갑인년(1554) 2월 남야선생의 부고를 듣고 위패를 세우고 통곡한 뒤에 스승의 자격에서 이미 멀리 모자라고 학업에 진척이 없음을 생각하게 되어 비로소 몇 년간 해이해져서 스스로 자신의 생애를 저버린 것을 후회하였고 또 스승의 문하를 저버린 것을 통렬하게 뉘우쳤다. 얼마 뒤에 또 「박문약례博文約禮」라는 세목의 글을 짓고, 드디어 학직을 버리고서는, "공자와 안연이 주고받은 것은 이것보다 절실한 것이 없다. 그러니 반드시 이 길을 걸어야 성인의 학문인 것이지 이것이 아니면 반드시 성인의 학문이 아니다."라고 생각하였다.

이에 반복해서 사유하고 마음을 누그러뜨리고 탐구하였으며 감히 근유(近儒: 양명을 가리킨다)를 따르지도 않았고 또 감히 자신의 견해를 끼워 넣지도 않았다. 그렇게 오랜 시간이 지나자 선유(先儒: 주자를 가리킨다)의 주장에 대해서는 끝내 억지로 합치될 수 없었으니 그 의심스러운 것이 넷 있었다. 근유에 대해서도 전부 합치될 수는 없었으니 그 의심스러운 것이 셋 있었다.

대개 선유는 궁리窮理로 '박문博文'의 의미를 풀이하는데 그 이론은 내 마음의 지식을 완전하게 확충하고 사물의 이치를 전부 궁구한다는 것이다. 내가 가장 의심이 들지 않을 수 없었던 대목은 선유가 리理를 전적으로 사물에 존재하는 것이지 사람에게 존재하지 않는다고

時甲寅二月, 聞南野先生訃, 已爲位痛哭, 因念師資既遠, 學業無就, 始自悔數年弛放, 自負生平, 又負師門爲痛恨. 尋又作博文約禮題, 遂舍而思曰: "孔, 顔授受, 莫此爲切, 故必出此乃爲聖人之學, 而非此必非聖人之學者也."

於是反覆而紬之, 平心而求之, 不敢徇近儒, 亦不敢參己見. 久之, 於先儒終不能強合, 其疑有四. 於近儒亦不能盡合, 其疑有三.

蓋先儒以窮理訓博文, 其說要推極吾心之知, 窮至事物之理. 予所最不能無疑者, 以先儒語理專在物而不在人. 蓋

주장한 점이었다. 대개 리는 오상五常의 성性보다 큰 것이 없다. 바로 '인의예지신'이 그것이다. 지금 리를 사물에 존재한다고 여기고 그것을 궁구하니 이것은 오상의 성도 또한 사물에 있지 사람에게 있지 않다고 여기는 것이다. 이는 사람은 모두 빈 그릇이고 하나의 리도 거기에 속한 것이 없다는 주장이니 필시 그렇지 않을 것이다. 이것이 첫 번째 의심스러운 부분이다.

선유는 '복례復禮'의 '례禮'자를 '인사人事의 의칙儀則이고 천리天理의 절문節文'이라고 풀이하는데 이 천리라는 것도 사물에 있다는 것인가? 아니면 자신에게 있는 것인가? 만일 그것이 자신에게 있는 것이라면 먼저 사물에 있는 리를 궁구하고 뒤에 자신에게 있는 리를 회복한다는 말이 되어 버리니, 이것은 과연 두 가지 리가 있다는 것이다. 또한 옳지 않을 듯하다. 이것이 두 번째 의심스러운 부분이다.

『대학』의 도道는 근본을 아는 것을 중요하게 여긴다. 그래서 '앞서 해야 할 것과 뒤에 해도 될 것을 알면 도에 가깝다.'라고 한 것이다. 지금 『대학』을 말할 때는 도리어 신심身心의 공부를 뒷전으로 미루고 물리에 대한 궁구를 앞세우니 내 생각에 성문聖門의 격물格物 공부의 의미나 『역전易傳』의 궁리는 그 의미가 이와 같지 않을 것 같다. 또 이 학문은 천자나 서인에게 모두 통용되는데, 만약 반드시 물리를 전부 궁구하려고 한다면, 천자가 하루하루 만

理莫大乎五常之性, 曰仁義禮智信是也. 今以理爲在物而窮之, 此則五常之性, 亦在物不在人矣, 是人皆爲虛器, 無一理之相屬, 恐必不然. 此一疑也.

先儒訓復禮之禮, 曰"人事之儀則, 天理之節文", 不知此天理仍在物耶? 抑在身耶? 如其在身, 則是先窮在物之理, 後復在身之理, 是果有二理矣, 恐亦不然. 此二疑也.

『大學』之道貴知本, 故曰知所先後, 則近道矣. 今語『大學』, 則反後身心而先物理, 竊恐聖門格物之旨, 『易傳』窮理之義不如此, 且此學通天子庶人, 若必欲窮盡物理, 吾恐天子一日二日萬幾, 庶

가지 일을 처리하는 일이나 서민이 밭을 갈고 우물을 파는 일을 모두 할 겨를이 없을 것 같다. 그래서 공자가 또 "모든 것을 두루 살피는 것은 성인도 할 수 없다."라고 말하였던 것이다. 공자는 늘 제자들에게 먼저 효도하고 공경하는 일을 하고 남는 힘이 있거든 그때서야 문文을 배우도록 가르쳤다. 먼저 학생들에게 물리를 전부 궁구하도록 가르쳤다는 말은 듣지 못하였다. 이것이 세 번째 의심스러운 부분이다.

선유의 이른바 '궁리'는 전적으로 '많이 듣고 많이 보는 것'을 일로 삼고 독서를 공부로 삼는다. 하지만 공자는 '많이 듣고 많이 보는 것'을 '앎의 부차적인 일'로 간주하였다. 그런데 지금 유독 그 부차적인 것만을 안연에게 말해 주고, 증자와 자공에게는 말해 준 '일이관지一以貫之'의 종지는 안연이 오히려 듣지 못하였다고 한다면 어찌하여 증자와 자공에게는 후하고 안연에게는 저리 박하단 말인가? 이 또한 그렇지 않을 것 같다. 더구나 애공哀公의 물음에 답할 때 안연이 듣고 본 것이 많고 독서량이 풍부하다고 언급하지 않고 오직 '분노를 옮기지 않고 잘못을 반복하지 않는다'라고만 칭송하여 이것을 '배움을 좋아하는' 실제 내용이라고 삼았을 뿐이다.[29] 그렇다면 안연이 배운 것이 무엇인지 알 만하고 박문博文은 또한 반드시 다른 의미가 있을 것이다. 이것이 네 번째 의심스러

人耕田鑿井, 皆有所不暇. 故孔子又曰: "周其所察, 聖人病諸." 孔子恒教弟子先孝弟, 行有餘力, 則以學文, 未聞先教人以窮盡物理者也. 此三疑也.

先儒所謂窮理, 則專以多聞多見爲事, 以讀書爲功. 然孔子則嘗以多聞多見爲知之次. 今乃獨擧其次者語顏子, 而其所語曾子, 子貢一貫之旨, 顏子不得與焉, 何其厚曾子, 子貢而薄顏子也? 恐亦不然. 況其對哀公並不言顏子聞見之多, 讀書之富, 惟獨稱曰 "不遷怒, 不貳過", 以此爲好學之實而已. 則顏子之所學者可知, 而博文亦必

운 부분이다.

무릇 이 네 가지 의심스러운 부분은 내가 감히 한결같이 남을 따르지 못하고 단지 자기 마음에 반성해 보기에 참으로 이해할 수 없는 점이 있다.

근유의 경우에는 '사사물물에서 내 마음의 양지를 이룬다'라고 풀이하는데 이것은 공자나 증자가 다시 살아나더라도 바꿀 수 없는 해석이다. 하지만 '격물格物'을 해석하면서 '물物은 의념의 대상이 되는 물物이고 격格은 바로잡는다는 뜻이다. 그 바르지 않음을 바로잡아서 그 바름으로 돌이키는 것이다.'라고 하였다. 그렇다면 '정심正心'의 의미와 조금 겹치게 된다. 통달한 사람이 이 방법으로 공부할 때는 하나로 귀결되는 바를 알겠지만 처음 배우기 시작하여 통달하지 못한 사람들이 이 방법을 사용하게 되면 얽히고 살피는 병통을 증가시키게 될 수 있을 것 같다. 이것이 첫 번째 의심스러운 부분이다.

일찍이 선유가 '사사물물에 모두 지당하여 바꿀 수 없는 이치가 있다'라고 말한 것을 본 적이 있다. 선유를 어찌 감히 비방할 수 있겠는가. 저들은 학자들이 너무 지나치거나 모자

有在矣. 此四疑也.

凡此四疑, 予未敢一徇人, 己但反諸心, 誠有不能解者.

至若近儒, 訓致吾心良知於事事物物之間, 此雖孔・曾復生, 無以易也. 但其訓格物曰: "物者意之物, 格者正也, 正其不正, 以歸其正." 則似與正心之義, 微有相涉, 惟達者用功, 知所歸一. 若初學未達者用之, 恐不免增緻繞之病. 此一疑也.

嘗觀先儒言事事物物, 皆有至當不易之理, 先儒豈敢議哉! 彼見學者多太

29 　애공(哀公)의 … 뿐이다: 『논어』「雍也」, "哀公問: '弟子孰爲好學?' 孔子對曰: '有顏回者好學, 不遷怒, 不貳過, 不幸短命死矣, 今也則亡. 未聞好學者也.'"

라는 병폐가 많은 것을 목도하였기 때문에 반드시 지당한 천칙天則이 소재하는 곳을 찾게 한 것이다. 이것은 요순의 '중中', 기자箕子의 '극極',[30] 문왕의 '칙則',[31] 공자의 '구矩',[32] 증자의 '지선至善', 자사의 '중용中庸', 정명도의 '정정당당停停當當'[33]을 추구하려고 한 것이다. 이는 그 의심스러운 바일 뿐이고 그릇된 것이라고 할 수는 없지만 이 지당함, 이 중, 이 극, 이 칙, 이 구, 이 지선, 이 중용, 이 정정당당이 마음에서 나와 만물에 통하는 것이지 물이 소유한 것이 아님을 알지 못한 것이다. 마음에서 발현되는 것은 '일치하지만 백 가지 사려가 있으니'[34] 또한 반드시 하나의 사물에 응하고 하나의 원칙에 교착되는 것은 아니다. 이것이 선유가 미치지 못한 부분이다. 지금 근유는 그 점을 경계하느라 지나쳐서 단지 '양지를 이룬다'라고만 하고 '양지에 천칙이 있음'을 말하지 않았다.

過不及之弊, 故必求至當, 天則所在, 是欲爲堯舜之中・箕子之極・文王之則, 孔子之矩・曾子之至善・子思之中庸・程伯子之停停當當者是也. 是其所疑者未可非, 但不知此至當・此中・此極・此則・此矩・此至善・此中庸・此停停當當者, 固出於心而通於物也, 非物有之也. 出於心者, 一致而百慮, 亦非必能應一物而膠定一則

---

30 기자(箕子)의 '극(極)': 『尙書』「洪範」, "禹乃嗣興, 天乃錫禹洪範九疇, 彝倫攸叙. 初一曰五行, 次二曰敬用五事, 次三曰農用八政, 次四曰協用五紀, 次五曰建用皇極, 次六曰乂用三德, 次七曰明用稽疑, 次八曰念用庶徵, 次九曰嚮用五福, 威用六極." 이 중에서 '建用皇極'을 가리킨다.

31 문왕의 '칙(則)': 『詩經』「大雅・蕩之什・烝民」, "天生烝民, 有物有則. 民之秉彝, 好是懿德."

32 공자의 '구(矩)': 『論語』「爲政」, "吾十有五, 而志于學; 三十, 而立; 四十, 而不惑; 五十, 而知天命; 六十, 而耳順; 七十, 而從心所欲, 不踰矩."

33 정명도의 '정정당당(停停當當)': 『二程遺書』 권11, "中者, 天下之大本, 天地之間, 亭亭當當, 直上直之之正理. 出則不是. 唯敬而無失, 最盡."

34 일치하지만 … 있으니: "子曰 天下何思何慮 天下同歸而殊塗, 一致而百慮 天下何思何慮."

이런 까닭에 배움을 받은 선비는 양지의 변화가 원만히 두루 통하도록 추구해야지 그것을 유일한 법칙으로 삼아서는 안 된다는 것만 알고 더 이상 지당, 중, 극, 칙, 구, 지선, 중용, 정정당당이 귀결되는 것이 존재함을 알지 못한다. 그래서 일체의 너무 지나치거나 모자라는 것을 모두 말살하고 돌아보지 않아서 출처나 취사에 있어서 절도에 맞지 않는 경우가 많다. 일종의 경솔하고 방자하여 남을 방해하고 사물을 해치는 짓이어서 선유의 반듯한 행실에 비추어 도리어 미치지 못한 것이 있었다. 근유의 해석도 병폐가 없을 수 없다는 것을 알 수 있다. 내 생각에 안연의 '약례約禮'란 반드시 이 마음의 천칙에 맞게 검속하는 것이지 '원만하고 두루 통하게 변화한다'라는 의미에 그치는 것이 아니다. 이것이 두 번째 의심스러운 부분이다.

근유는 또 '문文이란 예禮가 바깥으로 드러난 것이고, 예는 문이 안에 존재하고 있는 것이다.'라고 하였는데, 내 생각에는 문이란 전적으로 바깥으로 드러난 것이 아니고 예란 전적으로 안에 존재하는 것이 아니다. 전적으로 문이 바깥으로 드러난 것이라고 여긴다면 내 마음을 배제하고 또 어찌 천지만물이 있다는 것

也. 此先儒之未達也, 今近儒懲而過之, 第云致其良知, 而未言良知之有天則. 以故承學之士, 惟求良知之變化圓通, 不可爲典要者, 而不復知有至當・中・極・則・矩・至善・中庸・停停當當之所歸, 一切太過不及, 皆抹摋而不顧, 以致出處取予, 多不中節, 一種倡狂自恣, 妨人病物, 視先儒質行反有不逮. 可見近儒之訓, 亦不能無弊. 竊意顏子約禮者, 必約諸此心之天則, 而非止變化圓融已耳. 此二疑也.

近儒又曰: "文者禮之見於外者也, 禮者文之存於中者也." 予則以文不專在外, 禮不專在中, 專以文在外, 則舍吾心, 又焉有天地萬

이며, 전적으로 예가 안에 존재하는 것이라고 여긴다면 천지만물을 배제하고 또 어찌 내 마음이 있다는 것인가. 이는 문과 예를 모두 안과 밖으로 말할 수 없다는 의미이다. 지금 '양지'에 대해 말하는 사람들이 모두 안을 중시하고 밖을 경시하는 태도를 벗어나지 못하니 그 말이 또한 전적으로 안에만 집중되어 있다. 공자께서 예禮를 말하고 리理를 말하지 않은 것은 바로 사람들이 전적으로 안에서 구할까 염려한 것임을 알지 못하는 것이다. 이것이 근유의 가르침이 또한 공자와 안연의 종지에 비추어 완전히 옳지 못한 듯한 이유이다. 이것이 세 번째 의심스러운 부분이다.

내가 이미 이런 의심을 가졌기 때문에 밤낮으로 묵묵히 공자와 안연의 종지를 구하였고 조금은 이해한 점이 있는 것 같았다. 대개 공자는 안자가 '높고 견고하며 앞에 있는 듯 뒤에 있는 듯함'에서 구하여서 탐색하고 추측하느라 귀착되는 바가 없고 일상의 응수應酬가 곧 '문文'이고 문은 지극히 불일치한 것이지만 학문의 일이 거기에 있음을 알지 못하였기 때문에 그를 문으로 넓혀 주어 일상의 응수라고 하는 눈으로 볼 수 있는 행위가 모두 학문의 내용이 되는 일들이고 굳이 높고 깊은 것에서 탐색할 필요가 없음을 알게 한 것이고, 일상의 응수가 내 마음의 천칙에 맞게 하는 것이 '예禮'이고 예는 지극히 일치하는 것인데 학문의 공

物? 專以禮在中, 則舍天地萬物, 又焉有吾心? 是文與禮均不可以內外言也. 今之語良知者, 皆不免涉於重內輕外, 其言亦專在內, 个知夫子言禮而不言理者, 正恐人專求之內耳. 是近儒之訓, 亦似於孔 · 顏宗旨未悉. 此三疑也.

予既有是疑, 因日夜默求孔 · 顏宗旨, 粗若有明, 蓋夫子因顏子求之高堅前後, 不免探索測度, 而無所歸著, 不知日用應酬卽文也. 文至不一者也, 而學之事在焉. 故博之以文, 俾知日用應酬, 可見之行者, 皆所學之事, 而不必探索於高深. 日用應酬, 准諸吾心之天則者, 禮也. 禮

부가 여기에 있음을 알지 못하였기 때문에 예禮로 단속하게 하여 일상의 응수는 반드시 내 마음의 천칙에 맞게 하여야지 덜거나 더해서는 안 되는 것이 학문의 방법이고 굳이 묘망渺茫한 것에서 헤아려 볼 필요가 없음을 알게 하였다.[35] 어디를 가나 문이 아닌 것이 없으니 어디를 가나 예가 아닌 것이 없어서 간극이 생기는 곳이 없고 안과 밖으로 나누어 말할 수 없다. 어디를 가나 '넓힘'이 아닌 것이 없으니 어디를 가나 '단속함'이 아닌 것이 없어서 그치는 때가 없고 앞과 뒤로 구분하여 말할 수 없다. 부자의 가르침이 이와 같기 때문에 안연이 그것을 배워서 또한 간극이 생기는 곳이 없고 그치는 때가 없으며 안과 밖, 앞과 뒤가 있지 않아서 그 공부는 그만두려고 해보지 않은 것이 아니지만 그만둘 수가 없었다. 그러고서는 이미 자신의 능력을 다 발휘하여 서 있는 바가 우뚝하게 되었다. 이것은 천칙이 환하게 늘 존재하는 것이니 더 이상 탐색하고 추측하는 노고가 있지 않았다. 이에 이르러 안자의 학문은 비로소 귀착됨이 있게 되었다. 그러니 공자와 안연을 배우는 사람은 이것을 배제하고는 정맥이 아니다. 나는 또 '극기복례克己復禮'장이 곧

至一者也, 而學之功在焉. 故約之以禮, 俾知日用應酬, 必准諸吾心之天則, 而不可損益者, 乃爲學之功, 而不必測度於渺茫. 是無往非文, 則無往非禮, 無地可間, 而未可以內外言也. 無往非博, 則無往非約, 無時可息, 而未可以先後言也. 夫子教之如此, 故顏子學之, 亦無地可間, 無時可息, 無有內外先後, 其爲功非不欲罷, 不可得而罷也. 已而旣竭吾才, 所立卓爾, 此天則昭然常存, 不復有探索測度之勞, 至是顏子之學, 始有歸著. 則凡學孔·顏者, 舍此

---

35 공자는 … 하였다: 『論語』「子罕」, "顏淵喟然歎曰: '仰之彌高, 鑽之彌堅; 瞻之在前, 忽焉在後. 夫子循循然善誘人, 博我以文, 約我以禮. 欲罷不能, 旣竭吾才, 如有所立卓爾. 雖欲從之, 末由也已.'"를 바탕으로 한 논의이다.

박문약례博文約禮의 실제임을 깨닫게 되었다. 무슨 의미인가? 공자는 안연에게 '보고 듣고 말하고 행동함'의 차원에 종사하도록 가르쳤는데 그것이 곧 '박문博文'이고, '예가 아니면 보지 말고 듣지 말고 말하지 말고 행동하지 말도록' 가르쳤는데 그것이 곧 '약례約禮'이다. '보고 듣고 말하고 행동함'은 예의 바깥에 존재하지 않고 '예가 아니면 하지 말라'는 것은 '보고 듣고 말하고 행동함'의 뒤에 존재하지 않는다. 이를 통해 선유가 안과 밖, 앞과 뒤를 말한 것은 진실로 잘못된 것이지만 근유가 안을 중시하고 밖을 경시한 것도 또한 미진한 일이라는 것을 알 수 있다. 출세간의 학문은 일체를 안에 있는 것으로 보니 더욱 잘못이다.

이런 인식을 바탕으로 공부하니 공空에 떨어지지는 않은 듯하였고 일상의 응수가 조금 그 이치를 얻은 듯하였으며, 상하의 사람들과 함께 지내는 것도 또한 조금 편안해진 듯하여서, 남야 선생이 논한 '인체仁體'의 종지를 깨닫게 되었다.

처음 남도南都로 부임하여 벗들을 사귀게 되었는데 하길양何吉陽【이름은 천(遷)이고 덕안(德安) 사람이다. 관직이 형부시랑에 이르렀다.】과 담이화譚二華【이름은 륜(綸)이고 의황(宜黃) 사람이다. 지금 대사마(大司馬)이다.】이 두 공과 교유하였으며, 또 당형천공唐荊川公【이름은 순지(順之)이고 무진(武進)

非正脈. 予又悟"克己復體"章, 卽博文約禮之實. 何則? 夫子教顔子從事於視聽言動, 卽博文也; 勿非禮視聽言動, 卽約禮也. 視聽言動不在禮之外, 勿非禮不在視聽言動之後. 是可見先儒言內外先後者固非, 而近儒涉於重內輕外者亦未盡, 乃若出世之學, 一切在內, 則尤非也.

由是用功, 似不落空, 日用應酬, 似稍得其理, 處上下亦似稍安, 悟南野先生所論仁體之旨.

始嘗出赴南都會友, 與何吉陽·【諱遷, 德安人. 官至刑部侍郎.】譚二華【名綸, 宜黃人, 今大司馬.】二公遊, 又因唐荊川

사람이며 벼슬은 도어사(都御史)이다. 염암(念菴) 선생의 친구이다.]이 내 관아로 찾아와서 드디어 함께 조대주공趙大洲公【이름은 정길(貞吉)이고 내강(內江) 사람이다. 관직이 대학사(大學士)에 이르렀다.】을 만나 뵈었다. 이때 여러 공들의 논학이 '박학'의 의미에 대해 차이가 많은 것 같았다. 내가 비록 감히 논변을 펼치지는 못하였지만 그로 인해 스스로 믿게 된 것이 많았다.

또 2년이 지난 병진년에 내가 등제登第하여 처음으로 해내의 여러 학사들과 전부 교유할 수 있게 되어 서로 절차탁마하고 학문을 토론하였는데 요컨대 이 천칙을 배제할 수는 없지만 끝내 안과 밖, 앞과 뒤로 말할 수는 없다. 이것을 얻으면 안연의 '우뚝함'이 나에게 있게 되는 것이다. 진실로 이것이 아니면서 공문孔門이라고 한다면 모두 북쪽을 가리키면서 남쪽으로 수레를 모는 것일 듯하다.

나중에 돌아와서 나염암 선생께 질정하였더니, 선생은 처음에 내가 의상意象에서 구한다고 염려하여 질책하기를, "지금 온 눈 가득히 다 일이라면 온 눈 가득히 천칙天則이라고 말하는 것이 옳겠는가?"라고 하였다. 나는 감히 이해할 수가 없었다.

또 몇 년이 지난 임술년에 내가 초楚 땅에 있

公【諱順之, 武進人, 官都御史. 念菴先生執友.】枉顧衙舍, 遂偕晤趙大洲公.【諱貞吉, 內江人. 官至大學士.】時見諸公論學, 似於博學之旨, 多有異同, 予雖未敢辨難, 然因是自信者多矣.

又二年丙辰, 予登第, 始得盡友海內諸學士, 相與切劘商訂, 要不能外此天則, 而迄不可以內外先後言之. 得此, 則顏氏之卓爾在我矣. 苟非此而謂之孔門正脈, 恐俱北指而南轅也.

異時歸以質諸念菴先生, 先生初恐予求諸意象, 則詰之曰: "今滿眼是事, 則滿眼是天則, 可乎?" 予未敢悉也.

又數歲壬戌, 予在

었는데 선생이 여러 차례 서신을 보내 "나는 그대의 '박약博約'의 이론에 대해 환하게 아무 의심이 없다. 이 학문이 이제 흥하게 될 것인가!"라고 말씀하셨다. 얼마 뒤 다시 돌아와서 다시 선생에게 질정을 구했다. 선생이 "중요한 것은 발과 눈이 모두 이르게 하는 것이다."라고 하였다. 대개 내가 '눈은 심원한데 발은 그것을 행하기에 부족한' 병폐에 떨어질까 염려하신 것이다.

나는 촉蜀 땅에서 사직을 청하였고, 3년 뒤에 다시 기용되어 초楚 지역의 학정學政을 맡아보았고 서월西粤로 옮겼으며 또 동월東粤로 옮겼다. 20년간 홀연히 늙게 되었는데 여전히 아직 진정으로 터득한 것이 없음을 스스로 부끄럽게 여긴다. 어찌 또한 끝내 '눈은 심원한데 발은 그것을 행하기에 부족한' 병폐에 떨어져 있는 것이 아니겠는가.

지금 만력萬曆 계유년(1573)에 다시 사직하여 휴양하고 있으니 더욱 한가하게 세월을 보내는 것이 두려워져서 고금에 나만큼 곤혹스러운 사람이 없는 것 같다. 나는 "알게 되면 다 마찬가지이고, 공부를 이루게 되면 다 마찬가지라고 하는데 과연 그것이 어느 때인가?"라고 생각하고는 드디어 이것을 기록하여 자신을 신칙한다.

楚, 先生則多移書示曰: "吾與執事博約之說, 洞然無疑, 斯學其有興乎!" 已而再歸, 再請質於先生, 先生曰: "所貴足目俱到耳." 蓋恐予墮目長足短之弊也.

予旣自蜀乞休, 三年復起, 督楚學, 遷西粤, 又東粤, 二十年間, 倏忽老矣. 尙自慚未有眞得, 豈亦終墮足短之弊也與?

於今萬曆癸酉, 復乞休爲養, 益懼悠悠, 以爲古今莫予困也. 予曰: "及其知之一也, 及其成功一也, 則果何時耶?" 遂記以自飭.

논학서신

22-25 지난겨울『백사선생문편白沙先生文編』을 받아 보고 족하가 평소 심학을 좋아하지 않은 것을 떠올렸습니다. 지금 하루아침에 진백사(陳白沙: 陳獻章)의 문장을 취하여 숭상하니 어찌 학문이 점차 근원으로 돌아가서 한 가지 선으로 규정되고 싶어 하지 않는 것이 아니겠습니까. 그 의지와 역량이 크고 심원하지 않겠습니까! 제가 늘 서로 기약하여 두 번 세 번 권했던 것은 오늘이 있게 될 줄 알았기 때문입니다. 아주 위안이 됩니다! 정말 축하합니다. 다만 그사이의 문제를 함께 궁구하지 않는다면 끝내 평소의 뜻을 저버리게 될 것 같습니다. 대개 이전에 이 책을 본 사람이 "이 책의 제평題評들은 비록 백사를 현양하는 것이지만 사실은 양명을 누르는 것이다. 아무 상관없는 일에 대해 얘기하다가도 꼭 완곡하게 양명을 비판하였으니 겉치장을 한 것에 가깝다."라고 하였는데 나는 믿으려고 하지 않았습니다. 그 뒤에 보내온 책을 보고서 읽어 보니 정말 그러하더군요. 예를 들어, "근유近儒에 대해 선생은 후학을 이끌어 주는 데 있어 그다지 정성을 기울이지 않았다고 의심한다."라고 하였는데, 일찍이 양명의 말뜻을 두루 살펴보았지만 전혀 이런 말이 없었습니다. 족하는 어디서 이런 얘기를 전해 들었는지 모르겠습니다. 무릇 양명이 진

論學書

22-25 去冬承寄『白沙先生文編』，因思足下素不喜言心學. 今一旦取白沙文表章之，豈非學漸歸原，不欲以一善名，其志力不大且遠哉? 不穀昔常相期至再三之瀆者，固知有今日也. 甚慰! 甚賀! 第令其間不共相究，竟則徒負平日. 蓋先此有睹見是編者，謂"此書題評，雖揚白沙，其實抑陽明. 卽語不干處，必宛轉詆及陽明，近於文致." 不穀不肯信，已而得來編，讀之良然. 如云: "近儒疑先生引進後學，頗不惓惓." 嘗遍觀陽明語意，並無是說. 不知足下何從得之? 夫陽明不

백사陳白沙에 대해 언급하지 않은 것은 또한 진백사가 설경헌(薛敬軒: 薛瑄)에 대해 언급하지 않은 것과 같습니다. 이것은 두 선생 자신이 아는 일인 것이니 우리들이 아직 그 지위에 이르지 못하였으면 대신해서 말해 줄 수가 없습니다. 또 대신해서 승부를 다툰다면 천착입니다. 제평題評들을 두루 살펴보니 그중에 진백사를 위해 적치赤幟를 세울[36] 수밖에 없었던 듯한데 아마도 또한 진백사의 마음이 아닐 것 같습니다. 옛사람의 학문은 모두 본성을 회복하기 위한 것이었지 익히 들었던 것이나 어설픈 견해로 주장을 세워서 서로 상대를 압도하려고 한 것이 아니었습니다. 그래서 반드시 자신부터 연마하였고 마음을 비우고 참구參究하여 젊을 때부터 늙을 때까지 얼마나 많은 노력을 들여서 공부하였는지 모릅니다. 그리하여 실제로 자신이 터득하여 자기 것으로 만들고서야 감히 자신을 믿고 남들에게 가르칠 수 있었습니다. 이것을 일러 '말과 실천이 서로 합치하여 도道가 밝아질 수 있다'라고 합니다. 주렴계의 경우 무욕無欲을 통해 터득해 들어갔고 정명도는 '인을 인식함[識仁]'을 통해서 터득해 들어갔습니다. 이미 모두들 터득한 것이 있고 난 뒤에 그것을 표현하였습니다. 맹자도 또한 '부

語及白沙, 亦猶白沙不語及薛敬軒. 此在二先生自知之, 而吾輩未臻其地, 未可代爲之說, 又代爲之爭勝負, 則鑿矣. 歷觀諸評中, 似不免爲白沙立赤幟, 恐亦非白沙之心也. 古人之學, 皆求以復性, 非欲以習聞虛見立言相雄長. 故必從自身磨練, 虛心參究, 由壯逮老, 不知用多少功力, 實有諸己, 方敢自信以號於人, 是之謂言行相顧而道可明. 若周子則從無欲以入, 明道則從識仁以入, 既咸有得, 而後出之. 孟子亦在不動心以後, 乃筆之書. 白沙先生一坐碧玉樓十二年,

---

36　　적치(赤幟)를 세울: 領袖의 지위를 말한다. 영수의 지위를 정립한다는 의미이다.

동심不動心'에 이른 뒤에 책으로 썼습니다. 진백사 선생은 벽옥루碧玉樓에서 정좌한 것이 12년이었으니 오랜 시간 지난 뒤에 터득한 것이 있어서 비로소 '허虛를 이루어 근본을 세운다'라는 학문을 주장하게 된 것이지 조금도 견문을 좋지 않았습니다. 그분이 어찌 속여서 그렇게 말했겠습니까. 양명 선생은 한 시대에 이름을 떨칠 재능을 품고 있으면서 (군주를 위해) 헌신하는 절조를 드러내었으니 또한 스스로를 세울 수 있었습니다. 하지만 그것으로 그만두려고 하지 않았으니 또한 천성이 도道를 향하였기 때문입니다. 악록서원嶽麓書院을 들렀을 때 자양사(紫陽祠: 주자를 모신 사당)를 배알하고 시를 읊으며 경앙하였으니 어찌 (주자와의) 차별성을 만들어 내는 데 뜻을 두었겠습니까. 용장龍場에 이르러 곤경에 처하여 심성을 단련하였고 그런 뒤에 활연하게 도道란 원래 외물에 있지 않고 내 마음에 있다는 것을 깨닫게 되었고 그제서야 주자의 전주(傳註: 경전 주석)와 조금 달라지게 되었습니다. 저양滁陽에서 거처할 때는 학자들에게 정좌하도록 가르치는 경우가 많았는데 주된 목적은 천리를 보존하고 인욕을 제거하게 하는 데 있었습니다. 건태虔台가 되었을 때[37] 비로소 '치양지致良知' 일체를 제기

久之有得, 始主張致虛立本之學, 一毫不徇於聞見, 彼豈譸而云哉! 陽明先生抱命世之才, 挺致身之節, 亦可以自樹矣. 然不肯已, 亦其天性向道故也. 過岳麓時, 謁紫陽祠, 賦詩景仰, 豈有意於異同? 及至龍場處困, 動忍刮磨, 已乃豁然悟道, 原本不在外物, 而在吾心, 始與紫陽傳註稍異. 及居滁陽, 多教學者靜坐, 要在存天理去人欲. 至虔台, 始提致良知一體爲訓, 其意以『大學』致知, 乃致吾良知, 非窮索諸物也. 良知者, 乃吾性靈之出於天也, 有天然之條理焉, 是卽

---

37 건태(虔台)가 되었을 때: 왕양명은 1517년 提督南贛汀漳等處軍務라는 관직을 제수받

하여 가르침으로 삼았습니다. 그 내용은 『대학』의 '치지致知'란 곧 '내 양지를 온전히 이룸'이지 만물을 궁구하고 탐색한다는 의미가 아니라는 것이었습니다. 양지란 하늘로부터 나온 내 성령性靈이어서 천연의 조리가 있습니다. 이것이 곧 명덕이고 곧 천리입니다. 대개 그 학문은 세 번 변화하였고 그 가르침도 세 번 변화하였으니 그가 평소 열심히 공부하느라 마음이 무척 고달팠음을 알 수 있습니다. 또한 어찌 거짓으로 그렇게 말한 것이겠습니까. 우리들은 양명에 대한 편파적인 마음을 가진 것이 아니라 또한 공평한 마음으로 비교한 것입니다. 일찍이 듣건대 왕양명은 용장龍場에서 지낼 때 온갖 어려운 일들을 다 겪었는데 오직 생사에 대한 마음만은 극복하지 못하였습니다. 드디어 석관石棺을 가져다 놓고 거기에 누워서 자신을 단련하였습니다. 그 뒤 돌아와서 비방을 당하고는 이 말을 『중용』의 '중화中和'장에 써넣어 두고 함께 보면서 이겨 나갔습니다. 지금 학자들이 아름다운 행실이 없는 것은 아니지만 곤궁과 형통, 비방과 명예의 사이 처하였을 때 이렇게 할 수 있겠습니까? 나의 한 친족 할아버지가 감주(贛州)에서 돌아왔는데 매번 돌아올 때마다 왕양명의 일을 자못

明德, 卽天理. 蓋其學三變, 而教亦三變, 則其平日良工心苦可從知矣, 亦豈謾而云哉! 不穀輩非私陽明也, 亦嘗平心較之矣. 曾聞陽明居龍場時, 歷試諸艱, 惟死生心未了, 遂置石棺, 臥以自練. 旣歸遭謗, 則以其語置諸『中庸』中和章, 並觀以克化之. 今之學者, 非不有美行也, 其處困亨毀譽之間有是乎? 不穀有一族祖贛歸者, 每歸, 語陽明事頗悉. 今不暇細述, 但言其童時赴塾學, 見軍門輿從至, 咸奔避. 軍門卽令吏呼無奔, 教俱叉手旁立. 有酒徒唱於市

고 여러 반란을 평정하였으며 1521년 남창에 머물면서 치양지 이론을 발표하였다.

자세하게 말해 주었습니다. 지금은 세세하게 기술할 겨를이 없지만, 다만 그가 어릴 때 숙학藝學에 나아갔는데 군문軍門[38]의 수행원들이 이르자 다들 달아나 피하였습니다. 군문이 아전에게 명하여 불러서 달아나지 말게 하고 다들 손을 모으고 곁에 서 있게 하였습니다. 술주정꾼이 시장에서 노래를 불렀는데 그가 싸움을 한 것을 용서하고 그로 하여금 교사를 따라 시詩를 노래하는 솜씨를 익히게 하여, 그가 결국 좋은 선비가 되었습니다. 또 벙어리가 가르침을 청하였는데 글자를 써 주는 방식으로 가르쳐서 또한 깨달음이 있게 해 주었습니다. 지금 학자들이 아름다운 정적政積이 없는 것은 아니지만 최고위로서 어린아이에게, 시장 사람에게, 벙어리에게 이렇게 부지런히 대한 사람이 있었습니까? 한밤중에 선비들과 강론하다가 잠깐 들어가서 숨 한 번 쉴 사이에 장수를 가려 출정시키고는 일을 다 마치고 다시 나왔는데 기색이 평소와 같아서 앉아 있던 사람들이 그가 군사를 출정시킨 것을 몰랐습니다. 주신호(朱宸濠: 1476-1521)에 대한 정벌을 지휘할 때 낮에 중당中堂에 앉아서는 문을 열고 사우士友들을 맞이하여 강학하였는데 평소와 다른 것이 없었습니다. 누가 오공伍公이 수염을

肆, 則貸其撲, 令從教讀者習歌詩, 卒爲善士. 又有啞子叩之, 則書字爲訓, 亦令有省. 今之學者, 非不有美政也, 其都尊位能勤勤於童子, 於市人, 於啞子, 有是乎? 夜分方與諸士講論, 少入噓吸間, 卽遣將出征, 已行復出, 氣色如常, 坐者不知其發兵也. 方督征濠也, 日坐中堂, 開門延士友講學, 無異平時. 有言伍公焚鬚小卻, 暫如側席, 遣牌取伍首, 座中惴惴, 而先生略不見顔色. 後聞濠就擒, 詢實給賞, 還坐, 徐曰: "聞濠已擒, 當不僞. 第傷死者多耳." 已而武皇

---

38 군문(軍門): 巡撫 등을 가리키는데 여기서는 왕양명을 지칭한다.

태우고 조금 퇴각하였다고 말하자, 잠시 측석側席으로 가서 패牌를 보내 오공의 머리를 취해 오게 했습니다. 좌중이 모두 두려워 벌벌 떨었는데 선생은 조금도 안색을 드러내지 않았습니다. 뒤에 주신호가 사로잡혔다는 말을 듣고는 실제 상황을 물어서 상을 내리고 돌아와 앉아서는 천천히 말하기를, "주신호가 이미 잡혔다고 하는데 허위는 아닐 것이다. 다만 사상자가 많다는군."이라고 하였습니다. 얼마 뒤에 무황武皇이 위무대장군威武大將軍을 보내 패추牌追하여 주신호를 취해 오게 하였습니다. 선생은 나가서 영접하려고 하지 않고 또 말하기를, "이것은 부모의 비상식적인 명령이다. 차마 좇을 수 있겠는가?"라고 하였습니다. 그 뒤 강빈江彬 등이 대역죄라고 참소하여 일이 예측할 수 없게 되었지만 선생은 단지 늙은 부모를 위해 마음을 쓸 뿐 나머지는 끝내 마음의 동요가 일어나지 않았습니다. 나중에 또 장충張忠 같은 자들과 자리를 다투었는데 끝내 굴복하지 않았지만 조금도 화를 내지 않았습니다. 임종 때 가족들이 후사를 물었는데 대답하지 않았습니다. 문인 주적周積이 유언을 묻자 미소를 짓고는 "이 마음이 밝게 빛나니 또 다시 무슨 말을 하겠는가?"라고 하였습니다. 지금 학자들은 평소에 성품이 굳세지 않은 것은 아니지만 큰 곤경에 임하고 비상한 변고에 처했을 때 이렇게까지 마음을 동요하지 않을 수 있겠습니

遣威武大將軍牌追取濠, 先生不肯出迎, 且曰: "此父母亂命, 忍從史乎?" 其後江彬等讒以大逆, 事叵測, 先生特爲老親加念, 其他迄个動心. 異時又與張忠輩爭席, 卒不爲屈, 未嘗一動氣. 臨終, 家人問後事, 不答. 門人周積問遺言, 微哂曰: "此心光明, 亦復何言!" 今之學者, 平居非不偘偘, 其臨艱大之境, 處非常之變, 能不動心有是乎? 若非眞能致其良知, 而有萬物一體之實者, 未易臻也. 先師羅文恭至晚年, 始嘆服先生雖未聖, 而其學聖學也. 然則陽明不爲充實光輝之大賢矣乎? 獨當時桂文襄以私憾謗之, 又有以紫陽異

까. 만약 참으로 그 양지를 이룰 수 있고 만물 일체의 실질을 갖춘 이가 아니면 도달하기 쉽지 않습니다. 선사先師인 나문공羅文恭은 만년에 이르러 비로소 탄복하기를, '선생은 비록 아직 성인은 아닐지라도 그 학문은 성인의 학문이다'라고 하였습니다. 그렇다면 양명은 충실하고 빛이 나는 큰 현인이 아니겠습니까? 유독 당시 계문양桂文襄[39]이 사감으로 양명을 비방하고 또 '주자의 이론과 차이가 있고 또 후유後儒의 엄격한 해석체계를 따르지 않았다'며 비방을 많이 하였지만 끝내 증거를 대지 못하는 이가 있었는데 식자들이 원통하게 여겼습니다. 옛날 순임금마저도 부친을 신하로 삼았다는 비방을 받았고 이윤伊尹도 군주를 겁박했다는 책망을 받았으며, 이태백李太伯은 맹자가 새 왕조를 창업하려고 하였다고 비난하였습니다.[40] 큰 성현이면 큰 비방이 있었던 것은 자고로 이미 그러합니다. 족하는 어찌 또한 이것 때문에 비방하는 것입니까? 아니면 몸소 실천하고 참구參究하지 못해서 그런 것입니까? 무릇 우리는 마음을 비우고 도를 추구할 수 있으면 비록 고단한 선비에 대해서도 차마 실체 없는 공격

同，且不襲後儒硬格，故致多口，迄無證據，識者冤之. 昔在大舜尙有臣父之譏，伊尹亦有要君之誚，李大伯詆孟子之欲爲佐命，大聖賢則有大謗議，蓋自古已然矣.　足下豈亦緣是遂詆之耶？　抑未以身體而參究之故耶？　夫吾黨虛心求道，則雖一畸士，未忍以無影相加，而況於大賢乎？　恐明眼者不議陽明，而反議議者也.

39　계문양(桂文襄): 桂萼(1478-1531)은 字가 子實이고 號가 見山이며 江西 饒州府 安仁縣 사람이다. 內閣의 2인자 자리까지 올랐고 시호가 문양(文襄)이다.

40　이태백(李太伯)은 … 비난하였습니다: 李覯(1009-1059)는 字가 泰伯이고 號가 旴江先生이다. 江西省 撫州市 南城縣 사람으로 맹자의 義利 관념을 비판하였다.

을 하지 않게 되는데 더구나 큰 현인이겠습니까? 밝은 눈을 가진 이는 양명을 비판하지 않고 도리어 비판하는 사람을 비판할 것이라고 봅니다.

그 책 속에서는 "양지는 깨어 있지만 방탕하다."라고 하였습니다. 무릇 깨어 있으면 방탕함이 없고 방탕하면 깨어 있는 것이 아닙니다. '깨어 있지만 방탕하다'라고 말한다면 양지의 진면목을 보지 못한 것일 듯합니다. 또 "일체一體임을 장황하게 꾸미는 것이 우리의 직분이다."라고 하였습니다. 지금 학자들을 보면 단지 '너와 나'라는 울타리만 보고 한 마디가 합치하지 못하면 바로 싸움을 벌입니다. 참으로 일체임을 보았는데 장황하게 꾸며 사람들에게 보여 주려고 하는 사람을 본 적이 있습니까? 이 말이 어찌 또한 자체모순이 아니겠습니까?

비록 그렇지만 족하는 지금 시대의 고명한 사람입니다. 이전에는 심학心學을 좋아하지 않았는데 지금은 현양하고 있으니 어찌 나중에 양명의 학문에도 계합하여 마치 나문공이 만년에 독실히 믿은 것과 같이 되지 않을 것이라고 어떻게 보장하겠습니까. 최근 백년 안에 해내에 이 학문을 얻고 두드러지게 세상을 도운 이들이 적지 않습니다. 누차 권간權奸을 만났어도 오직 이 학문을 아는 이들만 해도 능히 우뚝 설 수 있었는데 지금 몇 명이나 있습니다. 그 사이에 비록 말은 그럴싸해도 실제 행

『編』中云: "良知醒而蕩." 夫醒則無蕩, 蕩則非醒, 謂醒而蕩, 恐未見良知眞面目也. 又詆其"張惶一體, 吾人分也." 觀今學者, 只見爾我藩籬, 一語不合, 輒起戈矛, 幾曾有眞見一體, 而肯張惶示人者哉! 斯語甯無亦自左耶?

雖然, 足下今之高明者也. 昔不喜心學, 今表章之, 安知異日不並契陽明, 將如文恭之晚年篤信耶? 近百年內, 海內得此學, 表表裨於世者不鮮, 屢當權奸, 亦惟知此學者能自屹立, 今居然可數矣. 其間雖有靜言

동은 어긋나는 이가 있었지만 이것은 공자의 문하나 이정二程의 문하에서도 있었던 일이니 이 학문에 대해 무슨 약점이 되겠습니까.

저는 공을 이 도道로 이끌어 주려고 하고 있으니 이전 같으면 작은 잘못이 있더라도 탓하는 말을 하지 않았겠지만 지금은 학술에 관계된 것이 작지 않으니 어찌 차마 침묵하고 있겠습니까. 성인이 되고자 하는 사람은 자기를 버리고 남을 따른다는 것을 잘 알고 있으니 또 어찌 이전처럼 말을 할 필요도 없이 저절로 고치지 못할 것이라고 보장할 수 있겠습니까. 또 족하가 반드시 '허虛를 이루고 근본을 세움'에 종사하는 것은 요사이에 새로 얻은 것이니 지시해 주기를 기대하여 오랜 교유를 더욱 융성하게 하려고 하는 것을 어찌 당돌하다고 하겠습니까.

庸違者, 此在孔門程門亦有之, 於斯學何貶焉!

不穀辱公提攜斯道, 如疇昔小有過誤, 相咎不言. 今關學術不小, 曷忍默默? 固知希聖者舍己從人, 又安知不如往昔不假言而自易耶? 且知足下必從事致虛立本, 是日新得, 仍冀指示, 益隆久要, 豈謂唐突耶!

| 22-26 | 지난번에 『백사문편白沙文編』과 관련하여 논하신 것에 대한 저의 답신이 아직 도달하지 않았을 텐데 다시 『석경대학石經大學』의 각본刻本을 받아 보았습니다. 각본 말미의 「고변考辨」 등의 편들을 읽어 보니 족하의 논의가 근실함을 알았습니다. 그런데 자세히 살펴보니, 아, 심합니다. 저는 본래 말을 잊으려고 하였는데 좌시하고 있을 수가 없어서 다시 그 대강을 말해 보려고 합니다.

무릇 「고변」 등의 글은 모두 경전의 말을 잘

| 22-26 | 前論『白沙文編』, 嚬答想未達, 復承『石經大學』刻本之寄. 讀刻後「考辨」諸篇, 知足下論議勤矣. 締觀之, 嘻其甚矣. 仆本欲忘言, 猶不忍於坐視, 聊復言其概.

夫「考辨」諸作,

라 붙여서 갑자기 꺾이거나 고무시키는 맛이 붓 끝에 드러납니다. 그 대략은 '수신이 근본이고 격물은 지知의 근본이다', '예를 높이다', '독獨을 삼가다'라는 것이어서 또한 어긋나지 않는 듯이 보입니다. 하지만 마지막까지 읽어 보고 그 궁극적 의미를 따져 보면 공자·맹자의 학문과 어찌 그리도 천양지차인가요? 무릇 『대학』은 수신을 근본으로 삼고 격물은 지의 근본이라는 사실을 족하가 비록 말할 수는 있었지만, 단지 동작이나 위의威儀의 사이에서 구할 뿐이었으니 모두 말단일 뿐입니다. 무릇 수신이란 그 피와 살로 된 육신을 수양한다는 것이 아니고 또한 육신이 스스로 수양한다는 것도 아닙니다. 그러므로 정심正心·성의誠意·치지致知는 '동작과 위의'라는 몸을 다스리고 가족, 국가, 천하를 세우는 근본입니다. 격물은 바로 이 근본을 아는 데 있는 것이지 말단에서 범연하게 구하는 것이 아닙니다. 지금 족하는 반드시 정심·성의·치지를 잘라 내고 수신을 말하고, 정定·정靜·안安·려慮[41]를 문질러 버리고 말절이나 가꾸고 있으니 이것은 육신으로 육신을 수양하는 셈인데 아무리 해봐야 어떻게 수양할 수 있겠습니까. 눈먼 사람에 비유

類以經語剪綴, 頓挫鼓舞, 見於筆端. 其大略曰"修身爲本, 格物爲知本", 曰"崇禮", 曰"謹獨", 若亦可以不畔矣. 及竟其終篇, 繹其旨歸, 則與孔子, 孟子之學, 一何其霄淵相絶也? 夫『大學』修身爲本, 格物爲知本, 足下雖能言之, 然止求之動作威儀之間, 則皆末焉而已矣. 夫修身者, 非脩其血肉之軀, 亦非血肉能自修也. 故正心, 誠意, 致知, 乃所以修動作威儀之身, 而立家國天下之本也. 格物者, 正在於知此本而不泛求於末也. 今足下必欲截去正

---

41 정(定) … 려(慮): 『大學』, "知止而后有定. 定而后能靜, 靜而后能安, 安而后能慮, 慮而后能得."

하자면 밤에 갈림길을 가는 것과 같아서 자빠지고 길을 잃지 않는 경우가 드뭅니다. 이는 족하가 수신을 제대로 한 적이 없고 근본을 제대로 알지도 못했다는 것입니다. 맹자의 이른 바 "행하지만 잘 알지 못하고 익숙하지만 이해하지 못한다. 평생 그 방식대로 살지만 그 방식에 대해 알지는 못한다."[42]라는 것이 바로 이것을 말합니다. 족하가 정말로 『대학』의 공부에 종사할 수 있다고 말하는 것이 옳겠습니까? 예禮란 비록 자신을 수양하는 일이지만 예에는 근본이 있고 문식文飾이 있습니다. 이것은 안과 밖을 합치는 도道이니 공자가 그렇게 말하였습니다. 지금 족하가 예를 말하는 것은 전적으로 동작과 위의의 수준에 있습니다. 무릇 위의와 관련된 것이라면 한없이 자상하고 절실하게 설명하지만 심성에 관계되는 것이라면 잘라 내고 기록하지 않습니다. 유독 그 문식에 대해서는 상세하고 그 근본에 대해서는 철저히 피해 버리니 '근본이 없으면 문식을 이룰 수 없다'는 것을 알지 못하는 것입니다.

心誠意致知以言修身, 抹摋定靜安慮而飭末節, 則是以血肉修血肉, 而卒何以爲之修哉? 譬之瞽者, 以暮夜行於歧路, 鮮有不顚蹶而迷謬者. 是足下未始在修身, 亦未始知本也. 孟氏所謂"行之不著, 習矣不察, 終身由之而不知道者", 正謂此耳. 將謂足下眞能從事『大學』可乎? 禮也者, 雖修身之事, 然禮有本有文, 此合內外之道, 蓋孔子言之也. 今足下言禮, 乃專在於動作威儀之間, 凡涉威儀, 則諄切而不已, 一及心性, 則裁削而不錄, 獨詳其文, 而

---

42 행하지만 … 못한다:『孟子』「盡心上」, "行之而不著焉, 習矣而不察焉. 終身由之, 而不知其道者, 衆矣."

다른 것은 말할 필요없이, 공자가 효를 논할 때 "공경하지 않는다면 (가축을 기르는 것과) 어떻게 구별되겠는가?"라고 하였고 "(부모를 모실 때) 안색을 공손히 하는 것이 어렵다."라고 하였으니, 어찌 내 마음의 공경함이 있고 난 뒤에야 봉양하는 문식이 있는 것이 아니겠습니까. (부모를) 공경하지 않는다면 가축을 기르는 것과 같습니다. 내 마음의 사랑함이 있고 난 뒤에야 안색을 부드럽게 하는 문식이 있는 것이 아니겠습니까. 사랑하지 않는다면 모양만 공경하는 것입니다. 족하의 말대로라면 단지 가축처럼 기르고 모양만 공경하는 것을 취하는 것이고 내면에 공경함과 사랑함이 어떤 수준인지 돌아보지 않는 것입니다. 이것이 효일 수 있으며 또한 예일 수 있겠습니까?

『주역』「계사전繫辭傳」에 말하기를, "아름다움이 안에 있어야만 사지로 드러날 수 있다."라고 하였고, 맹자가 말하기를, "본성으로 삼는 바가 마음에 뿌리를 두고 있어야만 얼굴에 함치르르하게 드러나고 등에 흥건히 흐른다."라고 하였습니다. 지금 족하는 단지 위의에 대해서 상세하게 할 줄만 알지 위의의 근원이 '안에 아름다움이 있음'이나 '본성으로 삼는 바가 마음에 뿌리를 둠'이라는 것을 알지 못합니다. 『대학』에서 '두려워함'과 '위의'를 말하였는데

重違其本, 乃不知無本不可以成文.

姑不它言, 卽孔子論孝曰: "不敬何以別乎?" 曰"色難". 豈非有吾心之敬, 而後有能養之文? 不敬則近獸畜. 有吾心之愛, 而後有愉婉之文, 不愛則爲貌敬. 若足下所言, 似但取於獸畜貌敬, 而不顧中心敬愛何如也. 此可爲孝, 亦可爲禮乎?

『易繫』言"美在其中, 而後能暢於四肢", 孟氏言"所性根心, 而後能睟面盎背." 今足下但知詳於威儀, 而不知威儀從出者由"美在其中", "所性根心"也. 『大學』言"恂栗""威儀", 蓋由恂栗而後

대개 두려워함이 있어야만 위의가 있을 수 있습니다.[43] 위의가 어찌 목소리나 웃는 모습으로 꾸며 댈 수 있는 것이겠습니까? 족하는 또 말하기를, "말이 반드시 신의를 지키고 용모가 반드시 장엄하며 논의가 반드시 옛것에 맞는다면 얻은 바의 깊이에 상관없이 모두 성誠이라고 한다."라고 하였습니다. 그렇다면 후세의 '쉽게 응낙하지 않는 모습을 보이고' '겉으로는 장엄하고 공손한 척 꾸미는' 무리들이 모두 성실한 것이 되어 버립니다. 또 왕망王莽은 두터운 신발을 신고 높은 관을 쓴 채 안색은 장엄하고 말은 반듯하였으며 공손하고 검소하였고 선비들을 깍듯이 대하여 극진하게 예의가 있었습니다. 그리고 천자의 자리에 오르자 정령 하나, 정책 하나가 모두 「우전虞典」[44]이나 『주례周禮』에 들어맞았습니다. 그 문식에 근거해서 말한다면 옛 방식이 아니라고 할 수 없습니다. 그런데 그 마음이 옛 마음이 아니었으니 어떻게 하겠습니까. 이것을 또한 성실하다고 할 수 있겠습니까? 더구나 지난번에 '심학心學'에 대해 말씀드린 것은 제가 섬겼거나 제가 교

有威儀, 威儀豈可以聲音笑貌爲哉? 足下又曰: "言語必信, 容貌必莊, 論必准諸古者, 不論所得淺深, 而皆謂之誠." 若是則後世之不侵然諾, 與夫色莊象恭之徒, 皆可爲誠矣. 又如王莽, 厚履高冠, 色厲言方, 恭儉下士, 曲有禮意. 及其居位, 一令一政, 皆准諸「虞典」·『周禮』. 據其文, 未可謂非古也, 其如心之不古何哉! 此亦可謂誠耶? 況今昔之語心學者, 以仆所事所與, 言語曷嘗不信? 容貌曷嘗不莊,

---

43 『대학』에서 … 있습니다: 『大學』에서 "詩云: '瞻彼淇澳, 菉竹猗猗. 有斐君子, 如切如磋, 如琢如磨. 瑟兮僩兮, 赫兮喧兮. 有斐君子, 終不可諠兮.' 如切如磋者, 道學也; 如琢如磨者, 自脩也; 瑟兮僩兮者, 恂慄也; 赫兮喧兮者, 威儀也; 有斐君子, 終不可諠兮者, 道盛德至善, 民之不能忘也."라고 하였는데, 『大學章句』에서 "恂慄, 戰懼也."라고 해석하였다.

44 「우전(虞典)」: 『書經』「虞書·舜典」을 가리킨다.

유했던 이들을 근거로 한 것이었으니 말이 어찌 신의가 없었겠으며 용모가 어찌 장엄하지 않았겠으며 행동거지가 어찌 옛 법도에 맞지 않았겠습니까? 또 그 내면이 아름답고 밖으로 표출된 것이나 마음에 뿌리를 두고 겉모습으로 드러난 것이 성대하게 도道를 갖춘 이의 기상이었으니 어찌 두려워할 만하고 본받을 만하지 않았겠습니까? 그런데 족하는 군이 무례하다고 무함하였으니 저는 참으로 족하가 말하는 '예禮'라는 것이 무엇인지 모르겠습니다.

『예기禮記』「곡례曲禮」에 "군자는 억제하고 조절하며 물러나고 양보함으로써 예를 밝힌다."라고 하였고, 『논어집주論語集注』에서는 "양보함이 예의 실질이다."라고 하였습니다. 지금 어찌 팔을 휘두르며 기세를 부리며 남을 욕하고 꾸지는 것이라야 예가 된다는 것입니까. '신독愼獨'이란 그 '홀로 아는 상태'를 삼간다는 것이니 주자가 그렇게 말하였습니다.[45] 오직 '홀로 아는 데서 나온 것'이라야 비로소 열 눈이 보고 있고 열 손이 가리키는 엄함이 있게 되는 것이고, 비로소 '숨겨진 것에서 가장 잘 드러나고 미미한 것에서 가장 뚜렷한' 기미가 있게 되는 것이니, 바로 이러하기 때문에 삼가지 않을 수 없는 것입니다. 지금 족하는

動止曷嘗不准諸古? 且見其中美外暢, 根心生色, 優優乎有道氣象, 曷嘗不可畏可象? 而足下必欲以無禮坐誣之, 仆誠不知足下之所謂禮也.

『記』曰: "君子撙節退讓以明禮." 『傳』曰: "讓者禮之實." 今豈以攘臂作色, 詆訶它人者, 遂爲禮耶? 愼獨者, 愼其獨知, 朱子固言之矣. 惟出於獨知, 始有十目所視, 十手所指之嚴, 始有莫見乎隱, 莫顯乎微之幾, 夫是以不得不愼也. 今足下必以獨處訓之, 吾恐獨處之時, 雖或

---

[45] '신독(愼獨)'이란 … 말하였습니다: 『大學章句』, "獨者, 人所不知而己所獨知之地也."

반드시 ('신독'을) '홀로 거처함'으로 풀이를 하니 저는 홀로 거처할 때에 비록 더러는 거친 행동을 금지시킬 수는 있겠지만 이 내면의 '분주히 오가느라 같은 패거리들만 그 뜻을 따르는 상태'는 삽혈결맹보다 교만하고 칼끝보다 무자비한 점이 있을 것입니다. 족하는 또 어떻게 공부를 한다는 것인지 모르겠습니다. 대개 족하는 그 의미가 '마음'에 가까워질까 두려워하는 것이니, '신愼'이라는 글자가 '심心'과 '진眞'으로 이루어진 것임을 모르는 것입니다. 마음이 아니면 또 누구의 '홀로'인 것이며 누구의 '삼감'이라는 것입니까? 족하는 또 '성인은 마음에 대해 말하기를 꺼렸다.'라고 하였는데, 심합니다, 말을 처음 지어내는 무모함이란! 무릇 요순이 처음으로 '도심道心'을 말하였는데 이것은 말할 것도 없이, 이윤伊尹은 '한결같다, 왕의 마음이여'라고 말하였고 주공周公이 '그 마음을 다하다'라고 말하였으며『서경』에서는 또 '비록 놓친 마음을 거둬들이더라도 지키기가 어렵다.'라고 하였고 '자네의 마음이 왕실에 있지 않은 적이 없다'라고 하였으며 '두 마음을 갖지 않는 신하'라고 하였고 공자는 명백하게 '마음의 정미하고 신령한 것을 성聖이라고 한다'라고 하였습니다.[46] 이것은 모두 성인의 말

能禁伏粗跡, 然此中之憧憧朋從, 且有健於詛盟, 慘於劍鋩者矣. 足下又不知何以用其功也? 蓋足下惟恐其近於心, 不知愼之字義, 從心從眞, 非心則又誰獨而誰愼耶? 足下又言 "聖人諱言心", 甚哉! 始言之敢也. 夫堯, 舜始言"道心", 此不暇論; 至伊尹言 "一哉王心", 周公言 "殫厥心", 『書』又曰 "雖收放心, 閑之維艱", 曰"乃心罔不在王室", 曰"不二心之臣", 孔子則明指曰 "心之精神是謂聖." 此皆非聖人之言乎? 夫聖人語心若是詳也, 足下獨謂之諱言, 是固謂有稽乎?

46　공자는 … 하였습니다:『孔叢子』「記問」에 있는 말이다.

이 아니라는 것입니까? 무릇 성인이 마음에 대해 말씀해 주신 것이 이렇듯이 상세한데 족하는 홀로 '말하기를 꺼렸다'라고 하니 이런 걸 근거가 있다고 해야겠습니까, 근거가 없다고 해야겠습니까? 성인의 말에 대해 모욕을 한 것입니까, 모욕을 한 것이 아닙니까? 또 증자와 맹자가 마음에 대해 말한 것은 또한 논할 것도 없이, 『논어』만 보더라도 '기쁨'이나 '즐거움'에 대해 말하고 '충신忠信'에 대해 말하고 '인仁'에 대해 말하고 '경敬'과 '서恕'에 대해서 말하고 '내면에 반성하여 가책할 것이 없음'을 말하고 '충신忠信와 독경篤敬이 앞에 서 있는 듯하고 수레 횡목에 기대 있는 듯하다.'라고 말하였으니 어느 것인들 마음이 아니겠습니까? 성인이 마음에 대해서 말씀해 주신 것은 족하가 한 손으로 다 가릴 수 없을 만큼 많은 것 같소.

또 말하기를, "성인은 마음에 대해 말하지 않고 부득이하여 사려에 대해 말하였다."라고 하였습니다. 사려는 마음이 아니란 말입니까? 이것은 사람이 2와 5를 셀 줄만 알고 2와 5를 곱하면 10인 것은 모르는 것입니다. '약례約禮'의 '약約'은 본래 '박博'에 상대해서 말한 것인데 '요약要約'이라고 말하지 않고 '약속約束'이라고 말하였고, '먼저 그 큰 것을 세운다'라는 말은 본래 소체(小體: 육신)에 상대해서 말한 것인데 '입심立心'이라고 하지 않고, '강립(強立: 억지로 세웠다)'이라고 말하였으니 굳이 공자·맹자와 차

無稽乎? 於聖言爲侮乎? 非侮乎? 且曾, 孟語心, 亦不暇論; 卽『論語』一書, 其言悅樂, 言主忠信, 言仁, 言敬恕, 言內省不疚, 言忠信篤敬, 參前倚衡, 疇非心乎? 聖人之語心, 恐非足下一手能盡掩也.

又謂"聖人不語心, 不得已言思". 思果非心乎? 此猶知人之數二五, 而不知二五卽十也. 約禮之約, 本對博而言, 乃不謂之要約, 而謂之"約束"; 先立其大, 本對小體而言, 乃不謂之立心, 而謂之"強立", 則欲

이가 나게 하려는 것이었습니다. 이것은 모두 근거가 있는 것입니까, 근거가 없는 것입니까? 성인에 대해 모욕을 한 것입니까, 모욕을 한 것이 아닙니까? 또 '놓친 마음을 찾는다', '그 큰 것을 세운다', '큰 것을 보고 마음을 넓힌다', '내면을 중히 하고 외면을 가볍게 여긴다'와 같은 것은 모두 '아래로부터 배우고 있는' 사람들의 일이 아닙니다. 천자든 보통 학생이든 열다섯 살이 되면 대학에 들어가 모두 '명명덕明明德', '친민親民', '정심正心', '성의誠意', '치지致知'의 일을 공부하도록 요구받습니다. 어찌 관리 명부에 올라 백성을 다스린 지 오래 되었으면서 여전히 '놓친 마음을 구하고' '큰 것을 세울' 수 없다고 말할 수가 있겠습니까. 성인의 문하에 이런 가르침이 있습니까? 또 지금 학자들에게 '큰 것을 보고' '내면을 중시하는' 공부를 가르치지 않는다면 작은 것을 보고 외면을 중시하는 법을 가르쳐야 한다는 것입니까? 이것은 모두 제가 이전에 들어 보지 못한 말입니다.

상세히 살펴보니, 족하의 저서는 궁극적인 지향이 전적으로 한유韓愈를 높이 칭송하고 다른 학자들보다 높이려고 하는 것이었습니다. 그래서 「머리말」에서 누누이 그런 의도를 드러냈습니다. 무릇 한유의 문사文詞와 기절氣節이나 조주潮州에서 세운 공적은 위대하지 않은 것이 아닙니다. 도道에 대해서 말할 때는 '맹자와 양웅楊雄의 도道'라고 말하였고, 또 장손장臧

必異於孔, 孟也. 是皆有稽乎? 無稽乎? 於聖人爲侮乎? 非侮乎? 又以"求放心立其大, 見大心泰, 內重外輕, 皆非下學者事". 天下學子, 十五入大學, 凡皆責之以明德親民·正心誠意致知之事. 寧有旣登仕籍, 臨民久矣, 而猶謂不當求放心立大者, 聖門有是訓乎? 且今不教學者以見大重內, 則當教之以見小重外可乎? 此皆仆未之前聞也.

竊詳足下著書旨歸, 專在尊稱韓愈, 闖予諸儒之上, 故首序中屢屢見之. 夫韓之文詞氣節, 及其功在潮, 非不偉也. 至其言道, 以爲孟軻, 楊雄之道, 又以

孫長과 맹자를 병칭하였습니다. 화악華嶽에 올라서는 무섭고 떨린다고 소리치는 것이 마치 어린아이 같았고 조양潮陽이 물에 잠기자 상소를 올려 봉선封禪을 청하였으며 기꺼이 사마상여司馬相如가 되려고 하였습니다. 심성을 존양하는 공부가 없었기 때문에 이렇게 된 것일 뿐입니다. 어찌 도道를 안다고 할 수 있겠습니까.

가규(賈逵: 174-228)는 헌송獻頌을 통해서 낭중郎中이 되었고 도참圖讖을 견강부회하여 드디어 현달하였으며, 서간徐幹은 위魏나라 조씨曹氏의 빈객이 되어 이름이 칠자七子의 반열에 올랐습니다. 이 두 사람은 더더욱 도道에 대해 말할 수 없습니다. 족하는 그들의 외면을 좋아하고 그 문식을 편하다고 여겨 이들도 족유足儒라고 하였습니다. 그러니 존양 공부를 통해 자득하고 우물을 파서 원천까지 이르는 이를 볼 때 어찌 우활하다고 여겨 비웃고 또 배척하지 않겠습니까? 토우土偶를 꾸미고 마추馬捶를 잡는 자가 족하의 주장에 딱 맞는다는 것을 모를 것입니다. 족하는 또 무엇이 즐겁다고 이것으로 천하를 이끌어 재앙을 불러오는 것입니까?

또 무릇 고금의 학자는 심성을 추구하지 않고 단지 의견을 드러내었습니다. 예를 들어 순자荀子는 예禮를 말하기를 좋아하여 자사子思와 맹자를 비난하였고, 자장子張과 자하子夏를 먹고 마시기나 하는 천한 유자儒者라고 비판하였으니 하물며 그 나머지이겠습니까. 얼마 전의

臧孫長與孟子並稱. 及登華嶽, 則震悼呼號, 若嬰兒狀, 淹潮陽則疏請封禪, 甘爲相如. 良由未有心性存養之功, 故致然耳. 安得謂之知道?

賈逵以獻頌爲郎, 附會圖讖, 遂致貴顯; 徐幹爲魏曹氏賓客, 名在七子之列. 二子尤不可以言道. 足下悅其外, 便其文, 以爲是亦足儒矣. 則其視存養自得, 掘井及泉者, 寧不迂而笑之, 且拒之矣? 乃不知飾土偶獵馬捶者, 正中足下之說, 足下亦何樂以是導天下而禍之也?

且夫古今學者, 不出於心性, 而獨逞其意見, 如荀卿好言禮, 乃非及子思, 孟子, 詆子張, 子夏爲飮食賤儒, 況其他

서재계舒梓溪는 훌륭한 선비인데 또한 진백사의 학문을 왕망王莽이나 풍도馮道가 될 것이라고 의심하였습니다. 지금에 와서 보면 진백사陳白沙에 대해 과연 이것으로 의심할 수 있습니까. 모두 의견이 지나친 것입니다.

듣자니 족하는 요사이 당로(當路: 당대의 집권자)에게 서신을 보내서 양명을 극도로 비난하여 추악한 비난을 쏟아부었다더군요. 또 내 선사先師인 나문공羅文恭을 비방하여 신학新學이 섞여 있다고 합니다. 이것을 모두 참을 수 있겠습니까? 저는 스스로 마음에 자책하지 않을 수 없으니 이전에 제 정성이 족하의 잘못된 길을 바로잡지 못하였기 때문입니다.

비록 그러하지만 다행히도 사람의 양지는 비록 만세가 지나도 없앨 수 없는 것이고 자사와 맹자의 도道는 끝내 순자의 이론으로 비난할 수 없습니다. 진백사와 왕양명의 경우 곧 천자께서 해와 달같이 밝게 살펴주셨으니 어찌 '하늘이 정해 놓은 일은 끝내 사람의 계책을 이긴다'라는 것이 아니겠습니까? 더구나 천하의 학자들은 날마다 보는 행실이 존양을 통해 자득한 경우가 적지 않고 족하의 경우 이미 고명함을 자부하니 무기를 들고 남이 선해지는 것을 막지 않을 것이고 자기를 비우고 서로 도덕을 북돋는 것이 마땅합니다.

乎? 近時舒梓溪, 賢士也, 亦疑白沙之學, 將爲王莽, 爲馮道. 以今觀之, 白沙果可以是疑乎? 皆意見過也.

聞足下近上當路書, 極訾陽明, 加以醜詆. 又詆先師羅文恭, 以爲雜於新學. 是皆可忍乎? 仆不能不自疚心, 以曩日精誠, 不足回足下之左轅故也.

雖然, 猶幸人心之良知, 雖萬世不可殄滅, 子思·孟子之道終不以荀氏貶. 至白沙·陽明, 乃蒙天子昭察, 如日月之明, 豈非天定終能勝人也哉! 矧天下學者, 其日見之行存養自得者不鮮. 而在足下, 旣負高明, 自不當操戈以阻善, 自當虛己求相益爲當也.

저는 침묵하는 것이 어렵지는 않지만 마음에 실로 참지 못하여 한편으로는 옛날의 우의를 믿고, 한편으로는 정말 천하의 선을 막게 될까 염려하였기 때문에 이렇게 많은 말을 하게 되었으니 또한 이미 그 마음입니다. 정자程子가 말하기를, "만약 존양할 수 없으면 끝내 말뿐이다."라고 하였습니다. 이제 족하께서 우선 스스로 존양하여 내면에 쌓인 뒤에 드러나고 내면에서 자세히 안 뒤에 발출하기를 바랍니다. 말이 마음에 거슬리면 반드시 도道에 비추어 보아야 합니다. 저는 이제부터 더 이상 말씀드리지 않겠습니다.【이상은 「당인경(唐仁卿: 唐伯元, 1540-1597)에게 보내는 서신」】

仆不難於默然, 心實不忍, 一恃疇昔之誼, 一恐眞阻天下之善, 故不辭多言, 亦是旣厥心爾. 程子有言: "若不能存養, 終是說話." 今望足下姑自養, 積而後章, 審而後發, 有言逆心, 必求諸道. 仆自是言不再.【以上「與唐仁卿」】

명유학안 권23,
강우왕문학안8

明儒學案 卷二十三,
江右王門學案 八

충개 남얼 추원표 선생

忠介鄒南臯先生元標

|23-1| 추원표(鄒元標: 1551-1624)는 자가 이첨爾瞻이고 별호는 남얼南臯이며 길주吉州의 길수吉水 사람이다. 만력萬曆 정축년(1577)의 진사進士이다. 그해 10월에 '강릉탈정江陵奪情'¹이 있었는데 선생이 말하기를, "삼가 성상의 하유下諭를 읽어 보니, '짐은 학문이 아직 이루어지지 않았고 뜻이 아직 확정되어 있지 못한데 선생이 떠나 버리면 이전의 공부를 다 무너뜨리게 될 것이오.'라고 하였습니다. 무릇 제왕은 인의를 학문으로 삼고 학문을 계승함을 뜻으로 삼습니다. 장거정張居正이 공리功利로 이끌었다면 학문은 제대로 된 학문이 아니고 부모를 잊고 효도하지 않는다면 뜻은 제대로 된 뜻이 아

|23-1| 鄒元標, 字爾瞻, 別號南臯, 豫❶之吉水人. 萬曆丁丑進士. 其年十月, 江陵奪情, 先生言: "伏讀聖諭: '朕學尙未成, 志尙未定, 先生而去, 墮其前功.' 夫帝王以仁義爲學, 繼學爲志, 居正道之功利, 則學非其學, 忘親不孝, 則志非其志. 皇上而學之志

---

1 강릉탈정(江陵奪情): 내각의 首輔인 張居正이 부친상을 당해서 고향 江陵으로 시묘살이하러 가야 했는데 당시 萬曆 황제가 못 가게 한 사건을 말한다.
❶ 豫: '吉'의 오자로 보인다.

닙니다. 황상께서 그것을 배우고 거기에 뜻을 둔다면 그로부터 빚어지는 해악이 이루 말할 수 없을 것입니다. 또한 다행히도 황상의 학문이 완성되지 않았고 뜻이 확정되지 않았으니 그나마 유자儒者를 얻어서 그 잘못된 것을 구제할 수 있을 것입니다."라고 하였다. 상소문을 품고 장안문長安門으로 들어갔는데 마침 오중행吳中行·조용현趙用賢·애목艾穆·심사효沈思孝가 '강릉탈정'에 대해 논핵하다가 정장廷杖을 맞고 있었다. 선생은 그들이 정장을 다 맞는 것을 지켜보고 나서 상소문을 꺼내 시인(寺人: 황제를 모시는 환관)에게 주었는데 시인이 접수하려 하지 않고 말하기를, "그대는 어찌하여 죽음이 두렵지 않은가? 망령되게 논핵하는 점이 있지 않은가?"라고 하였다. 선생이 "이것은 휴가를 청하는 상소입니다."라고 하였더니 비로소 접수하였다. 정장 80대를 치고 귀주貴州도균위都勻衛의 군졸로 충당하라는 성지聖旨가 내려졌다.

之, 其流害有不可勝言者. 亦幸而皇上之學未成, 志未定, 猶可得儒者而救其未然也." 懷疏入長安門, 值吳, 趙, 艾, 沈以論奪情受杖. 先生視其杖畢, 出疏以授寺人. 寺人不肯接, 曰: "汝豈不怕死, 得無妄有所論乎?" 先生曰: "此告假本也." 始收之. 有旨杖八十, 戍貴州都勻衛.

|23-2| 장거정의 집권이 무너진 뒤에 이과급사중吏科給事中으로 발탁되었다. 상소를 올려 다섯 가지 일에 대해 논하였는데, 바로 군덕君德을 배양하고, 신하를 친히 대하고, 기강을 엄숙히 하고, 유교를 높이고, 지방관을 신칙하라는 것이었다. 또 이부상서吏部尙書 서학모徐學謨와 남경호부상서南京戶部尙書 장사패(張士佩: 1531-

|23-2| 江陵敗, 擢吏科給事中. 上陳五事: 培君德, 親臣工, 肅憲紀, 崇儒術, 飭撫臣. 又劾禮部尙書徐學謨, 南京戶部尙書張士佩, 罷

1609)를 논핵하여 파직시켰다. 서학모는 수보 首輔인 신시행(申時行: 1535-1614)의 사돈이다. 이미 신시행이 감당할 수 있는 바가 아니었지만 이때 당론黨論이 한창 흥하여, "조정우(趙定宇: 趙用賢, 1535-1596)와 오복암吳復菴이 경박하고 가볍게 나아가며 말하기 좋아하고 일벌이기 좋아하는 한 무리를 모아서 공경대신들과 겨루고 있다."라고 비난하였다. 대신大臣과 언관이 서로 비방하기를 그치지 않았는데 선생은 더욱 꺼리는 대상이었기 때문에 재이災異와 관련한 봉사封事를 올린 것을 계기로 남경형부조마南京刑部照磨로 강등시켰다.

을유년(1585) 3월에 그 건의했던 신하들을 녹용할 때 남경병부주사南京兵部主事가 되었으며 이부주사吏部主事로 옮겨 갔고 이부와 형부의 원외랑, 형부의 낭중을 역임하였다. 벼슬을 그만두고 집에서 지낼 때 인문서원仁文書院을 세워 제자들을 모아 강학하였다. 광종(光宗)이 대리경大理卿으로 기용하였다. 천계(天啓: 1621-1627) 초년에 형부우시랑刑部右侍郎으로 승진하였고 좌도어사左都御史로 옮겨 갔다. 수선서원首善書院을 세우고 부도어사副都御史 풍공정馮恭定과 함께 강학하였다. 소인들이 선생의 엄하고 굳셈을 꺼려하여 이듬해 대계大計[2]에서 자신들

之. 學謨者, 首輔申時行之兒女姻也. 旣非時行所堪, 而是時黨論方興, 謂"趙定宇, 吳復菴號召一等浮薄輕進好言喜事之人, 與公卿大臣爲難". 大臣與言官相論訐不已, 先生尤其所忌, 故因災異封事, 降南京刑部照磨.

乙酉三月, 錄建言諸臣, 以爲南京兵部主事, 轉吏部, 歷吏刑二部員外, 刑部郎中. 罷官家居, 建仁文書院, 聚徒講學. 光宗起爲大理卿. 天啓初, 陞刑部右侍郎, 轉左都御史. 建首善書院, 與副都御史馮恭定講學. 群小憚先生嚴毅, 恐明

---

2   대계(大計): 3년에 한 번씩 치르는 고과평가를 가리킨다.

충개 남얼 추원표 선생

의 당인黨人에게 불리할까 염려하였다. 병과兵科인 주동몽(朱童蒙: 1573-1637)이 "헌신憲臣은 강학하는 단壇을 여는 것에 대해 논핵하고 국가는 문호가 점진적으로 열릴까 두려워합니다. 마땅히 본분을 편안히 지키고 동림당東林黨을 경계로 삼아야 합니다."라고 말하였고, 공과工科인 곽흥치(郭興治: 1580-?)가 "이렇게 군사적으로 긴장된 시기에 처하여 예악을 윤색하고 성명性命을 정미하게 연마하더라도 국가적으로 아무 도움이 되지 않습니다."라고 말하였다. 선생은 "선정先正이 '본분 밖의 것은 조금도 추가하지 않는다'라고 하였습니다. 사람이 태어나 도道에 대해 들어야만 비로소 본분 내의 일을 알 수 있는 것이고 도에 대해 듣지 못하면 이른바 본분이라는 것이 정말 본분인 것인지 알지 못합니다. 천하의 치란은 사람의 마음에 달려 있고 사람이 옳으냐 그르냐는 학술·법도·풍속에 달려 있습니다. 법이 맑고 벌이 분명하게 하고 현능한 이를 기용하고 불초한 이를 내치는 일은 학문을 밝히는 것 말고는 다른 길이 없습니다. 말끔히 갠 하늘에 솔개가 저절로 날고 물고기가 저절로 뛰어오르는 것이니 하늘은 저절로 높고 땅은 저절로 낮으며 어느 하나 갖추어져 있지 않는 것이 없고 또한 어느 일 하나 결여된 것이 없습니다. 도교의 사원들은 숲처럼 눈에 가득하고 불교의 음악 소리는 우레처럼 귀에 가득한데 어찌하여 유독 이 우

年大計不利黨人. 兵科朱童蒙言: "憲臣議開講學之壇, 國家恐啟門戶之漸, 宜安心本分, 以東林爲戒." 工科郭興治言: "當此干戈倥傯之際, 卽禮樂潤色, 性命精微, 無裨短長." 先生言: "先正云: '本分之外, 不加毫末.' 人生聞道, 始知本分內事, 不聞道, 則所謂本分者, 未知果是本分當否也. 天下治亂, 係於人心, 人心邪正, 係於學術法度風俗. 刑淸罰省, 進賢退不肖, 舍明學則其道無由. 湛湛晴空, 鳶自飛, 魚自躍, 天自高, 地自下, 無一物不備, 亦無一事可少. 琳宮會館, 開目如林, 唄語新聲, 拂耳如雷, 豈獨礙此嘐嘐則

렁차게 옛 법도를 본받고 선왕을 담론하는 강단만 가로막는단 말입니까? 신은 약관의 나이에 여러 장자들에게서 배워서 한번 강당에 오르면 이 마음이 떨립니다. 이미 회시會試에 참여하는 것을 포기하고 홀로 깊은 산에서 지낸 것이 3년이었고 야랑夜郞[3]으로 들어가서 깊은 대나무숲에서 올좌兀坐한 것이 6년이었으며 남북으로 부침하고 고향집에서 머물러 지낸 것이 또 30여 년이었습니다. 이 학문에 힘을 입었기에 사생이나 환난을 마주하고도 뜻을 잃은 적이 없습니다. 만약 단지 신들의 강학에 대해서라면 내치고 배척해야 하는 것이지, 날마다 이것으로 불평이나 줄이고 답답한 기운이나 없애기만 한다면 절차탁마하는 학문의 언어들이 단지 곤궁을 해결하고 고통을 구제하는 좋은 방안이 될 뿐이고 '성性을 다하고 명命에 이르는' 오묘한 이치가 되지 못할 것이니, 또한 이 도道를 너무 가볍게 보고 독서하는 신하들을 너무 얕게 보는 것입니다. 사람이 이 땅에 태어나서 가장 고상한 일이라고는 훈고訓詁를 하고 빈 칸 채우기나 하는 것 이외에 다른 공부가 없고 벼슬길에 올라 명예를 누리는 것 이외는 다른 지향이 없다 보니 강학을 듣기 싫어하는 이가 실로 많습니다. 대개 도道를 듣지

古昔談先王之壇坫耶？臣弱冠從諸長者游，一登講堂，此心戚戚．既謝計偕，獨處深山者三年．嗣入夜郞，兀坐深篁者六年．浮沈南北，棲遲田畝又三十餘年．賴有此學，死生患難，未嘗隕志．若只以臣等講學，惟宜放棄斥逐之，日以此澆其磊塊，消其抑鬱無聊之氣，則如切如磋道學之語，端爲濟窮救苦良方，非盡性至命妙理，亦視斯道太輕，視諸林下臣太淺矣．人生墮地，高者自訓詁帖括外，別無功課，自靑紫榮名外，別無意趣，惡聞講學也．實繁有徒．蓋不知不聞道，即位

---

3   야랑(夜郞): 중국의 서남지역에 존재했던 국가의 이름이다. 東漢 시기에 병탄되었다.

못하면 지위가 신하의 최고위에 오르고 왕후王侯의 기치를 휘날리더라도 본분의 일을 다 마치지 못할 것이니 살아도 헛되이 사는 것이고 죽어도 헛되이 죽는 것임을 모르는 것입니다. 청산에 뼈가 썩고 황조黃鳥가 몇 번 울 때 하늘이 나에게 준 밝디 밝은 것은 어디로 날아가 버리는지 모릅니다. 이것이 신이 머리를 묶은 채 죽을 때까지 공부를 하고 감히 물러나 떨어지는 것을 달가워하지 않는 이유입니다. 20년 전에 동림당의 여러 신하들은 글이 뛰어나고 행실이 훌륭하였었는데 이미 세상을 떠났고, 오직 예전의 고귀한 대신들이 스스로 의견이 갈려서 한 사람이 주장하자 다른 사람들이 우르르 좇아가는 방식으로 거의 청류淸流에 붙었습니다. 이전의 복철覆轍을 경계해야 할 것은 신들이 아닙니다."라고 하였다. 성지를 내려 위로하고 유임하게 하였다.

|23-3| 급사중 곽윤후郭允厚[4]가 "시랑 진대도陳大道[5]가 장거정張居正을 보살피자고 청하자 추원표가 기뻐하지 않았으니 옛 원한을 따지는 것입니다."라고 말하자, 선생이 "장거정이 실

極人臣, 動勒旂常, 了不得本分事, 生是虛生, 死是虛死, 朽骨靑山, 黃鳥數聲, 不知天與昭昭者飄泊何所! 此臣所以束髮至老, 不敢退墮自甘者也. 前二十年, 東林諸臣, 有文有行, 九原已往, 惟是在昔朝貴, 自歧意見, 一唱衆和, 幾付淸流. 懲前覆轍, 不在臣等." 有旨慰留.

|23-3| 給事中郭允厚言: "侍郞陳大道請恤張居正, 元標不悅, 修舊怨也."

---

4 곽윤후: 郭允厚는 字가 萬輿이고 號가 默千이며 山東의 荷澤 사람이다. 1607년에 급제하여 벼슬이 戶部尙書에 이르렀다.

5 진대도(陳大道): 陳以勤(1511-1586)은 字가 逸甫이고 號가 松谷이며 四川省 南充 사람이다. 1541년에 급제하여 禮部尙書, 少傅 겸 太子太傅 등을 역임하였다.

권하였을 때 상소문을 올린 사람이 어찌 수백 명에 그쳤겠습니까. 그 사이에는 바람을 바라보고 그림자를 감추는 무리가 없지 않았습니다. 신은 상소를 올려 '옛날에는 (다들 장거정을) 이윤伊尹이나 여상(呂尙: 姜太公)이라고 일컬었는데 지금 이류(異類: 이단)라고 침을 뱉습니다. 이전에는 은사恩師라고 칭하더니 지금은 원수로 봅니다.'라고 하였습니다. 당시에 신은 한 글자도 숨겨진 것을 들추지 않았으니 어찌 지금 40여 년이 지났는데 뼈까지 썩은 고인과 원수가 되겠습니까? 헛된 이름과 뜬구름 같은 영예는 공중에 뜬 새의 그림자입니다. 세상이 대인大人이나 장자長者의 넉넉하게 포용성 있는 도량으로 신을 가르치지 않고 신에게 시골 나무꾼과 시골 할미처럼 눈 한번 흘겼다고 반드시 복수하는 무리와 같이 대하니, 이것은 신을 잘 아는 것이 아닙니다."라고 말하였다.

곽홍치가 또 "추원표는 시비지심이 없는 사람입니다."라고 평가하자, 선생이 "곽홍치는 대개 풍삼원(馮三元: 1572-?)이 날조한 말 때문에 그렇게 말한 것입니다. 풍삼원은 처음에 벼슬을 시작하여 신을 만나러 왔는데 신이 그에게 '지난 일은 더 이상 언급하지 마시오.'라고 하였습니다. 그가 '시비는 분명하게 말해야 합니다.'라고 하기에 신이 '지금 국방 문제에 대해서는 집집마다 하나의 이견을 가지고 있어서 시비를 강구할수록 더욱 명백해지지 않으니

先生言: "當居正敗時, 露章者何止數百人? 其間不無望風匿影之徒. 臣有疏云: '昔稱伊·呂, 今異類唾之矣. 昔稱恩師, 今仇敵視之矣.' 當時臣無隻字發其隱, 豈至今四十餘年, 與朽骨爲仇乎? 虛名浮譽, 空中鳥影, 世不以大人長者休休有容之度教臣, 望臣如村樵裏媼, 睚眥必報之流, 則未與臣習也."

郭興治又言: "元標無是非之心." 先生言: "興治蓋爲馮三元傳言發也. 三元初起官見臣, 臣語之曰: '往事再勿提起.' 渠曰: '是非卻要說明.' 臣曰: '今之邊事, 家具一錐鑿, 越講是非, 越不

차라리 말을 잊는 것이 더 낫소.'라고 말하였습니다. 대개 웅정필熊廷弼에게 남아 있는 것은 오직 죽음뿐인데, 웅정필이 죽는 것이야 법이 유독 그에게 적용되지 않을 수 없지만 황상께서 처음 보위에 올라 겨우 2년 안에 상서든 시랑이나 중승이든 포정사나 관찰사나 안무사든 모두 다 비참하게 처형되었으니 이것이 무슨 꼴입니까? 노성老成한 사람이 법을 지키고 옥안獄案을 심의하여 사형을 감소시키는 뜻은 잘못된 것이 아닙니다. 시비지심이 측은지심으로부터 흘러나오는 것이 진심에 의한 시비분별입니다. 방종철方從哲[6]에 대해 온 조정이 '짐독(酖毒: 독약)'이라고 말하는데 신은 천추의 세월을 기다려 보아야 한다는 말도 또한 시비는 너무 분명하게 할 필요가 없다는 한 증거라고 생각합니다."라고 하였습니다. 재차 상소문을 올려 사직을 청하니 비로소 윤허하였다. 얼마 지나지 않아 세상을 떠났는데 역적인 환관이 그의 관직을 추탈하여 일반 백성으로 삼고 고명誥命을 빼앗았다. 장렬(莊烈: 崇禎皇帝)이 등극한 뒤에 태자태보에 추증되고 충개忠介라는 시호를 내렸다.

明白, 不如忘言爲愈.' 蓋熊廷弼所少者惟一死, 廷弼死, 法不能獨無. 但皇上初登寶位, 才二年所, 如尙書, 如侍郎中丞, 如藩臬撫鎭諸臣, 纍纍藁街, 血腥燕市, 成何景象? 老成守法, 議獄緩死之意, 非過也. 是非從惻隱中流出, 是爲眞心之是非, 卽方從哲滿朝以酖毒爲言, 臣謂姑待千秋者, 亦是非不必太分明之一證也." 再疏乞歸, 始允. 未幾卒. 逆奄追削爲民, 奪誥命. 莊烈御極, 贈太子太保, 諡忠介.

---

6 방종철: 方從哲(?-1628)은 字가 中涵이고, 北京 사람이다. 萬曆, 泰昌 연간의 內閣 首遷이다. 萬曆十一年(1583年), 中進士, 選爲庶吉士, 授翰林院編修. 歷任國子祭酒, 累迁吏部左侍郎. 萬曆末年, 出任內閣首遷. 崇禎元年(1628年)卒, 贈太傅, 諡號文端.

｜23-4｜ 선생이 자신의 학문 역정에 대해 설명하기를, "어려서 기氣가 왕성할 때는 망령되게 광영光影 속에서 도道를 엿보면서 그것을 스스로 깨달음이라고 생각하였다. 의기意氣로 행동하는 것은 도道로부터 하늘과 땅 차이만큼이나 아주 멀다는 것을 알지 못하였다. 또 7년이 지나 다시 형부刑部에 기용되고 비록 조금은 깨달은 것이 있었지만 광자狂者의 길로 흘렀다. 등문결[(鄧文潔: 이름은 이찬(以贊)이고 호는 정우-(定宇)]이 남쪽으로 와서 깨우쳐 주었기 때문에 감히 방종하지 못하였다. 3년이 지나 입계(入計: 지방관이 입경하여 고과를 받음)하여 고향으로 돌아갔다. 그 뒤 10여 년 동안은 허망하고 무실한 잘못이 있었고 10여 년 동안은 화해하고 조정하려는 태도가 지나쳤으니 '신식神識'을 집으로 여기는 점이 없지 않았으니 선각先覺에 비해서 아직 한참 먼 상태였다. 궤안을 정갈하게 하고 창을 밝히자 수위가 내려가면서 뿌리가 드러나듯이 비로소 '깨달음'이라는 학문이 어떤 견지를 가지게 되는 것임을 알게 되었다. 마치 사람이 꿈을 꾸고 있다가 이미 잠이 깨면 또한 굳이 말을 할 필요가 없는 것과 같이, 배워서 자신이 실제로 옹유하게 되면 또한 굳이 '깨달음'을 말할 필요가 없다."라고 하였다. 선생의 학문은 '심체를 인식함'을 입수처로 삼고, '인륜의 여러 일들 속에서 서恕를 행하고 어리숙한 사내든 어리숙한 아낙이든 모두 더불어

｜23-4｜ 先生自序爲學曰: "年少氣盛時, 妄從光影中窺覰, 自以爲覺矣. 不知意氣用事, 去道何啻天壤. 又七年, 再調刑部, 雖略有所入, 而流於狂路. 賴文潔鄧公來南提醒, 不敢放浪. 閱三年, 入計歸山, 十餘年失之繆悠, 又十餘年過於調停, 不無以神識爲家舍, 視先覺尙遠. 淨几明窓, 水落根見, 始知覺者, 學之有見也. 如人在夢, 旣醒覺, 亦不必言矣. 學而實有之已, 亦不必言覺矣." 先生之學, 以識心體爲入手, 以行恕於人倫事物之間, 與愚夫愚婦同體爲功夫, 以不起意, 空空爲極致. 離達道, 無所謂大本; 離和, 無所謂

한 몸이 되는 것'을 공부로 삼았으며, '의념을 일으키지 않고 텅 비어 있음'을 극치로 삼았고, 달도達道를 배제하고는 이른바 대본大本이라는 것이 없고 화和를 배제하고는 이른바 중中이 없다고 여겼다. 그래서 선생은 선학禪學에 대해서도 거리끼지 않았고 본체를 구하는 것이 곧 불교의 본래면목이라고 여겼다. 그 이른바 서恕도 공문孔門의 서恕가 아니라 불교의 '사사무애(事事無礙: 모든 것이 공존하면서 자재함)'였다. 불교의 '작용作用이 성性이다'라는 말은 '달도를 배제하고는 대본이라는 것이 없다'라는 뜻이라고 여겼다. 하지만 선생은 강함을 꺾어 유하게 만들었고 엄의嚴毅하고 방정方正한 기질을 융회하여 세상에 맞게 변통하였으며 그 하나하나의 구체적인 규율이 당위의 천칙에 반드시 부합하였고 단단하게 거부하는 바가 있었으니 이것은 그래도 유가의 본색이었고 불교로부터 온 것이 아니었다.

회어

|23-5| 정식情識으로 남들과 섞여 사는 이는 정식이 흩어질 때 마치 탕을 눈 위에 쏟는 것과 같고, 성진性眞으로 세상과 노니는 이는 본성과 하늘이 융회한 뒤에 마치 옻이 아교에 붙은 것과 같다.

中, 故先生禪學, 亦所不諱. 求見本體, 卽是佛氏之本來面目也. 其所謂恕, 亦非孔門之恕, 乃佛氏之事事無礙也. 佛氏之作用是性, 則離達道無大本之謂矣. 然先生卽摧剛爲柔, 融嚴毅方正之氣, 而與世推移, 其一規一矩, 必合當然之天則, 而介然有所不可者, 仍是儒家本色, 不從佛氏來也.

會語

|23-5| 以情識與人混者, 情識散時, 如湯沃雪; 以性眞與世遊者, 性天融後, 如漆因膠.

|23-6| 오륜은 참된 성명性命이고, '말투를 올바로 가짐'은 참된 함양이며, '타자와 교류함'은 참된 '마음의 진수'이고, 가정은 참된 정사政事이다. 부모는 곧 천지이고 아이는 곧 성현이며 노복은 곧 친구이고 침실은 곧 명당明堂이다. 새벽에는 요순시대를 볼 수 있고 시골 시정에서는 삼대(三代: 하·은·주)를 볼 수 있으며 어리숙한 백성이 고례古禮를 행할 수 있고 빈궁함에서 참된 마음을 인식할 수 있다. 병든 이들은 모두 내 동포이고 사해는 모두 내 족류族類이고 물고기나 새는 모두 내 천기天機이고 이민족은 모두 내 종성(種姓: 일가친척)이다.

|23-7| '행하는 데 있어 싫증이 나지 않는다'[7]라는 말이 무슨 의미인지 물어서 "자네의 '싫증남'을 알면 공자의 '싫증나지 않음'을 알 것이다. 지금 세상 사람들은 형적形跡의 차원에서 배우기 때문에 싫증나는 것이고 성性은 천지의 생기生機라는 차원에서 배우기에 생기生機가 자연히 생성하고 생성하기를 그치지 않으니 어찌 싫증이 나겠는가."라고 하였다.

|23-6| 五倫是眞性命，詞氣是眞涵養，交接是眞心髓，家庭是眞政事．父母就是天地，赤子就是聖賢，奴僕就是朋友，寢室就是明堂．平旦可見唐，虞，村市可觀三代，愚民可行古禮，貧窮可認眞心．疲癃皆我同胞，四海皆我族類，魚鳥皆我天機，要荒皆我種姓．

|23-7| 問：“爲之不厭."曰：“知爾之厭，則知夫子之不厭矣．今世從形跡上學，所以厭；聖人從天地生機處學，生機自生生不已，安得厭?”

7 　행하는 … 않는다: 『論語』「述而」, “若聖與仁, 則吾豈敢? 抑爲之不厭, 誨人不倦, 則可謂云爾已矣."

충개 남얼 추원표 선생

|23-8| 처신을 잘하는 사람은 반드시 처세를 잘한다. 처세를 잘하지 못하면 자신을 천히 대하는 것이다. 처세를 잘하는 이는 반드시 자신을 엄히 수양한다. 자신을 엄히 수양하지 않는 것은 세상에 아부하는 것이다.

|23-9| 학자가 도道에 뜻을 두었으면 반드시 철석같은 심장을 가져야 한다. 인생이라는 백년은 순식간일 뿐이니 자립하는 것이 귀중하다.

|23-10| 후생이 학문을 믿지 못하는 것에는 병의 세 가지 모습이 있다. 첫 번째는 과거시험 공부를 탐내고 학문이 무슨 일인지 모르는 것이다. 비유하자면 만금을 지닌 상인이 나물 파는 품팔이가 되는 것과 같다. 두 번째는 강학하는 사람들 중에 우활하고 재능이 없는 이가 많아서, 참된 능력이란 강학을 통해서 길러져서 성근性根이 영명하고 투철하며 큰일을 만났을 때 마치 담로(湛盧: 명검)으로 잡초를 베듯이 할 수 있음을 알지 못하는 것이다. 세 번째는 강학하는 사람들은 거짓이 많은데 참됨이란 거짓됨 속에서 나온다는 것을 알지 못하는 것이다. 저것이 거짓이라고 해서 그 속의 참됨을 버린다면 이것은 목이 메일까봐 음식을 버리는 것이다.

|23-8| 善處身者, 必善處世; 不善處世, 賊身者也. 善處世者, 必嚴修身, 不嚴修身, 媚世者也.

|23-9| 學者有志於道, 須要鐵石心腸, 人生百年轉盼耳, 貴乎自立.

|23-10| 後生不信學有三病: 一曰耽閣舉業, 不知學問事, 如以萬金商, 做賣菜傭; 二曰講學人多迂闊無才, 不知眞才從講學中出, 性根靈透, 遇大事如湛盧刈薪; 三曰講學人多假, 不知眞從假中出, 彼旣假矣, 我棄其眞, 是因噎廢食也.

|23-11| '유교와 불교의 동이同異에 대해서 물어서 "우선 유가의 극치가 무엇인지 이해해야 한다. 불가와 무엇이 다른지는 내가 자네에게 말해 줄 필요가 없다. 그렇지 않고 입에서 나오는 대로 같다느니 다르다느니 말해 봐야 무슨 도움이 되겠는가?"라고 대답하였다.

|23-12| "어떻게 해야 분명하게 알 수 있습니까?"라고 물어서 "가슴속이 분명해지게 하려고 하면 더욱 불분명해진다. 모름지기 흐릿한 것이 또한 분명한 것임을 알아야 하는 것이지 청명한 한쪽만 의존해서는 안 된다. 밝디 밝은 것도 하늘이고 어둑어둑한 것도 하늘이다."라고 대답하였다.

|23-13| 말 위에서가 가장 공부하기에 좋으니 그냥 지나쳐서는 안 된다. 집에 도착하여 휴식하려고 한다면 곧 내닫는 것이다.

|23-14| 성숙하고 진중하게 지내는 것은 직위를 유지하고 봉록을 지키는 것과 비슷하고, 수렴하고 고요히 있는 것은 번잡한 일을 피하고 한가하게 지내는 것과 비슷하며, 겸손하고 화순한 태도를 보이는 것은 부드럽게 세속에 아부하는 것과 비슷하다. 그 사이는 조금도 틈이 없으니 '기미를 연마한' 사람이 아니면 자신을 해치고 남을 해치지 않는 경우가 드물다.

|23-11| 問 "儒佛同異." 曰: "且理會儒家極致處, 佛家同異不用我告汝. 不然, 隨人口下說同說異何益?"

|23-12| 問; "如何得分明." 曰: "要胸中分明, 愈不分明. 須知昏昏亦是分明, 不可任淸明一邊. 昭昭是天, 冥冥是天."

|23-13| 馬上最好用功, 不可放過. 若待到家休息, 便是馳逐.

|23-14| 老成持重, 與持位保祿相似; 收斂定靜, 與躱閒避事相似; 謙和遜順, 與柔媚諧俗相似. 中間間不容髮, 非硏幾者鮮不自害害人.

│23-15│ 맑음을 말하는 사람은 맑지 못하고 실천을 말하는 사람이 반드시 실천하는 것은 아니며 성명性命을 안다고 말하는 사람은 성명을 아직 알지 못하는 것이다. 종일토록 한결같음을 말하는 것은 한결같지 않은 것이고 종일토록 합일을 말하는 것은 합일되지 못한 것이다. 일단 구하는 마음이 있기만 하면 집착되지 않기를 구하는 것이 곧 집착을 하는 것이다.

│23-16│ 사람들은 단지 수렴해야 한다고만 말하는데 거기에는 자연히 두뇌가 되는 것이 있기 마련이다. 종일 이야기를 하고 종일 일을 하는 것이 참된 수렴이다. 그렇지 않으면 종일토록 움직이지 않고 앉아 있고 남과의 관계를 끊고 세상을 피하더라도 결국은 바쁘게 지내는 상태이다.

│23-17│ 느닷없이 봉변을 당하면 어리석은 이들은 모욕을 당했다고 여기는데 지혜로운 사람들은 하늘의 은혜에 감사한다. 비방하는 말이 들리면 불초한 사람은 죄부罪府라고 여기는데 현능한 사람은 복지福地라고 여긴다. 소인과 함께 지내는 일에 대해 자존심 강한 이들은 가시밭처럼 여기고 남에게 늘 배우는 사람은 자신을 단련하는 숫돌이라고 여긴다.

│23-18│ 눈에 파랗거나 흰 것이 없으면 눈이

│23-15│ 說淸者便不淸, 言躬行者未必躬行, 言知性命便未知性命, 終日說一便是不一, 終日說合便是不合, 但有心求, 求不著便著.

│23-16│ 人只說要收斂, 須自有箇頭腦, 終日說話, 終日幹事, 是眞收斂. 不然, 終日兀坐, 絶人逃世, 究竟忙迫.

│23-17│ 橫逆之來, 愚者以爲遭辱, 智者以爲拜賜; 毁言之集, 不肖以爲罪府, 賢者以爲福地. 小人相處, 矜己者以爲荊棘, 取人者以爲砥礪.

│23-18│ 目無靑白

밝고, 귀에 치우침과 바름이 없으면 귀가 밝으며, 마음에 사랑함과 증오함이 없으면 마음이 바르다. 자신을 천지 사이에 공평하게 두고서 편견을 갖지 않는 것이 바로 '자기를 위하는 공부'이다. 학자들은 엄의·방정을 말하기 좋아하는데 나는 조물주와 함께 노니는 것을 생각하여 봄바람이 살살 불어도 외물이 나와 어긋날까 두려워한다. 진실로 엄의·방정의 실질이 없다면 그 흔적만을 엄습해서 취한들 단지 타인과 관계가 끊어지기에 족할 뿐이다.

|23-19| 학문이 무엇인지 아직 알지 못하는 사람이 학문을 알려고 하는 것이고, 학문을 이미 하는 사람은 학문이 있음을 알지 못하고자 한다. 수행하지 못한 사람이 수행하려고 하는 것이고 이미 수행한 사람은 수행이 있음을 알지 못하고자 한다. 나는 세상에 조금 학문을 하고 수행을 한 사람이 큰 소리로 남들과 자신을 구별하는 것을 보았는데 그 병통은 학문이나 수행을 모르는 사람과 무슨 차별이 있겠는가?

|23-20| 나는 별달리 득력得力한 것이 없고 단지 '본분本分' 두 글자가 절실하게 느껴진다. 본분에 맞는 사람이 되어야 하고 본분에 맞는 말을 해야 하고 본분에 맞는 일을 행해야 한다. 본분 이외에 조금도 더하거나 덜어서는 안 된다. 본분을 알면 달리 무슨 일이 있겠는가.

則目明, 耳無邪正則耳聰, 心無愛憎則心正. 置身天地間, 平平鋪去, 不見崖異, 方是爲己之學. 學者好說嚴毅方正, 予思與造物者游, 春風習習, 猶恐物之與我拂也. 苟未有嚴毅方正之實, 而徒襲其跡, 徒足與人隔絕.

|23-19| 未知學人, 卻要知學, 旣知學人, 卻要不知有學; 未修行人, 卻要修行, 旣修行人, 卻要不知有修. 予見世之稍學修者, 曉曉自別於人, 其病與不知學修者, 有甚差別?

|23-20| 予別無得力處, 但覺本分二字親切, 做本分人, 說本分話, 行本分事. 本分外不得加減毫末, 識得本分, 更有

何事!

|23-21| 도道는 간택할 것이 없고 학문은 정밀하거나 거친 것이 없다.

|23-21| 道無揀擇, 學無精粗.

|23-22| 하학下學이 바로 상달上達인 것이지 하학을 한 뒤에야 상달할 수 있는 것이 아니다.[8] 만약 하학을 한 뒤에 상달하는 것이라면 두 층의 일이 된다.

|23-22| 下學便是上達, 非是下學了才上達, 若下學後上達, 是作兩層事了.

|23-23| 학문이란 원래 가정에서 늘 마시고 먹는 차나 밥이어서 맛이 너무 짙거나 진하면 안 된다. 조금이라도 짙거나 진하면 학문과 바로 멀어진다. 【이상은 「용화밀증(龍華密證)」】

|23-23| 學問原是家常茶飯, 濃釅不得, 有一毫濃釅, 與學便遠.【以上「龍華密證」】

|23-24| 맹아강(孟我疆: 孟秋, 1525-1589)이 "무엇이 도심이고 인심입니까?"라고 묻기에, "인력으로 하지 않고 완전히 자연스러운 것이 도심이고, 생각이나 노력을 통해서 얻는 것이 인심이다."라고 대답하였다.

|23-24| 孟我疆問: "如何是道心人心?" 曰: "不由人力, 純乎自然者, 道心也; 由思勉而得者, 人心也."

|23-25| 맹아강이 "공자는 '눈을 잘 뜨고 바라보아도 볼 수가 없고 귀를 기울여 들어도 들을 수 없다.'[9]라고 하였습니다. 그래서 '형체가 없

|23-25| 我疆問: "孔子云: '正目而視之, 不可得而見也; 傾耳

---

8 하학(下學)이 … 아니다: 『論語』「憲問」, "不怨天, 不尤人, 下學而上達. 知我者, 其天乎!"

9 눈을 … 없다: 『禮記』「孔子閒居」, "志之所至, 詩亦至焉. 詩之所至, 禮亦至焉. 禮之所

을 때 보고 소리가 없을 때 듣는다.'[10]라고 하였습니다. 자사가 그것을 더욱 발명하여 '보이지 않음'과 '들리지 않음'을 말하였습니다. 양명은 또 '만약 보고 듣는 것이 한결같이 리理에 맞으면 곧 보지 않고 듣지 않는 것이다.'라고 하였습니다. 그 말이 이와 같지 같지 않습니다."라고 하기에, "공자는 사람들이 너무 거칠게 이해할까 걱정해서 '숨겨진 지점'을 지적하여 사람들에게 보여 준 것이다. 양명은 사람들이 너무 자세하게 볼까 걱정하여 '드러난 지점'을 지적하여 사람들에게 보여 준 것이다. 사실은 안과 밖이 합일된 도道이다."라고 대답하였다.【이상은 「연태회기(燕台會記)」】

┃23-26┃ 『논어』의 '내가 아는 것이 있겠는가' 장[11]에 대해 물어서 "수준 낮은 이들은 단지 이 두 극단이 있기 때문에 확연廓然할 수가 없다. 성인은 저 두 극단을 남김없이 비워서 텅 빈 상태로 같이 돌아갔다."라고 대답하였다. "그렇다면 치지致知의 공부는 무엇입니까?"라고 물어서 "성인은 앎이 없는 단계까지 나아간 것

而聽之, 不可得而聞也.' 故曰: '視於無形, 聽於無聲.' 子思發之爲不睹不聞, 陽明又云: '若睹聞一於理, 卽不睹不聞也.' 其言不同如此!" 曰: "孔子懼人看得太粗, 指隱處與人看, 陽明恐人看得甚細, 指顯處與人看, 其實合內外之道也."【以上「燕台會記」】

┃23-26┃ 問: "吾有知乎哉章." 曰: "鄙夫只爲有這兩端, 所以未能廓然. 聖人將他兩端空盡無餘了, 同歸於空空." 曰: "然則致知之功如

　　至, 樂亦至焉. 樂之所至, 哀亦至焉. 哀樂相生, 正明目而視之, 不可得而見也; 傾耳而聽之, 不可得而聞也. 志氣塞乎天地, 此之謂五至."

10　형체가 … 듣는다: 『禮記』「曲禮」, "爲人子者, 居不主奧, 坐不中席, 行不中道, 立不中門; 食饗不爲槪, 祭祀不爲尸; 聽於無聲, 視於無形; 不登高, 不臨深, 不苟訾, 不苟笑."

11　『논어』의 … 장: 『論語』「子罕」, "子曰: '吾有知乎哉! 無知也. 有鄙夫問於我, 空空如也, 我叩其兩端而竭焉.'"

충개 남얼 추원표 선생

일 뿐이다."라고 대답하였다. "그렇다면 격물
의 이론은 무엇입니까?"라고 물어서 "보아도
볼 수 없고 들어도 들을 수 없으며 사물들의
본체를 이루는 것이어서 빠뜨릴 수 없어서 무
성히 그 위에 있는 듯하고 그 좌우에 있는 듯
하니, 이것이 참된 격물이다."라고 대답하였
다. 【「남도회기(南都會記)」】

| 23-27 | '인仁을 인식함'에 대해 묻기에 "공자
가 인仁을 논한 것은 '인仁은 사람이다'[12]라는
한마디에 지나지 않는다. 당시 나는 인仁을 아
득하고 심원하며 기특한 존재로 보았다. 지금
보니, 우리들이 같이 한 당堂에 있는 것이 바로
인仁인 것이어서 아무 모자란 것이 없으니 절
대 이것을 그냥 지나치지 말아야 한다."라고
하였다.

| 23-28 | "공자는 단지 '인仁의 용用'만을 말하
고 어째서 인의 체體를 말하지 않은 것인가?"
라고 묻기에, "지금 사람들은 체와 용을 두 가
지로 보고 있으니 어떻게 밝힐 수 있겠는가.
나는 요사이에 체가 곧 용이고 용이 곧 체여서
용을 떠나서는 체가 존재하지 않고 정情을 떠
나서는 성性이 존재하지 않으며 '드러남'을 떠

何?"曰: "聖人致之
無知而已."曰: "然
則格物之說如
何?"曰: "視之不見, 聽之
不聞, 體物而不可遺,
洋洋乎如在其上, 如
在其左右, 此眞格物
也."【「南都會記」】

| 23-27 | 問: "識仁."
曰: "夫子論仁, 無過
'仁者, 人也'一語. 當
日我看仁做箇幽深
玄遠, 是奇特的東西,
如今看到我輩在一
堂之上, 卽是仁, 再
無虧欠, 切莫錯過."

| 23-28 | 問: "夫子
只言仁之用, 何以不
言仁之體?"曰: "今
人體用做兩件看, 如
何明得?　余近來知
體卽用, 用卽體, 離
用無體,　離情無性,

---

12   인(仁)은 사람이다.『중용』, "仁者, 人也, 親親爲大; 義者, 宜也, 尊賢爲大."

나서는 '미묘함'이 존재하지 않고 이발已發을 떠나서는 '미발未發'이 존재하지 않는다는 것을 알게 되었다. 이것은 내 말이 아니라, 맹자가 '측은지심은 사람들이 모두 가지고 있고, 수오지심은 사람들이 모두 가지고 있으며, 공경지심은 사람들이 모두 가지고 있고 시비지심은 사람들이 모두 가지고 있다. 측은시심은 인仁이고 수오지심은 의義이며 공경지심은 예禮이고 시비지심은 지智이다.'라고 하였다. 체험해 보면 저절로 알 수 있다."라고 대답하였다.

| 23-29 | "생기生機가 때때로 발현하기는 하는데 계속 이어가지는 못하니 어떻게 하면 좋겠습니까?"라고 묻기에, "끊어짐과 이어감이 없는 것은 체體이고 끊어짐과 이어감이 있는 것은 드러남이다."라고 대답하였다. "공부는 어느 지점에서 해야 합니까?"라고 묻기에, "병든 지점이 어디인 줄 아는 것이 약이고, 끊어진 지점이 무엇인지 아는 것이 이어짐이다."라고 대답하였다.

| 23-30 | 이 당堂 위에서 묻는 것이 있으면 곧 대답하고 차를 내오면 바로 마주하니 이런 곳에서 더 보탤 수 있겠는가? 이 리는 모을 것도 없고 도울 것도 없다.

| 23-31 | 맹자가 "그 마음을 다한 이는 그 성性

離顯無微, 離已發無未發. 非予言也. 孟子曰: '惻隱之心, 人皆有之; 羞惡之心, 人皆有之; 恭敬之心, 人皆有之; 是非之心, 人皆有之. 惻隱之心, 仁也; 羞惡之心, 義也; 恭敬之心, 禮也; 是非之心, 智也.' 體會自見."

| 23-29 | 問: "生機時有開發, 奈不接續何?" 曰: "無斷續者體也, 有斷續者見也." 曰: "功將何處?" 曰: "識得病處卽是藥, 識得斷處就是續."

| 23-30 | 一堂之上, 有問卽答, 茶到卽接, 此處還添得否? 此理不須湊泊, 不須幫帖.

| 23-31 | 孟 子 曰:

을 안다."라고 하였다. '다함'이란 전혀 아무것도 없다는 것이니 혼연히 태허太虛임을 의미한다. 심心이니 성性이니 하는 것도 또한 억지로 지은 이름이다. 【이상은 「용화회기(龍華會記)」】

| 23-32 | "'그 마음이 석 달 동안 인仁을 어긋나지 않았다.'[13]라고 하였는데 인仁과 심心이 무슨 분별이 있겠는가."라고 묻기에, "공이 방금 달려와서 질문하였는데 어찌 하나의 심心을 가지고 왔고 또 하나의 인仁을 가지고 왔겠는가? 공은 우선 물러나라."라고 대답하였다.

| 23-33 | 서恕란 '마음과 같이 함[如心]'을 의미한다. 사람이 단지 자기의 마음과 같기만을 바라고 남의 마음과 같기를 생각하지 않는다. 자기와 같은 것과 남과 같은 것이 균일하고 방정하니 더 이상 무슨 '일이관지一以貫之'를 말하겠는가.

| 23-34 | "남을 편안하게 해 줄 수 없으면 어찌 자기를 수양하는 것이라고 할 수 있겠는가?"라고 말하는 이가 있어서, "나는 20년 전에 조급하게 남을 편안하게 해 주고 싶었지만 지금은 편안하게 해 줄 수 없기에 우선 돌아왔

"盡其心者, 知其性也." 盡者了無一物, 渾然太虛之謂, 心性亦是強名.【以上「龍華會記」】

| 23-32 | 問: "其心三月不違仁, 仁與心何所分別?" 曰: "公適走上來問, 豈有帶了一箇心, 又帶了一箇仁來? 公且退."

| 23-33 | 恕者, 如心之謂. 人只是要如己之心, 不思如人之心, 如己如人, 均齊方正, 更說甚一貫.

| 23-34 | 有言"不能安人, 如何算得修己". 曰: "我二十年前, 熱中亦欲安人, 今安不得, 且歸來.

---

13 그 … 않는다: 『論語』「雍也」, "回也, 其心三月不違仁. 其餘, 則日月至焉而已矣."

다. 나는 공과 함께 우선 자기 수양에 대해서 논해 보겠다. 자기 수양의 방법은 생각이 그 지위를 벗어나지 않는 데 있으며 자리에 맞게 행하는 데 있다. 공은 우선 자리에 맞게 성실하게 향리에서 도덕윤리를 행할 수 있으면 그것이 바로 남을 편안히 함이다. 그렇지 않다면 자네가 남을 편안히 하고자 하면 남이 그대를 편안히 하게 될 것이다."라고 말하였다.

我與公且論修己. 修己之方, 在思不出其位, 在素位而行. 公且素位, 老實以行誼表於鄉, 便是安人. 不然, 你欲安人, 別人安了你."

| 23-35 | 당남(塘南: 王时槐, 1522-1605) 선생이 "불법佛法은 단지 생사를 동일하게 여김으로써 사람들을 감동시켰다. 그러므로 불교를 배우는 이들은 생사의 문제를 해결하는 데 있다."라고 묻기에, "사람은 단지 의념이 존재하는 것이 빌미가 됩니다. 의념이 있으면 생사가 있는 것이고 의념이 없으면 생사가 없게 됩니다."라고 대답하였다.【이상은 「원담회기(元潭會記)」】

| 23-35 | 塘南先生問: "佛法只是一生死動人, 故學佛者在了生死." 曰: "人只是意在作祟, 有意則有生死, 無意則無生死."【以上「元潭會記」】

| 23-36 | 구양명경歐陽明卿이 "불교로는 천하국가를 다스릴 수 없다."라는 취지로 묻기에 "자네는 어떤 점에서 그들이 천하국가를 다스릴 수 없음을 볼 수 있는가?"라고 되물었더니 그가 "하나하나 전부 버렸다."라고 대답하였다. 그래서 "이 지점은 말하기 어렵다. 밥이 여기 있으면 유가의 학자들도 먹을 수 있을 것이고 불교도도 먹을 수 있을 것이다. 이미 밥을 먹

| 23-36 | 歐陽明卿問曰: "釋氏不可以治天下國家." 曰: "子何見其不可以治天下國家?" 曰: "樣樣都拋了." 曰: "此處難言, 有飯在此, 儒會吃, 釋亦會吃,

을 수 있다면 어쨌든 모두 천하국가를 다스릴 수 있다. 자네가 불교를 하나하나 다 포기하였기에 불가하다고 하였는데, 유자들은 하나하나 다 포기하지 않았는데 또 어찌하여 유독 천하국가를 다스리지 못하는 것인가?"라고 대답하였다.

이른바 '천하국가를 다스릴 수 없다'라는 것은 예컨대 요순·삼대(하·은·주)의 통치는 제대로 다스린 것이었다. 하지만 후세의 통치는 불교는 말할 것도 없고 서리나 과거 시험하는 학자 및 도적, 가게 품팔이, 시골 아이도 천하국가를 통치하지 못한 이가 없는데, 이것을 '잘 다스릴 수 있었다'라고 말할 수 있는가? 선생이 불교에 대해 인정을 해 준 것은 또한 후세의 통치를 말한 것에 지나지 않는다.

| 23-37 | 사사로운 사려를 그치지 않고 사사로운 욕망을 끊지 않으면 결국 한번도 '고요해진' 적이 없는 것이고, 깨달아 들어간 적이 없는 것이다. 마음이 미혹된 상태에서는 천리가 인욕이고 마음이 깨달은 상태에서는 인욕이 천리이다. 【이상은 「철불회기(鐵佛會記)」】

| 23-38 | '천하가 인仁으로 돌아간다.'라는 말[14]에 대해 묻기에 "자네는 '귀인(歸仁: 인으로 돌아가다)'을 기특한 일로 생각하지 말라. 가슴속은

既能吃飯, 總之皆可以治天下國家. 子謂釋樣樣抛了, 故不可; 儒者樣樣不抛, 又何獨不能治天下國家?"

所謂不能治天下國家, 如唐·虞·三代之治, 治之也. 若如後世之治, 無論釋氏, 即胥吏科舉之士, 及盜賊菜傭牛表, 無不可以治天下國家, 而可以謂之能治乎? 先生之許釋氏, 亦不過後世之治也.

| 23-37 | 私慮不了, 私欲不斷, 畢竟是未曾靜, 未有入處. 心迷則天理爲人欲, 心悟則人欲爲天理. 【以上「鐵佛會記」】

| 23-38 | 問, "天下歸仁." 曰: "子無得看歸仁是奇特事, 胸

단지 참깨만 하고 외면은 하늘만큼 크다. 자네의 서당에 제자들이 있는데 제자들과 함께 있을 때 조금도 간격이 없는 상태가 바로 '귀인歸仁'이다. 처자나 노복들과 조금도 간격이 없는 것이 바로 '귀인'이다. 만일 현재의 상황을 배제하고 천하의 '귀인'을 말한다면 멀어질수록 자신과는 상관없게 될 것이다."【「태복회기(太樸會記)」】

┃23-39┃ '뜻을 건지함'을 통해 도道로 들어가는 이도 있으니 예컨대 인仁을 알면 기氣는 자연히 안정될 것이고, '기(養)를 기름'을 통해 들어가는 이도 있으니 예컨대 기氣가 안정되면 신神이 저절로 응결될 것이다. 또 '둘을 함께 기름'을 통해 들어가는 이도 있으니 백사白沙의 시에 "시시각각으로 심心과 기氣를 조절해야 하니 심과 기의 공부는 함께 이루어진다. 심을 구하지 기를 구하지 않는다 말하지 말라. 심과 기를 둘 다 화평하게 해야 하느니"라고 하였다. 이것은 선배들이 힘들게 공부를 한 뒤에 한 말이다.【「청원회기(靑原會記)」】

┃23-40┃ "성의誠意의 공부는 모름지기 의意가 움직이지 않을 때 먼저 성실하게 해야 한다.

中只芝麻大, 外面有天大. 子齋中有諸友, 與諸友相處, 無一毫間隔, 卽是歸仁; 與妻子僮仆, 無一毫間隔, 便是歸仁. 若舍見在境界, 說天下歸仁, 越遠越不著身."【「太樸會記」】

┃23-39┃ 有因持志入者, 如識仁則氣自定; 有由養氣入者, 如氣定則神自凝; 又有由交養入者, 如白沙詩云: "時時心氣要調停, 心氣功夫一體成. 莫道求心不求氣, 須教心氣兩和平." 此是先輩用過苦功語.【「靑原會記」】

┃23-40┃ 問: "誠意之功, 須先其意之所

---

14   천하가 … 말:『論語』「顏淵」, "克己復禮爲仁. 一日克己復禮, 天下歸仁焉."

괴롭게 선과 악이 이미 움직이기를 기다린 뒤에 공부를 한다면 이미 늦을 것이다. 과연 이와 같다면 어디로부터 공부를 해야 한다는 것인가?"라는 취지로 묻기에, "국군國君이 인仁을 좋아하면 천하에 대적할 이가 없다. 대적할 이가 없으면 진정한 '신독愼獨'이다. 남은 알지 못하고 자기만 홀로 아는 상황에서는 식신識神으로 흘러들어 가는 경우가 많다. '의意가 움직이지 않았을 때 먼저 성실히 한다'라고 하였는데 내가 생각하기에 이미 '움직이지 않을 때'라고 하였으니 참으로 장차 어디로부터 공부를 시작해야 한다는 것인가? '성誠'을 '식識'자로 바꾸는 것이 차라리 나을 것이니, 곧 '인을 인식함識仁'을 말함이다. 미발 이전에 무슨 기상이나 모습을 볼 수 있겠는가. '선악이 움직인 뒤에 공부하게 되면 이미 늦는다'라고 하였는데, 이것은 노학자의 말이고, 초학자는 이미 발한 뒤에 기꺼이 공부를 하려고 할 수만 있어도 또한 훌륭한 것이다."라고 하였다.

| 23-41 | 사람의 마음은 본래 자연히 즐거운 것인데 스스로 사욕으로 속박한다. 사욕이 한 번 싹틀 때 양지良知가 스스로 지각한다. 한번 지각하자마자 (사욕은) 없어지니 이 마음이 처음처럼 즐겁게 된다. 즐거운 뒤에 배우고 배운 뒤에 즐겁다.

未動而誠之, 苦待善惡旣動而後致力, 則已晚矣. 果若此, 則愼獨之功, 從何下手?" 曰: "國君好仁, 天下無敵, 無敵眞愼獨也. 人所不知, 已所獨知, 多流入識神去. '先其意之所未動而誠之', 愚謂旣云未動, 誠將何下手? 莫若易誠而識之, 卽識仁之謂. 未發前, 觀何氣象意思? '善惡旣動而後致力, 則已晚', 此爲老學者言, 初學者旣發後, 肯致力亦佳."

| 23-41 | 人心本自樂, 自將私欲縛. 私欲一萌時, 良知還自覺. 一覺便消除, 此心依舊樂. 樂便然後學, 學便然後樂.

| 23-42 | '생사'에 대해 묻자, "그대는 죽었는 가?"라도 되물었다. "죽지 않았습니다."라고 대답하기에, "왜 죽지 않았다는 것인가?"라고 물었다. "가슴속에 눈과 귀가 총명하고 형색 하나하나가 어린아이 때와 같습니다."라고 대답하기에 "자네는 생에 대해서 아는 것이다. 생에 대해 알면 죽음에 대해서 알 수 있다. 나에게 물을 필요가 없다."라고 말하였다.

| 23-43 | '지천명知天命'에 대해 물어서 "평소 자네에게 시의時義에 대해 묻는다면 자네는 반드시 '안다'라고 대답할 것이고, 자네에게 집안과 향리에 대해 묻는다면 자네는 반드시 '안다'라고 대답할 것이다. 이 앎의 소재가 바로 명命이고 곧 음양오행의 수數이다. 또한 바로 천명이다. 지知가 투철해진 경지에 대해 말할 때는 (이것들 중에서) 하나도 없어서는 안 된다."라고 대답하였다.

| 23-44 | '명세名世'란 명위(名位: 명성이나 지위)와 상관이 없다. 매번 한 시대마다 반드시 이 도道의 결정권을 맡는 사람이 나오기 마련인데 그가 곧 '명세'이다.

| 23-45 | '놓친 마음을 되찾는다'라는 말은 사람들에게 '마음이란 되찾을 수 있는 것임'을 알게 하려고 한 말이고, '마음은 내려놓아야 한

| 23-42 | 問: "生死." 曰: "子死乎?" 曰: "未死." 曰: "何未死?" 曰: "胸中耳目聰明, 色色如赤子時." 曰: "子知生矣, 知生則知死, 不必問我."

| 23-43 | 問: "知天命." 曰: "日間問子以時義, 子必曰: '知.' 問子以家宅鄉里事, 子必曰: '知.' 此知之所在, 卽命也, 卽陰陽五行之數也, 亦卽天命也. 說到知之透徹地, 少一件不得."

| 23-44 | 名世不系名位, 每一代必有司此道之柄者, 卽名世也.

| 23-45 | 求放心者, 使人知心之可求也. 心要放者, 使人知無

다'라는 말은 사람들에게 '지킬 수 있는 마음이
란 존재하지 않음'을 알게 하려고 한 말이다.
낮은 수준인 사람은 형색形色의 측면만을 인식
할 수 있고 높은 수준인 사람은 천성天性의 측
면만을 인식할 수 있으니 누가 형색이 곧 천성
이고 천성이 형색 밖에 존재하지 않는다는 것
을 알겠는가?[15] 그것이 바로 '인仁이란 사람이
다'라는 말의 종지이다.

心之可守也. 卑者
認著形色一邊, 高者
認著天性一邊, 誰知
形色卽是天性, 天性
不外形色, 卽"仁者
人也"宗旨.

| 23-46 | 나는 산으로 돌아온 지 15년 만에 단
지 '감응感應'이라는 두 글자를 믿을 수 있게 되
었다.

| 23-46 | 予歸山十
五年, 只信得感應二
字.

| 23-47 | '복괘復卦'에 대해서 물어서 "여기 어
떤 사람이 있는데 하는 짓이 선하지 않아서 마
음을 열고 잘 타일러 주면 그는 눈물을 쏟으면
서 바로 본마음을 회복하게 된다."라고 말하
였다.

| 23-47 | 問: "復
卦." 曰: "有人於此,
所爲不善, 開心告語
之, 渠泫然泣下, 卽
刻來復矣."

| 23-48 | "'소인에 대해 믿음이 있다'는 것은
'아첨함을 없애기를 산을 뽑듯이 한다'[16]는 의
미라고 설명한 이유는 무엇입니까?"[17]묻기에,

| 23-48 | 問: "有孚
於小人, 乃去佞如拔
山, 何也?" 曰: "欲

15　낮은 … 알겠는가: 『孟子』「盡心上」, "形色, 天性也. 惟聖人, 然後可以踐形."
16　아첨함을 … 한다: 『漢書』「劉向傳」, "用賢則如轉石, 去佞則如拔山. 如此望陰陽之調,
　　　不亦難乎!" 유향의 원의와는 다르게, '산을 뽑듯이 열심히 해야 한다'라는 의미로 사용
　　　하였다.

"아첨함을 없애기 위해서 산을 뽑듯이 한 것이다. 군자는 오직 '해解'만 있는데 '해'란 깨달음이다. 깨달으면 소인으로 소인을 대하지 않는다. 그래서 소인에게 믿음을 받게 된다."라고 하였다.

| 23-49 | '덕德을 차지하려 들면 꺼린다'라는 말에 대해서 물어서 "지금 강학하는 선생이라고 해도 어리숙한 사내나 어리숙한 아낙과 한 몸이 되지 못하고 단지 덕을 차지하려고 때문에 꺼림을 받게 되는 것이다."

| 23-50 | 좇을 만한 학문이 있기 때문에 '마음을 씻는다'라고 한 것이고 씻을 만한 마음이 없기 때문에 '내밀한 곳에 간직한다'라고 한 것이다.[18]

| 23-51 | '앎'을 배제하고는 '독獨'이라는 것이 없고, '스스로 앎'을 배제하고는 '신독愼獨'이라는 것이 없다.

| 23-52 | 진정으로 공부를 시작하여 시시각각

去佞，　所以如拔山，
君子惟有解，解者悟
也，悟則不以小人待
小人，所以孚小人."

| 23-49 | 問："居德
則忌." 曰："卽如今
講學先生，不自知與
愚夫愚婦同體，只要
居德，所以取忌."

| 23-50 | 有學可循，
是曰洗心，　無心可
洗，是曰藏密.

| 23-51 | 除知無獨，
除自知無愼獨.

| 23-52 | 眞正入手，

---

17 소인에 … 무엇입니까:『周易』「解」, "六五, 君子維有解, 吉. 有孚于小人."을 둘러싼 논의이다.
18 좇을 … 것이다:『周易』「繫辭上」, "蓍之德, 圓而神; 卦之德, 方以知; 六爻之義, 易以貢. 聖人以此洗心, 退藏於密."

으로 '보이지 않고 들리지 않는다'라는 것이 어떤 것인지 살펴보아야 한다. 이것에 대해서 알면 '참된 계신공구戒愼恐懼는 말할 필요가 없다. 【이상은 「문인회록(問仁會錄)」】

| 23-53 | "(『논어』에서) '나이 마흔에 미움을 받는다면 그건 끝이다'라고 하였는데, 마흔이 지난 뒤에도 선을 행할 수 있습니까?"라고 묻기에, "여든 살에도 할 수 있는데 더구나 마흔 살이겠는가? 이것은 모두 신체를 기준으로 생각을 한 것이다."라고 대답하였다. "요사이 학자들은 처음 배울 때 먼저 '간직하고 지킴'을 바라는데 이것은 '중용을 가리지' 않은 상태에서 먼저 '가슴속에 간직하여 잘 실천하겠다'는 태도이고 '선이 무엇인지 밝게 알지' 못하는 상태에서 먼저 '굳건히 지키겠다'는 태도이다. '널리 배우고 자세히 묻는다'라는 말씀으로 비춰보면 맞는 것이 없다."라는 취지로 묻기에, "학문은 간직하고 지키는 것이 중요하지만 간직하고 지키는 방법은 단일하지가 않다. 그래서 묻고 변별하는 과정을 거쳐서 택하는 것이다. 대개 배움을 시작한 뒤에 묻는 것이 있는 것이다. 배우는 것은 간직하고 지키는 것이다. 배우지 않는다면 물을 것이 어디 있는가? 마치 길을 가는 사람이 갈림길을 만나면 바로 묻는 것과 같다. 다 묻고서는 바로 길을 가는 것이지 원래 두 가지 일이 아니다. 만약 '간직하고

時時覷不睹不聞是甚物, 識得此物, 眞戒懼不必言矣.【以上「問仁會錄」】

| 23-53 | 問: "年四十而見惡焉, 其終也已, 不知四十以後, 尙可爲善否?" 曰: "八十尙可, 況四十乎? 此俱從軀殼上起念." 問: "邇日學者始學, 先要箇存守, 是未擇中庸而先服膺, 未明善而先固執, 證之博學審問之說無當也." 曰: "學貴存守, 但存守之方不一, 故問辨以擇之. 蓋學而後有問, 學卽存守也, 不學何問之有? 如行者遇歧路卽問, 問了又行, 原非二事. 若謂不待存守而先擇, 則是未出門而空談路徑也."【鷺洲會記】

지키지 않은 채 먼저 가린다'라고 한다면 이것
은 문을 나가지 않고 길에 대해서 근거 없이
말만 하는 것과 같다.'라고 대답하였다. 【「노주
회기(鷺洲會記)」[19] 】

| 23-54 | '그침'은 원래 처소가 없다. 바로 그칠
곳이 없기 때문에 '그침을 아는' 것이다.

| 23-55 | "마음은 어떻게 해야 다한 것입니
까?"라고 묻기에, "'다함'이란 물이 다하고 산이
다했다는 의미이다. 사람의 마음은 원래 태허
太虛이다. 만약 어떤 마음이 있으면 다할 수 없
다."라고 설명하였다.

| 23-56 | 만고의 학맥은 사람들이 모두 공공
으로 가지는 것이다. 어부, 나무꾼, 농민, 목동
이 모두 세상을 깨우치는 사람이다. 어린아이
가 술을 한번 따르는 것도 모두 학문이 존재하
는 곳이다. 만약 "나는 도道이고 남들은 도가
아니다."라고 한다면 천지의 원기元氣를 잃는
것이다.

| 23-57 | 신안新安의 왕문진王文軫이 말하기를,

| 23-54 | 止原無處
所, 正無可止, 則知
止矣.

| 23-55 | 問："心如
何爲盡?" 曰："盡者
水窮山盡之謂. 人
心原是太虛, 若有箇
心, 則不能盡矣."

| 23-56 | 萬古學脈,
人人所公共的. 漁
樵耕牧, 均是覺世之
人. 卽童子之一斟
酒處, 俱是學之所
在. 若曰"我是道, 而
人非道", 則喪天地
之元氣也.

| 23-57 | 新安王文

---

19   백로주서원(白鷺洲書院): 강서성 吉安에 남송 시대 江萬里가 세운 서원으로 文天祥
       등을 배출하였다.

"정유년(1597)에 남도(南都: 남경)에서 축사祝師[20]를 찾아뵈었는데 마음을 인식한 것이 참되지 않아서 손에 붙잡을 수 있는 것이 없었습니다. 앉아 있는데 해가 마침 비추고 있어서 축사가 그것을 가리키면서 '자네는 이 해를 진짜 해라고 생각하는데 저 가려지고 어두운 부분도 진짜 해이다.'라고 하였습니다. 그 말을 듣고 깨닫는 것이 있었습니다."라고 말하기에, "'자네는 마음을 인식하는 것이 참되지 않아서 손에 붙잡을 수 있는 것이 없었다'라고 하는데 '손에 붙잡을 있는 것이 없는' 지점이 바로 참된 마음임을 알지 못하는 것이다."라고 하였다.

| 23-58 | "우리가 학문을 손에 넣지 못하는 이유는 바로 붙잡고 있는 바가 있고 공부할 만한 것이 있기 때문이다. 붙잡는 때가 있다는 것은 붙잡지 않는 때가 있다는 것이고 공부할 만한 때가 있다는 것은 공부할 만하지 않은 때가 있다는 것이다."라는 취지로 묻기에, "이것은 온 몸 가득 공부를 한 사람과 함께 논해 볼 만한 문제이다. 만일 이 학문에 대해 아무 소득이 없는 사람이라면 우선 붙잡아서 공부하는 것에 대해 말하더라도 무방하다."라고

軫曰: "丁酉在南都參訪祝師, 認心不眞, 無可撈摸. 坐間日影正照, 祝師指曰: '爾認此日影爲眞日, 不知彼陰暗處也是眞日.' 因此有省." 曰: "爾道認心不眞, 無可撈摸, 不知無可撈摸處, 便是眞心."

| 23-58 | 問: "吾人學問, 不勾手者, 正以有所把捉, 有好功夫做故也. 有把捉時, 便有不把捉時, 有好功夫時, 便有不好功夫時." 曰: "此可與透身貼體做功夫者商量, 若是此學茫茫蕩蕩, 且與說把

---

20   축사(祝師): 祝世祿(1539-1610)을 가리키는 것으로 보인다. 祝世祿은 字가 延之이고 號는 無功이며 江西의 德興 사람이다. 1587년에 급제하여 休寧知縣과 南科給事, 尙寶司卿 등을 역임하였고 東南 지역에서 강학하였다.

대답하였다.

| 23-59 | 선생이 왕문진에게 "손을 댈 수 없는 곳에 이르게 되면 그래도 공부가 있는가?"라고 물었더니, 왕문진이 "공부가 없습니다."라고 대답하였다. 선생이 "그래도 물러나 돌아와야 한다."라고 하였더니, 왕문진이 "공부가 있지만 상常에 떨어지지 않고 공부가 없지만 단斷에 떨어지는 것이 아니니 '하면서도 하는 것이 없음'을 '공부가 없다'라고 할 수 있습니다."라고 대꾸하기에 선생이 "공부가 있다고 말한들 또 무슨 안 될 것이 있겠는가?"라고 말하였다.

| 23-60 | '불효에 세 가지가 있다' 장[21]에 대해 묻기에, "보아하니 다들 이 문제를 범하는 것 같다. 자네들은 장중하고 엄숙하지 않으면 곧 그 사지를 게을리하는 것이다. 나는 마흔 살이 지난 뒤로 지출과 수입을 내 모친의 손을 거치지 않았으니 재물을 처자식에게 사사롭게 쓰는 것이 아닌가? 음식과 기거를 내 편한 대로 하였으니 귀와 눈의 욕구를 따르는 것이 아닌가? 남의 말을 듣지 않는 것은 싸우는 것이다. 자신을 자상히 돌보는 것은 시시각각으로 불

捉做功夫不妨."

| 23-59 | 先生謂王文轸曰: "到不得措手處, 還有功夫也無?" 轸曰: "無功夫." 先生曰: "仍須要退轉來." 轸曰: "有功夫而不落常, 無功夫而非落斷, 爲而無爲, 謂之無功夫也可." 先生曰: "就說有功夫, 又何不可!"

| 23-60 | 問: "不孝有三章." 曰: "看來箇箇犯此. 子輩不莊敬嚴肅, 卽是惰其四肢. 予四十以後, 出入不經我母之手, 非貨財私妻子乎? 飮食起居, 任從自便, 非從耳目之欲乎? 不受人言, 卽是鬥

---

21   불효에 … 장: 『孟子』 「離婁上」, "不孝有三, 無後爲大. 舜不告而娶, 爲無後也. 君子以爲猶告也."

효이다."라고 하였다.

|23-61| 천지만물은 모두 무無에서 생기고 무無로 돌아간다. 일체의 꾸물대며 신령을 머금고 있는 존재들은 어디로부터 오는 것인지도 모르고 어디로 가는지도 모른다. 그래서 그 본체는 모두 빈 것이다. 우리의 학문은 절대 형기形器의 차원에서 전개해서는 안 된다. 일시적으로는 좋아 보일지라도 결국은 메마르고 만다. 비록 그렇지만 '비어 있음'은 '단멸斷滅'이라는 의미가 아니다. 뜬구름이 푸른 개와 흰옷이 되는 것은[22] 모두 공중의 변환으로 볼 때 반드시 존재하는 것이다. 나는 그 텅 빈 본체를 믿고 변환에 의해 바뀌지 않는다. 그래서 천지가 손 안에 있고 만화萬化가 내 몸 안에 있다. 지금 하나의 이론이 있는데 '단지 현재만을 향유해야지 극치克治니 방검防檢이니 하는 말을 하는 순간 날조하고 조작하는 것이 된다. 일상에서 옷을 입고 밥을 먹는 것은 바로 성인과 동일한 묘용妙用이다.'라고 주장한다. 하지만 나는 그 주장이 옳지 않다고 생각한다. 무릇 성인과 범부의 구별이 어찌 천 리의 거리일 뿐이겠는가.

狠. 體貼在身, 時時是不孝."

|23-61| 天地萬物皆生於無, 而歸於無. 一切蠢動含靈之物, 來不知其所自, 去不知其所往, 故其體本空. 我輩學問, 切不可向形器上佈置, 一時若妍好, 終屬枯落. 雖然空非斷滅之謂也, 浮雲而作蒼狗白衣, 皆空中之變幻所必有者, 吾惟信其空空之體, 而不爲變幻所轉, 是以天地在手, 萬化生身. 今有一種議論, 只是享用現在, 才說克治防檢, 便去紐捏造作, 日用穿衣吃飯, 卽同聖人妙用, 我竊以爲不然. 夫聖凡之別也,

---

22 두보의 「可歎」 시에 "天上浮雲如白衣, 斯須改變如蒼狗"라고 하였다.

| 23-62 | '인仁'은 혼연히 만물과 한 몸이 되는 것이다. 어떻게 학문을 증득證得할 수 있는가? 단지 의념을 일으키지 않으면 한 몸이 되는 것이고 혼연함이 되는 것이다. 그래서 '속셈을 가지지 않고 행함'을 잠깐이나마 보게 된다. 제왕齊王은 자신이 마음이 왜 그런 것인지 모르는 점이 있었다.[23] 【이상은 「인문회기(仁文會記)」】

| 23-62 | 仁者渾然與物同體, 如何證得學問? 只是不起意, 便是一體, 便是渾然. 所以乍見非有爲而不爲, 齊王有不知其心之所然也.

【以上「仁文會記」】

강의

講義

| 23-63 | 사람이 만약 참으로 어질 경우 마음 그대로 말하면 '덕이 있는 말'이고, 마음에 뿌리를 두고 발하면 '모습으로 드러남'[24]이다. 그렇지 않으면 억지로 도리를 안배하고 덕이 있는 것처럼 가리고 꾸미는 것은 모두 '교묘한 말'이다. 갓을 위엄 있게 쓰고 옷을 위엄 있게 입으며 온 얼굴에 웃음이 가득한 것은 모두 '아

| 23-63 | 人若眞仁, 直心而言爲德言, 根心而發爲生色. 不然, 強排道理, 遮飾有德, 皆巧言也; 危冠危服, 一面笑容, 皆令色也. 彼方自

23　제왕(齊王)은 … 있었다: 『맹자』, 「梁惠王上」, "(孟子)曰: '臣聞之胡齕曰"王坐於堂上, 有牽牛而過堂下者. 王見之曰: "牛何之?" 對曰: "將以釁鍾", 王曰: "舍之. 吾不忍其觳觫若無罪而就死地." 對曰: "然則廢釁鍾與?" 曰: "何可廢? 以羊易之."" 不識有諸?' 曰: '有之.' 曰: '是心足以王矣. 百姓皆以王爲愛也, 臣固知王之不忍也.' 王曰: '然. 誠有百姓者. 齊國雖褊小, 吾何愛一牛? 卽不忍其觳觫若無罪而就死地, 故以羊易之也.' 曰: '王無異於百姓之以王爲愛也. 以小易大, 彼惡知之? 王若隱其無罪而就死地, 則牛羊何擇焉?' 王笑曰: '是誠何心哉? 我非愛其財而易之以羊也, 宜乎百姓之謂我愛也.'"

24　모습으로 드러남: 『孟子』「盡心上」, "君子所性, 仁義禮智根於心; 其生色也, 睟然見於面, 盎於背, 施於四體, 四體不言而喻."

름다운 모습'이다. 저들은 도통道統을 계승하였
다고 자부하고 함양 공부를 하고 있다고 스스
로 생각하지만 인仁과의 거리는 천 개의 산과
만 개의 강이 격해 있는 것인 줄을 모른다. 그
냥 시골의 순박하고 노농老農이나 노포老圃가
차라리 함께 도道에 들어갈 만하다. 【「교언영색
(巧言令色)」】

負道統, 自認涵養,
不知去仁何啻千山
萬水, 到不如鄉里樸
實老農老圃, 可與之
入道.【以上「巧言令
色」】

|23-64| 유자有子는 '화和'를 말하면서도 또 반
드시 예禮로써 절제하였으니 이것은 화和는 화
이고 예禮는 예라고 본 것이다.[25] 자사는 "발하
여 모두 절도에 맞는 것을 화和라고 한다."라고
하였다. 만약 또 '예로써 절제해야' 한다면 어
떻게 그것을 '화'라고 하였겠는가? 【「예의 용[禮
之用]」】

|23-64| 有子說和,
又必以禮節, 是看和
自和, 禮自禮. 子思
子曰: "發而皆中節
謂之和", 若又要以
禮節之, 何以謂之
和?【「禮之用」】

|23-65| 입이 맛에 대해서, 귀가 소리에 대해
서, 눈이 색에 대해서, 코가 냄새에 대해서, 사
지가 편안함에 대해 가지는 욕구가 성性이 아
니겠는가? 인仁이 부자에 대해서, 의義가 군신
에 대해서, 예禮가 빈주賓主에 대해서 지智가 현
자賢者에 대해서 성인이 천도天道에 대해서 가
지는 관계가 성性이 '발현된 것'이 아니겠는가?

|23-65| 口之於味,
耳之於聲, 目之於
色, 鼻之於臭, 四肢
之於安逸, 非性乎?
仁之於父子, 義之於
君臣, 禮之於賓主,
智之於賢者, 聖人之

25 　유자(有子)는 … 것이다.『論語』「學而」, "有子曰: '禮之用, 和爲貴. 先王之道, 斯爲美,
　　小大由之. 有所不行, 知和而和, 不以禮節之, 亦不可行也.'"

| 23-66 | 근세의 학자들은 '옳음을 알고 그름을 앎'을 양지良知라고 여긴다.[26] 옳고 그름을 따지는 것이 불길처럼 타오르고 있고 또 정식情識으로 흐르는데 스스로 깨닫지 못한다. 어디에 양지임이 있겠는가? 【'자네에게 '안다'라는 것에 대해 가르쳐 주겠네[誨女知之]'】

| 23-67 | 벼슬하는 것과 학문하는 것은 동일한 도道이고 숨겨져 있음과 드러나 있음은 동일한 마음이다.[27] 효성스럽고 우애 있음이 곧 정사政事이다. 만약 "관직 생활을 하는 것에 별도의 정사政事가 있는 것이 사실이다. (공자의 이 말은) 그냥 핑계를 대서 혹인或人에게 대답한 것일 뿐이다."라고 말한다면, 정사와 효제孝悌를 두 가지 일로 보는 것이다. 【「자네는 왜 정치를 하지 않는가[子奚不爲政]」】

| 23-68 | 무릇 도道는 하나일 뿐이다. 하나가 있다고 여기면 또 만 가지이고, 만 가지가 있다고 여기면 또 하나이다. 하나가 곧 만이고

於天道, 非性之故物乎?【「溫故」】

| 23-66 | 近世學者, 以知是知非爲良知. 夫是非熾然, 且從流於情識而不自覺, 惡在其爲良知?【「誨女知之」】

| 23-67 | 仕學一道, 隱顯一心, 孝友卽是政事. 若曰"居位別有政事, 此托詞以答或人", 則視政事孝弟爲兩事矣.【「子奚不爲政」】

| 23-68 | 夫道一而已矣. 以爲有一, 卻又是萬, 以爲有萬,

---

26 근세의 … 여긴다: 『論語』 「爲政」, "由! 誨女知之乎? 知之爲知之, 不知爲不知, 是知也."를 둘러싼 논의이다.

27 벼슬하는 … 마음이다: 『論語』 「爲政」, "或謂孔子曰: '子奚不爲政?' 子曰: '『書』云孝乎? "惟孝友于兄弟, 施於有政." 是亦爲政, 奚其爲爲政.'"을 둘러싼 논의이다.

만이 곧 하나이다. 만일 어떤 학자가 '하나로 만을 관통한다'라고 한다면 이것은 하나는 하나이고 만은 만이라는 것이 되어 버리니, 어찌 둘이 아니겠는가?【「일관(一貫)」】

| 23-69 | 구설舊說에서 '(현능한 사람과) 가지런해질 생각을 한다'라고 말한 것은 다른 사람을 기준으로 비교한다는 뜻이다.[28] 세속적인 생각으로 '그와 가지런해질 생각을 한다면' 필시 가지런해질 것을 생각하지 못하게 될 것이다. 원래 가지런하니 가지런하지 않은 것이 없고, 불현不賢이란 단지 한 생각이 잘못된 것일 뿐이다. 내가 스스로 '이 학문에 도움을 받지 못하고 한 생각이 잘못된 것이니 그와 차이가 얼마나 되겠는가?'라고 깨닫는다면 남을 대할 때 자연히 관대하지 않음이 없게 된다.【「현능한 사람을 볼 때」와 '현능하지 못한 사람을 볼 때'[見賢見不賢]】

| 23-70 | 도道를 배우는 학자는 세상살이에 있어서 극도로 불편하니, 도를 향하는 마음이 독실하지 않은 사람은 쉽게 물러나려고 하는 생각이 생긴다. 천고千古를 참되게 믿고 하나의 앎을 얻은 이는 그래도 아주 많다. 어찌 고립

卻又是一. 一卽萬, 萬卽一. 如學者云 "以一貫萬", 是一是一, 萬是萬, 豈不是兩件?【「一貫」】

| 23-69 | 舊說思與之齊, 是從他人身上比擬. 一團世俗心腸, 思與之齊, 必不能思齊, 原齊則無不齊, 不賢只是一念差了. 我自省不賴此學, 一念而差, 與渠爭多少, 待人自無不恕.【「見賢見不賢」】

| 23-70 | 學道之士, 在世途極是不便, 向道不篤的, 易生退轉. 若眞信千古而得一知者, 猶比肩也, 何

---

28 구설(舊說)에서는 … 해석한다:『論語注疏』「里仁」, "正義曰: '此章勉人爲高行也. 見彼賢, 則思與之齊等; 見彼不賢, 則內自省察, 得無如彼人乎?'"

할 리가 있겠는가. 자립하지 못하고 동쪽으로 기대고 서쪽으로 기대면서 입으로 '좋음'을 구한다면 눈앞의 일이야 쉽게 지나가겠지만 평생의 사업을 그르치게 될 것이다. 【「덕불고(德不孤)」】

| 23-71 | 백이伯夷는 맑은 사람이고 이윤伊尹은 의무를 다한 사람이며 유하혜柳下惠는 잘 어울린 사람이니 여전히 '그릇'에 그친 점이 있다. 【「너는 그릇이다[女器也]」】

| 23-72 | 학문이 체體를 보지 못한 수준이면 늘 드러남과 은미함의 양 측면으로 떨어질 것이다. 【「문장과 '성과 천도'[文章性天]」】

| 23-73 | 문을 나서는 것은 곧 도道를 말미암는 것이니, '문을 나섬'과 '도를 말미암음'에 분별이 있는 것이 아니다.[29]【「나갈 때 문을 말미암지 않음[出不由戶]」】

| 23-74 | 학자가 만약 '대광명장大光明藏'으로부터 단련하여 정채로움을 드러내지 못하고 여럿이 하루 종일 모여 있다면 비록 무엇이 심이고 무엇이 성性이며 무엇이 공문孔門의 종지이

孤立之有? 不能自立, 東挨西靠, 口嘴上討得箇好字, 眼前容易過, 誤卻平生事業矣. 【「德不孤」】

| 23-71 | 伯夷是淸, 伊尹是任, 柳下惠是和, 還有箇器在. 【「女器也」】

| 23-72 | 學不見體, 動輒落顯微二邊. 【「文章性天」】

| 23-73 | 出戶卽是由道, 非是由戶與由道有分別. 【「出不由戶」】

| 23-74 | 學者若不從大光明藏磨勘, 露出精彩, 群居終日, 雖說若何爲心, 若何

29 　문을 … 아니다: 『論語』「雍也」, "誰能出不由戶? 何莫由斯道也?"

고 무엇이 송유宋儒의 종지라고 말은 하더라도 그것은 '말이 의義에 미치지 않음'이다.[30] 종일 동안 명절名節의 흔적에 기대어 있다면 의리의 일과 비슷하게 보일지라도 이것은 행실을 잘 가꾸는 작은 지혜일 뿐이다. 【「여럿이 모여 종일 지냄[群居終日]」】

| 23-75 | 우리들이 이곳 서당에서 강학을 하는데 가까이 모시고 배우는 이는 대인이니 마음을 비우고 수업을 받지 않는 태도는 '대인을 업신여기는' 것이고, 강구하는 것은 성인의 말이니 마음을 비우고 잘 체인하지 못하면 그것은 '성인의 말을 모욕하는' 것이다. 어린 시절 청원靑原에 있을 때 당시 우리 지역의 훌륭한 대인들이 자리에 있었는데 지금은 다 돌아가시고 '대인을 업신여기는' 폐단을 답습하게 되었습니다. 또 한 벗님은 『사서四書』의 여러 이론을 서로 서로 대조하여 설명하였는데 한 선정(先正: 세상을 떠난 선배 학자)이 대답하기를, "결국은 단지 예에 어긋나는 말일 뿐이다."라고 하였습니다. 【「천명을 두려워하다[畏天命]」】

| 23-76 | 향원鄕愿의 정신은 단지 세상에 아부

爲性, 若何爲孔門之旨, 若何爲宋儒之旨, 是言不及義也. 終日依倚名節之跡, 彷彿義理之事, 是好行小慧也. 【「群居終日」】

| 23-75 | 吾輩在此一堂講學, 所親就者大人, 不虛心受益, 卻是狎大人. 所講究者聖言, 不虛心體貼, 卻是侮聖言. 記得少年時, 在青原, 當時我邦濟濟大人在席, 今皆物化, 踏狎大人之弊. 又記得一友, 將『四書』諸論, 互相比擬, 一先正答曰: "總只是非禮之言." 【「畏天命」】

| 23-76 | 鄕愿一副

---

30 학자가 … 않음이다: 『論語』「衛靈公」, "羣居終日, 言不及義, 好行小惠, 難矣哉!"를 둘러싼 논의이다.

하려는 데 있다. 동쪽이든 서쪽이든 전부 비방, 영예, 옳게 여김, 그릇되게 여김 속에 놓여 있다. 성인의 정신은 동쪽을 돌아보지도 않고 서쪽을 돌아보지도 않고 오직 내 마음의 본연 속에 편안히 지내며, 비방, 영예, 옳게 여김, 그릇되게 여김의 밖으로 초월해 있다. 【「향원(鄕愿)」】

精神, 只在媚世, 東也好, 西也好, 全在毁譽是非之中. 聖人精神, 不顧東, 不顧西, 惟安我心之本然, 超出毁譽是非利害之外.【「鄕愿」】

| 23-77 | 덕은 본래 밝은 것이다. 사람은 단지 '깨달음'에 달려 있을 뿐이다.

| 23-77 | 德本明也, 人只爭一箇覺耳.

| 23-78 | 모름지기 사람마다 지선至善을 갖추고 있는데 단지 '(그 지선에) 그치지' 못하였을 뿐이다. 한번 '그치게' 되면 지선이 거기에 있게 된다. '마음을 둠', '기필期必함', '고집함', '배타적이 됨' 등이 없는 것이 이것이다.

| 23-78 | 須知人人具有至善, 只是不止, 一止而至善在是. 曰: 何以止? 無意必固我, 是已.

| 23-79 | 학문을 하는데 '그침을 알지 못하고' 대충 그냥 수신修身만을 말한다면 농부가 돌을 운반하면서 거름이라고 여기는 것과 같아서 힘을 더 부지런히 쓸수록 더 멀어지게 된다. 【「대학(大學)」】

| 23-79 | 學不知止, 漫言修身, 如農夫運石爲糞, 力愈勤而愈遠矣.【「大學」】

| 23-80 | 『대학』의 핵심은 '마음을 두는 것이 없음[無意]'일 뿐이다. 무의無意의 입문은 성의誠意일 뿐이다. 하지만 단지 성의誠意만을 알고 의意의 면목을 알지 못하면 성의誠意를 제대로

| 23-80 | 『大學』之要, 無意而已. 無意入門, 誠意而已. 然徒知誠意, 不知意之

할 수 있는 경우가 없다. 그래서 '의意가 어디서 온 것인지'를 사람들에게 가르친 것이다. 어디에서 이런 사실을 볼 수 있는가? 단지 '자신을 속이지 말라'라는 말에 있다. '자신을 속이지 말라'라는 것은 어디서 체험해 볼 수 있는가? 그대들이 보기에 사람들이 나쁜 냄새를 맡고 코를 가리지 않는 사람이 있던가? 호색好色을 좋아하지 않는 사람이 있던가? 이 좋아함과 싫어함이 바로 '의意'의 뿌리이다. 누가 '스스로가 흡족하기를' 구하지 않겠는가. 또 소인이 불선한 짓을 하다가 군자를 보면 움찔하게 되는 것도 또한 참된 의意이다. 이 참된 의가 발생하는 지점은 상대가 없을 만큼 지극히 귀하다. 그래서 '독獨'이라고 한다. 군자는 '신독愼獨' 공부를 하는데 [이 '신(愼)'자는] '심心자'와 '진眞'자로 이루어져 있다. 단지 이 진심을 인식하고 의意에 의해 가려지지 않기 때문에 천지에 전부 통하고 가리키거나 보고 있는 것에 대해 어기는 것이 없다. 마음이 넓어서 몸이 편안해지면 이것이 참된 '신독'이다. 뒷날 유자들의 이른바 '신독'이란 육신을 질곡으로 생각한 것이니 어떻게 넓고 편안해질 수 있겠는가! 무의無意의 종지가 황폐해진 것이다. 【「성의(誠意)」】

| 23-81 | 학자들은 줄곧 '명덕明德'을 말하고 '친민親民'을 말하고 '지어지선止於至善'을 말하며 '격물格物'을 말하는데 천 가지 만 가지 말들로

面目, 未有能誠意者. 故教人以觀意之所自來, 何處看得? 只在毋自欺. 毋自欺何處體貼? 你看人聞惡臭那箇不掩鼻? 見好色那箇不喜歡? 這箇好惡, 就是意根. 那箇人不求自慊? 又小人爲不善, 見君子厭然, 厭然處亦是眞意. 這箇眞意發根處, 至貴無對, 所以謂之獨. 君子愼獨, 從心從眞, 只是認得此眞心, 不爲意所掩, 故通天通地, 指視莫違. 心寬體胖, 斯爲眞愼獨. 後儒之所謂愼獨者, 則以身爲桎梏, 如何得廣與胖? 無意之旨荒矣.【「誠意」】

| 23-81 | 學者一向說明德, 說親民, 說止至善, 說格物, 千

광범위하게 인용하고 곡진하게 비유를 들었다. 어느 것이 송宋나라 유학자들의 말이고 어느 것이 우리 명나라 대유大儒의 말인가? 말한 것이 아주 영리하더라도 자신의 신심身心과는 아무 상관이 없다. '그침을 아는 데' 이르면 물이 다하고 산이 끝나서 더 이상 할 말이 없게 된다. 이와 같이 말해야 '치지致知'라고 말할 수 있고, '격물格物이라고 할 수 있다. 이것을 일러 근본이라고 한다. 【「지지(知止)」】

言萬語, 旁引曲譬. 那箇是宋儒說, 那箇是我明大儒說? 縱說得伶俐, 與自家身心無干. 一到知止, 則水盡山窮, 無復可言. 說如此方謂之致知, 方謂之格物, 此謂之本. 【「知止」】

| 23-82 | 선생은 '지지知止'를 『대학』의 종지로 삼았다.

| 23-82 | 先生以知止爲『大學』之宗.

| 23-83 | 이발已發을 떠나서 미발未發을 구하는 것은 공자가 다시 태어나더라도 할 수 없는 일이다. 자네는 우선 '절도에 맞는' 화和가 바로 미발의 중中임을 보아야 한다. 화를 떠나서는 중이 없고 달도達道를 떠나서는 대본大本이 없다. 【「중화(中和)」】

| 23-83 | 離已發求未發, 卽孔子復生不能. 子且觀中節之和, 卽知未發之中, 離和無中, 離達道無大本. 【「中和」】

| 23-84 | 무엇을 일러 '색은索隱'이라고 하는가? 지금 강학하는 사람들은 일상의 윤리를 벗어나서 심성을 말하니, 소털 속으로 들어가는 것이 이것이다. 무엇을 일러 '행괴行怪'라고 하는가? 지금 시대에 요임금의 옷을 입고 이천伊川의 관을 쓰는 것들이다. 【「색은행괴(索隱行怪)」】

| 23-84 | 何謂之索隱? 今講學者外倫理日用說心性, 入牛毛者是已. 何以謂之行怪? 今服堯服, 冠伊川冠之類. 【「索隱行怪」】

| 23-85 | '일—'자[31]는 곧 '내 도는 하나로 관통한다'라고 할 때의 그 '일'자이다. 성인은 도리를 말한 것이 너무 자잘해서 사람들이 자잘한 것에서 도리를 찾을까 걱정이 되어 천덕天德을 말할 때도 '일'까지 말하였고, 왕도王道를 말할 때도 '일'까지 말하였다. 마치 땅과 기어가는 용龍과 같아서 긴요한 곳에 이르면 정신을 모아서 산란시키지 않는다. 【「행하는 바는 하나이다[所以行之者一]」】

| 23-86 | (『논어』에서) '사람의 삶은 곧은 것이다'라고 하였는데 '도道'에 맞게 행한다는 것이다. 곧지 않으면 굽은 것이다. 그래서 '굽음을 되돌림[致曲]'이 필요한 것이다. 예를 들어 어린아이가 우물로 들어가는 것을 보면 자연스럽게 슬퍼서 놀라고 가엾게 여기는 마음이 드는데 이것이 곧음이다. 그 아이를 구해서 그 부모와 교유를 맺으려고 하거나 명예를 얻으려고 하거나 나쁜 소문을 피하려고 하는 것은 '굽음'이다. 그렇다면 어떻게 되돌리는 것인가? 정자程子가 말하기를, '사람은 그 진심을 알아야 한다.'라고 하였는데 이것이 '굽음을 되돌리는' 종지이다. 【「치곡(致曲)」】

| 23-85 | 一字, 卽'吾道一以貫之'之一. 聖人說道理零碎了, 恐人從零碎處尋道理, 說天德也說到一來, 說王道也說到一來. 正如地之行龍, 到緊關處, 一束精神便不散亂. 【「所以行之者一」】

| 23-86 | 人之生也直, 直道而行, 不直則曲, 所以須致曲. 如見孺子入井, 自然怵惕惻隱之心, 直也; 納交要譽惡聲, 斯曲矣. 然則何以致之? 程子云:"人須是識其眞心." 此致曲之旨也. 【「致曲」】

31　'일(一)'자:『中庸』, "天下之達道五, 所以行之者三. 曰 君臣也・父子也・夫婦也・昆弟也・朋友之交也五者, 天下之達道也. 知仁勇三者, 天下之達德也. 所以行之者, 一也."

❘ 23-87 ❘ 누가 '스스로 이룸'과 '스스로 행함'에 대해 물어서, "자네가 마침 와서 내게 물었는데 누가 자네한테 나에게 물으라고 시키던가, 아니면 스스로 와서 물은 것인가?"라고 되물었다. "이것은 자신이 결정한 것이니 어떻게 누가 시킨 것이겠습니까?"라고 대답해서 "이것이 바로 스스로 이루고 스스로 행함이다."라고 말하였다.【'스스로 이룸'과 '스스로 행함'[自成自道]】

❘ 23-88 ❘ '선善을 다른 사람들과 함께한다'라는 것은 선을 가지고 가서 남과 동일하게 되는 것이 아니고 또한 사람의 선을 가지고 와서 나와 동일하게 되는 것도 아니다. 사람마다 본래 가지고 있고 하나하나가 다 완전하다. 물고기가 물에서 노닐고 새가 하늘에서 날고 있는 것과 같아서 어느 것도 끼어들 수 없다.【'선을 다른 사람들과 함께한다[善與人同]】

❘ 23-89 ❘ '어린아이의 마음'이란 참된 마음이다. 부모를 보면 온통 사랑하는 마음이 생기고 형제를 보면 온통 기쁜 마음이 생기는 것이니 어디 재 보거나 생각해 볼 필요가 있던가? 언제 따져 본 적이 있던가? 대인은 단지 이 참된 마음을 잃지 않은 것이다. 성학이 밝지 않아서 '어린아이의 마음'이 공허할 것이라고 근심하여 견문을 가져다가 채워 넣으며, '어린아이의

❘ 23-87 ❘ 有問'自成''自道'者. 曰: "子適來問我, 還是有人叫子來問我, 還是自來問的?" 曰: "此發於自己, 如何人使得?" 曰: "卽此是自成自道."【自成自道】

❘ 23-88 ❘ 善與人同, 不是將善去同人, 亦不是將人善來同我. 人人本有, 箇箇圓成, 魚游於水, 鳥翔於天, 無一物能間之也.【善與人同】

❘ 23-89 ❘ 赤子之心, 眞心也. 見著父母, 一團親愛, 見著兄弟, 一團歡欣, 何嘗費些擬議思慮? 何曾費些商量? 大人只是不失這箇眞心便是. 聖學不明, 愁

271

마음'이 진솔한 것을 싫어하여 예문禮文으로 가리고 꾸몄다. 유자儒者들은 성인이 되려고 하는 것을 가장 중요한 일로 삼는데 의론이 날로 번잡해질수록 참된 마음으로부터 날로 멀어진다는 것을 알지 못한다. 대인이 많이 보이지 않는 것은 이상하게 여길 것이 없다. 육상산이 말하기를, "한 글자도 알지 못하더라도 끝내 당당한 대인이 될 수 있다."라고 하였다. 【「적자지심(赤子之心)」】

赤子之心空虚, 把聞見塡實, 厭赤子之心眞率, 把禮文遮飾. 儒者以爲希聖要務, 不知議論日繁, 去眞心日遠. 無怪乎大人不多見也. 象山云: "縱不識一字, 終是還他堂堂大人." 【「赤子之心」】

문집

| 23-90 | '마음이 바라는 바를 따라도 법도를 벗어나지 않는다'라는 말과 관련하여 세유世儒들은 '따름[從]'을 '방종[縱]'이라고 풀이한다. 그 마음을 방종해도 옳지 않은 것이 없다는 것이다. 이것은 근세의 유폐流弊이다. 내 생각에 '구矩'는 네모이고, '마음이 바라는 바를 따름'은 동그라미이다. 동그라미는 네모를 떠나지 않으며 '바람[欲]'은 '규범[矩]'을 떠나지 않는다.

| 23-91 | 심心은 신묘한 존재이다. 어떻게 그것을 움직이지 않게 할 수 있겠는가. 움직임도 또한 움직이지 않음이라는 것을 알아야 한다. '적연부동寂然不動'과 '감이수통感而遂通', 체와 용은 원래 합일되지 않음이 없다. 그러므로 합일

文集

| 23-90 | "從心所欲不踰矩". 世儒謂從者縱也, 縱其心, 無之非是. 此近世流弊. 竊謂矩, 方也; 從心所欲, 圓也. 圓不離方, 欲不離矩.

| 23-91 | 心, 神物也, 豈能使之不動? 要知動亦不動耳, 寂感體用, 原未有不合一, 故求合一, 便生

되기를 구하는 것은 분별을 만드는 것이고 합일의 종지로부터 더욱 멀어진다.

分別, 去合一之旨愈遠.

|23-92| 우리들은 걸핏하면 천하국가를 자임하는데 가난한 사람이 황금에 대해 얘기한들 누가 믿겠는가? 옛사람이 말하기를, "자신의 문제를 잘 해결할 수 있어야 천하만물의 문제를 해결할 수 있다. 자신의 문제를 해결하지 못하면 천하만물을 얻더라도 또한 단지 오패五霸의 길에 있는 인물일 뿐이다."라고 하였다. 이제부터는 철두철미하게 실천해 나가서 조금이라도 병통이 있으면 반드시 스스로 비춰 보고 스스로 연마해야 한다. 마치 눈앞의 못을 뽑는 것처럼 시시각각으로 실천해야 비로소 부끄러운 마음이 없어지게 된다.

|23-92| 吾輩動輒以天下國家自任, 貧子說金, 其誰信之. 古人云: "了得吾身, 方能了得天地萬物. 吾身未了, 縱了得天地萬物, 亦只是五霸路上人物." 自今以往, 直當徹髓做去, 有一毫病痛, 必自照自磨, 如拔眼前之釘, 時時刻刻始無愧心.

|23-93| 우리들은 벼슬을 하러 가든 집에서 머물든 각각 해야 할 일이 있다. 벼슬길에 매몰되고 싶으면 매몰되고, 매몰되고 싶지 않으면 18층 지옥의 어두움 속에서도 절로 푸른 하늘을 바라볼 수 있을 것이다. 세상에 어떤 것이 사람을 가로막을 수 있겠는가. 사람이 스스로 뜻이 없을 뿐이다.

|23-93| 吾輩無論出處, 各各有事. 肯沉埋仕途便沉埋, 不肯沉埋, 卽在十八重幽暗中, 亦自驤首靑霄. 世豈有錮得人? 人自無志耳.

|23-94| '도道'가 존재한다고 여기자니 상천上天의 일은 소리도 없고 냄새도 없어서 존재한 적이 없다. 그렇다고 존재하지 않는다고 여기

|23-94| 夫道以爲有, 上天之載, 無聲無臭, 未嘗有也. 以

자니 '출행함'과 '노닐러 감'이 제칙帝則이 아닌 것이 없어서 존재하지 않은 적이 없다.[32] 존재한다거나 존재하지 않는다고 논의를 확정할 수 없는 것은 도道의 오묘함이 그런 것이다. 도道를 아는 사람이라면 존재한다고 해도 괜찮고 존재하지 않는다고 해도 괜찮으며 도를 알지 못하는 사람이라면 존재하지 않는다고 말하면 공空에 고착되는 것이고 존재한다고 말하면 흔적에 응체되는 것이다.

爲無, 出往遊衍, 莫非帝則, 未嘗無也. 有無不可以定論者, 道之妙也. 知道者言有亦可, 言無亦可, 不知道者言無著空, 言有滯跡.

| 23-95 | 도심道心을 위주로 하는 사람은 세상에 대한 마음이 나날이 담담해진다. 세상에 대한 마음이 담담해진 뒤에야 세상을 주재할 수 있으며 세상에 의해 변하지 않는다. 식정識情(알음알이 차원의 마음)을 위주로 하는 사람은 세상에 대한 마음이 나날이 짙어진다. 세상에 대한 마음이 짙어지면 자신을 선하게 할 수도 없을 것인데 또 어떻게 천하를 잘 다스릴 수 있겠는가.

| 23-95 | 道心爲主者, 世情日淡, 世情日淡而後能以宰世, 不爲世所推移. 識情爲主者, 世情日濃, 世情日濃且不能善其身, 又安能善天下!

| 23-96 | 경敬은 '주일무적主一無適'이라는 뜻이다. 무릇 이른바 '일一'은 반드시 가리키는 바가 있다. 장엄을 경敬이라고 여기는 자는 안배하

| 23-96 | 敬者, 主一無適之謂. 夫所謂一者, 必有所指, 莊

---

32 '출행함'과 … 없다: 『詩經』 「大雅 · 生民之什 · 板」, "昊天曰明, 及爾出王. 昊天曰旦, 及爾游衍."

는 데 이르고 존상(存想: 상상함)을 경이라고 여기는 자는 의식意識으로 흐른다. 안배하지 않고 장엄하며 의식하지 않고 상상할 수 있는 일은 이른바 '일'을 투철히 아는 이가 아니면 이룰 수 없다. '일'은 어느 곳도 이르지 못하는 곳이 없지만 방소方所의 범주로 구할 수 없다. '일'을 알면 경을 알고 경을 알면 성학을 아는 것이다.

| 23-97 | 순舜이 천하의 모범이 되었던 것은 천하로부터 생각을 일으킨 것이고 후세에 전할 수 있었던 것은 후세로부터 생각을 일으킨 것이다. 지금 사람들은 단지 자기 자신이나 자기 집안으로부터 생각을 일으켜서 시비是非와 훼예(毀譽: 비난과 칭찬)를 따진다. 안목이 한 동네에 있으니 그 결과가 또한 한 동네에 있게 되는 것이다.

嚴以爲敬者, 涉於安排; 存想以爲敬者, 流於意識. 不安排而莊, 不意識而存, 此非透所謂一者不能. 一者無一處不到, 而尒可以力所求, 無一息不運, 而不可以斷續言. 知一則知敬, 知敬則知聖學矣.

| 23-97 | 舜爲法天下, 自天下起念; 可傳後世, 自後世起念. 如今人只在自家一身一家起念, 較是非毀譽, 眼在一鄕, 則結果亦在一鄕.

급간 광호 나대굉 선생

給諫羅匡湖先生大紘

| 23-98 | 나대굉羅大紘은 자가 공곽公廓이고 호가 광호匡湖이며 길주吉州의 안복安福 사람이다. 만력萬曆 병술년(1586)에 진사에 급제하였다. 신묘년(1591) 9월에 오문(吳門: 申時行, 1535-1614)이 수보首輔가 되어서 주적註籍[1]하고 있었는데, 신안(新安: 許國, 1527-1596)과 산음(山陰: 王家屛, 1537-1604)이 태자 책립을 정지한 일로 게첩揭帖을 갖추어 강력히 다투면서 오문吳門을 연명인 명단의 가장 위에 올려놓았다. 상이 몹시 진노하였다. 오문은 말을 듣지도 못하였고 단지 각중閣中의 고사故事에 따라 이름을 올렸을 뿐이다. 이때 선생은 예과급사중禮科給事中으로서 수과守科하고 있었는데 너무나 성이 나서 상소를 올려 바로잡으려고 나섰다가 드디어 견책을 받고 낙향하게 되었다.

| 23-98 | 羅大紘, 字公廓, 號匡湖, 吉之安福人. 萬曆丙戌進士. 辛卯九月, 吳門爲首輔, 方註籍新安山陰, 以停止冊立, 具揭力爭, 列吳門於首. 上怒甚, 吳門言不與聞, 特循閣中故事列名耳. 時先生以禮科給事中守科, 憤甚, 上疏糾之, 遂謫歸.

---

1 주적(註籍): 명부에 기록해 두고 집에서 관직 제수를 기다리는 것을 말한다.

선생은 서노원徐魯源에게서 배우고 시골에서 남얼(南臬: 鄒元標)과 강학하였다. 남얼이 "선생은 총민하고 잘 깨달아 들어갔다. 다른 사람들이 물러서고 주저하며 사방을 둘러보는 일을 선생은 칼을 쥐고 바로 들어갔으며 다른 사람은 몇 년이 걸려야 비로소 깨달아 들어갈 수 있는 것을 선생은 먼저 그 오묘한 곳을 엿보았다."라고 말하였다. 하지만 그 얻은 바를 살펴보면 묵조默照를 무너뜨리면서 '한 생각이 이미 응체되면 오관五官이 모두 무너진다'라고 생각하였다. 그러니 강우江右 지역 선정先正들의 학맥에서 또 한번 전환한 것이다. 야사(野史)에 "오문吳門이 세상을 떠나자 그 아들이 남얼에게 전傳을 써 달라고 해서 남얼이 전을 써 주자, 선생이 대노하여 게첩을 갖추어 해내에 고하려고 하였다. 남얼이 신씨申氏에게 청하여 판각하지 않자 그제야 그쳤다."라고 하였다. 살피건대 오문吳門을 위해 지은 묘표墓表가 현행본 남얼의 『존진집存眞集』에 보인다. 야사의 잘못에 대해서는 비판할 필요가 없다.

광호 회어

| 23-99 | 심心은 오로지 내면에 있는 것이 아니고 고금천지에 이 심이 아닌 것이 없다. 성性은 오로지 이 심인 것이 아니고 이목구비가 이 성이 아닌 것이 없다. 그래서 심의 범위란 그 바

先生學於徐魯源, 林下與南臬講學. 南臬謂先生敏而善入, 衆人所卻步踷躇四顧者, 先生提刀直入; 衆人經數年始入者, 先生先闖其奧. 然觀其所得, 破除默照, 以爲一念旣滯, 五官俱墮. 於江右先正之脈, 又一轉矣. 野史言: "吳門歿, 其子求南臬立傳. 南臬爲之作傳, 先生大怒, 欲具揭告海內, 南臬囑申氏弗刻乃止." 按吳門墓表見刻南臬『存眞集』, 野史之非, 可勿辨矣.

匡湖會語

| 23-99 | 心非專在內, 俯仰今古無非是心. 性非專是心, 耳目口鼻無非是性

깥이 존재하지 않는다는 것을 안다면 '심을 간직하는' 공부를 하는 사람이 굳이 내면에 전적으로 수렴할 필요가 없을 것이고, 성체性體가 둘이 아니라는 것을 안다면 '성性을 다하는' 공부를 하는 사람이 굳이 심에서 고생스럽게 구할 필요가 없을 것이다. 한 생각이 미혹되면 바로 '놓침'인 것이지 심이 안으로부터 밖으로 나가는 것이 아니다. 한 생각이 깨달으면 바로 '거둬들임'인 것이지 심이 밖으로부터 안으로 들어오는 것이 아니다. 무엇을 볼 때는 마음이 눈에 있으니, 마음의 범위가 이와 같으면 눈의 범위도 또한 이와 같다. 미혹되면 모두 미혹되고 깨달으면 모두 깨닫는다. 보는 일을 배제하고 별도로 마음을 구할 필요가 없다. 무엇인가를 듣고 있을 때는 마음이 귀에 있다. 마음의 범위가 이와 같으면 귀의 범위도 이와 같다. 미혹되면 모두 미혹되고 깨달으면 모두 깨닫는다. 듣는 일을 배제하고 별도로 마음을 구할 필요가 없다. 말하거나 침묵하거나 움직이거나 가만히 있거나, 빙글 돌거나 굽히거나 펴는 등 일체의 행동이 마음과 서로 부합하여 원기元氣가 천지에 가득히 차고 영광靈光이 우주에 두루 비출 것이다. 굳이 이 한 조각 살덩이를 잡고 지키고 있는 것이라야 '마음을 간직함'이겠는가.

| **23-100** | 이미 기질이라고 하였으니 성性이

故知心量之無外, 則存心者不必專收於內, 知性體之無二, 則盡性者不必苦求於心. 一念迷卽爲放, 而心非自內出也. 一念覺則爲收, 而心非自外來也. 當其視, 心卽在目, 心量如是, 眼量亦如是, 迷則皆迷, 悟則皆悟, 不必舍視而別求心也. 當其聽, 心卽在耳, 心量如是, 耳量亦如是, 迷則皆迷, 悟則皆悟, 不必舍聽而別求心也. 語默動靜, 周旋屈伸, 一切與心相印, 元氣充周於天地, 靈光徧照於宇宙, 必拘守一塊肉, 乃爲存心哉!

| **23-100** | 既曰氣

아니고, 이미 성이라고 하였으니 기질에 떨어지지 않는다. 단지 기질의 차원에서 수양을 하기 때문에 변화가 생기지 않는 것이다.

│ 23-101 │ '타고난 것을 지킴'과 '몸으로 회복함'은 천고에 걸쳐 두 가지 다른 학맥이다. 하나는 보고 듣고 말하고 행동하는 것이 성性을 떠나지 않는 것이고, 다른 하나는 보고 듣고 말하고 행동하는 것이 몸을 떠나지 않는 것이다. 요임금과 순임금의 "오직 정밀히 하고 오직 한결같이 하여 진실되고 중中을 잡는다."라는 것은 이른바 "이루어진 성을 지키고 지키는 것이 도의道義의 문이다."²라는 것이니 이것은 '타고난 것을 지킴'의 학문이다. 탕임금과 무왕은 의義로써 일을 다스리고, 예禮로써 마음을 다스리며, 경敬으로써 나태함을 이기고 의義로써 욕심을 이겼다. 이른바 '몸을 수양하여 도道가 세워지고'³ '행동이 모두 법도에 맞는다'라는 것이니 이것은 '몸으로 회복함'의 학문이다. 요임금과 순임금은 물론 저절로 그런 것이지만 그 근심하고 한탄하며 조심하고 노고를 들였던 것도 모두 '타고난 것을 지킴'에서 온 것이다. 탕

質, 卽不是性, 旣云性, 便不墮氣質. 不識天命之性, 只管在氣質上修治, 所以變化不生.

│ 23-101 │ 性之身之, 是千古兩派學脈, 一則視聽言動不離乎性; 一則視聽言動不離乎身. 堯・舜 "惟精惟一, 允執厥中", 所謂'成性存存, 道義之門', 此'性之'之學也. 湯・武以義制事, 以禮制心, 以敬勝怠, 以義勝欲, 所謂'修身道立', 履准蹈繩, 此'身之'之學也. 堯・舜固是自然, 卽當其憂嗟咨歎, 兢業勞苦, 亦從性之來; 湯・武固是勉然, 卽當其動罔不

---

2 이루어진 … 문이다:『周易』「繫辭上」에 있는 말이다.
3 몸을 … 세워지고:『中庸』, "修身則道立. 尊賢則不惑."

임금과 무왕은 물론 노력을 들여서 그런 것이지만 그 움직임이 선하지 않음이 없고 몸이 편하고 행위가 이로운 것도 또한 '몸으로 회복함'으로부터 나온 것이다. 그래서 학자가 처음 입문할 때 곧바로 성명性命으로부터 참구參求하는 것은 모두 '타고난 것을 지킴'의 학문이고, 공부에 손을 대서 신심身心으로부터 조존操存하는 것은 모두 '몸으로 회복함'의 학문이다.

臧, 身安用利, 亦從身之發. 故學者初入門時, 劈空從性命上參求, 竟是性之之學; 起手從身心上操存, 終是身之之學.

| 23-102 | "공자가 '인仁'에 대해 말할 때 어찌하여 인체仁體를 바로 가리키지 않은 것입니까? 반드시 '복례復禮'라고 한 것은 왜입니까?"라고 묻기에, "건乾괘의 '원형이정元亨利貞'은 곧 내 본성의 인의예지이다. 원元은 선善의 어른이고, 형亨은 기쁨의 모임이다. 대개 건원乾元은 만물의 시원이고 하늘을 통어하니 거대하여 이름짓기가 어렵다. 형亨에 이르면 손巽괘와 이離괘의 접점이니 구름이 움직이고 비가 내려서 만물들이 자라나고 지엽과 꽃술이 푸른색, 비취색, 붉은색, 초록색으로 다함께 모두 늘어설 것이다. 이른바 '만물이 모두 나타나게 된다'라는 것이다. 이 '나타남'에 속에서 만물의 시원이 되고 하늘을 통어하는 원元이 우주에 환히 드러날 것이다. 이것을 깨달아 예를 회복하고 인仁으로 돌아가는 것이니 군더더기 말이 필요없다. 그래서 『주역』「계사전」에 말하기를, '인仁으로 드러난다.'라고 한 것이

| 23-102 | 問: "夫子言仁, 何不直指仁體, 而必曰復禮, 何也?" 曰: "「乾」之元亨利貞, 卽我性之仁義禮智. 元者善之長也, 亨者嘉之會也. 蓋乾元資始統天, 蕩蕩難名. 至於亨, 當「巽」, 「離」之交, 雲行雨施, 品物流行, 枝葉華葳, 蒼翠丹綠, 雜然並陳, 所謂萬物皆相見也. 卽此相見者, 而資始統天之元, 灼然宇宙, 悟此而復禮歸仁, 不待贅辭矣. 故

다.”라고 대답하였다.

|23-103| 인仁의 '혼연한 전체全體'는 사유로는 이해하기 어렵지만 그 조리는 깨달을 수 있는 것이기 때문에 '예를 회복하면' '인仁으로 돌아간다.' 인仁은 하나일 뿐이다. [인(仁)이] 눈에서는 보는 것이고 귀에서는 듣는 것이고 소리로 발하는 것은 말이고 몸으로 운행하는 것은 행동이다. 이것이 인의 조리이고 예禮이다. 예를 배제하고는 인이 없고 '보고 듣고 말하고 행동함'을 배제하고는 예가 없다. 그러므로 하루 사이에 '보고 듣고 말하고 행동함' 속에서 홀연히 깨달을 수 있으면 인의 전체가 드러나게 된다. “어떻게 천하가 인을 돌아감을 볼 수 있는가?”라고 묻기에, “사람들은 단지 인仁이 크다는 것을 알고 '보고 듣고 말하고 행동함'을 작다는 것을 알지만 인체仁體가 곳곳에 구족하여 보는 일에서는 인의 체體가 전부 보는 일에 있고 듣는 일에서는 인의 체가 전부 듣는 일에 있으며 말하고 듣는 일도 마찬가지이다. 우선 '보는 일'로 자세히 설명해 보자. 지금 사람이 방에 있으면 방안을 보고 당堂에 있으면 당을 보고 들에 있으면 사방을 본다. 우러러볼 때는 높은 하늘의 무궁함을 보고 굽어볼 때는 대지의 무진함을 볼 수 있다. 부모를 보면 사랑하고 어른을 보면 공경하며 어린 사람을 보면 자애롭게 대한다. 우물로 기어들어 가는 아이를

「擊傳」曰: '顯諸仁.'”

|23-103| 仁之渾然全體, 難於思求, 而其條理, 則有可覺悟, 故復禮卽歸仁. 仁一而已矣, 在目爲視, 在耳爲聽, 發於聲爲言, 運於身爲動, 此仁之條理, 所爲禮也. 舍禮之外無仁, 舍視聽言動之外無禮, 故一日之間, 能於視聽言動忽然覺悟, 而仁之全體呈露矣. 問: “何以見天下歸仁?” 曰“人但看得仁大, 看得視聽言動小, 不知仁體隨在具足, 卽視而仁之體全在視, 卽聽而仁之體全在聽, 言動亦然. 姑以視明之: 今人在室見一室, 在堂見一堂, 在野見四境, 仰視而見高天之無窮, 俯視而見大地

보면 측은해하고 '종에 피 바르기 위해 죽이려고 끌고 가는' 소를 보면 차마 보지 못하니 어떤 것이 '나의 보는 일'과 일체가 아니겠는가. 이 하나의 지각에서 바로 천하가 인으로 돌아가니 잠깐 사이도 필요하지 않다. 오관의 '모습, 말, 시각, 청각, 사유'와 오륜의 '친親, 의義, 서序, 별別, 신信'은 사람들이 모두 나면서 갖추고 있고 나날이 사용하는 것이니 이른바 '고故'이다. 시시각각으로 이것으로부터 체인하고 이것으로부터 깨달으면 부모를 섬기고 사람을 알고서 하늘을 알 수 있으며 총명성지聰明聖智를 갖추어 천덕天德에 이르게 된다. 이것이 '옛 것을 데워 새것을 아는 것'이다."[4]

之無盡，　見親則愛，見長則敬，　見幼則慈, 見入井之孺子則惻隱, 見釁鍾之牛則不忍, 孰非與吾之視爲一體者？　卽此一覺，而天下歸仁, 不待轉眄矣．　五官之貌, 言視聽思也, 五倫之親，　義序別信也，　人皆生而具之，日而用之，　所謂故也．　時時從此體認，從此覺悟，　事親知人，　可以知天，　聰明聖智，　達乎天德, 是爲溫故而知新."

난주잡술(유조부의 기록)

蘭舟雜述(劉調父記)

▍23-104 ▍풍속이 사람을 바꾸니 친구를 구하지 않으면 변할 수 없다. 한 가족은 한 가족의 기습氣習이 있다. 한 고을의 훌륭한 선비를 벗

▍23-104 ▍ 習俗移人，　非求友不能變. 一家有一家氣習, 非

4　이것이 … 것이다: '溫故而知新'의 '故'자를 나광호가 이 글에서 독특하게 해석하지만, 편의상 이렇게 번역하였다.

으로 삼지 못하면 필시 한 가족의 기습을 초월할 수 없다. 국가와 천하에 확대해도 모두 그러하며, 천하의 훌륭한 선비를 벗으로 삼는 것에 이르면 지극하다. 하지만 하루에는 또 하루의 기습이 있으니 위로 천고의 훌륭한 선비를 벗으로 삼지 않으면 일세의 기습을 벗어날 수 없다. 이것이 맹자가 전국시대의 풍습을 조탈할 수 있었던 이유이다.

▌23-105▐ 우리들은 천고의 훌륭한 선비를 벗으로 삼거나 사방의 훌륭한 선비를 벗으로 삼는 것은 말할 것도 없고, 이 몸이 이 방으로부터 나가서 청廳에 이르면 벌써 초연함을 느낄 수 있고 청으로부터 나가서 문밖에 이르면 또 더 초연해짐을 느낀다.

▌23-106▐ 공자가 노나라를 떠날 때 (노나라 군주가) 여악女樂을 받은 것을 이유로 삼지 않고 (큰 제사를 지낸 뒤에) 번육(燔肉: 제사에 쓴 고기)을 보내오지 않은 것을 이유로 삼았다. 그 정성스러운 인仁이 연못처럼 깊어서 얕게 드러나지 않으며 함축적이고 촉박하지 않다. 의견에 기대지 않고 명절名節에 기대지 않으며 전적으로 천덕天德으로 모든 일을 해 나갔다. 사람이라면 기대는 것이 있음을 면할 수 없다.

▌23-107▐ '어디서나 늘 편안하여 인仁이 두텁

友一鄉之善士, 必不能超一家之習. 推之一國天下皆然, 至於友天下盡矣. 然一朝又有一朝之氣習, 非尙友千古不可以脫一世之習, 此孟子所以超脫於戰國風習之外也.

▌23-105▐ 吾輩無論友千古, 友四方, 此身自房中出, 到廳上便覺超然, 自廳上出, 到門外又覺超然.

▌23-106▐ 孔子去魯, 不以女樂, 而以燔肉. 其一段肫肫之仁, 淵深而不淺露, 容蓄而不迫隘, 不倚於意見, 不倚於名節, 全是天德用事, 人則不免於有所倚矣.

▌23-107▐ 安土敦乎

기 때문에 남을 사랑할 수 있다.'⁵ 각각 처하는 자리가 있음을 '토土'라고 한다. 오직 자신이 처한 자리에 편안히 있지 못하기 때문에 방안에 있으면서 온갖 다른 생각이 이루 이길 수 없을 만큼 많다. 내가 이미 남을 싫어하니 남도 나를 싫어하게 된다. 어떻게 인仁에 편안하여 서로 사랑할 수 있겠는가. '어디서나 늘 편안할' 수 있는 사람은 어느 곳에서나 모두 좋아하고 어느 사람이나 모두 좋아한다. 그래서 사랑하지 않음이 없다. 사랑하지 않음이 없으니 이것을 '두텁게 인仁에 거처한다'라고 말한다.

| 23-108 | 인仁은 본래 만물과 동체인 것인데 단지 사람이 나면서부터 분별하기 때문이 작아진 것이다. 옛사람은 천하를 한 가족으로 여기고 중국을 한 사람으로 여겼는데 그것은 의도를 해서 그런 것이 아니었다. 그 마음의 범위가 원래 이와 같았다. 지금 중국에 처하여 단지 강서성을 차지하였고 강서성 중에서도 길안吉安을 차지하였고 길에서도 또 안복安福을 차지하였고 안복 중에서도 또 내 집을 차지하였고 내 집에서도 또 내 조부의 자리를 차지하였고 내 조부의 자리 중에서도 또 나 한 사람을 차지하였다. 종생토록 분주하여 한 몸과 한

仁, 故能愛人. 各有所處之地, 所謂土也. 惟不安其所處之地, 則一室之內, 不勝異意. 我旣嫌人, 人亦嫌我, 如之何能安乎仁而相親愛乎? 若安土者, 見處處皆好, 人人皆好, 是以能無不愛, 無不愛, 是謂敦厚以居仁.

| 23-108 | 仁本與萬物同體, 只爲人自生分別, 所以小了. 古人天下一家, 中國一人, 非意之也, 其心量原自如此. 今處中國, 只爭箇江西, 江西又爭箇吉安, 吉安又爭箇安福, 安福又爭箇某房, 某房又爭箇某祖父位下, 某祖父位下又只爭我

---

5 어디서나 … 있다: 『周易』「繫辭上」에 나오는 말이다.

가족의 범위를 벗어나지 않으니 이 어찌 스스로가 자신을 작게 한 것이 아니겠는가. 그래서 잘 배우는 이는 채울수록 더욱 커지고 잘 배우지 못하는 이는 구분할수록 더욱 작아진다.

一人, 終生營營, 不出一身一家之內, 此豈不是自小乎? 故善學者愈充之則愈大, 不善學者愈分之而愈小.

명유학안 권24,
강우왕문학안9

明儒學案 卷二十四,
江右王門學案 九

중승 망지 송의망 선생

中丞宋望之先生儀望

|24-1| 송의망(宋儀望: 1514-1578)은 자가 망지望之이고 길주吉州의 영풍永豊 사람이다. 과거에 급제하여 오현吳縣의 현령이 되었다 조정으로 들어가 어사御史가 되어서는 구란仇鸞[1]이 군대를 거느리고 지근한 거리에서 지내고 있는 것은 신하의 예가 없는 것이라고 탄핵하였다. 다시 분의(分宜: 嚴崇)의 당인 호종헌胡宗憲과 완악阮鶚을 탄핵하였다. 대리승大理丞으로 옮겼는데 분의가 중상中傷을 하여 패주霸州의 군정軍政을 맡게 되었고 복건성福建省으로 옮겨 갔다. 대계大計[2] 기간이 돌아와서 추천을 받고 사천첨사四川僉事에 보임되었다. 부사副使로 옮겨 복건성福建省의 학정學政을 담당하였고 참정參政)으로 승

|24-1| 宋儀望, 字望之, 吉之永豊人. 由進士知吳縣. 入爲御史. 劾仇鸞擁兵居肘掖, 無人臣禮. 復劾分宜之黨胡宗憲, 阮鶚. 遷大理丞. 分宜中之, 出備兵霸州, 移福建. 大計歸, 以薦補四川僉事. 遷副使, 視福建學政. 陞參政. 入爲太仆大理卿. 巡

---

1   구란: 仇鸞(1505-1552)은 字가 伯翔이고 號가 枳齋이며 陝西의 鎭原 사람이다. 1552년 大將軍으로서 군대를 이끌고 大同에 주둔하였다.

2   대계(大計): 관료의 인사고과를 행하는 것을 가리킨다.

진하였다. 조정으로 들어가서 태복대리경太仆大理卿이 되었으며 순무남직에첨도어사巡撫南直隸僉都御史가 되었다. 표충사表忠祠를 세워 손국遜國[3]의 충신을 제사 지내고, 송宋나라 충신 양방예楊邦乂[4]의 묘묘墓에 정표旌表를 세웠다. 세상을 떠났을 때 나이가 예순다섯이었다.

|24-2| 선생은 섭정양(聶貞襄: 聶彪)에게서 배우면서 양지良知의 종지에 대해 들었다. 이때 양명을 문묘에 종사하자는 논의가 일어났는데 의논이 하나로 모아지지 않았다. 이에『(양명선생종사) 혹문或問』을 지어 당시 사람들의 의혹을 풀었다. 하동(河東: 薛瑄)과 백사(白沙: 陳獻章)에 대해 논한 것도 선생만큼 친밀하고 절실한 글이 없었다.

양명선생종사 혹문[5]

|24-3| 어떤 사람이 나에게 "고금의 학문은 요순으로부터 공맹에 이르기까지 원래 하나이

撫南直隸僉都御史. 建表忠祠, 祀遜國忠臣. 表宋忠臣楊邦義墓. 卒年六十五.

|24-2| 先生從學於聶貞襄, 聞良知之旨. 時方議從祀陽明, 而論不歸一, 因著『或問』, 以解時人之惑. 其論河東, 白沙, 亦未有如先生之親切者也.

陽明先生從祀或問

|24-3| 或有問於予曰: "古今學問, 自

---

3 손국(遜國): 직전의 왕조를 가리킨다. 여기서는 明나라를 가리킨다.
4 양방예(楊邦乂): 楊邦乂(1085-1129)는 字가 晞稷이며 吉水縣 楊家莊 사람이다. 建炎 3年(1129), 通判建康軍提領沿江措置使司로 재임할 때 金兵이 建康을 함락시켰는데 양방예는 투항하지 않고, 혈서로 "寧作趙氏鬼, 不爲他邦臣"이라고 썼고 完顏宗弼이 그의 배를 갈라 심장을 꺼냈다고 한다.
5 양명선생종사 혹문: 왕양명을 文廟에 종사하는 데 대한 문제제기와 그에 대한 해명을 실은 글이다.

다. 뒷날 학문을 담론하는 이들은 왜 그렇게 분분하게 갈리게 되었는가?"라고 묻기에 내가 "예로부터 지금에 이르기까지 사람은 이 마음을 같이 가지고 있고, 마음은 이 리를 같이 가지고 있다. 이른바 '리'란 밖으로부터 이른 것이 아니다. 『주역』「계사전」에서 '천지의 큰 덕을 생生이라고 한다'라고 하였다. 사람은 천지가 만물을 낳는 마음을 얻어서 그것을 자신의 마음으로 삼으니 사람이 생성할 수 있는 리理이다. 이것을 '생리生理'라고 하니 곧 성性이라고 한다. 그러므로 '성性자'는 '심心자'와 '생生자'로 이루어져 있다. 정자程子가 '마음은 곡식 씨앗 같다.'라고 하였고 또 '마음은 생성의 도리이다.'라고 하였다.[6] 사람의 마음은 단지 이 생리生理가 있을 뿐이기 때문에 그 진성眞誠·측달惻怛의 마음이 군신, 부자, 형제, 부부, 붕우, 만사, 만물의 사이에 흘러서 친한 바에는 친하게, 소원한 바에는 소원하게, 두터운 바에는 두텁게, 박한 바에는 박하게 하여 자연스럽게 각각 조리가 있어 안배할 필요가 없으니 밖으로부터 쇠를 녹이듯 침식해 들어간 것이 아니다. 이것이 이른바 '하늘이 명한 성'이고 '진실되고 망령됨이 없는' 것이다. 요순 이래로

堯, 舜至於孔, 孟, 原是一箇, 後之談學者, 何其紛紛也?"予答之曰: "自古及今, 人同此心, 心同此理. 所謂理者, 非自外全也. 『易系』曰: '天地之大德曰生.' 人得天地生物之心以爲心, 所爲生理也. 此謂生理, 卽謂之性, 故性字從心從生. 程子曰: '心如穀種.' 又曰: '心生道也.' 人之心, 只有此箇生理, 故其眞誠惻怛之意, 流行於君臣父子兄弟夫婦朋友, 以至萬事萬物之間, 親親疏疏, 厚厚薄薄, 自然各有條理, 不俟安排, 非由外鑠. 是所謂天命之性, 眞實

6　정자(程子)가 … 하였다: 『二程遺書』 권18, "陽氣發處, 却是情也. 心譬如穀種, 生之性便是仁也."

성군聖君·현상賢相·명유名儒·철사哲士들이 서로 강구하고 힘껏 행한 것은 또한 단지 이 마음의 생리生理를 완전하게 실현하는 일이었을 뿐이다. 이것이 학술의 근원이다."라고 대답하였다.

|24-4| 어떤 이가 "사람의 마음에 단지 이 생리生理가 있을 뿐이라면 학술도 또한 많은 담론이 없어야 하는데 분분하고 복잡하게 각각 이론異論을 세운 것은 왜인가?"라고 물어서 내가 "그대는 왜 다르다고 생각하는가?"라고 되물었더니, 그가 "'정일精一과 집중執中'에 대해 설명하는 이들은 세 성인 사이에서 전수된 것이라고 하니[7] 만세에 걸친 심학의 근원으로서 지극한 것이다. 그런데 성탕成湯·문무文武·주공周公 이후에 또 (『예기』에서) '예로써 마음을 다스리고 의로써 일을 다스린다[以禮制心, 以義制事]'라고도 하고 (『시경』에서) '이어 가고 빛나며 경건함을 통해 편안히 그쳤다[緝熙敬止]'라고도 하고 (『주역』에서) '경敬이 있어서 안을 바르게 하고 의義가 있어서 밖을 반듯하게 한다[敬以直內, 義以方外]'라고 하였으며, 공문孔門의 학문은 전적으로 '구인求仁'에 힘쓰고 맹자는 또 전적으

無妄者也. 自堯, 舜以來, 其聖君賢相, 名儒哲士, 相與講求而力行者, 亦只完得此心生理而已. 此學術之原也."

|24-4| 或曰: "人之心只有此箇生理, 則學術亦無多說, 乃至紛紛籍籍, 各立異論, 何也?" 予曰: "子何以爲異也?" 曰: "'精一執中'說者以爲三聖人相與授受, 萬世心學之原至矣. 成湯·文武·周公以後, 又曰'以禮制心, 以義制事', 曰'緝熙敬止', 曰'敬以直內, 義以方外'. 孔門之學, 專務求仁, 孟子又專言集義, 曾子·子思述孔子之

---

7   정일(精一)과 … 하니: 「中庸章句序」, "'允執厥中'者, 堯之所以授舜也; '人心惟危, 道心惟微, 惟精惟一, 允執厥中'者, 舜之所以授禹也. 堯之一言, 至矣盡矣, 而舜復益之以三言者, 則所以明夫堯之一言, 必如是而後可庶幾也."

로 '집의集義'를 말하였고 증자와 자사는 공자의 뜻을 계승하여 각각 『대학』과 『중용』을 지어서 성문聖門에 전승된 체용일원體用一原의 학문에 대해 남김없이 다 발명하였다. 송대의 유자儒者인 주자朱子에 이르러서는 정자程子의 주장을 토대로 『대학』의 고본古本에는 '격물치지'에 대한 설명이 결여되어 있다고 의심하여 이에 그 이론을 발명하여 더 이상 남은 힘이 없었다. 어떤 사람은 '공자는 여러 성인들의 대성大成을 종합한 분이고 주자는 여러 학자들의 대성을 종합한 분이다.'라고 주장하는데 그 주장이 이미 3백여 년이 되었고 양명선생에 이르러 비로소 그 주장을 반대하였다. 처음에는 '지행합일知行合一'을 말하였고 그 뒤에는 '치양지致良知'를 전적으로 말하여 주자의 격물格物 이론은 사물에서 리理를 구하고 밖으로부터 심心을 질곡하는 구조임을 면치 못한다고 주장하였다. 그 주장은 옳은가, 그렇지 않은가?'라고 말하기에, 내가 "상고 시대에 사람들은 순박하여 위아래로 이 도道에 스며들어 있는데도 자신은 알지 못하였다. 복희씨伏羲氏가 우러러 하늘의 법칙을 보고 아래로 땅의 이치를 살펴서 비로소 팔괘를 그림으로써 신명神明의 덕을 밝혔고 만물의 본성을 분석하였다. 하지만 당시에는 아직 문자가 없어서 학자들은 논설을 할 길이 없었다. 요임금, 순임금, 우임금이라는 세 큰 성인이 (심법을) 전승하기에 이르러 학문

意, 作『大學』『中庸』, 聖門體用一原之學, 發明始盡. 至宋儒朱子, 乃本程子而疑『大學』古本缺釋格物致知, 於是發明其說, 不遺餘力. 說者謂孔子集群聖之大成, 而朱子則集諸儒之大成. 其說已三百餘年, 至陽明先生始反其說. 初則言'知行合一', 旣則專言'致良知', 以爲朱子格物之說, 不免求理於物, 梏心於外. 此其說然歟? 否歟?"予答之曰: "上古之時, 人含淳樸, 上下涵浸於斯道而不自知. 伏羲氏仰觀俯察, 始畫八卦, 以通神明之德, 以類萬物之情. 然當時未有文字, 學者無從論說. 至堯·舜·禹三大聖人, 更相授受,

이 비로소 크게 밝아졌다. 그 내용은 '인심은 위태하고 도심은 미묘하니 정밀히 하고 한결같이 해서 그 중中을 잡으라'라는 것이었다. 대개 이 마음의 본체는 순일하고 잡박하지 않으니 이것을 도심이라고 하고 곧 이른바 '중中'이다. 만약 사람의 욕구로 그 마음의 본체를 동요시킬 경우 인심이 되며 '중'이 아니게 된다. '미微'란 마음이 미묘하다는 의미를 말한 것이고, '위危'란 위태로움이다. '정精'이란 이 마음이 일치하지 않는 것을 살펴서 도심으로 귀일시키는 것이고, '일一'이란 이 마음의 정밀함을 일관되게 유지하여 인심에 의해 빼앗기지 않는 것이다. 이와 같이 하면 '진실로 그 중을 잡게 되며' '하늘의 명'을 보전하게 된다. 이것이 심법을 전한 최초의 말이다. '이례제심以禮制心'[8]이란 '이 마음에는 단지 이 천리만이 있고 예는 곧 천리를 말하므로 마음을 다스리는 이가 이 마음의 천리를 속이지만 않으면 마음의 체體가 온전해진다'라는 말이고, '이의제사以義制事'라는 것은 '천하의 일은 내 마음의 유행에 의한 작용이 아닌 것이 없으므로 일을 다스리는 이가 내 마음의 조리에 맞게 조절하여 다스리고 거기에 사심을 개입시키지 않으면 마음

學始大明. 其言曰: '人心惟危, 道心惟微, 惟精惟一, 允執厥中.' 蓋此心本體純一不雜, 是謂道心, 卽所謂中也; 若動之以人, 則爲人心矣, 非中也. 微者言乎心之微妙也, 危則殆矣. 精者, 察乎此心之不一, 而一於道心也; 一者, 一乎此心之精, 而勿奪於人心也. 如此則能'允執厥中', 天命可保矣. 此傳心之祖也. 以禮制心者, 言'此心只有此箇天理, 禮卽天理之謂也', 故制心者惟不欺此心之天理, 則心之體全矣. 以義制事者, 言'天下之事, 莫非吾

8　이례제심(以禮制心): 송의망이 이 말을 자신의 방식으로 설명하기 때문에 원문을 그대로 제시하였다. 아래도 마찬가지이다.

의 용用이 실현된다'라는 말이다. 이것은 체와 용이 합일된 말이다. 만약 예를 마음에 귀속하고 의를 일에 귀속한다면 마음과 일이 둘이 되어 버린다. 맹자는 '사람들의 마음이 동일하게 옳게 여기는 것은 무엇인가? 리理이고 의義이다'라고 말하였다. 해석자들은 '사물에 있는 것은 리理이고 사물을 처리하는 것은 의義이다'라고 설명하는데 정말 이와 같이 말한다면 리와 의가 과연 둘이라는 것인가? 마음의 밖에 리가 존재하지 않고 마음의 밖에 의가 존재하지 않으며 마음의 밖에 사물이 존재하지 않는다. 내 마음이 조리정연하다는 측면에서 말하면 '리'라고 하고 내 마음이 알맞게 대응한다는 측면에서 말하면 '의'라고 하니 사실은 하나이다. '집희緝熙'라는 말은 '심체란 본래 스스로 빛이 나는 것이어서 이어 가고 빛내면 이 광명을 늘 보존하게 된다'라는 의미이다. '경지敬止'란 '이 마음이 움직이거나 가만히 있거나 안에서나 밖에서나 늘 천리의 상태를 유지하여 그칠 수 있다'는 말이다.[9] 문왕은 광명을 잘 보존하여 이 마음의 본체가 늘 경건히 유지되어 그쳐야 할 상태로 그칠 수 있었기 때문에 (『시경』에서) '순일하여 또한 그치지 않았다. 문왕의 덕의

心流行之用', 制事者惟順吾心之條理裁制, 而不以己私與焉, 則心之用行矣. 此體用合一之說也. 若謂禮屬心, 義屬事, 是心與事二矣. 孟子曰: '心之所同然者, 何也? 謂理也, 義也'. 說者謂在物爲理, 處物爲義, 審如此說, 是理與義果爲二物乎? 心外無理, 心外無義, 心外無物, 自吾心之條理精察而言, 則謂之理, 自吾心之泛應曲當而言, 則謂之義, 其實一也. 緝熙者, 言心體本自光明, 緝熙則常存此光明也; 敬止者, 言此心無動無靜, 無內無外, 常

---

9 집희(緝熙)란 … 말이다: 『大學』 傳4章, "詩云: '穆穆文王, 於緝熙敬止!' 爲人君, 止於仁; 爲人臣, 止於敬; 爲人子, 止於孝; 爲人父, 止於慈; 與國人交, 止於信." 詩는 『詩經』 「文王」.

순일함이여.'라고 하였는데 이것을 말한 것이다. '경이직내敬以直內'란 '마음의 본체는 본래 바른 것이니 단지 경敬을 견지할 수 있으면 내면이 늘 바르게 된다'라는 말이다. '의이방외義以方外'란 '마음의 신명은 자연히 만사만물을 재단하고 다스릴 수 있으니 단지 늘 의義로 행동하면 밖이 늘 반듯하게 된다'라는 말이다. 경敬이란 의義의 주재이니 안에 있는 것으로 말하면 '경'이라고 하고, 의는 경의 재재(裁制: 재단하고 다스림)이니 밖에 있는 것으로 말하면 '의'라고 한다. 경과 의가 일치하고 안과 밖이 간극이 없으면 덕이 나날이 커져서 익히지 않고도 이롭지 않음이 없게 된다. 그래서 말하기를, '성性의 덕은 안과 밖을 합하는 도道이다. 그래서 때에 맞추어 대응하는 것이 늘 적절하다.'라고 하였다. 아! 요임금, 순임금, 우임금, 탕임금은 성군이고, 문왕과 주공은 성신聖臣이다. 옛날의 군신은 서로 이 학문을 강구하여서 선후로 그 방식이 동일하였고 그 역량이 미치는 바가 단지 선천적으로 타고난 것이었는지 후천적으로 회복한 것이었는지의 차이가 있었을 뿐이다. 만일 학맥을 전승한다면 천고에 걸쳐 하나의 리이고 모든 성인이 하나의 마음이니 달라질 수가 없다. 춘추시대에 이르러 성군과 현상이 나오지 않고 사람의 마음이 함닉되고 공리功利의 풍조가 횡행하게 되자 공자는 필부로서 그 시대에 태어나 온힘을 다해 그 국면

一於天理而能止也. 文王緝熙光明, 使此心之本體常敬, 而得所止, 故曰'純亦不已, 文王之德之純', 此之謂也. 敬以直內者, 言心之體本直, 但能常主於敬, 則內常直矣; 義以方外者, 言心之神明, 自能裁制萬物萬事, 但能常依於義, 則外常方矣. 敬者義之主宰, 在內而言謂之敬, 義者敬之裁制, 在外而言謂之義, 惟其敬義一致, 內外無間, 則德日大, 而不習無不利矣. 故曰'性之德也, 合內外之道也, 故時措之宜也.' 嗟乎! 堯・舜・禹・湯聖君也, 文王・周公聖臣也, 古之君臣, 相與講究此學, 先後一揆, 其力量所到, 特有性反之

을 만회하려고 하였기에 여러 제자들과 정학正學을 강명하고 성심껏 오직 '구인求仁'을 최고의 목표로 삼았다. 무릇 '인仁'이란 사람의 마음이니 곧 마음의 '생성하는 리'이다. 그의 말에 '무릇 어진 사람은 자신이 서고 싶어지면 남을 세워 주고 자신이 진전하고 싶어지면 남을 진전시켰다.'라고 하였는데, 이 구절을 해석하는 사람들은 '어진 사람은 천지만물을 한 몸으로 여긴다. 손발이 마비되는 것이 곧 불인不仁이다.'라고 하였다. 이것이 '인체仁體'에 대한 설명이다. 당시에 문하에 있던 사람들, 예를 들어 재여宰予, 자공子貢, 자로子路, 염구冉求는 가장 뛰어난 제자로 일컬어졌지만 혹은 사공事功에 교착되거나 동요되었고 견문의 차원을 벗어나지 못하였다. 그래서 공자는 이들 모두에게 인仁하다고 인정해 주지 않았다. 오직 안연은 자신의 능력을 다하는 일에 종사하기를 원하여 곧바로 본체를 깨달았다. 그래서 공자는 『주역』을 해석한 뒤에 말하기를, '선하지 않음이 있으면 스스로 알아차리지 못한 적이 없고 알아차렸으면 두 번 다시 반복한 적이 없었다. 안씨顏氏 집안의 자제는 거의 도道에 가깝다.'라고 하였다. 이것은 지행합일의 공부이고 공문孔門의 구인求仁이라는 종지이다. 맹자의 '집의集義'에 대한 언명은, 고자告子가 인仁을 내면적인 것이라고 여겼는데 이는 자기의 성이 '안'이라는 영역이 있다고 여기는 것이고 의義를

不同耳. 若相傳學脈, 則千古一理, 萬聖一心, 不可得而異也. 時至春秋, 聖君賢相不作, 人心陷溺, 功利橫流, 孔子以匹夫生於其時, 力欲挽回之. 故與群弟子相與講明正學, 惓惓焉惟以求仁爲至. 夫仁, 人心也, 卽心之生理也. 其言曰: '夫仁者, 己欲立而立人, 己欲達而達人.' 解之者曰: '仁者以天地萬物爲一體, 手足痿痺卽爲不仁.' 此仁體之說也. 當時在門之徒, 如予·賜·由, 求最稱高等, 然或膠擾於事功, 出入於聞見, 孔子皆不許其爲仁. 惟顏子請事竭才, 直悟本體, 故孔子贊『易』之後曰: '有不善, 未嘗不知, 知之

외부적인 것이라고 여기는 것인데 이는 자기의 성이 '밖'이라는 영역이 있다고 여기는 것이기 때문에 맹자가 전적으로 집의를 말한 것이다. 의義란 마음의 마땅함이고 천리의 공변됨이다. '집의'를 하면 이 마음에 천리가 충만하고 인체仁體가 완전해진다는 말이다. 무릇 옛사람의 입언은 병통을 근거로 약방을 세우고 계기에 따라 깨달음을 일으킨 것이 아닌 경우가 없다. 예를 들어 경의敬義를 말할 때 혹은 경敬만을 말하기도 하고, 충서忠恕를 말할 때 혹은 서恕만을 말하기도 하였다. 공자는 안연이 인仁에 대해 질문한 것에 대답할 때 전적으로 '복례復禮'에 집중하였고, 중궁仲弓에게 답할 때는 또 '경敬'과 '서恕'를 말하였는데, 어쨌든 인仁을 구하는 방식이 아닌 것이 없다. 『대학』이라는 책의 경우 곧 공문孔門에서 전수되어 온 심법인데 나누면 조목이 여덟 개가 있고 합치면 그 공부는 하나의 경敬이다. 대개 천고 이래로 사람의 마음은 단지 이 '생성의 리理'만 있다. 그 주재함의 측면에서 말하면 '심'이라고 하고 그 발동함의 측면에서 말하면 '의意'라고 하고 그 영각靈覺임의 측면에서 말하면 '지知'라고 하고 그 드러남의 측면에서 말하면 '물物'이라고 한다. 그러므로 마음은 일신을 주재하고 '의'로 피어나며 '지'로 통제되고 '물'로 드러난다. 동시에 존재하는 것이어서 원래 기다려야 할 것이 없고 하나의 일이어서 원래 피차의 구별이

未嘗復行, 顏氏之子, 殆庶幾焉!' 此知行合一之功, 孔門求仁宗旨也. 孟子集義之說, 因告子以仁爲內, 是以己性爲有內也; 以義爲外, 是以己性爲有外也. 故孟子專言集義. 義者, 心之宜, 天理之公也. 言集義, 則此心天理充滿, 而仁體全矣. 大抵古人立言, 莫非因病立方, 隨機生悟, 如言敬義, 或止言敬, 言忠恕, 或止言恕. 孔子答顏子問仁, 專在復禮, 至答仲弓, 又言敬恕, 要之莫非所以求仁也. 至於『大學』之書, 乃孔門傳授心法, 析之則條目有八, 合之則功夫一敬. 蓋千古以來, 人心只有此箇生理, 自其主宰而言謂之心,

없다. 이것이 『대학』의 본지이다. 가족, 국가, 천하가 모두 격물의 일이 아닌 것이 없고 격물, 치지, 성의, 정심이 수신의 일이 아닌 것이 없으니 사실은 하나이다. 주자는 이미 치지격물을 전적으로 '궁리窮理'라고 해석하였고 정심과 성의의 공부도 또 조목조목 분석하였다. 또 궁리의 공부와 성의·정심 공부는 각각 차례가 있다고 여기고 또 문장을 지어서 「전傳」 부분을 보완하였다. 그 내용에 '사람 마음의 영묘함은 지知가 없는 경우가 없고, 천하의 사물은 리理가 없는 것이 없다. 오직 리에 미처 궁구하지 못한 부분이 있기 때문에 그 지知에 미진한 것이 있다.'라고 하였다. 또 '마음은 비록 일신을 주재하는 것이지만 실제로는 천하의 리를 관섭하고 리는 비록 만사에 산재해 있지만 실제로는 내 한 마음의 밖에 있지 않다.'라고 하였다. 비판하는 사람들은 한번 나누고 한번 합치는 사이에 마음과 리를 둘로 나누는 잘못을 면치 못하였다고 주장한다. 당시의 육상산은 일찍이 주자와 더불어 반복해서 변론을 펼쳤는데 '사물에서 리를 구하고 마음을 밖에다 질곡시키는 것은 지행합일의 종지가 아니다'라고 하였다. 두 학파의 문인들은 각자 호승심을 가지고 드디어 상산학은 존덕성尊德性을 위주로 하기 때문에 선적禪寂에 가깝다고 의심하고 주자학은 도문학道問學에 전념하기 때문에 지리멸렬하다고 의심하여, 3백년 동안 아

自其發動而言謂之意, 自其靈覺而言謂之知, 自其著見而言謂之物. 故心主於身, 發於意, 統於知, 察於物, 卽是一時原無等待, 卽是一事原無彼此, 此『大學』本旨也. 家國天下莫非格物也, 格致誠正莫非修身也, 其實一也. 朱子旣以致知格物專爲窮理, 而正心誠意功夫又條分縷析, 且謂窮理功夫與誠正功夫各有次第, 又爲之說以補其「傳」. 其言曰: '人心之靈, 莫不有知, 天下之物, 莫不有理, 惟於理有未窮, 故其知有未盡.' 又曰: '心雖主乎一身, 而實管乎天下之理, 理雖散在萬事, 而實不外乎吾之一心.' 說者謂其一分

직 정론定論이 나오지 못하였다. 우리 명나라
의 설경재薛敬齋와 진백사陳白沙가 일어나면서
지행합일의 이론이 조금씩 다시 밝아지기 시
작하였고 세종世宗 때 비로소 육상산을 문묘에
종사從祀하였으니 아주 큰 은혜이다. 정덕正德
과 가정嘉靖 연간에 양명 선생이 일어나 해내의
대부와 학사들과 함께 지행합일의 종지를 강
구하였다. 그 뒤 『대학』과 『중용』 두 책이 공
문孔門에서 마음을 전하는 요법要法이라고 여겼
기 때문에 『대학』을 논할 때는 '본말을 모두
갖추고 체용이 일치한다. 격물이 먼저가 아니
고 치지가 뒤가 아니다. 격물·치지·성의·
정심은 두 가지 공부가 아니며 수신, 제가, 치
국, 평천하는 두 가지 일이 아니다.'라고 하였
으며, 『중용』을 논할 때는 '중中과 화和는 원래
하나이다. 보이지 않음과 들리지 않음은 곧 본
체이고 계신공구戒愼恐懼는 곧 공부이다. 신독
愼獨이란 이른바 독지(獨知: 홀로 앎)에 대한 것
이다. 나의 독지를 삼가면 천덕天德과 왕도王道
가 하나로 꿰뚫어지니 양정(養靜: 未發의 공부를
의미함)과 신독(愼獨: 已發의 공부를 의미함)을 둘
로 나눌 수 없다.'라고 하였다. 학자들은 그 주
장을 처음 듣고 이상하다고 여기지 않는 이가
없었다. 하지만 나중에 자신의 마음에 돌이켜
구해 보고 실천 속에서 징험해 보며 공자와 맹
자의 말로 살펴보고 그 뒤에 또 주렴계와 정명
도의 말과 비교해 보니 부합하지 않는 것이 없

一合之間, 不免析心
與理而二之. 當時
象山陸氏, 嘗與反覆
辨論, 謂其求理於
物, 梏心於外, 非知
行合一之旨. 兩家
門人, 各持勝心, 遂
以陸學主於尊德性,
而疑其近於禪寂, 朱
學專於道問學, 而疑
其涉於支離. 三百
年間, 未有定論. 至
我朝敬齋薛氏白沙
陳氏起, 而知行合一
之說, 稍稍復明. 世
宗始以陸氏從祀孔
庭, 甚大惠也. 正
德·嘉靖間, 陽明先
生起, 而與海內大夫
學士講尋知行合一
之旨. 其後因悟『大
學』『中庸』二書, 乃
孔門傳心要法. 故
論『大學』謂其'本末
兼該, 體用一致, 格
物非先, 致知非後,
格致誠正, 非有兩

었다. 대개 사람 마음의 본체는 늘 비어 있고 늘 적연하며 늘 감지하고 늘 응한다. 마음 밖에 리가 존재하지 않고 리가 곧 마음이며 리 밖에 일이 존재하지 않고 일이 곧 리이다. 만약 격물·치지를 궁리의 공부라고 하고 성의·정심을 또 다른 단계의 공부라고 한다면 이는 심체에 여러 등급이 있고 일상의 공부에 여러 단계가 있다는 것인데, 요순과 공맹이 전후로 서로 전한 학문이 과연 이와 같은가? '치양지'라는 말의 경우 또 선생의 평소 고심이 간절하여 갑자기 깨닫게 된 것이니 천고 성인의 전해지지 않은 비전을 얻은 것이라고 자부하였다. 하지만 상호 교차하여 고정考訂해 보면 또 『대학』과 『중용』 속에 전해져 온 긴요한 말이었던 것이지 아무 근거 없이 지어내어서 스스로 하나의 문호를 열고 하나의 의견을 만들어 새로운 이론을 세우려고 한 것이 아니었다. 그런데 뒷날의 학자들이 정밀히 사유하고 돌이켜 구하지 못하고 단지 '사물에 있는 것이 리이다'라는 한마디만 금과옥조로 여겨 심지어 심과 리를 둘로 나누기도 하였다. 또 '태어나면서 아는 것은 의리일 뿐이다. 예악禮樂의 제도나 고금의 사변은 또한 반드시 배운 뒤에야 알 수 있다.'라고 주장하기도 한다. 이와 같다면 예악의 제도와 고금의 사변이 이 마음의 의리와 별개의 두 가지가 되어 버리는 것이다. 이것이 양명선생이 힘껏 변론했던 이유이며

功, 修齊治平, 非有兩事'. 論『中庸』則謂'中和原是一箇, 不睹不聞, 卽是本體, 戒愼恐懼, 卽是功夫. 愼獨云者, 卽所謂獨知也. 愼吾獨知, 則天德王道, 一以貫之, 固不可分養靜愼獨爲兩事也.' 學者初聞其說, 莫不詫異, 旣而反之吾心, 驗之躬行, 考之孔·孟, 旣又參之濂溪·明道之說, 無不吻合. 蓋人心本體, 常虛常寂, 常感常應, 心外無理, 理卽是心, 理外無事, 事卽是理. 若謂致知格物爲窮理功夫, 誠意正心又有一段功夫, 則是心體有許多等級, 日用功夫有許多次第, 堯舜·孔孟先後相傳之學, 果如是乎? 至於致良知一語, 又是先生

그 학파의 종지는 당시 학계의 일반적 이론과는 마치 얼음과 숯불, 검은색과 흰색처럼 차이가 났다. 이것은 또 억지스럽게 해명하려고 해서는 안 된다."라고 대답하였다.

|24-5| 어떤 이가 "양명 선생은 '지행합일'을 말했는데 그 설명이 상세하다. 하지만 『육경』에는 그것과 그다지 같지 않은 대목이 많으니 따져 보지 않을 수 없다. 부열傳說이 고종高宗에

平日苦心懇到, 恍然特悟, 自謂得千古聖人不傳之祕. 然參互考訂, 又卻是『學』『庸』中相傳緊語, 非是懸空杜撰, 自開一門戶, 自生一意見, 而欲爲是以立異也. 後來儒者不知精思反求, 徒取必在物爲理之一語, 至析心與理而二之. 又謂'生而知之者義理耳, 若夫禮樂名物, 古今事變, 亦必待學而知.' 如此則禮樂名物, 古今事變, 與此心義理爲兩物矣. 此陽明先生所以力爲之辨, 而其學脈宗旨, 與時之論者, 委若冰炭黑白, 此又不可強爲之說也."

|24-5| 或曰: "陽明先生言知行合一, 其說詳矣. 其在『六經』, 亦有不甚同處,

게 '아는 것이 어렵지 않고 행하는 것이 어렵다.'라고 하였으니, 이는 앎이 앞에 있고 행함이 뒤에 있는 것이다. 『주역』「계사전」에는 '건乾은 쉬움으로 알고, 곤坤은 간단함으로 능하다'라고 하였는데 이것은 앎을 건에 귀속시키고 행함을 곤에 귀속시킨 것이다. 『중용』에서는 '미발未發'과 '이발已發'을 말하였는데 이것도 또한 각각 앞과 뒤에 속하는 것이고 '태어나면서 앎'과 '배워서 앎', '편안히 행함'과 '이롭다고 여겨서 행함'도 또한 등급이 있다. 『대학』에서는 '물物에는 근본과 말단이 있고 일에는 끝과 시작이 있다. 먼저 할 것과 나중에 할 것을 알면 도道에 가깝다.'라고 하였다. 이와 같은 말들은 모두 유추적으로 이해할 수 있다. 그런데 지금 양명 선생은 도리어 '앎의 진실하고 절실한 측면이 바로 행行이고, 행의 정밀히 살피고 밝게 알아차리는 측면이 바로 앎이다.'라고 하였으니 이와 같다면 앎과 행함이 하나로 뒤섞이게 되고 '이발'과 '미발'의 선후 순서가 없어지니 옛날 철현哲賢들의 말과는 또한 차이가 있다. 또 예를 들어 정자程子는 격물을 궁리窮理로 해석하였는데 『주역』「계사전」에도 '리를 궁구하여 성을 다하고 명命에 이른다'라는 말이 있다. 지금 양명이 격물·치지·성의·정심은 원래 하나의 일이라고 말하고 격물을 궁리로 해석하는 설명에 대해 지리멸렬한 것 같다고 극언하는데, 그 이론에 대해서 들을 수 있겠는

不可不辨. 傅說之告高宗曰: '非知之艱, 行之惟艱.' 是知在先, 行在後. 『易系』曰: '乾以易知, 坤以簡能.' 是知屬乾, 行坤屬. 『中庸』言'未發''已發', 亦屬先後, '生知''學知', '安行''利行', 亦有等級. 『大學』'物有本末, 事有終始, 知所先後, 則近道矣.' 凡如此說, 皆可例推. 今陽明先生卻云'知之眞切篤實處, 卽是行; 行之精察明覺處, 卽是知.' 如此是知行滾作一箇, 便無已發未發, 先後次第, 與古先哲賢亦是有間. 又如程子以格物爲窮理, 『易系』亦言'窮理盡性以至於命', 今陽明言格致誠正原是一事, 而極言格物窮理之說,

가?'라고 물어서, 내가 "천지가 만물을 생성한 이래로 오직 사람만이 그 빼어난 것을 얻어서 가장 영명하다. 이른바 '영靈'이란 곧 내 마음의 밝고 밝은 영각靈覺이 환하게 어둡지 않은 것을 말한다. 사람은 어린아이일 때부터 바로 부모를 사랑할 줄 알고 어른을 공경할 줄 안다. 무릇 부모를 사랑할 줄 알고 어른을 공경할 줄 아는 것이 곧 양지이다. 부모를 사랑할 줄 알아서 사랑하고 어른을 공경할 줄 알아서 공경하는 것은 곧 양능良能이다. 이것을 일러 '사려하지 않고도 알고 배우지 않고도 능하다'라고 하는 것이다. 지극히 확대하여 '천지와 합일되어 세상을 경륜하고 만물을 다스리며 고금을 관통하고 사변에 통달하는 것'까지도 또한 내 양지를 따르고 내 양능을 확충한 것이 아닌 경우가 없다. 이런 앎과 능함 이외에 별도의 한 길이 있는 것이 아니다. 그래서 '대인이란 그 아이 때의 마음을 잃지 않은 것이다.'라고 한 것이다. 이것은 지행합일의 근원이다. 부열의 이른바 '아는 것이 어렵지 않고 행하는 것이 어렵다'라는 말은 다음과 같은 의미이다. 임금에게는 하루 동안에 해야 할 일이 숱하게 쌓여 있어서 수많은 것들이 어지럽게 마음을 빼앗고 수많은 것들이 마음을 끌어가서, 진정으로 천지만물을 마음으로 삼고 '하늘을 받들고 백성에게 부지런함'을 일로 삼지 않으면 게으름을 즐기는 마음이 쉽게 생기고 생기生機를 쉽게

似爲支離. 其說可得聞歟?" 予曰: "自天地生物以來, 惟人也得其秀而最靈. 所謂靈者, 卽吾心之昭明靈覺, 炯然不昧者也. 人自孩提以來, 卽能知愛知敬. 夫知愛知敬, 卽良知也. 知愛而愛, 知敬而敬, 卽良能也. 此謂不待慮而知, 不待學而能也. 極而至於參天貳地, 經世宰物, 以至通古今, 達事變, 亦莫不是循吾良知, 充吾良能, 非外此知能, 而別有一路徑也. 故曰: '大人者不失其赤子之心也.' 此知行合一之原也. 傅說所謂'非知之艱, 行之惟艱'者, 言人主一日之間, 萬幾叢集, 多少紛奪, 多少索引, 非眞能以天地萬物爲

잃게 된다. 어진 사대부를 친하게 대해야 하고 간사하고 아첨하는 무리를 멀리해야 함을 모르지는 않지만 제대로 친하게 대하고 제대로 멀리하지 못하는 경우가 있게 되는데 이것은 욕망이 그 마음을 빼앗았기 때문이다. 그래서 군주는 오직 어진 이를 친하게 지내고 학문을 강구하여 이 마음을 양성함으로써 아는 것은 반드시 행해야 한다. 그런데 간사한 것들에 의해 동요되지 않으며 아첨하는 것들에게 이끌려 가지 않아야만 자신이 아는 것을 능히 행할 수 있다. 그래서 '아는 것이 어렵지 않고 행하는 것이 어렵다'라고 한 것이다. 이것은 부열이 고종에게 간절하게 요청하는 마음을 표현하는 말이었다. '건乾은 쉬움으로써 알고 곤坤은 간단함으로써 능하다'라고 한 것은 다음과 같은 의미이다. 천지의 기氣는 원래 하나인데 건은 이 하나의 기로 큰 시작을 알며 처음이 있으면 마지막도 알 수 있기 때문에 '쉽다'라고 한 것이고, 곤은 이 하나의 기로 만물을 이루어 내는데 이룰 수 있으면 시작도 볼 수 있기 때문에 '간단하다'라고 한 것이다. 만약 천지의 기가 각자 작용한다면 감응이 통하지 않아서 두 기가 뒤섞이고 조화는 거의 멈추게 될 것이다. 사람의 생리生理는 곧 건곤의 생리이다. 내 양지를 따른다면 알지 못하는 바가 없다. 그래서 '쉬우면 쉽게 알 수 있다'라고 말한 것이다. 내 양능을 따르면 능하지 않는 것이 없다. 그

心, 以敬天勤民爲事, 則怠樂易生, 生機易喪, 非不知賢士大夫之當親, 邪佞寵倖之當遠, 而有不能親不能遠者, 欲奪之也. 故爲人主者, 惟在親賢講學, 養成此心, 知而必行, 不爲邪佞搖惑, 不爲寵倖牽引, 乃爲知而能行, 故曰'知之非艱, 行之惟艱'. 此傅說所以惓惓於高宗也. '乾以易知, 坤以簡能'者, 天地之氣, 原是一箇, 乾以一氣而知大始, 有始則終可知, 故曰易; 坤以一氣而作成物, 能成則始可見, 故曰簡. 若天地之氣, 各自爲用, 則感應不通, 二氣錯雜, 造化或幾乎息矣. 人心之生理, 卽乾坤之生理也, 率吾良知, 則無所不

래서 '간단하면 쉽게 따른다'라고 한 것이다. '앎'이란 이것을 아는 것이고, '능함'이란 이것에 능한 것이다. 사실은 하나의 이치이다. 그래서 '쉽고 간단하여 천하의 이치를 얻는다'라고 한 것이다. 이것은 또 지행합일의 종지이다. 『중용』에서 '미발'이니 '이발'이니 하는 것은 사람 마음의 본체가 늘 비어 있고 늘 적연하면서 늘 감지하고 늘 반응하여 '반응하기 전'이 먼저가 아니기 때문에 체가 곧 용이고, '이미 응함'이 나중이 아니기 때문에 용이 곧 체이다. 뒷날의 학자는 바로 이 점에 대해서 투철하게 이해하지 못하고 '발하지 않았을 때'에는 '적연함을 지키는' 공부를 하였고 '일에 응하였을 때'에는 또 '신동愼動'의 공부를 하였으니 스스로 지리멸렬함의 구렁텅이로 들어간 것이다. 정명도程明道가 '마음은 하나이다. 체를 가리켜 말한 경우가 있으니 적연부동이 이것이고, 용을 가리켜 말한 경우가 있으니 감지하여 천하의 일에 적절히 대응함이 이것이다.'라고 하였고, 주렴계周濂溪는 사람들이 중中과 화和를 앞과 뒤로 볼까 염려하였기 때문에 '중中이란 화和이고 절도에 맞음이며 천하의 달도達道이다.'라고 하였다. 맹자는 '부모를 사랑하고 어른을 공경하는 것'을 가리켜 천하에 두루 통용되는 것이라고 하였는데 바로 '달도達道'를 말한 것이다. 부모를 사랑하고 어른을 공경하는 것은 양지이고 천하까지 넓혀 가는 것은 양능

知, 故曰'易則易知'; 率吾良能, 則無所不能, 故曰'簡則易從'. 知者, 知乎此也; 能者, 能乎此也, 實一理也, 故曰'易簡而天下之理得矣'. 此又知行合一之旨也. 『中庸』'未發''已發'云者, 言人心本體, 常虛常寂, 常感常應, 未應不是先, 故體卽是用, 已應不是後, 故用卽是體. 後來儒者, 正於此處看得不透, 卻去未發上做守寂功夫, 到應事時, 又去做愼動功夫, 卻是自入支離窠臼. 明道云: '心一也, 有指體而言者, 寂然不動是也; 有指用而言者, 感而遂通天下之故是也.' 周子恐人誤認中和作先後看, 故曰: '中也者, 和也, 中節也,

이다. 또 어디 선후가 있겠는가? 이연평李延平은 학자들에게 희로애락이 발하기 이전의 기상을 보도록 가르쳤다.[10] 무릇 미발의 기상이란 곧 맹자의 '야기夜氣'[11]를 말하는 것이다. '미발의 중中'의 경우 원래 말할 만한 기상이 없다. 거울에 비유하자면 큰 집 안의 많은 사람들 속에 놓으면 비추지 않는 것이 없지만 움직인 적은 없으며, 경갑鏡匣 안에 넣어 두더라도 비추는 능력은 그대로여서 적연해진 적이 없다. 양명 선생은 바로 사람들이 이 부분에 대해 투철하게 이해하지 못할까 염려하였기 때문에 문인에게 대답할 때에 '미발의 중이란 곧 양지이다. 전후도 내외도 없으며 혼연히 일체인 것이다. 일이 있거나 일이 없는 것을 기준으로 동動과 정靜으로 말할 수 있지만 양지는 일이 있거나 일이 없는 것으로 구분되지 않는다. 적연부동寂然不動과 감이수통感而遂通은 동과 정으로 말할 수 있지만 양지는 적연부동이나 감이수통의 구분이 없다. 동과 정이란 당면한

天下之達道也.' 孟子指親親敬長爲達之天下, 卽達道之說也. 親親敬長, 良知也, 達之天下, 良能也, 又何嘗有先後? 李延平令學者看喜怒哀樂未發以前氣象. 夫未發氣象, 卽孟子夜氣之說. 若未發之中, 原無氣象可言. 譬之鏡然, 置之廣室大衆之中, 無所不照, 未嘗有動也; 收之一匣之內, 照固自在, 未嘗有寂也. 陽明先生正恐人於此處未透, 故其答門人曰: '未發之

---

10 이연평(李延平)은 … 가르쳤다:『延平答問』, "曩時某從羅先生學問, 終日相對靜坐, 只說文字, 未嘗及一雜語. 先生極好靜坐, 某時未有知, 退入室中, 亦只靜坐而已. 先生令靜中看喜怒哀樂未發之謂中, 未發時作何氣象. 此意不唯於進學有力, 兼亦是養心之要. 元晦偶有心恙, 不可思索, 更於此一句內求之靜坐看, 如何? 往往不能無補也."

11 맹자의 '야기(夜氣)':『孟子』「告子上」, "雖存乎人者, 豈無仁義之心哉! 其所以放其良心者, 亦猶斧斤之於木也. 旦旦而伐之, 可爲美乎! 其日夜之所息平旦之氣, 其好惡與人相近者幾希, 則其旦晝之所爲有梏亡之矣. 梏之反覆, 則其夜氣不足以存. 夜氣不足以存, 則其違禽獸不遠矣."

시간으로 나뉘는 것이고 마음의 본체는 본래 동과 정의 구분이 없다. 욕망을 따르게 되면 비록 마음을 메마르게 하더라도 그것은 고요해진 적이 없는 것이다. 일이 있어서 감통하는 것은 물론 움직임이라고 말할 수 있지만 그 적연함에는 증가한 적이 없는 것이며 일이 없어서 적연한 것은 물론 고요함이라고 말할 수 있지만 그 감통함에는 줄어든 적이 없다.'라고 하였다. 그 말이 거의 남김없이 이 문제에 대해서 다 밝혔다. '태어나면서부터 안다', '편안하게 행한다', '배워서 안다', '이익으로 여겨서 행한다' 등의 말은 인품과 학문의 역량에서 본 것이다.[12] 길을 가는 사람에 비유하자면 혹은 하루에 백 리를 갈 수 있고 혹은 6, 70리를 갈 수 있고 혹은 3, 40리를 갈 수 있는데 그 역량이 미치는 바는 비록 같지 않지만 동일하게 이한 길을 가는 것이니 이 길 말고 별도로 가는 길이 있는 것이 아니다. 단지 '앎'에 대해서 말한다면 '태어나면서부터 알고' '배워서 알고' '곤궁해진 뒤에 아는' 차이가 있으며 '행함'에 대해 말한다면 '편안해 행하고' '이익으로 여겨서 행하고' '억지로 행하는' 차이가 있다. 그래서 '알게 되고 난 뒤에는 동일해지고' '공부를

中, 卽良知也, 無前後內外, 而渾然一體者也. 有事無事, 可以言動靜, 而良知無分於有事無事也. 寂然感通, 可以言動靜, 而良知無分於寂然感通也. 動靜者, 所遇之時, 心之本體, 固無分於動靜也. 從欲則雖槁心一念, 而未嘗靜也. 有事而感通, 固可以言動, 然而寂然者, 未嘗有增也; 無事而寂然, 固可以言靜, 然而感通者, 未嘗有減也.' 其言發明殆盡矣. '生知''安行''學知''利行'等語, 乃就人品學問力量上看. 譬之行路者, 或一日能百里, 能六七

---

12 태어나면서부터 … 것이다:『中庸』, "或生而知之, 或學而知之, 或困而知之, 及其知之, 一也; 或安而行之, 或利而行之, 或勉强而行之, 及其成功, 一也."를 둘러싼 논의이다.

완성한 뒤에는 동일하다'라고 말한 것이다. 또 언제 자르듯이 '앎'과 '행함'을 두 가지 일이라고 한 적이 있었는가. 『대학』의 '본말本末', '종시終始', '선후先後' 등의 말은 지극히 분명하다. 대개 이 마음의 본체는 곧 지선을 말한다. 지선은 이 마음의 '그치는 곳'이다. 『주역』에서 말하기를, '간艮은 그 그침이니 그 올바른 곳에서 그치는 것이다.'라고 하였다. 학문 공부는 반드시 먼저 나의 지선이 어디 있는지 알아야 한다. 분명하게 볼 수 있으면 생의(生意: 생기)가 흘러 움직여 모든 곳에 두루 퍼지고 통하니 '정(定: 정해짐)', '정(靜: 안정됨)', '안(安: 편안해짐)', '려(慮: 사려함)'가 자연히 전부 갖추어진다. 『주역』의 이른바 '이를 곳을 알아서 이르면 함께 기미를 알 수 있고, 마칠 곳을 알아서 그곳에서 마치면 함께 의義를 보전할 수 있다.'라는 말도 또한 이 뜻이다. 선유先儒의 이른바 '그칠 곳을 아는 것은 시작이고 그칠 곳에 그칠 수 있는 것은 마침이다'라는 것은 둘이 일치한다는 말이다. 하늘을 낳고 땅을 낳고 사람을 낳은 이래로 단지 하나의 '생리(生理: 생성의 리)'가 있을 뿐이니 근본에서 말단에 이르기까지 뿌리에서 지엽에 이르기까지 또한 단지 이 '생리'일 뿐이다. 선유先儒가 '명덕明德이 근본이고 친민親民이 말단이다'라고 하였는데, 근본이란 체體이고 말단이란 용用이다. '민民'은 자기와 상대되는 것을 말한 것이다. 이 몸은 상대가 되

十里, 能三四十里, 其力量所到, 雖有不同, 然同此一路, 非外此路而別有所知也; 同此一行, 非外此行而別有所行也. 但就知而言, 則有生知·學知·困知不同, 就行而言, 則有安行·利行·勉行不同, 故曰'及其知之與其成功一也', 又何嘗截然謂知與行爲兩事哉! 『大學』'本末''終始''先後'等語, 極爲分曉. 蓋此心本體, 卽至善之謂. 至善者, 心之止處. 『易』曰: '艮其止, 止其所也.' 學問功夫, 必先知吾至善所在, 看得分曉, 則生意流動, 曲暢旁通, 安靜安慮, 自然全備. 『易』所謂'知至至之, 可與幾也; 知終終之, 可與存義

는 사람이 없을 때가 없고 또한 용이 없는 체는 없다. 체는 늘 용이고 민은 늘 친함의 대상이다. 명덕은 심의 체이고, 친민은 명덕의 용이다. 예를 들어 명덕을 밝혀서 부모를 섬기면 효의 덕이 밝아지고 명덕을 밝혀서 군주를 섬기면 충의 덕이 밝아진다. 이것이 근본과 말단에 대한 설명이니 하나로 관통하는 것이다. 양명 선생이 논변한 것이 이미 상세하다. '먼저 할 것과 나중에 할 것을 알면 도道에 가깝다'라는 구절의 경우 그 의미가 가장 정미하다. 무릇 '성性을 따른 도道'는 온 천지에 관철하고 모든 고금에 관철하여 원래 선후가 없다. 성인은 이 마음을 전부 체현하여 밤과 낮을 관통하고 하늘과 땅에 가득하니 또한 선후라고 말할 것이 없다. 우리의 심체가 성인과 언제 다른 적이 있었던가? 오직 기질에 떨어진 뒤로 (성인은) 맑고 (우리는) 탁하며 (성인은) 두텁고 (우리는) 얇다는 점에서 현격하게 다를 뿐이다. 기품이 이미 다르니 의견이 자연히 나뉘게 되어 어진 사람은 보고서 인仁이라고 하고, 지혜로운 사람은 보고서 지知라고 하며 백성은 몽매하게 날마다 사용하면서도 알지 못하니 군자의 도道가 실현되는 때가 드물다. 『대학』이라는 책은 '명명덕明明德'과 '친민親民'과 '지어지선止於至善'을 밝히는 내용이다. 이른바 '지선至善'이란 곧 본연의 양지이고 명명덕과 친민의 지극한 법칙이고 양지이다. 지극히 비어 있고 지극히 영

也', 亦是此意. 先儒所謂'知止爲始, 能得爲終', 言一致也. 從生天生地生人以來, 只是一箇生理, 由本達末, 由根達枝, 亦只是此箇生理. 先儒謂'明德爲本, 親民爲末', 本卽體也, 末卽用也, 民者對己而言. 此身無無對之時, 亦無無用之體. 體常用也, 民常親也. 明德者, 心之體也, 親民者, 明德之用也, 如明明德以事父, 則孝之德明, 明明德以事君, 則忠之德明. 此本末之說, 一以貫之. 陽明先生辨之已詳, 若夫'知所先後, 則近道矣'二句, 其義最精. 夫率性之道, 徹天徹地, 徹古徹今, 原無先後, 聖人全體此心, 通乎晝夜, 察乎

명하며 고금의 차이도 없고 성인과 어리석은 이의 차이도 없이 하나이다. 그래서 의념이 움직이는 것에는 선한 것이 있고 불선한 것이 있으며 지나친 것도 있고 미치지 못한 것도 있지만 본체의 지知는 알지 못한 적이 없다. 우리는 단지 우리 본연의 양지를 따라서 천리와 인욕의 차이를 살핌으로써 우리의 '명명덕'과 '친민'의 학문이 참된 본성으로부터 유출하고 참된 것과 거짓된 것이 공존해 있되 뒤섞이는 데 이르지 않는다. 이와 같은 뒤에야 도道에 가깝다. 도道는 곧 '성性을 따른 도道'이다. 간혹 참된 성性의 혈맥을 알지 못하고 간혹 공허空虛로 들어가거나 간혹 지리멸렬로 흐른다. 예를 들어 노장老莊과 불교나 오패五霸는 도道를 잃어버린 것이 멀다. 『중용』의 이른바 '먼 것이 가까운 것임을 알고 바람이 시작되는 것임을 알고 미묘함이 드러남을 안다.'라는 것은 뜻이 바로 이와 같다. 공자의 문하에서 『대학』을 지었을 때 귀결이 '먼저 할 바와 나중에 할 바를 안다'라는 한마디에 있다. 비록 이것이 학자가 공부를 시작하는 지점에 대해서 말하려고 한 것이기는 하지만 '지知'라는 개념은 천고 이래의 학맥學脈이 오직 여기에 있었다. 이것이 치양지의 전승이고 양명 선생이 긴요하게 말씀하신 이유이다. 그래서 '치지致知의 경우 마음의 깨달음에 달려 있으며, 치지를 하면 다한 것이다.'라고 말하였던 것이다. 『주역』「설괘전說卦

天地, 亦無先後可言. 吾人心體與聖人何常有異, 惟落氣質以後, 則淸濁厚薄迥然不同. 氣稟既殊, 意見自分, 仁者見之謂之仁, 知者見之謂之知, 百姓則貿貿焉日用不知, 而君子之道鮮矣. 『大學』一書, 發明明德親民, 止於至善. 所謂至善者, 卽本然之良知, 而明德親民之極則也. 是良知也, 至虛至靈, 無古今, 無聖愚, 一也. 故意念所動, 有善有不善, 有過有不及, 而本體之知, 未嘗不知也. 吾人但當循吾本然之良知, 而察乎天理人欲之際, 使吾明德親民之學, 皆從眞性流出, 眞妄錯雜, 不至混淆, 如此而後, 可以近道. 道卽率性

「傳」의 '리理를 다하고 성性을 다함으로써 명命에 이른다'라는 것은 이른바 '사물의 리를 지극히 궁구한다'라는 의미가 아니다. 리理와 성性과 명命은 하나이다. 정명도가 '단지 리를 다하면 곧 성을 다하고 명에 이른다.'라고 말하였는데 '궁窮'자는 '고색(考索: 연구함)'이라는 뜻이 아니고 '내 마음의 천리를 다한다'라고 말할 때의 그 '궁(窮: 다함)'이다. 그래서 '인仁의 리'를 다하면 '인의 성性'이 다해지는 것이고 '의의 리'를 다하면 '의의 성'이 다해지는 것이다. 성性은 하늘의 명命이다. 리를 다하고 성을 다하게 되면 명에 이르게 된다. 이른바 '천지의 화육化育을 안다'라는 것이다. 또 격물·궁리의 이론에 대해서 이정二程과 주자朱子로부터 오늘에 이르기까지 학자라면 누군들 높이고 믿지 않았던가? 지금 주자의 『대학혹문大學或問』이 남아 있으니 시험삼아 그 설을 취해다가 논해 보자. 예를 들어 '대학의 도道는 치지를 먼저하고 성의를 뒤에 한다'라고 하였는데 무릇 '마음에서 발한 것'이 의意이고 '의意의 소재'가 물物이다. 지금 '치지를 먼저하고 성의를 뒤에 한다'라고 말한다면 아는 바의 것이 과연 무슨 물物이라는 것인가? 물이 과연 의의 바깥에 존재할 수 있는가? 또 '오직 리에 대한 인식이 밝기 때문에 힘들게 노력하지 않아도 즐겁게 리를 따를 수 있다.'라고 말하였다. 무릇 힘들게 노력하지 않고도 즐겁게 리를 따르는 것은 성인의 일이

之道也. 苟或不知眞性一脈, 而或入於空虛, 或流於支離, 如二氏五霸, 其失於道也遠矣. 『中庸』所謂'知遠之近, 知風之自, 知微之顯, 可以入德'. 意正如此. 孔門作『大學』而歸結在於'知所先後'一語, 雖爲學者入手而言, 然知之一字, 則千古以來學脈, 惟在於此. 此致良知之傳, 陽明先生所以吃繁言之. 故曰: '乃若致知, 則存於心悟, 致知焉盡矣.' 若易曰'窮理盡性以至於命', 非所謂窮至事物之理之謂也. 理也, 性也, 命也, 一也. 明道云'只窮理便盡性至命', 窮字非言考索, 卽窮盡吾心天理之窮. 故窮仁之理, 則

다. 어찌 성의誠意 공부가 또 '리를 따름'의 뒤에 있겠는가? 또 '학문은 정심·성의보다 먼저인 것이 없는데 정심·성의를 이루려면 먼저 치지·격물을 해야 한다. 하나의 물物이 있으면 반드시 하나의 리理가 있으니 그것을 궁구하여 이르는 것이 이른바 격格이다. 격물은 또한 한 가지 방식이 아니다. 예를 들어 어떤 이는 독서를 통해 의리를 강명하고, 어떤 이는 고금의 인물을 논하여 그 시비를 가리고, 어떤 이는 사물을 응접하여 올바른 방식을 찾는 것이 모두 궁리이다.'라고 말하였다. 또 '궁리窮理는 천하의 리를 모두 궁구할 필요가 없다. 또 하나의 리를 궁구하기만 하면 되는 것이 아니다. 단지 궁구하는 것이 많이 누적된 뒤에 자연히 벗어나듯 깨닫는 바가 있게 될 것이다. 예를 들어 효의 리를 다하려면 어떤 것이 효인지 구해야 한다. 만일 한 가지 일에서 궁구하지 못하면 또 다른 한 가지 일을 궁구해야 한다. 혹은 쉬운 것을 먼저 하기도 하고 혹은 어려운 것을 먼저 하기도 한다. 하나의 길을 얻어서 들어가기만 하면 유추해서 통할 수 있다.'라고 말하였다. 또 '오늘 한 가지 물物을 격格하여 하나의 리理를 궁구하는 식으로 공부하여 오랜 시간이 축적되면 자연히 푹 젖어들어 관통하게 된다.'라고 말하였다. 이것이 이천伊川 선생의 궁리·격물에 대한 설명이다. 지금 나의 마음에서 시험 삼아 살펴보고 요임금과

仁之性盡矣. 窮義之理, 則義之性盡矣. 性, 天之命也, 窮理盡性, 則至命也, 所謂知天地之化育也. 且格物窮理之說, 自程·朱以至今日, 學者孰不尊而信之? 今朱子『或問』具在, 試取其說而論之. 如云: '『大學』之道, 先致知而後誠意.' 夫心之所發爲意, 意之所在爲物, 今曰'先致知而後誠意', 則所知者果何物耶? 物果在於意之外耶? 又曰: '惟其燭理之明, 乃能不待勉强而自樂循理.' 夫不待勉强而自樂循理, 聖人之事也, 豈誠意功夫又在循理之後耶? 又云: '學莫先於正心誠意, 欲正心誠意, 必先致知格物. 凡有一物, 必

순임금의 '정밀하게 하고 한결같이 한다'라는 종지와 대조해 보면 이것과 같은가, 다른가? 무릇 사람은 이 마음을 동일하게 가지고 있고 마음은 이 리를 동일하게 가지고 있다. 리는 곧 천리이다. 학문이란 바로 이 마음을 배우는 것이다. 예를 들어 독서하여 궁리하고 고금을 강론한다는 것이 어찌 의념이 발한 바를 말미암지 않고 바로 독서하여 고금의 리를 강명하는 것이겠는가? 예를 들어 부모를 섬기고 형을 따르는 것이 어찌 의념이 발한 바를 말미암지 않고 바로 부모를 섬기고 형을 따르는 리를 궁구하는 것이겠는가? 혹은 사물을 응접하여 그 올바른 방식을 찾는 것의 경우 의념을 배제하고 어떻게 응접을 한다는 것이며, 어디에서 올바른 방식을 찾는다는 것인가? 또 '오늘 하나의 물物을 격格하고 내일 하나의 리理를 궁구한다'라고 하였는데, 공자가 했던 학문의 공부는 '학문에 뜻을 둠'부터 '법도를 넘지 않음'에 이르기까지 원래 하나였다. 만약 반드시 사물의 리를 모두 궁구한 뒤에 성의와 정심의 공부를 하는 식이라면, 옛사람들 중에 이런 학맥은 있지 않았던 것 같다. 또 사람이 매일 매일 닭이 울 때 일어나서부터 어떤 리를 궁구한다는 것이고 어떤 물物을 격格한다는 것인가? 또 하루 사이에 일의 변화가 수없이 많은데 오늘 20세 이후부터 능히 과거시험에 합격하여 벼슬길에 오르면 바로 상하의 사람을 응접하고 몸소 백

有一理, 窮而至之. 所謂格也. 格物亦非一端, 如或讀書講明道義, 或論古今人物, 而別其是非, 或應接事物, 而處其當否, 皆窮理也.' 又曰: '窮理者, 非必盡窮天下之理, 又非止窮得一理便到, 但積累多後, 自當脫然有悟處. 如窮孝之理, 當求所以爲孝者如何. 若一事上窮不得, 且別窮一事, 或先其易者, 或先其難者, 但得一道而入, 則可以推類而通.' 又謂: '今日格一物, 窮一理, 久則自然浹洽貫通.' 此伊川先生窮理格物之說也. 今試反之吾心, 考之堯, 舜精一之旨, 與此同乎? 異乎? 夫人同此心, 心同此理, 理卽天理也. 學者

성과 사직(社稷: 여기서는 지방의 사직)을 관리해야 하는데 하루 사이에 무슨 겨를이 있어서 격물·궁리를 할 수 있겠으며 그렇게 해야 성의와 정심의 공부를 할 수 있다는 것인가? 또 어찌 20세 이전에 리理를 전부 궁리하고 물物을 완전히 격格하면 곧 좋은 관리가 될 수 있고 좋은 일을 해낼 수 있겠는가? 한번 이와 같이 생각해 보면 바로 통하지 않다는 것을 느낄 수 있다. 양명 선생이 『대학고본大學古本』을 논할 때에는 '신身·심心·의意·지知·물物이 하나의 일이고, 격格·물物·성誠·정正·수修가 하나의 공부이다.'라고 하였다. 무슨 의미일까? 몸의 주재가 심이다. 그래서 수신修身을 하는 방법은 정심正心에 있다. 마음이 발동한 것이 의意이다. 그래서 정심의 방법은 성의誠意에 있다. 의意의 발동에 선한 것이 있고 불선한 것이 있는데 이 마음의 영명이 옳은 것은 옳다고 알아차리고 그른 것은 그르다고 알아차려서 환하고 어둡지 않다. 그래서 성의의 공부는 치지致知에 있는 것이다. 지知의 소재를 물物이라고 한다. 물物은 그 일이다. 격格은 '바로잡음[正]'이고 '이름[至]'이다. 그 바르지 않음을 바로잡아서 바름으로 돌아가면 지知가 이루어지게 된다. 그러므로 치지의 방법은 격물에 있는 것이다. 『시경』에 '하늘이 백성을 생성할 때 물物마다 법칙이 있다'라고 하였고, 『맹자』가 '만물이 모두 나에게 갖춰져 있다'라고 말하였다. 무릇

所以學乎此心也. 如讀書窮理, 講論古今, 豈是不由意念所發, 輒去讀書講明古今之理? 如事親從兄, 豈是不由意念所發, 輒去窮究事親從兄之理? 或應接事物, 而處其當否, 不知舍意念, 則何從應接? 何從處得當否? 又謂'今日格一物, 明日窮一理', 則孔子所學功夫, 自志學至於不踰矩, 原是一箇, 若必待盡窮事物之理, 而後加誠正功夫, 恐古人未有此一路學脈. 且人每日之間, 自雞鳴起來, 便將何理去窮? 何物去格? 又如一日事變萬狀, 今日從二十以後, 能取科第, 入仕途, 便要接應上下, 窮理民社, 一日之間, 豈暇去格物窮

대인의 학문은 천지만물을 한 몸으로 간주한다. 그래서 물物을 말하면 지知가 드러나는 바가 있고 의意가 운용되는 바가 있고 심이 주재하는 바가 있다. 이것은 선후나 피차로 나눌 수 없다. 『대학』이라는 책은 곧바로 본체 공부를 한꺼번에 모두 말하였으니 하나가 잘못되면 모든 것이 잘못되고 하나가 잘되면 모든 것이 잘 된다. 선생이 「대학혹문大學或問」[13]이라는 글이 이 문제를 거의 남김없이 밝혔는데도 세상의 논자들은 여전히 반신반의하여 이전에 들은 이론을 한꺼번에 씻어 내고서 힘껏 본심을 구하려고 하지 않는다. 그래서 지금까지 의론이 일치되지 않고 분분하다. 내가 추측하건대 저들은 단지 '치양지 공부는 전적으로 내면에서 구하는 것을 면하지 못하여 옛사람의 독서·궁리와 고금의 사변을 모두 강구하지 않는다'라고 생각하는데, 이것은 전혀 선생의 본지가 아니다. 『대학』은 체體가 있고 핵심이 있다. 체와 핵심을 먼저 우선하지 않고서 학문에 종사하려고 하는 것은 잘못된 방법이다. 예를 들어 독서·궁리가 언제 잘못인 적이 있었는가? 만일 내 의意가 독서에 있으면 강습하고 토론하는 것이 치지가 아닌 것이 없으며, 내 의가 부모 섬김에 있으면 온청정성(溫淸定省: 겨울

理, 方才加誠正一段功夫? 又豈是二十年以前, 便將理窮得盡, 物格得到, 便能做得好官, 幹得好事? 一如此想, 便覺有未通處. 若陽明先生論『大學』古本, 則謂'身心意知物, 一事也, 格物誠正修, 一功夫也.' 何也? 身之主宰爲心, 故修身在於正心; 心之發動爲意, 故正心在於誠意; 意之所發有善有不善, 而此心靈明, 是是非非, 昭然不昧, 故誠意在於致知. 知之所在則謂之物, 物者其事也, 格, 正也·至也. 格其不正, 以歸於正, 則知致矣, 故致知在於格物. 『詩』

13　「대학혹문(大學或問)」: 여기서는 왕양명이 지은 「大學問」을 말한다.

에 따뜻이 해 드리고 여름에 시원히 해 드리고 아침저녁으로 안부를 살핌)이나 부모의 노고를 대신하고 봉양하는 것이 치지가 아닌 것이 없고 격물이 아닌 것이 없다. 그러므로 물物이 격(格: 바로잡다)되면 지知가 온전해지고 지가 온전해지면 의意가 성실해지고 의가 성실해지면 심心이 바르게 되고 심이 바르면 몸이 수양된다고 하는 것이다. 이것이 공자 문하의 하나로 관통하는 학문이다. 주자의 만년 정론도 또한 지난날의 저술이 또한 미진하였다고 후회하고 또 깊이 자신을 그르치고 남을 그르쳤다고 뉘우쳤다. 그가 문인들에게 답한 여러 서신들을 통해 살펴볼 수 있다. 정이천의 문인들도 또한 격물 이론이 잘못된 것일지 모른다고 의심하였는데 정이천의 정론은 모두 『대학혹문大學或問』[14] 속에 기재되어 있다. 그 이론은 당시에 이미 자체 내에 상호 모순되는 점이 있다는 비판을 받았으니 오늘날에 와서야 비로소 서로 어긋난다고 비판하게 된 것이 아니다."라고 대답하였다.

云: '天生蒸民, 有物有則.' 『孟子』云: '萬物皆備於我.' 夫大人之學, 以天地萬物爲一體者也. 故言物則知有所察, 意有所用, 心有所主, 是不可以先後彼此分也. 『大學』一書, 直將本體功夫, 一下說盡, 一失俱失, 一得俱得. 先生『大學或問』一篇, 發明殆盡, 而世之論者, 猶或疑信相半, 未肯一洗舊聞, 力求本心, 以至今議論紛然不一. 以愚測之, 彼但謂致良知功夫, 未免專求於內, 將古人讀書窮理, 禮樂名物, 古今事變, 都不講求, 此全非先生本旨, 『大

---

14 『대학혹문(大學或問)』: 여기서는 주자가 지은 『대학혹문』을 가리킨다. 이 책에 二程의 격물설이 정리되어 있다.

『學』有體有要，不先
於體要，而欲從事於
學，謬矣．譬之讀書
窮理，何嘗不是．如
我意在於讀書，則講
習討論，莫非致知，
莫非格物；我意在於
事親，則溫凊定省，
服勞奉養，莫非致
知，莫非格物．故物
格則知至，知至則意
誠，意誠則心正，心
正則身修，此孔門一
以貫之之學也．晦
翁晚年定論，亦悔其
向來所著亦有未到，
且深以誤己誤人爲
罪，其答門人諸書可
考也．至於伊川門
人，亦疑格物之說
非，程子定論，具載
『大學或問』中，是
其說在當時已未免
異同之議，非至今日
始相牴牾也．"

|24-6| 或曰："知
行合一之說，則旣聞

|24-6| 어떤 이가 "지행합일의 이론에 대해
서는 이미 가르침을 받았습니다. 선생은 또 전

적으로 '치양지' 세 글자를 제기하여 천고의 전해지지 않던 비전이라고 하였는데, 그것은 무슨 의미입니까?'라고 물어서, 내가 "이것은 선생이 깨달은 뒤에 한 말이다. 『대학』에서는 이미 격물, 치지, 성의, 정심을 말하였고, 『중용』은 또 전적으로 '신독愼獨'을 말하였다. 독獨은 곧 이른바 '홀로 앎'이다. 정자程子가 '천덕天德이 있으면 왕도王道를 말할 수 있다. 그 핵심은 단지 신독에 있다.'라고 하였는데 의미가 대개 이와 같다. 공문孔門의 학문은 전적으로 구인求仁을 논하는 것이다. 하지만 당시 학자들은 각자 남을 따르는 점이 있었고 오직 안연顏淵만이 공자의 문하에서 본심을 힘껏 구하여 곧바로 전체를 깨달았다. 그래서 『주역』의 「복復」괘에서 '불선한 점이 있으면 알지 못한 적이 없고 알았으면 다시 행하지 않는다는 경지는 안씨顏氏 집안의 자제가 거의 여기에 가깝다.'라고 하였다. 이 '치양지'라는 말은 대개 공자 문하에서 전심傳心의 요결이었다. 왜 그렇다는 것인가? 양지는 우리 사람들의 시비를 가릴 줄 아는 본심이다. 이 시비를 가리는 마음을 온전히 이루면 선이 진실한지 거짓된지가 마치 흑백을 가리는 것처럼 가려질 것이다. 성인이 되기를 희망하고 하늘처럼 되기를 희망한다면 다른 길이 있지 않다. 공자가 '도道는 둘이다. 인仁과 불인不仁일 뿐이다.'라고 말하였다. 이것으로부터 나오면 저곳으로 들어가는 것이다.

教矣, 先生又專提出致良知三字, 以爲千古不傳之祕, 何也?" 予答之曰: "此先生悟後語也. 大學旣言格致誠正, 『中庸』又專言愼獨. 獨卽所謂獨知也. 程子曰: '有天德便可語王道, 其要只在愼獨.' 意蓋如此. 孔門之學, 專論求仁. 然當時學者各有從人, 惟顏子在孔門力求本心, 直悟全體. 故『易』之「復」曰: '有不善未嘗不知, 知之未嘗復行, 顏氏之子, 殆庶幾焉.' 此致良知一語, 蓋孔門傳心要訣也. 何也? 良知者, 吾人是非之本心也, 致其是非之心, 則善之眞妄, 如辨黑白, 希聖希天, 別無路徑. 孔子云: '道二, 仁與不仁而

『대학』의 이른바 '성의誠意'와 『중용』의 이른바 '신독愼獨'은 모두 이것을 벗어난 것이 아니다. 이것이 치양지의 학문을 선생이 아주 긴절하게 사람들에게 말해 주었던 이유이다. 스스로 성인의 경지로 들어가는 요결이라고 여겼던 이유는 바로 이와 같으니, 우리들은 응당 그것을 깊이 생각하여야 한다."라고 대답하였다.

|24-7| 어떤 사람이 "양명의 학문이 이미 성문聖門의 정맥이라면 성인이라고 불러도 되는 것인지 모르겠습니다."라고 물어서, 내가 "옛날에 어떤 사람이 정자程子에게 '맹자는 성인입니까?'라고 물었더니 정자가 '감히 그가 성인이라고 말하지는 못하겠다. 하지만 학문이 이미 지극한 경지에 이르렀다.'라고 대답하였다. 선생은 어린 나이에 시문詩文과 기절氣節로 자부하였는데 그 뒤에 이 학문에 뜻을 두게 되어 이전의 공부를 전부 버리고 확고하게 '성인의 경지는 반드시 도달할 수 있다'고 생각하였다. 하지만 그래도 송유宋儒들의 이론을 그대로 사용하고 있었고 노장과 불교의 허적虛寂 사상에 빠져 있었다. 용장龍場으로 유배되어 힘든 사색을 거쳐서 힘껏 본심을 구한 뒤에야 천고 이래의 사람 마음이란 단지 이 '지극히 영명하고 지극히 원하며 고금을 꿰뚫고 밤낮을 관통하며 안과 밖이 없고 동動과 정靜을 겸하며 늘 비

已.' 出乎此則入乎彼. 『大學』所謂誠意, 『中庸』所謂愼獨, 皆不外此. 此致良知之學, 先生所以吃緊語人. 自以爲入聖要訣, 意固如此. 吾輩當深思之."

|24-7| 或曰: "陽明之學旣自聖門正脈, 不知卽可稱聖人否?" 予答之曰: "昔人有問程子云: '孟子是聖人否?' 程子曰: '未敢便道他是聖人, 然學已到至處.' 先生早歲以詩文氣節自負, 旣有志此學, 乃盡棄前業, 確然以聖人爲必可至, 然猶未免沿襲於宋儒之理語, 浸淫於二氏之虛寂. 龍場之謫, 困心衡慮, 力求本心, 然後眞見千古以來人心, 只有此箇

어 있고 늘 적연하면서 늘 감지하고 늘 대응하는 것인 홀로 아는 진체眞體'라는 것을 참되게 깨달았다. 그래서 그 뒤에 '치양지' 세 글자를 제기하여 학자들을 깨우쳐 준 것이다. 내가 생각하기에 선생이 논한 학맥은 곧바로 정자程子의 이른바 '이미 지극한 경지에 이르렀다'는 것과 같은 것이지 그것을 뛰어넘은 것은 아니다."라고 대답하였다.

|24-8| 어떤 사람이 "그대는 우리 명나라의 리학(理學)을 설경헌(薛敬軒: 薛瑄)·진백사(陳白沙: 陳獻章)·왕양명 이 세 사람이 열었다고 말하는데, 하지만 그 학맥이 과연 모두 같은가?"라고 물어서, 내가 "세 분은 모두 성인의 경지에 뜻을 둔 사람들이다. 그런데 설경헌의 학문은 비록 송유宋儒의 거경궁리居敬窮理라는 말을 몸소 실천하여 늘 옛사람을 준칙으로 삼아서 일상의 생활이나 조정에서의 행동이 모두 법도가 있었지만 진성眞性이라는 학맥에 대해서는 여전히 추측해서 아는 정도였다. 대개 사마군실司馬君實15 같은 부류이다. 진백사의 학문은 스스로가 깨달은 것이다. 일용의 공부에서 이미 성체性體를 보았다. 하지만 그 역량이나

靈靈明明, 圓圓滿滿, 徹古今, 通晝夜, 無內外, 兼動靜, 常虛常寂, 常感常應之獨知眞體. 故後來提出致良知三字, 開悟學者, 竊謂先生所論學脈, 直與程子所謂 '已到至處', 非過也."

|24-8| 或曰: "子謂我朝理學, 薛·陳·王三公開之, 然其學脈果皆同歟?" 予答之曰: "三子者, 皆有志於聖人者也. 然薛學雖祖宋儒居敬窮理之說, 而躬行實踐, 動准古人, 故其居身立朝, 皆有法度, 但眞性一脈, 尚涉測度. 若論其人品, 蓋司馬君實之流也. 白沙之學, 得於

---

15 사마군실(司馬君實): 사마광(司馬光)은 북송오자(北宋五子)와 함께 병칭되는 경우가 많은데 철학적으로는 북송오자의 수준에 이르지 못하였다는 평가된다. 설선과 사마광과 비슷한 수준이라는 의미이다.

기백은 여전히 개발해야 할 여지가 있었다. 대개 그 학문은 주렴계를 조술祖述한 것이고 그 조예는 소강절邵康節에 가깝다. 양명의 학문은 인체仁體에서 생기生機를 개발한 것이고, '양지'라는 한마디는 전에 없던 경지까지 바로 나아갔으니 그 기백과 역량이 맹자와 유사하고 그 참절(斬截: 단도직입적임)함은 육상산과 유사하다. 그 학문의 맥락은 대개 직접 주렴계와 정명도를 이어받은 것이다. 비록 그러하지만 지금 논자들은 설경헌을 말할 때는 모두 이구동성으로 말하는데 진백사와 왕양명에 대해서는 의논이 동일하지가 못하다. 확실히 학술은 밝혀지기 어렵다."라고 대답하였다.

|24-9| 어떤 사람이 "양명의 학문을 선생께서 공자의 정맥을 얻었다고 말한 것은 옳습니다. 하지만 당시에 헐뜯고 비난한 사람이 적지 않았습니다. 역적 주신호(朱宸濠: 1476-1521)를 사로잡은 것은 그 공이 실로 큽니다. 하지만 지금까지도 여전히 많은 증오가 있는데 이것은 왜 그런 것입니까?"라고 물어서, 내가 "예로부터 공적 세운 사람을 꺼리고 성공을 질투하였으니 어찌 오늘날에 그치겠는가? 강서江西에서 세운 공은 선생이 조상을 넘어뜨리고 친족을 멸망시킬 수 있는 위험을 돌아보지 않고 국

自悟, 日用功夫, 已見性體, 但其力量氣魄, 尙欠開拓. 蓋其學祖於濂溪, 而所造近於康節也. 若夫陽明之學, 從仁體處開發生機, 而良知一語, 直造無前, 其氣魄力量似孟子, 其斬截似陸象山, 其學問脈絡蓋直接濂溪, 明道也. 雖然今之論者, 語薛氏則合口同詞, 語陳王則議論未一, 信乎學術之難明也已."

|24-9| 或曰: "陽明之學, 吾子以爲得孔子正脈, 是矣. 然在當時, 其訾而議者不少, 至於勤擒逆濠, 其功誠大矣. 然至今尙憎多口, 此何故也?" 予答之曰: "從古以來, 忌功妒成, 豈止今日? 江西之功, 先生不顧覆宗

가를 위해서 이 큰 일을 담당했던 것인데 비판하는 자들은 그래도 시기심이 없어지지 못한다. '봉천奉天의 변고'[16]를 겪고 당唐나라 덕종德宗은 하북河北 24군郡 중에 충의忠義가 하나도 응하지 않았다고 한탄하였다. 당시에 안노공顏魯公 형제[17]가 일어나지 않았다면 당나라의 사직은 위태로워졌을 것이다. 주신호는 오랜 기간 동안 계획하였고 내조(內詔: 조정을 경유하지 않은 황제의 詔命)를 구실로 삼고 있었고 황제 좌우의 친신親信이 모두 그의 심복이었다. 그 뒤에 (천자가) 승여(乘輿: 천자의 수레)를 타고 친정親征하였을 때 강빈江彬 등이 천자를 붙잡아 변을 일으키려고 하였다. 선생이 깊이 헤아리고 상세하게 계산하여 안으로 흉악한 측근을 체포하고 밖으로 적당賊黨을 방비하면서 밤낮으로 마치 강한 적을 마주한 듯이 하였다. 대개 선생이 고심하고 힘을 쓴 것 중에서 주신호를 사로잡는 것이 어려운 것이 아니라 승여가 가볍게 출정하는 일을 잘 조정하고 천자를 보호하는 것이 어려운 것이었다. 그 뒤 주신호가 처형되고 승여가 북경으로 돌아갔는데 이 공로를 누가 알겠는가? 당시에 내각은 선생이 공을 본병(本兵: 반란을 집안한 본래의 군대)에게 돌리는 것

滅族, 爲國家當此大事, 而論者猶不能無忌心. 奉天之變, 德宗歎河北二十四郡, 無一忠義應者. 當時非顏魯公兄弟起, 則唐社稷危矣. 宸濠蓄謀積慮, 藉口內詔, 左右親信, 皆其心腹. 其後乘輿親征, 江彬諸人, 欲挾爲變. 先生深機曲算, 內戢凶倖, 外防賊黨, 日夜如對勁敵. 蓋先生苦心費力, 不難於逆濠之擒, 而難於調護乘輿之輕出也. 其後逆濠伏誅, 乘輿還京, 此其功勞, 誰則知之? 當其時, 內閣銜先生歸功本兵, 遂扼其賞, 一時同事諸

16　봉천(奉天)의 변고: '奉天之難'이라고도 불리며, 德宗이 節度使들의 세습을 거부하다가 반란이 일어나자 奉天으로 도망친 것을 말한다.

17　안노공(顏魯公) 형제: 顏眞卿과 그 종형 顏杲卿을 가리킨다.

에 재갈을 물리고 드디어 상을 내리지 못하게 방해하였다. 일시에 함께 일을 했던 신하들이 삭탈관직된 이가 많았다. 계공桂公은 강서에서 생장하였는데도 이의異議를 마구 말하고, 요사이의 일 벌이기 좋아하는 무리들은 또 하나의 이론異論을 만들어 심지어 금백金帛과 자녀子女를 차지하였다고 공을 비난하기도 하는데, 이것은 또 변론할 거리가 아니다. 선생은 평소에 부귀를 가볍게 여기고 생사를 하나로 여겼다. 젊은 날 상소를 올려 역적 유근劉瑾을 탄핵하여 매질을 흠씬 당한 뒤 도망 다니면서 거의 불측한 일을 당할 뻔하였다. 이렇듯 저분은 생사로도 동요시킬 수 없는데 또 어찌 금백이며 자녀를 언급하는 것인가? 심하다! 사람들이 이론異論을 만들기 좋아하고 사리에 맞는지 여부는 도리어 살펴보지 않는 것이란! 훌륭하다, 사구司寇 정공鄭公[18]의 다음과 같은 말은! '왕공王公은 자질이 높고 학문이 깊으며 문무를 겸하였다. 근래의 명경名卿 중에 그에 미칠 수 있는 이가 드물다. 단지 강학을 하였기 때문에 많은 사람들이 그를 공격하였다. 대개 공의 공명은 훤히 내걸려 있어서 덮어 가릴 수가 없다. 오직 학술의 사정邪正은 쉽게 설명하거나 헤아릴 수 없는 것이어서 이것을 가지고 비난하면 참

臣, 多加黜削, 卽桂公生長江西, 猶橫異議. 近來好事之徒, 又生一種異論, 至以金帛子女議公, 此又不足置辨. 先生平日輕富貴, 一死生. 方其疏劾逆瑾, 備受篞楚, 間關流離, 幾陷不測. 彼其死生之不足動, 又何金帛子女之云乎哉! 甚矣! 人之好爲異論, 而不反觀於事理之有無也. 善乎司寇鄭公之言曰: '王公才高學邃, 兼資文武, 近時名卿, 鮮能及之, 特以講學, 故衆口交訾. 蓋公功名昭揭, 不可蓋覆, 惟學術邪正, 未易詮測, 以是指斥則讒說易行, 媚心稱快耳.

18　사구(司寇) 정공(鄭公): 刑部侍郞 鄭世威(1503-1584)를 가리킨다.

설참說이 쉽게 효과를 보고 아첨하는 마음에 통쾌해질 뿐이다. 지금 사람들이 모두 공을 이단이라고 하며 육상산과 같은 부류라고 한다. 아, 육상산을 이단으로 보는 것은 자유子游와 자하子夏를 안연과 증자보다 순정하다고 하고, 자사와 맹자를 양웅揚雄과 순자荀子보다 못하다고 여기는 것이다. 지금 공이 논한 바는 『고본대학古本大學』과 『전습록』 등의 책에 모두 실려 있다. 학자가 마음을 비우고 기운을 고르게 하여 반복해서 잘 완미해 보면 오랜 시간이 지나 응당 보게 될 것이다.'라고 하였다. 아, 정공을 어리석은 사람이라고 말하면 그만이겠지만 정공이 어리석은 사람이 아니라면 이것이 어찌 후세의 정론이 아니겠는가."라고 하였다.

▎24-10▎ 어떤 사람이 "요사이 듣자니 사부祠部가 단지 설문청공(薛文淸公: 설선)만을 (문묘에) 종사從祀하려고 하고 왕양명과 진백사 두 공은 우선 논의가 정해지기를 기다린다고 하는데, 어떻게 된 것입니까?"라고 물어서 내가 "당시 사부祠部의 일을 맡은 사람이 이 학문에 대해서 평소 알지 못하였으니 또 어떻게 선생을 알 수 있겠는가? 공자는 큰 성인이지만 그 당시에 무리를 지어 비난한 사람이 숙손무숙叔孫武叔 같은 이들 뿐만이 아니었다.[19] 맹자는 영기英氣가 천고를 내려다보았지만 당시에 '제후국을 돌아다니며 얻어먹는다'라는 의심을 면하지 못

今人咸謂公異端, 如陸子靜之流. 嗟乎! 以異端視子靜, 則游・夏純於顏・曾, 思・孟劣於雄・況矣. 今公所論, 敍古本『大學』『傳習錄』諸書具在, 學者虛心平氣, 反覆融玩, 久當見之.' 嗟乎! 使鄭公而愚人也則可, 鄭公而非愚人也則是, 豈非後世之定論哉!"

▎24-10▎ 或曰: "近聞祠部止擬薛文淸公從祀, 王・陳二公姑俟論定, 何也?" 予答之曰: "當時任部事者, 不能素知此學, 又安能知先生? 孔子, 大聖也, 其在當時, 群而議者, 奚啻叔孫武叔輩. 孟子英氣下視千古, 當時猶不免傳食之疑.

하였다.[20] 명나라의 리학理學은 그래도 많은 사람이 (종사하고) 있기는 하지만 이 세 분이 진실로 걸출한 이들이었다. 그런데 설문청공은 높이면서 진백사와 왕양명은 [종사(從祀)하는 것을] 늦추는 것은 이 두 분에 대해서 또 무슨 손익이 되겠는가. 육상산은 당시에 모두들 선종이라고 비난하였는데 명나라 세종世宗 시대에 또 그를 표창해 주었다. 내 생각에 두 분을 종사하느냐의 여부는 논할 만한 것이 못 된다. 안타까운 것은 비판하기 좋아하는 이들이 국가에 이런 성대한 일이 있는 것을 좋아하지 않는다는 점이다.

有明理學, 尙多有人, 如三公者, 則固傑然者也. 乃欲進薛而遲於王·陳, 其於二公又何損益? 陸象山在當時皆議其爲禪, 而世宗朝又從而表章之. 愚謂二公之祀與否, 不足論, 所可惜者, 好議者之不樂國家有此盛舉也."

---

19 공자는 … 아니었다: 『논어』「子張」, "叔孫武叔語大夫於朝曰: '子貢賢於仲尼.' 子服景伯以告子貢. 子貢曰: '譬之宮牆, 賜之牆也及肩, 闚見室家之好. 夫子之牆數仞, 不得其門而入, 不見宗廟之美·百官之富. 得其門者或寡矣, 夫子之云, 不亦宜乎!'" "叔孫武叔毀仲尼. 子貢曰: '無以爲也. 仲尼不可毀也. 他人之賢者, 丘陵也, 猶可踰也. 仲尼日月也, 無得而踰焉. 人雖欲自絶, 其何傷於日月乎? 多見其不知量也.'"

20 맹자는 … 못하였다: 『맹자』「滕文公下」, "彭更問曰: '後車數十乘, 從者數百人, 以傳食於諸侯, 不以泰乎?'"

징군 잠곡 등원석 선생

徵君鄧潛谷先生元錫

|24-11| 등원석(鄧元錫: 1529-1593)은 자가 여극汝極이고 호가 잠곡潛谷이며 강서성 남성南城 사람이다. 나이 열세 살에 황재천黃在川에게서 배웠으며 경사經史를 읽기 좋아하였기 때문에 사람들이 과거공부에 이롭지 않을 것이라고 생각하였다. 하지만 황재천은 "비유하자면 용龍을 기르는 것과 같으니 용이 좋아하는 것을 먹이면 되는 것이지 어찌 반드시 고기나 곡식을 먹여야겠는가?"라고 하였다. 나이 열일곱 살에 사창법社倉法을 시행하여 향인鄕人들에게 혜택을 베풀 줄 알았다. 나근계(羅近溪: 羅汝芳)가 강학을 하고 있다는 소식을 듣고 가서 배웠다. 이어서 길주吉州로 가서 여러 노선생을 배알하고 이 학문을 밝히고자 드디어 과거시험 공부를 접으려고 하였는데 할머니가 허락하지 않았다. 가정嘉靖 을묘년(1555)의 향시에 급제하였는데 그 뜻이 모친을 봉양하는 데 있었던 것

|24-11| 鄧元錫, 字汝極, 號潛谷, 江西南城人. 年十三, 從黃在川學, 喜觀經史, 人以爲不利擧業, 在川曰: "譬之豢龍, 隨其所嗜, 豈必膏粱耶?" 年十七, 卽能行社倉法, 以惠其鄕人. 聞羅近溪講學, 從之遊. 繼往吉州, 謁諸老先生, 求明此學, 遂欲棄擧子業, 大母不許. 擧嘉靖乙卯鄕試. 志在養母, 不赴計偕. 就學於鄒東廓·劉

이어서 회시會試에는 참여하지 않았다. 추동곽(鄒東廓: 鄒守益)과 유삼오(劉三五: 劉陽)에게 가서 배우고 그 핵심적인 내용을 터득하였다. 집에 머물면서 저술을 하여 『오경역함사五經繹函史』를 완성하였다. 여러 차례 집권자의 천거를 받았고 만력萬曆 임진년(1592)에 한림대조翰林待詔의 벼슬에 제수되었다. 부府와 현縣이 부임하도록 독촉하여서 이듬해 묘墓에 인사를 드리고 장차 떠나려고 하였는데 7월 14일 묘소에서 세상을 떠났다. 나이 예순여섯이었다.

┃24-12┃ 당시에 심종心宗이 성행하여, "학문은 오직 무각(無覺: 지각이 없음)을 유지하는 데 있다. 한번 지각을 하게 되면 남는 것이 없게 된다. 구사九思·구용九容·사교四教·육예六藝[1]가 모두 질곡이다."라고 주장하였는데, 선생은 "구용九容을 잘 닦지 않는다면 이것은 몸이 없는 것이고, 구사九思를 삼가지 않는다면 이것은 마음이 없는 것이다."라고 반박하였다. 매일 새벽에 일어나서 학자들에게 정좌하여 방심放

三五, 得其旨要. 居家著述, 成『五經繹函史』. 數爲當路薦舉, 萬曆壬辰, 授翰林待詔, 府縣敦趣就道. 明年, 辭墓將行, 以七月十四日卒於墓所, 年六十六.

┃24-12┃ 時心宗盛行, 謂"學惟無覺, 一覺無餘蘊, 九思·九容·四教·六藝, 桎梏也." 先生謂: "九容不修, 是無身也; 九思不愼, 是無心也." 每日晨起, 令學者靜坐收攝放心,

---

1 구사(九思)·구용(九容)·사교(四教)·육예(六藝): 九思는 『논어』「계씨」편에 나오는 말로 "視思明, 聽思聰, 色思溫, 貌思恭, 言思忠, 事思敬, 疑思問, 忿思難, 見得思義"이고, 九容은 『禮記』「玉藻」편에 나오는 말로, "足容重, 手容恭, 目容端, 口容止, 聲容靜, 頭容直, 氣容肅, 立容德, 色容莊, 坐如屍"이며, 四教는 『論語』「述而」에 나오는 말로, 원문은 "子以四教: 文, 行, 忠, 信"이며, 六藝와 관련해서는 『周禮』「地官司徒·保氏」편에 "養國子以道. 乃教之六藝: 一曰五禮, 二曰六樂, 三曰五射, 四曰五馭, 五曰六書, 六曰九數."라고 하였다.

心을 거두어들이게 하였으며 식시(食時: 오전 7시-9시)에 이르면 차례로 현재의 심체가 어떠한지 물었고 대답을 마치면 각각 그 도달한 바를 토대로 깨우쳐 주었다. 선생은 유교와 불교를 분변하여 스스로 선유가 밝히지 못한 것을 밝혔다고 생각하였지만 '근본은 같고 말엽은 다르다'라고 말하는 데 그쳤다. 선유先儒가 "불교의 학문은 '경이직내(敬以直內: 敬 공부를 해서 내면을 곧게 함)'의 측면은 갖추었지만 '의이방외(義以方外: 의롭게 행하여 외면을 반듯하게 함)'에 대해서는 갖추지 못하였다."라고 하고 또 "선학禪學은 단지 '지止'의 경지에 도달하였고 용用에 대한 내용이 없다."라고 하였으며, 또 "불교가 도道를 담론하는 것이 상하(上下: 형이상과 형이하)로 일관되지 못한 것은 아니지만 그 용用의 측면을 보면 둘로 가르고 있다."라고 하였는데, 선생의 뜻은 이것을 벗어나지 않는다. 단지 선유의 말은 간단하고 선생의 말은 깔끔하다는 차이가 있을 뿐이다.

논학 서신

| 24-13 | 근세에 심종心宗이 성행하여 담론하는 이들은 무의식중에 선승(禪乘: 선학의 교의)으로 귀결되곤 하였는데 공이 홀로 '천명의 본연에 담긴 순수하고 지선함'을 내세워 종지로 삼았으니 '제법공상(諸法空相: 모든 것은 상이 없다고

至食時, 次第問當下心體, 語畢, 各因所至爲覺悟之. 先生之辨儒釋, 自以爲發先儒之所未發, 然不過謂本同而末異. 先儒謂: "釋氏之學, 於敬以直內則有之矣, 義以方外則未之有也." 又曰: "禪學只到止處, 無用處." 又曰: "釋氏談道, 非不上下一貫, 觀其用處, 便作兩截." 先生之意, 不能出此, 但先儒言簡, 先生言潔耳.

論學書

| 24-13 | 近世心宗盛行, 說者無慮歸於禪乘. 公獨揭天命本然純粹至善爲宗, 異於諸法空相; 以格

여김)'과 달랐고, 격물을 '날마다 눈으로 볼 수 있는 행위'로 보고 '물物이 있으면 법칙이 있다'라는 말은 '물을 지나치지 않는다'는 의미라고 설명하였으니 '공제소유(空諸所有: 모든 것을 공으로 여김)'와 다릅니다. 이것은 공이 깊이 연구하여 홀로 터득한 종지이니, 저는 삼가 스스로 '만나 보고서 아는 사람'에 끼고 싶습니다.[2] 그런데 지금 고쳐서, '물욕을 씻어 내어 맑게 한다'라고 하셨는데, 저는 물物이란 잠시도 떠날 수 없는 것이라고 생각합니다. 성誠은 물物의 처음부터 끝까지 관철하는 것이어서 안으로는 신身·심心·의意·지知부터 밖으로 가家·국國·천하天下에 이르기까지 물이 아닌 것이 없고 각자 그 법칙이 있습니다. 구용九容·구사九思·삼성三省[3]·사물四勿이 모두 일상에서 격물格物하는 실제의 공부입니다. 진실로 그 일을 해낼 수 있으면 물욕이 자연히 그 속에 공존할 수 없습니다. 이것이 사과四科[4]·육예六藝·오례五禮·육악六樂을 가르치는 까닭입니다.

| 24-14 | 「곡례曲禮」에 "오만함은 자라게 해서

物日可見之行, 以有物有則爲不過物之旨, 異於空諸所有. 此公深造獨得之旨, 而元錫竊自附於見知者也. 今改而曰: "蕩滌物欲." 竊以爲, 物不可須臾離. 誠者, 物之終始, 內而身心意知, 外而家國天下, 無非物者, 各有其則. 九容, 九思, 三省, 四勿皆日用格物之實功, 誠致行之, 物欲自不得行乎其中, 此四科, 六藝, 五禮, 六樂之所以教也.

| 24-14 | 「曲禮」稱:

---

2   저는 … 싶습니다:『孟子』「盡心下」, "由堯舜, 至於湯, 五百有餘歲. 若禹皐陶, 則見而知之; 若湯, 則聞而知之."
3   삼성(三省): 증자가 하루 세 가지로 반성한다고 한 내용을 가리킨다.
4   사과(四科): 공자 문하의 네 가지 학문 영역을 가리킨다.『論語』「先進」, "德行: 顔淵, 閔子騫, 冉伯牛, 仲弓; 言語: 宰我, 子貢; 政事: 冉有, 季路; 文學: 子遊, 子夏."

는 안 되고 욕망은 풀어놓아서는 안 된다."라고 하였습니다. 오만함과 욕망은 곧 '물(物: 일 혹은 사물)'이고, '자라게 해서는 안 됨'과 '풀어놓아서는 안 됨'은 곧 그 물의 '칙(則: 원칙)'입니다. 오만함을 자라게 하지 않고 욕망을 풀어놓지 않는 것은 곧 '물칙(物則: 일의 원칙)'을 어기지 않는 것입니다. 욕망을 제거하는 것은 당연히 격물 중의 한 가지 일입니다.【이상은 「허경암(許敬菴)[5]에게 회답하는 서신」】

| 24-15 | 마음이 어떤 물物에 놓여지게 되는 것은 신神이 그렇게 하는 것입니다. 마음의 신神은 위로 불타오르고 밖으로 밝으니, 마치 불과 같이 기름을 얻으면 밝아지고 훈초薰草를 얻으면 향기를 내며 썩은 것을 얻으면 고약한 냄새가 나는 것과 같습니다. 그러므로 불은 형체가 없고 사물에 부착되어 그것을 형체로 삼는 것이고, 마음은 형체가 없고 물物에 부착되어 그것을 형체로 삼는데 그것 중에서 호오好惡보다 큰 것이 없습니다. 물物이 밖으로부터 감촉하고 호오가 안에서 형성되는데 만일 안으로 반성하지 못한다면 그 호오가 드러나게 되어서 '평강(平康: 중정하고 화평함)한 본체'가 미미해질

"放不可長, 欲不可縱." 放欲卽物, 不可長不可縱, 卽物之則, 不長放縱欲, 卽不過乎物則. 去欲固格物中之一事.
【以上『復許敬菴』】

| 24-15 | 心之著於物也, 神爲之也. 心之神, 上炎而外明, 猶火然, 得膏而明, 得薰而香, 得臭腐而羶. 故火無體, 著物以爲體; 心無形, 著物以爲形, 而其端莫大於好惡. 物感於外, 好惡形於內, 不能內反, 則其爲好惡也作, 而平康之體微. 故聖門之學, 止

---

5 허경암(許敬菴): 許孚遠(1535-1604)은 字가 孟仲이고 號는 敬菴이며 浙江 德淸 사람이다. 1562에 급제하여 벼슬이 兵部左侍郎에 이르렀다.

것입니다. 그래서 성문聖門의 학문은 존성(存誠: 성실함을 보존함)에 그치고 연기(研幾: 기미에서 연마함)를 정밀하게 합니다. 기(幾: 기미)란 신神이 정미하고 밝으며 미묘하고 그윽한 것입니다. 마중하여서는 오는 것을 알고 물러나서는 간 것을 간직하는 이가 아니고서는 그것을 알 수가 없습니다. 공문孔門에서 성性을 논하며 '지선至善'이라고 하고 '기幾'를 논하며 '움직임의 미미함'이라고 하였는데, 호오가 드러나지 않으면 편안하지 않음이 없고 화평하지 않음이 없다는 뜻입니다. 신神이 응결되어 안정되고 지知가 그쳐서 간직된다면 또 무슨 감응이 그에게 누를 끼칠 수 있겠습니까? 무릇 들뜸이란 기氣로부터 생기는 것이고, 망령됨이란 견해로부터 생기는 것입니다. 기氣 중에서 선한 것은 열 중에 다섯이고, 견해 중에서 선한 것은 열 중에서 셋입니다. 신神이 기氣에 의해 흩날리고 지知가 견해에 의해 흘러 버리게 될 경우, 불을 보는 것에 비유하자면 눈이 밝고 밝아서 마음이 거기에 이끌려 가는 것과 같습니다. 그래서 신神이 들뜨지 않으면 기氣가 그 집으로 돌아가고 견해가 붙잡지 않으면 지知가 그 빈 상태로 돌아갑니다. 옛사람들이 그래서 늘 자기를 이기고, 자기를 버리고, 중中을 택하고, 중中을 사용하는 일을 신중하게 잘 수행하고 스스로 그만둘 수 없었던 것입니다. 【「만사묵(萬思默: 萬廷言)에게 보내는 답신」】

於存誠, 精於研幾. 幾者, 神之精而明, 微而幽者也, 非逆以知來, 退以藏往, 未之或知也. 孔門之論性曰"至善", 論幾曰"動之微", 言好惡不作, 則無不康也, 無不平也. 神凝而定, 知止而藏, 又何感應之爲累矣. 夫浮由氣作, 妄緣見生者也. 氣之善者十之五, 見之善者十之三, 神爲氣揚, 知隨見流, 譬諸觀火乎? 目熒熒而心化矣. 故神不浮則氣歸其宅, 見不執則知反其虛. 古人所以日兢兢於克己・舍己・擇中・用中, 而不能自已也. 【『報萬思默』】

|24-16| 옛 학문은 평탄하고 쉽고 간요하고 절실하여서 일상의 삶을 떠나지 않았습니다. '성명誠明'이라는 두 글자는 실로 그 추뉴樞紐입니다. 가까이 자기 자신이 직접 실천하여 시시각각으로 '홀로 지각하는' 지점으로부터 이해하고 살펴서 옛사람들과 아무 간격이 없도록 하는 것입니다.

|24-17| 보내신 서신에서 "학문은 안과 밖, 적연부동寂然不動과 감이수통感而遂通으로 나뉠 수 없고 혼연히 천칙天則이다."라고 하였습니다. 이것은 지극히 옳은 말입니다. 다만 '묵묵히 스스로 점검해 보니 내면에서 생각이 옮겨 가는 경우가 많다'라고 하였는데, 비록 어르신이 '마치 미치지 못할 듯이 자신을 점검하는' 성실함으로 참된 본성을 아직 깨닫지 못하고 참된 공부가 아직 정밀하지 못하지 않은가 의심하신 것이기는 하지만 필시 여전히 최근의 학문에 미혹되신 것입니다. '한번 깨달으면 모두 참되다'라고 말한 것도 옛 학문에 얽매인 것인데 공부가 깊은 것이라고 여겨야 한다는 것입니까? 또 '이 관문을 통과하면 생각건대 평안한 길이 있을 것이다.'라고 하였는데 여전히 허공에 매달려 억측하는 것 같습니다. 제 생각에 '평안한 본체'란 곧 이른바 '안과 밖, 적연부동寂然不動과 감이수통感而遂通이 없음'이어서 혼연하게 간극이 없으며 눈앞에 가까이 있어서

|24-16| 古學平易簡實, 不離日用, "誠明"二字, 實其樞紐. 近裏著己, 時時從獨覺處著察, 俾與古人洞無間隔.

|24-17| 承諭"學不分內外寂感, 渾然天則", 此極則語. 第云"默自檢點, 內多遷移", 雖吾丈檢身若不及之誠, 而以眞性未悟, 眞功未精爲疑, 定猶惑於近學. 謂"一悟皆眞", 亦狃於故學, 爲功深始得耶? 又云: "過此一關, 想有平康之路", 似猶懸臆. 竊意平康之體, 卽所謂無內外寂感, 渾然無間, 近在目前, 不可得離者. 而人心之危, 無時無鄉, 卽在上聖, 猶之人也, 則心猶之

떠날 수가 없는 것입니다. 그런데 사람의 마음은 위태하여 시간도 없고 장소도 없습니다. 높은 성인이라고 하더라도 다른 사람과 같으니, 마음이 다른 사람과 같은데 어찌 움직여 옮겨지거나 물칙(物則: 일이나 사물의 원칙)을 벗어나는 때가 없겠습니까? 오직 성인은 '정밀하게 하고 한결같이 하는 공부'를 한순간도 게을리하지 않았다는 데 (다른 사람들과) 차이가 있는 것입니다. 이른바 '학문'이란 또 정밀하게 하고 한결같이 하여 한순간도 평안하고 정직한 체體를 떠나지 않는 것입니다. 그래서 안과 밖, 적연부동과 감이수통이 혼연히 일체가 되는 것이며 밖으로 흐르는 것이 생기자마자 바로 알아차리고 바로 극복할 것입니다. 이것이 옛사람들이 '죽은 뒤에야 그칠 수 있었던'[6] 이유입니다. 한번 해이해지면 바로 방자해집니다. 방자함에 안주하여 나날이 구차히 지낸다면 '평탄하고 큰 법칙'으로부터 멀어질 것입니다. 그러니 '평탄하고 큰' 실제는 한번 깨달으면 모두 참되게 되는 그런 것이 아닙니다. '평탄하고 큰' 본체는 또 어찌 공부가 깊어진다고 해서 얻을 수 있는 것이겠습니까?【이상은 「왕진관(王秦關)에게 보내는 서신」】

人, 何能無遷移過則矣乎? 惟在上聖, 精一之功, 一息匪懈, 而所爲學者, 又精之一之, 無一息離乎平康正直之體. 故內外寂感, 渾然一天, 才有流轉, 自知自克. 此古人所以死而後已者也. 一息懈者肆矣, 安肆日偸, 於平康之則遠矣. 則平康實際, 固非可一悟皆眞, 平康本體, 又豈緣功深而得耶?【以上『寄王秦關書』】

---

6 죽은 … 있었던:『論語』「泰伯」, "士不可以不弘毅, 任重而道遠, 仁以爲己任, 不亦重乎? 死而後已, 不亦遠乎?"

│24-18│ 이전에 동곽(東廓: 鄒守益) 선생이 그 선친의 묘표를 청하러 양명 선생을 찾아갔는데 건주(虔州: 贛州)의 밤에 내린 눈을 보고 인체仁體를 얼음 풀리듯 깨달아서 한 시대의 유종儒宗이 되었습니다. 지금 우리 공께서는 선친의 묘석墓石을 청하러 경암공(敬菴公: 許孚遠)을 찾아가셨는데 초계苕溪의 여름비가 억수같이 내리고 있으니 필시 '서로 바라보고 한번 웃는 깨달음'이 있을 것입니다. 【「장친병(張親屏)에게 답하는 서신」】

│24-19│ 보내신 서신에서 또 다시 유교와 불교의 차이에 대한 변론을 보여 주면서 깨우쳐 주시니, 매우 다행입니다, 매우 다행입니다. 불교의 이론이 흥기하면서 변박하는 것이 엄해졌지만 지금까지 천 수백 년이나 살아남아 있으니 성학이 밝아지지 않아서 생긴 문제입니다. 성학聖學이 밝아지지 못한 이유는 택하지 않고 (택하더라도) 정밀하지 않기 때문입니다. 그들 불교는 도道의 체계가 넓고 거대하고 그 말은 깊이 있고 정미하며, 그 실제는 일상의 평등이고 그 허虛함은 모든 것이 융회되어 있으며, 그 마음은 시방삼계十方三界이고 그 가르침은 두루 모든 것을 제도濟度함입니다. 한漢나라 때는 그 조악한 것을 줍기 시작하였고 진晉나라 때 그 물결을 일으켰으며 당唐나라로 들어와 드디어 그 오묘한 도리를 크게 밝혔습니

│24-18│ 昔東廓先生以先公墓表詣陽明公, 而虔州夜雪, 渙然仁體, 以爲世儒宗. 今我公以先公墓石詣敬菴公, 而苕溪暑雨, 淪浹深至, 當必有相觀一笑者. 【『答張親屏書』】

│24-19│ 辱諭又復於儒釋異同之辨, 開示覺悟, 厚幸, 厚幸! 自釋氏之說興, 而辨之者嚴, 且千數百於此矣, 則聖學不明之過也. 聖學之不明者, 由於不擇而不精. 彼其爲道, 宏闊勝大, 其爲言, 深精敏妙; 其爲實, 日用平等; 其爲虛, 交融徧徹; 其爲心, 十方三界; 其爲敎, 宏濟普度. 漢拾其菹, 晉揚其瀾, 入唐來, 遂

다. 세상에서 유학儒學을 공부하는 사람은 높게는 그 오묘한 이론을 이해하지 못하였고 낮게는 그 울타리를 넘지 못하였습니다. 그 심한 경우는 또 겉으로는 그 이름을 공격하지만 속으로는 그 실제를 훔치기도 합니다. 그 막은 것이 굳건하였는데도 그 미혹함은 더욱 해소될 길이 없었던 것은 당연한 일입니다. 이런 까닭에 한창려(韓昌黎: 韓愈)는 우리의 도道를 인의仁義로 규정하고 노불老佛의 가르침을 '경작도 하지 않고 양잠도 하지 않으며 부모도 몰라보고 군주도 몰라본다'라고 배척하였으니 도道를 지켜 낸 공이 있습니다. 다만 고정考亭의 주자[7]는 거기에 대해 '그 거친 것을 가지고 정미한 것에 대적하고 그 외적인 것을 가지고 그 내적인 것에 대적하니 진실로 그 마음을 크게 흡족하게 하지는 못하였다.'라고 하였습니다. '정밀하고 한결같아 미혹되지 않음'의 경지에 대해 우뚝하게 자신할 수 있었던 사람은 시대마다 몇 사람이 되지 않았는데 요약하자면 몇 가지가 있었습니다. (유교는) 경세經世를 위주로 하고 (불교는) 출세간을 위주로 한다고 하여 공公과 사私로 판별하는 경우가 있었고, 우리 유교는 만 가지 이치가 모두 실제한다고 여

大發其奧奧. 世之爲儒學者, 高未嘗扣其閫奧, 卑未嘗涉其藩籬. 其甚者, 又陽攻其名, 而陰攘其實. 宜拒之者堅, 而其爲惑, 滋不可解也. 是故昌黎韓子推吾道於仁義, 而斥其教以爲不耕不蠶, 不父不君, 有衛道功矣. 考亭朱子則謂 "以粗而角精, 以外而角內, 固無以大厭其心也." 至其卓然自信於精一不惑者, 代不數人, 而約之數端. 有以爲主於經世, 主於出世, 而判之以公私者矣. 有以爲吾儒萬理皆實, 釋氏萬理皆虛, 而判之以虛實者矣. 有

---

7   고정(考亭)의 주자: 朱子가 생애 마지막 기간에 복건성 建陽의 考亭이라는 작은 동네에 滄洲精舍를 짓고 거주하였기 때문에 후세에 주자를 考亭이라고 부르기도 하였다.

기고 불교는 만 가지 이치가 모두 공허하다고 여긴다고 하여 허와 실로 판별하는 경우가 있었으며, 불교는 마음을 근본으로 삼고 우리 유교는 하늘을 근본으로 삼는다고 하여 '하늘에 근본함'과 '마음에 근본함'으로 판결하는 경우가 있었고, 망령되게 천성天性에 뜻을 두고 천용(天用: 하늘의 일)의 범위를 규정할 줄 모르고 육근六根의 미미함으로 천지를 전부 이해하려고 한다고 여기고 망환(妄幻: 망령되고 환상적임)이라고 비방하는 경우가 있었으며, 생사를 싫어하고 윤회를 미워하여 이른바 '탈리(脫離: 벗어남)'를 추구하여 인륜을 팽개치고 사물을 버리고서 그 이른바 심心을 밝히려 한다고 여기는 경우가 있었습니다. 이것은 그 정미하고 내면적인 것을 들어 분석하고 적시하여 사람들로 하여금 지향해야 할 길을 잃어버리지 않게 한 것이지만, 그 도道에 깊이 나아간 사람은 또한 (이런 지적이) 끝내 그 마음을 끝까지 만족시키지 못하였습니다. 무릇 성인의 학문은 오직 '성性을 다하고 명命에 이름'에 이르러 가는 것입니다. 천하·국·가는 모두 내 성性과 명命의 물物이고, 수修·제齊·치治·평平은 모두 나의 '성을 다하고 명에 이름' 속의 일들입니다. 경세經世하려고 하지는 않았지만 경세의 공업이 이루어지는 것이며, 만약 경세를 위주로 하게 되면 그것은 의도가 있는 것입니다.

불교의 학문은 성性을 온전히 체현하고 심心

以爲釋氏本心, 吾儒本天, 而判之以本天本心者矣. 有以爲妄意天性, 不知範圍天用, 以六根之微, 因緣天地, 而誣之以妄幻者矣. 有以爲厭生死, 惡輪回, 而求所謂脫離, 棄人倫, 遺事物, 而求明其所謂心者矣. 是擧其精者內者, 以剖析摘示, 俾人不迷於所向, 而深於道者, 亦卒未能以終厭其心也. 夫聖人之學, 惟至於盡性至命, 天下國家者, 皆吾性命之物, 修齊治平者, 皆吾盡性至命中之事也. 不求以經世, 而經世之業成焉, 以爲主於經世, 則有意矣.

佛氏之學, 惟主於

을 밝히는 것이며 시방삼세가 모두 그 각성覺性을 신묘하게 주재하는 과정 속의 것들이고, 자비심으로 두루 제도하는 것은 모두 성명性命을 온전히 체현하는 과정 속의 일들입니다. '나감出'이 가능한 삼계三界라는 것이 존재하지 않는데 출세간出世間의 가르침이 행해지고 출세간을 위주로 한다고 말하는 것은 거짓입니다. 우리 유학의 리(儒)는 실제가 아닌 것이 없지만 '방소方所가 없고 형체가 없다'라고 『주역』에서 실제로 말하였고 '소리가 없고 냄새가 없다'라고 『시경』에서 실제로 말하였습니다. 그렇다면 '실實'이 언제 허虛가 아닌 적이 있었습니까? 불교의 리는 공허하지 않은 것이 없는데 '섶을 나르고 물을 긷는' 일 속에서 모두 진여眞如를 보고 '앉고 눕고 걷고 멈추는' 행동을 모두 평등하게 보니 '허虛'가 언제 실제가 아닌 적이 있었습니까? 불교의 이른바 '심心'은 '성명性命의 리가 오묘하고 밝고 참되고 불변하며 생화(生化: 생장·화육)가 자연스럽고 원융하고 두루 체현됨'을 가리켜 말한 것이니 곧 이른바 '하늘의 명命'입니다. 단지 이름이 다를 뿐입니다. 이것을 바로 '본심'이라고 부르더라도 안 될 것이 없습니다. 무릇 그것이 '오묘하고 밝고 참되고 불변하는' 마음이므로 천지의 닫히고 열림, 고금의 가고 옴이 모두 그 사이에서 변화하고 드나듭니다. 그래서 꿈같고 허깨비 같고 거품 같고 그림자 같다고 여기지만 그 참되고 불변하

了性明心, 十方三世者, 皆其妙覺性中之物, 慈悲普度者, 皆其了性命中之事也. 無三界可出, 而出世之敎行焉, 以爲主於出世, 則誣矣. 吾儒理無不實, 而"無方無體", 『易』實言之: "無聲無臭", 『詩』實言之. 則實者, 曷嘗不虛? 釋氏理無不虛, 而搬柴運水, 皆見眞如, 坐臥行住, 悉爲平等, 則虛者, 曷嘗不實? 釋氏之所謂心, 指夫性命之理, 妙明眞常, 生化自然, 圓融遍體者言之, 卽所謂天之命也, 直異名耳, 而直斥以本心, 不無辭矣. 夫其爲妙明眞常之心也, 則天地之闔闢, 古今之往來, 皆變化出入於其間. 故以爲如夢如幻, 如

는 것은 늘 머물고 불멸하는 것입니다. 어찌 환상으로 존재하는 마음을 집착하여 천지를 일으키거나 없애고, 환상으로 존재하는 상相을 집착하여 육합을 티끌이나 겨자처럼 여기겠습니까. 그 생사윤회의 이론은 세상사람들이 정식情識에 집착하고 기욕嗜欲에 미혹되어 잠깐 사이에 동쪽에서 생겼다 서쪽에서 없어시고 변환하면서 출몰하는 꼴이 하도 가엾게 보여서 그들로 하여금 성명이란 본래 생사도 없고 윤회도 없다는 것을 깨닫게 하려고 구제해 준 것이니, 미혹된 사람들을 위해서 마련한 것입니다. 인륜을 팽개치고 사물을 버리는 모습을 보이는 것은 세상사람들이 정식情識에 집착하고 기욕嗜欲에 미혹되어 서로 공격하고 서로 취하면서 교착되어 벗어나지 못하기 때문에 그 무리들을 떼 지어 모아서 그들로 하여금 출가하게 함으로써 '태어남이 없는 본체'를 깊이 이해하여 위로는 사은四恩[8]을 갚고 아래로는 삼도三塗[9]를 구제하게 한 것입니다. 마치 유자儒者들이 무리를 지어서 입산하여 공부하는 것과 같을 뿐이니 깨닫지 못한 사람들을 위해 마련한 것입니다.

泡如影, 而其眞而常者, 固其常住而不滅者也. 豈其執幻有之心, 以起滅天地, 執幻有之相, 以塵芥六合也乎? 其生死輪回之說, 則爲世人執著於情識, 沈迷於嗜欲, 頃刻之中, 生東滅西, 變現出沒, 大可憐憫, 欲使其悟夫性命之本無生死無輪回者, 而拔濟之, 爲迷人設也. 其棄人倫, 遺事物之跡, 則爲世人執著於情識, 沈迷於嗜欲, 相攻相取, 膠不可解, 故群其徒而聚之, 令其出家, 以深明夫無生之本, 而上報四恩, 下濟三塗. 如儒者之聚徒入山

---

8   사은(四恩): 父母恩 · 衆生恩 · 國王恩 · 三寶恩을 가리킨다.
9   삼도(三塗): 火塗 · 刀塗 · 血塗. 三惡道인 地獄 · 餓鬼 · 畜生과 같은 의미이다.

'마른 나뭇가지처럼 고요하고 공空을 지킴'이나 '외물을 배제하고 생기生機를 거스름'과 같은 것은 저 불교 중에서도 비주류에 속하고, '현묘한 현상을 보고 신령스럽고 괴이하며 황홀함' 같은 것은 저 불교 중에서도 사마邪魔로 여기는데 유자들이 이것을 전부 부처의 책임으로 돌립니다. 저들은 한창 사랑하고 불쌍히 여기며 가여워하고 우러르면서 널리 중생을 구제하고 있는데 우리들이 그들을 '자기만 알고 자기 이익만 챙긴다'라고 비판하고, 저들은 한창 마음과 부처 사이에 아무것도 세우지 않는데 우리들이 그들을 '안을 옳다 여기고 밖을 그르다 여긴다'라고 비판합니다. 하나만 알고 둘은 알지 못하고 말만 알고 그 말을 한 이유를 알지 못하니 저들은 기가 막혀 말은 못하고 웃을 뿐입니다. 또 어떻게 그들의 마음을 크게 설복시킬 수 있겠습니까?

'작은 차이가 큰 차이를 만들어 냄'에 대한 변론은 실마리가 있습니다. 대개 도道는 삼재三才를 합하여 하나로 관통하는 것입니다. 그 체體가 음양으로 다 드러나고 형체가 없기 때문에 역易이라고 부르고, 그 용用이 음양으로 다 드러나고 방소方所가 없기 때문에 신神이라고 부르며, 그 찬연하게 조리가 있다는 점에서는 '리理'라고 부르고 그 순수하게 지선하다는 점에서는 '성性'이라고 부르며 그 성대하게 유

耳, 爲未悟人設也.

至於枯寂守空, 排物逆機, 彼教中以爲支辭; 見玄見妙, 靈怪恍忽, 彼教中以爲邪魔, 而儒者一擧而委之於佛. 彼方慈憫悲仰, 弘濟普度, 而吾徒斥之以自私自利; 彼方心佛中間, 泯然不立, 而吾徒斥之以是內非外. 卽其一不究其二, 得其言不得其所以言, 彼有啞然笑耳, 又何能大厭其心乎?

乃其毫釐千里之辨, 則有端矣. 蓋道合三才而一之者也, 其體盡於陰陽而無體, 故謂之易; 其用盡於陰陽而無方, 故謂之神. 其燦然有理, 謂之理; 其粹然至善, 謂之性; 其沛

행한다는 점에서는 '명命'이라고 부릅니다. 소리가 없고 냄새가 없지만 만물의 체體를 이루어 빠뜨릴 수 없고, 보이지 않고 들리지 않지만 그보다 잘 드러나는 것이 없고 더 현저한 것이 없습니다. 이것이 중용中庸이 '체'가 되는 이유이고, 이교(異教: 이단의 가르침)가 스스로 그것과 구별되려고 해도 그럴 수 없는 점입니다. 성인이란 이 도道가 마음에 다 갖추어져 있다는 것을 아는데 이 마음은 이와 같이 미묘합니다. 이것을 알아서 정밀하게 하는 것을 '정精'이라고 하고 이것을 지켜서 굳건히 하는 것을 '일一'이라고 합니다. 이것을 오품五品·오상五常·백관百官·만무萬務가 교차하는 공간으로 확대하는 것을 '명륜(明倫: 인륜을 밝힘)'이라고 하고 '찰물(察物: 만물을 살핌)'이라고 합니다.

변동하여 얽매임이 없고 육허六虛에 두루 흐르지만 잣대로 삼을 만한 전상典常이 없었던 적이 없고, 문文을 이루고 상象이 정하며 의義를 정밀히 하고 도구를 벼르지만 손에 잡히는 방체方體가 있었던 적이 없습니다. 그러므로 '소리도 없고 냄새도 없음'과 '방소도 없고 형체도 없음'은 도道의 체體입니다. 성인은 이 체에 대해 조금도 더한 바가 없습니다. 그래서 천하의 대본을 세울 수 있는 것입니다. '물物이 있으면 법칙이 있음'과 '전(典: 법)이 있고 예禮가 있음'은 도의 용用입니다. 성인은 이 체에 대해 조금도 덜어 낸 것이 없습니다. 그래서 천하의 달

然流行, 謂之命. 無聲無臭矣, 而體物不遺; 不見不聞矣, 而莫見莫顯. 是中庸之所以爲體, 異教者欲以自異焉而不可得也. 聖人者知是道之盡於心, 是心若是其微也. 知此而精之之謂精, 守此而固之之謂一, 達此於五品, 五常, 百官, 萬務之交也, 之謂明倫, 之謂察物.

變動不拘, 周流六虛矣, 而未始無典常之可揆; 成文定象, 精義利用矣, 而未始有方體之可執. 故無聲無臭, 無方無體者, 道之體也. 聖人於此體未嘗一毫有所增, 是以能立天下之大本. 有物有則, 有典有禮, 道之用也. 聖人於此體未嘗一

도達道를 행할 수 있는 것입니다. 대본을 세우고 달도를 행하니, 그래서 천지와 인물의 성性을 다할 수 있고, 천지와 더불어 셋이 될 수 있습니다. 『주역』은 그 리理를 형상화한 것이고 『시경』·『서경』·『예』·『악』·『춘추』는 그 용用을 극대화한 것입니다. 하늘과 비슷한 것이니, '상천上天의 일은 소리도 없고 냄새도 없지만' 사시四時와 백물百物이 스스로 행하고 스스로 생깁니다. 그러므로 정신을 다하고 변화를 알아서 만물의 이치를 알고 그 일을 이룰 수 있고, 광대하고 모두 갖추어서 주선周旋이든 곡절이든 어떤 부분에서도 빠뜨리지 않으며, 기미幾微가 신명神明까지 도달하되 윤상倫常과 물칙(物則: 사물의 원칙)을 벗어나지 않고, '다섯 가지 지극함'이고 '세 가지 없음'[10]이지만 성聲·시詩·예禮·악樂의 밖에 있지 않습니다. 가장 지혜로운 사람은 하루에 극기복례하여 아침에 도道를 듣고 저녁에 죽더라도 '내밀하게 수양하는' 공부가 없었던 적이 없고, 중간쯤 지혜롭거나 가장 지혜롭지 않은 사람은 처음

毫有所減, 是以能行天下之達道. 立大本, 行達道, 是以能盡天地人物之性, 而與之參. 『易』象其理, 『詩』『書』『禮』『樂』『春秋』致其用, 猶之天然, 上天之載, 無聲無臭, 而四時百物, 自行自生也. 故窮神知化, 而適足以開物成務; 廣大悉備, 而不遺於周旋曲折; 幾微神明, 而不出於彝常物則; 三至三無而不外於聲詩禮樂. 上智者克復於一日, 夕死於朝聞, 而未始無密修之功. 中下者終始於

---

10 다섯 … 없음: 원문은 '三至三無'인데, '三'자를 '五'로 고쳐 번역하였다. 『예기』「孔子閒居」, "孔子曰: '夫民之父母乎! 必達於禮樂之原, 以致五至, 而行三無, 以橫於天下四方, 有敗必先知之. 此之謂民之父母矣.' 子夏曰: '民之父母, 旣得而聞之矣. 敢問何謂五至? 孔子曰: 志之所至, 詩亦至焉; 詩之所至, 禮亦至焉; 禮之所至, 樂亦至焉; 樂之所至, 哀亦至焉. 哀樂相生, 是故正明目而視之, 不可得而見也; 傾耳而聽之, 不可得而聞也. 志氣塞乎天地, 此之謂五至.' 子夏曰: '五至旣得而聞之矣. 敢問何謂三無?' 孔子曰: '無聲之樂·無體之禮·無服之喪, 此之謂三無.'"

부터 끝까지 늘 학문에 힘쓰고 항상 곤궁한 상황에서 애쓰는 방식으로 수양하는데 점진적으로 관통함이 없었던 적이 없었습니다. 모든 사람을 하나로 보고 똑같이 사랑하지만 가까운 사람에게 더 돈독히 하여 먼 사람으로까지 확대하는 것이고, 모든 사람을 사랑하고 포용하지만 현인을 존중하고 공이 있는 사람을 높입니다. 그러므로 천지를 포괄하여 지나치지 않고 세세하게 이루어 주고 남김이 없기 때문에 삼극三極의 대중大中을 세울 수 있습니다. 불교는 이 체體에 대해 그 본 것이 매우 절실하고, 그 깨달은 것이 매우 초탈하고 오묘합니다. 하지만 '소리도 없고 냄새도 없음'을 보았지만 그 '만물의 체體가 되어 빠뜨리지 않음'까지도 모두 존재하지 않는 것으로 여겼고, '보지 않고 듣지 않음'을 보았지만 그 '생장·화육의 자연스러움'까지도 모두 생성하지 않는 것으로 여겼습니다. 이미 존재하지 않는다고 여기기 때문에 '물物' 중에서 끝내 존재하지 않을 수 없는 부분까지도 '있음도 아니고 없음도 아니다'라는 말로 똑같이 환망幻妄으로 간주하고, 이미 생성함이 없다고 여기기 때문에 '생生' 중에서 끝내 없어질 수 없는 것까지도 '없어지지 않지만 없어진다'라고 보고 똑같이 멸도滅度시킵니다. 환幻이 환幻임을 잘 알지만 시방삼계 등 1억 유순(由旬: 소가 하루를 가는 거리)의 겁劫은 이 '무생無生'의 법계이고, 생생이 무생無生임을 잘

典學, 恒修於困勉, 而未始無貫通之漸. 同仁一視, 而篤近以擧遠, 汎愛相容, 而尊賢以尙功. 夫是以範圍不過, 曲成不遺, 以故能建三極之大中. 釋氏之於此體, 其見甚親, 其悟甚超脫敏妙矣. 然見其無聲臭矣, 而擧其體物不遺者, 一之於無物; 見其無睹聞矣, 而擧其生化自然者, 一之於無生. 旣無物矣, 而物之終不可得無者, 以非有非無, 而一之於幻妄; 旣無生矣, 而生之終不可得盡者, 以爲不盡而盡, 而一之於滅度. 明幻之爲幻, 而十方三界, 億由旬劫者, 此無生之法界也. 明生之無生, 而胎卵濕化, 十二種生者, 此無生之心量也.

알지만 태생胎生·난생卵生·습생濕生·화생化生 등 열두 종의 생은 이 '무생無生'의 심량(心量: 萬有를 일으키는 정신현상의 총칭)입니다. 널리 제도하는 이는 이것을 일러 '제濟'라고 하고, 일상을 평등하게 여기는 이는 이것을 일러 '평平'이라고 하며, 원각圓覺이 밝게 발양하는 이는 이것을 일러 '각覺'이라고 합니다. 비록 지극한 경지는 좁쌀알 속에 진계眞界를 간직하고 마른 똥막대기를 진인眞人이라고 간주하는 데까지 이르렀고, 숨을 내쉬고 손을 들며 눈을 깜짝이고 눈썹을 휘날리는 설명 방식은 우리 도道의 중용과 가깝지만 그들은 우리 학문의 '중용을 말미암음'에 대해서는 끝내 사려해 보지 않았습니다. 비록 그 전수하는 방식이 '염화미소拈花微笑'와 '몽둥이질과 꾸짖음을 마음껏 시전하는'데까지 이르렀고, '헤아림과 꾀함이 모두 없어짐'과 '마음이 활동하는 길이 끊김'은 성문聖門의 한번 '네!'라고 대답함에 가깝지만[11] 그들은 우리 학문의 '정미함을 다함'에 대해서는 끝내 그 마음이 동하지 못하였습니다. 비록 행원行願이 십신十信·십주十住·십회향十廻向의 층차·계급에 이르러 성문의 학문 누적에 가깝지만 성문의 『시』·『서』·『예』·『악』의 '만

弘濟普度者, 此之謂濟也; 平等日用者, 此之謂平也; 圓覺昭融者, 此之謂覺也. 雖其極則至於粟粒之藏眞界, 乾屎橛之爲眞人, 噓氣擧手, 瞬目揚眉, 近於吾道之中庸, 而吾學之道中庸者, 終未嘗以庸其慮. 雖其授受至於拈花一笑, 棒喝交馳, 擬議俱泯, 心行路絶, 近於聖門之一唯, 而吾學之盡精微者, 終未嘗以攖其心. 雖其行願至於信住廻向, 層次階級, 近於聖門之積累, 而聖門之『詩』『書』『禮』『樂』經緯萬古者, 終未嘗一或循其方. 雖其功德至於六度

---

11 성문(聖門)의 … 가깝지만: 『논어』「里仁」, "子曰: '參乎! 吾道一以貫之.' 曾子曰: '唯.' 子出, 門人問曰: '何謂也?' 曾子曰: '夫子之道, 忠恕而已矣.'"

고를 경위經緯함'은 끝내 하나도 그 방법을 따른 적이 없었습니다. 비록 그 공덕이 '육도만행六度萬行'[12]과 '만령萬靈을 두루 제도함'까지 이르러서 성문의 박애에 가깝지만 성문聖門의 '구경九經'이 세 겹의 범위로 곡진히 이룸[13]에 대해서는 하나도 사려에서 연마한 적이 없습니다. 대개 그 무無인 것을 깨달았기는 하였지만 무無인 것으로 유有인 것을 비우려고 하고, 그 허虛를 깨닫기는 하였지만 허虛인 것으로 실實인 것을 비우려고 합니다. 유有인 것을 비우려고 하니 '물物이 있으면 칙則이 있음'과 '전典이 있고 예禮가 있음'까지도 환幻으로 귀결시키지 않을 수 없고, 실實인 것을 비우려고 하니 '인륜을 밝히고 사물을 살핌'과 '돈후한 법전과 일상적 예절'을 허虛로 귀결시키지 않을 수 없습니다. 그래서 그 도道는 넓고 크지만 윤리倫理를 벗어나지 않을 수 없고 그 말은 정심하고 오묘하지만 만물의 이치를 다 알아서 그 일을 이루어 주지는 못합니다. 문중자(文中子: 王通)가 "그 사람은 성인이고 그 가르침은 서방西方의 가르침이니 중국에 시행하려고 하면 막힐 수밖에 없

萬行, 普濟萬靈, 近於聖門之博愛, 而聖門之"九經"三重範圍曲成者, 終未嘗一以研諸慮. 蓋悟其無矣, 而欲以無者空諸所有; 悟其虛矣, 而欲以虛者空諸所實. 欲空諸所有, 而有物有則, 有典有禮者, 不能不歸諸幻也. 欲空諸所實, 而明物察倫, 惇典庸禮者, 不能不歸諸虛也. 故其道虛闊勝大, 而不能不外於倫理; 其言精深敏妙, 而不能開物以成務. 文中子曰: "其人聖人也, 其教西方之教也, 行於中國則泥."

12　육도만행(六度萬行): 六波羅蜜을 말하며, 普施波羅蜜, 持戒波羅蜜, 忍辱波羅蜜, 精進波羅蜜, 禪定波羅蜜, 般若波羅蜜이다.

13　성문(聖門)의 … 이룸: 九經은 『中庸』, "凡爲天下國家有九經, 曰修身也, 尊賢也, 親親也, 敬大臣也, 體羣臣也, 子庶民也, 來百工也, 柔遠人也, 懷諸侯也."를 가리킨다. 修身과 尊賢이 자신의 수양이고, 親親·敬大臣·體羣臣·子庶民·來百工이 국내의 일이고, 柔遠人과 懷諸侯가 국제적 관계여서 三重의 범위라고 한 것으로 보인다.

다."라고 하였습니다. 참으로 그 지역이 중앙에 위치하고 사람이 영성靈聖을 모으고 신神이 괴이함을 드러내고 이치가 사람의 범위를 뛰어넘고 위엄이 뚜렷하게 나타나며 일이 하늘을 벗어나서 정말 그 책에서 말하는 대로 된 뒤에야 그 가르침이 시행될 수 있을 것입니다. 지금 중국의 땅에 살면서 서방의 가르침을 행하여 그것을 자기한테 행하고자 한다면 머리카락을 깎고 승려복을 입고서 아내를 버리고 자식을 멀리해야 할 텐데 요구가 너무 힘들어서 감당할 수 없고 수양방법이 달라서 행하기 어렵습니다. 그래도 그것을 행한다면 여러 모로 막히게 될 것입니다. 이 가르침을 가지고 만물을 대하면 오래 익힌 것이 처음 배우는 것과 같고, 금령을 허무는 것이 계율을 지키는 것과 같으며, 중생이 한 자식과 같고, '널리 구제함'의 범위가 모든 생명까지 포함할 테니 반드시 이 세상을 벗어나서 산 뒤에야 그 가르침이 통할 것입니다. 이 세상의 이 생애에 처해 있으면서 그 가르침을 통하게 하려고 한다면 여러 모로 막힐 것입니다. 이것으로 재물을 다스리면 시사施捨하는 것이 성해지고 농경과 양잠 등 본업의 가르침이 황폐해질 것입니다. 이것으로 사람을 쓰게 되면 현능한 사람과 그렇지 않은 사람이 뒤섞여서 등용과 배제, 임명과 토벌을 신중히 해야 한다는 법도를 잃게 될 것입니다. 이것을 사람들에게 가르치게 되면 큰

誠使地殷中土, 人集靈聖, 神跡怪異, 理絶人區, 威證明顯, 事出天表, 信如其書之言, 然後其敎可得而行也. 今居中國之地, 而欲行西方之敎, 以之行己, 則髡髮緇衣, 斥妻屏子, 苦節而不堪, 矯異而難行也. 然且行之, 斯泥矣. 以之處物, 則久習同於初學, 毀禁等於持戒, 衆生齊於一子, 普濟極於含靈, 必外於斯世而生, 而後其說可通也. 處斯世斯生, 而欲以其說通之, 斯泥也. 以之理財, 則施捨盛而耕桑本業之敎荒. 以之用人, 則賢否混而擧錯命討之防失. 以之垂訓, 則好大不經, 語怪語神, 荒忽罔象之敎作. 烏往而不泥哉?

것을 좋아하여 정상을 벗어나고 괴이한 것을 말하고 신비로운 것을 말하여 황홀하고 허깨비 같은 가르침이 일어날 것이니 어디 부분인들 막히지 않겠습니까? 지금 살고 있는 곳은 중국으로서 요임금, 순임금, 우임금, 탕임금, 문왕, 무왕이 세운 나라이며 학업으로 삼는 것은 육경六經으로서 요임금, 순임금, 우임금, 탕임금, 문왕, 무왕이 지은 것이고 주공周公과 공자가 조술한 것입니다. 그 일상의 세계는 인륜과 사회적 관계로서 요임금, 순임금, 우임금, 탕임금, 문왕, 무왕, 주공, 공자가 다듬어서 밝힌 것입니다. 그런데 불교의 가르침을 믿고 따르며 현양하려고 하니 또한 허망하고 미혹스러운 일입니다. 더구나 지금 우리의 수신은 격물·치지를 통해 '정밀히 함'을 연마하되 명체明體를 떠나지 않고, 성의·정심을 통해 '한결같이 함'을 지키되 행원(行願: 심신수양의 경지)을 어기지 않습니다. '분노를 이기고 욕심을 누름'으로써 덜어 내지만 감소하는 바가 있는 것이 아니고, '선으로 옮겨 가고 잘못을 바로잡음'으로써 보태지만 증가하는 바가 있는 것이 아닙니다. 사랑함과 미워함에 자신의 사심을 개입시키지 않으니 어찌 증오하거나 애착하는 것이 있겠습니까. 보고 듣는 것을 한결같이 예禮로 검속하니 어찌 깨끗함과 물듦이 있겠습니까. 의義를 정밀히 하여 입신入神의 경지에 이르니 '리理의 장애'가 없어지고, 쓰임새를 잘 별

今所居者中國, 堯·舜·禹·湯·文·武之所立也; 所業者『六經』, 堯·舜·禹·湯·文·武之所作, 周公·仲尼之所述也. 所與處者人倫庶物, 堯·舜·禹·湯·文·武·周·孔之所修而明也. 乃欲信從其敎而揚詡之, 亦爲誕且惑矣. 況吾之修身, 格致以研精, 而不離明體; 誠正以守一, 而不違行願. 懲忿窒欲, 以去損而非有所減, 遷善改過, 以致益而非有所增. 愛惡不與以己, 而何有憎愛? 視聽一閑以禮, 而何有淨染? 精義至於入神, 理障亡矣; 利用所以崇德, 事障絕矣. 孝弟通於神明, 條理通於神化, 則擧其精且至

러서 덕을 높이니 '일의 장애'가 없어집니다. 효제孝悌는 신명神明에 통하고 조리는 신화神化에 통하니 그 정미하고 지극한 것을 모두 포괄한 것이어서 다른 것을 빌리지 않더라도 족하니 또 어찌 굳이 그들의 가르침을 따라야만 쾌족한 것입니까?

저는 어려서 작은 범위에 국한되었고 장성하여서는 도道를 듣지 못하였습니다. 통달한 사람은 저에 대해 작은 염치에 얽매인다고 문제 삼았고, 쾌활한 사람은 저에 대해 세세한 근신에 얽매인다고 꾸짖었고, 검속하는 사람은 저에 대해 무분별하게 섭렵한다고 문제 삼았기에, 마음속에 늘 미혹된 생각이 있지 않은지 걱정하였습니다. 불교와 비교할 때 천 리의 차이에 그치지 않을 것인데 미묘한 문제의 빗장을 풀려고 하고 유사한 것 속의 차이를 분석하려고 하였으니 단지 제가 분수를 모른다는 것을 드러내고 말았습니다. 하지만 이렇게 세세하게 말씀을 드리게 된 것은 집사가 아니고서는 제 광언狂言을 받아 줄 어른이 없기 때문입니다. 【「논유석서(論儒釋書)」】

|24-20| 학문은 송宋나라 가정(嘉定: 1208-1224) 연간 이래로 궁리窮理와 거경居敬을 둘로 갈라졌으며, 지행知行의 선후에 대한 분변은 황제가 이미 엄하게 학자들에 영을 내렸고 또 "물리物理는 반드시 모두 안 뒤에야 실천할 수 있다."

者, 不旁給他借而足, 又何必從其教之爲快哉?

仆少而局方, 壯未聞道, 達者病其小廉, 曠者誚其曲謹, 約者病其泛涉, 乃中心恒患其有惑志也. 其於釋宗何啻千里, 而欲抽關鍵於眇微, 析異同於疑似, 祇見其不知量也. 然爲是縷縷者, 念非執事, 無以一發其狂言. 【『論儒釋書』】

|24-20| 學自宋嘉定來, 歧窮理居敬爲二事. 而知行先後之辨, 廉級已嚴令學者且謂"物理必知之

라고 하였습니다. 그래서 편문(便文: 어휘 구사)과 석설(析說: 이론 분석)에 종사하는 학자들은 지벽(支辟: 생경한 단어)을 다투고 구절이나 글자를 분석하며 그것을 궁리라고 여기고, 신심身心의 공부에 대해서는 종사할 여지가 없었습니다. 이에 왕문성공(王文成公: 王守仁)이 실로 처음으로 '알고 난 뒤[知後]'라고 할 때의 그 '앎'이 지知가 아니고 본심의 양지야말로 지知이며 '현실에서 실천한다[踐跡]'라고 할 때의 그 '실천'이 행行이 아니고 본심의 진지眞知를 얻는 것이 행行이라는 사실을 깨달았습니다. 상서尙書인 증성增城 담공湛公[14]은 사설師說에 근본을 두고 '잊지 말고 조장하지 말라'라는 구절을 마음의 중정中正이고 천리天理의 자연이라고 여겨 곳곳에서 체인하려고 하였습니다. 그런데 그 보고 듣는 것을 엄숙하게 안으로 되돌려 배우는 인사들은 전훈典訓을 업신여기고 수성修省을 낮추어 보고서는 한결같이 자기와 동일하게 여깁니다.

| 24-21 | 고공高公이 남태학南太學에서 배울 때 두 선생의 학설이 성행하고 있었다. 증성(增城: 湛若水)은 남중태중南中太宰의 벼슬을 하고 있어서 '담씨湛氏의 학문'이라고 일컬어졌다. 공이

盡, 乃可行也". 便文析說之儒, 爭支辟, 析句字, 爲窮理而身心罔措. 於是, 王文成公實始悟"知後非知, 卽本心良知爲知; 踐跡非行, 得本心眞知爲行." 而尙書增城湛公, 本師說以"勿忘勿助"爲心之中正, 爲天理自然, 隨處體認之也. 人士洗然內反其視聽而學焉者, 薄典訓, 卑修省, 一比於己.

| 24-21 | 高公學南太學時, 二先生說盛行. 增城官南中太宰, 稱湛氏學. 公往

---

14   담약수(湛若水, 1466-1560)는 자가 元明이고 감천(廣東省 增城 甘泉都) 사람이어서 甘泉先生으로 불렸다. 예부상서, 이부상서, 병부상서를 지냈다.

찾아가서 이미 투자(投刺: 명함을 전함)하였는데 문지기가 붓을 내던지고 손뼉을 치며 찬탄하는 것을 보았다. 대개 탐낸 것이다. 이유를 물었더니 척독尺牘을 가리키면서 '이것은 혁체(赫蹏: 글씨 쓰는 비단)로 청한 것인데 글을 써 달라고 청하면 가격이 누천 금이 되는 것입니다.'라고 하였다. 그러자 공이 '얼른 내 명자(名刺: 명함)을 돌려주시게. 이것은 이른바 천리天理에 비추어 볼 때 어디 근거가 있겠는가!'라고 말하고는 만나지 않고 돌아갔다. 왕양명 문하의 높은 제자가 낭서郎署에 벼슬하면서 왕씨의 학문으로 명성이 있었기에 공이 찾아갔다. 그런데 탄기(彈碁: 놀이의 일종)를 할 때 그 사람이 교묘하고 속임수가 많았다. 그래서 물러나서 탄식하기를, '낭관郎官이 속임수가 많고 교묘하였는데 그걸 양지라고 하니 폐단이 끝이 있겠는가!'라고 하였다. 그래서 또한 끝내 사절하고 다시는 가지 않았다. 이에 고릉高陵 여呂선생을 봉상奉常의 저택으로 찾아가서 배웠다.[15]

| 24-22 | 늘 계신공구戒愼恐懼의 상태를 유지하면 심체心體가 저절로 밝아지고, '의도하고 기필하고 고집하고 배타적인' 태도를 갖지 않으

造, 業投刺, 見閽者擲筆抵掌歎, 蓋歆之也. 問焉, 指尺牘曰: "是赫蹏所請, 請書地直累千金者也." 公曰: "亟反吾刺, 是於所謂天理何居乎?" 不見而反. 王門高第弟子, 官郎署, 名王氏學有聲, 公造焉. 於彈碁時, 得其人慧而多機. 退歎曰: "郎多機而慧, 名良知, 弊安所極哉!" 亦竟謝不復往. 於是就高陵呂先生於奉常邸學焉.

| 24-22 | 常存戒愼恐懼, 則心體自明, 勿任意必固我, 則物

---

15 고릉(高陵) 여(呂)선생 … 배웠다: 呂柟은 자가 仲木이고 호가 涇野이며 섬서성 高陵 사람이다. 奉常은 秦나라 때 관명으로, 漢나라 때는 太常으로 불렸고 宗廟를 관장하는 관직이다. 呂柟이 南京太常寺少卿을 맡았기 때문에 이렇게 부른 것이다.

면 물(物: 모든 일들)이 저절로 순탄하게 될 것
이다.

|24-23| '지知'가 무엇인지 물어서 "먼저 자신
을 아는 것이다."라고 대답하였고, '인仁'이 무
엇인지 물어서 "먼저 자신을 사랑하는 것이
다."라고 대답하였으며, '용勇'이 무엇인지 물
어서 "먼저 스스로 굳세게 하는 것이다."라고
대답하였다. '자신을 속이지 않음'을 '치지致知'
로 삼았고, '호색을 좋아하듯이 함'을 '격물格物'
로 삼았으니 더욱 우리들이 밝히지 못한 바이
다. 근본을 세운 것이 깊다.

|24-24| 양명의 이론은 본심의 '앎'을 믿는 것
이 너무 지나치기 때문에 증성(增城: 湛若水)이
그것을 공지空知라고 하였고, 증성은 '잊지 말
라'와 '조장하지 말라'의 사이를 천리天理라고
여겼기 때문에 양명은 그것을 허견虛見이라고
여겼다. 하지만 양명은 치지를 말할 때 '질문
함, 사색함, 변별함, 실행함'을 빠뜨리지 않았
는데 그것만 전적으로 하는 자들이 지나쳐서
드디어 '공지'라고 여기게 된 것이고, 증성은
'잊지 말라'와 '조장하지 말라'라는 공부를 할
때 천리가 저절로 드러난다고 말한 것이니 그
말이 확고하지 않은 적이 없었다. 대개 권형權
衡이 이미 분명한데 세상에 '한번 깨달음'에서
실마리를 찾으려고 하여 '깨달음이 곧 참됨이

宜自順.

|24-23| 問"知", 曰
"先自知". 問"仁",
曰"先自愛". 問"勇",
曰"先自強". 而以無
自欺爲致知, 如惡惡
臭, 如好好色爲格
物, 尤吾黨所未發,
立本深矣.

|24-24| 餘姚之論,
信本心之知已過, 故
增城以爲空知. 增
城以勿忘勿助之間,
卽爲天理, 故余姚以
爲虛見. 然余姚言
致知, 未嘗遺問思辨
行, 專之者過, 遂以
爲空知. 增城言勿
忘勿助時, 天理自
見, 語固未嘗不確
也. 蓋權衡已審, 而
世有求端於一悟, 謂
卽悟皆眞, 有觀察卽

다.'라고 주장하는 이가 있었고 관찰을 하면 곧 밖으로 내닫는 것이라고 간주하는 이가 있었고 원칙을 지키면 곧 인의를 타율적으로 행하는 것이라고 주장하는 이가 있어서, 통렬하게 비판하며 그 폐해가 허탕虛蕩함에 빠져서 가르침을 방해하고 도道를 손상시킨다고 주장하였다.【이상은 「왕치천(王稚川)의 행장(行狀)」】

爲外馳, 有循持卽爲行仁義, 則痛闢之以爲蔽陷虛蕩, 妨敎而病道.【以上『王稚川行狀』】

징군 본청 장황 선생

徵君章本淸先生潢

|24-25| 장황(章潢: 1527-1608)의 자는 본청本淸이고 남창南昌 사람이다. 어려서 총명하여 장본산張本山이 "공자의 아들 공리孔鯉는 『시詩』와 『예禮』의 학문을 전수하였네."라는 구절을 읊자 곧바로 대구를 지어 "『대학』을 지은 증삼曾參은 홀로 명명덕明明德과 신민新民의 종지를 얻었네."라고 하였다. 열세 살에 향인鄕人 중에 빚을 지고 포승에 묶인 사람을 보고서는 측은한 마음이 들어서 바로 빚을 대신 갚아 주었다.

만사묵(萬思默: 萬廷言)과 함께 과거 공부를 하였고 그 뒤에는 같이 학문을 하였다. 어떤 사람이 "선생은 요사이 경전을 담론하는 것이 이전처럼 번잡하지 않습니다."라고 물어보자 선생은 "예전에 책을 읽을 때는 마치 물건으로 거울을 가는 것과 같아서 가는 것이 오래될수록 거울이 밝아졌다. 그런데 지금 책을 읽는 것은 마치 거울로 물건을 비추는 것과 같아서

|24-25| 章潢, 字本淸, 南昌人. 幼而穎悟, 張本山出"趨庭孔鯉曾從『詩』『禮』之傳"句, 卽對"『大學』曾參獨得明新之旨." 十三歲, 見鄕人負債縲絏者惻然, 爲之代償.

與萬思默同業擧, 已而同問學. 有問先生近日談經不似前日之煩者, 先生曰: "昔讀書如以物磨鏡, 磨久而鏡得明; 今讀書如以鏡照物, 鏡明而物自見." 搆

거울이 밝으니 물이 저절로 비춰진다."라고 하였다. 동호東湖에 세당洗堂을 지어 놓고 학생들을 모아 강학하였고 백록동서원白鹿洞書院의 산장으로 초빙되었다.

갑오년(1594)에 여릉(盧陵: 강서성 吉安)에서 회강會講을 하는데 어떤 이가 "학문은 무엇을 종지로 삼습니까?"라고 물어서 "학문은 선善이 무엇인지 밝히고 자신을 성실히 하는 데 있다. 단지 남과 함께 선을 지향해 가는 것이 바로 종지이다."라고 대답하였다. 또 "선은 각각 다 같지가 않은데 어떻게 모두 하나로 귀결시킬 수 있습니까?"라고 물어서 "이어 가는 것이 선善이고 이루는 것이 성性이니, 이것이 지극히 하나로 귀결되는 지점이다. '선이 무엇인지 밝힌다'라는 것은 이것을 밝히는 것이다. 주경主敬·궁리窮理·치양지致良知에 대해서는 말들이 각각 같지 않은데 모두 성선性善의 공부를 밝히려고 제시한 이론들이니 어찌 굳이 하나의 이론을 전적으로 고집한 뒤에야 종지가 될 수 있겠는가?"라고 대답하였다. 또 "벗들을 모을 수 있으면 왜 공부에 힘을 얻을 수 있는가?"라고 물어서 "내 이 몸을 공공연하게 큰 화로 속에 넣고 그 습기習氣를 태우고 그 호승심을 녹이는 것이니 얼마나 대단히 힘을 얻을 수 있는 것인가?"라고 대답하였다.

청원산青原山으로 들어갔을 때 왕당남(王塘南: 王時槐)이 "선종禪宗은 생사를 초탈하려고 하는

洗堂於東湖, 聚徒講學. 聘主白鹿洞書院.

甲午, 盧陵會講, 有問"學以何爲宗?" 曰: "學要明善誠身, 只與人爲善, 便是宗." 又問: "善各不齊, 安能歸併一路?" 曰: "繼善成性, 此是極歸一處, 明善明此也. 如主敬窮理, 致良知, 言各不同, 皆求明性善之功, 豈必專執一說, 然後爲所宗耶?" 又問: "會友如何得力?" 曰: "將我這箇身子, 公共放在大爐冶中, 煅煉其習氣, 銷鎔其勝心, 何等得力?"

入青原山, 王塘南曰: "禪宗欲超生死

데 어떠한가?"라고 물어서, "공자는 아침에 도를 들으면 저녁에 죽어도 좋다고 하였고 주렴계는 시작을 연구하여 마지막을 알았으니[1] 그 대의는 시작과 끝이 모두 없다는 것이며 이것이 곧 유자儒者가 생사를 초탈하는 지점이다."라고 대답하였다. 추남고(鄒南皐: 鄒元標)가 "지금의 학자들이 생사를 초탈하지 못하는 것은 모두 의념에서 의념을 일으켜서 각각 얽매이는 것이 있기 때문이니 어떻게 공자의 '의도함, 기필함, 고집함, 배타성이 없음'과 같을 수 있겠는가?"라고 말해서, "'의도함, 기필함, 고집함, 배타적임은 일반적인 사람들의 공통된 병통이다. '의도함, 기필함, 고집함, 배타성이 없음'은 현자賢者의 실제적인 공부이다. 공자는 이 금지함마저도 전혀 없었다."라고 대답하였다.

어사御史인 오안절吳安節이 상소를 올려 추천하고 소재少宰인 양지암(楊止菴: 楊時喬, 1531-1609)이 상주하여 순천부順天府 유학儒學[2]의 훈도訓導에 제수되었다. 만력 무신년(1608), 나이 여든두 살에 세상을 떠났다. 저서에 『도서편圖書編』 120권이 있다. 선생이 '지수止修'에 대해

何如?" 曰: "孔子朝聞夕死, 周子原始反終, 大意終始皆無, 便是儒者超生死處." 鄒南皐曰: "今之學者, 不能超脫生死, 皆緣念上起念, 各有牽絆, 豈能如孔子之毋意·必·固·我." 曰: "意·必·固·我, 衆人之通患, 毋意·必·固·我, 賢者之實功. 孔子則並此禁止而絶之矣."

御史吳安節疏薦, 少宰楊止菴奏授順天儒學訓導. 萬曆戊申, 年八十二卒. 所著『圖書編』百二十七卷. 先生論止

---

1 주렴계는 … 알았으니: 『太極圖說』, "故曰: '立天之道, 曰陰與陽; 立地之道, 曰柔與剛; 立人之道, 曰仁與義.' 又曰: '原始反終, 故知死生之說.' 大哉易也, 斯其至矣!"
2 순천부(順天府) 유학(儒學): 順天府의 府學이다. 여기서 '儒學'이란 유학을 가르치는 학교라는 의미이다. 元나라 때 이런 이름이 생겨 明나라와 淸나라 때까지 사용되었다.

논한 것은 이견라(李見羅: 李材)와 가까웠고, 귀적歸寂을 논한 것은 섭쌍강(聶雙江: 聶豹)과 가까웠으며 그 가장 정확한 관점은 "기질은 성性이 아니며 기질을 떠나서는 또 성性을 찾을 수 없다."라고 변론한 것이었는데 그것은 우리 선사先師인 유즙산(劉蕺山: 劉宗周)의 말과 부절符節을 합한 듯 일치한다.

장본청 논학 서신

| 24-26 | 상산象山이 "우주는 곧 내 마음이고 내 마음이 곧 우주이다. 사해의 어디든 백세百世의 언제든 성인이 나타나면 이 마음은 모두 같다."라고 하였는데, (이 글을 보고서) 내 마음이 성인과 동일할 수 있고 성인이 되는 공부도 또한 쉽게 행할 수 있다는 사실에 대해 매우 기뻤습니다. 이에 모든 일상의 공부는 오직 '마음이 하고자 하는 바를 따름'에 있다고 여겼습니다. 그 뒤에 '마음을 스승으로 삼음'이 잘못임을 느끼게 되어 비로소 '마음이 하고자 하는 바를 따름'에는 '법도가 그 속에 존재함'을 깨닫게 되었고, 비로소 상산의 이른바 '성인은 같지 않음이 없음'은 단지 마음만을 가리킨 것이 아니고 '리理'도 함께 말한 것이어서 '마음을 다한 성인'을 가리켜 말한 것임을 깨닫게 되었습니다. 지금 저는 참된 마음을 알지 못하니 어찌 감히 옛 성인과 같을 수 있겠습니까. 옛

修則近於李見羅, 論歸寂則近於聶雙江, 而其最諦當者, 無如辨氣質之非性, 離氣質又不可覓性, 則與蕺山先師之言, 若合符節矣.

章本清論學書

| 24-26 | 象山言: "宇宙便是吾心, 吾心便是宇宙, 四海百世有聖人出焉, 此心皆同." 甚喜吾心得同聖人, 而作聖之功, 亦易爲力. 於是擧日用之功, 惟從心所欲. 旣而覺師心之非也, 始悟孔子之從心所欲, 有矩在焉, 始悟象山所謂聖無不同者, 不徒曰心, 而曰理, 指盡心之聖人而言之也. 今吾未識眞心, 何敢遽同於往聖. 往聖

성인은 자상하게 사람들에게 '인심의 위태함'과 '도심의 미묘함', '마음을 보전함'과 '마음을 잃음' 사이의 기틀을 분변하여 이 리가 모두 동일함을 밝힘으로써 스스로 (리를) 다하려고 노력하도록 가르쳤습니다. 하지만 분변하기가 쉽지가 않습니다. 마음의 광대함은 육합을 포괄하지 않는 것이 없어서 호랑이·표범·승냥이·이리도 생의生意가 아닌 것이 없지만 자비심으로 두루 제도하여 비록 머리부터 발끝까지 반드시 하는 것이라 해도 모두 마음의 광대함입니다. 마음의 정미함은 모든 차별을 분석하여 파고들어가지 않음이 없어서 티끌·잡초·기와·조약돌도 오묘한 도가 아닌 것이 없지만 숨어 있고 구석진 것을 탐색하여 비록 정수를 캐어 내고 먼지를 새기며 허공을 분석하는 것이라 해도 모두 마음의 정미함입니다. 마음의 신명神明은 천변만화하여 작용하지 않음이 없어서 종횡과 흡장(翕張: 접고 폄)이 원융한 기틀이 아닌 것이 없지만 세상과 함께 움직여 비록 신통한 묘해妙解나 갑작스러운 유전流轉이라고 해도 모두 마음의 영묘한 변화입니다. 천리와 인욕은 동일한 모습을 보이지만 그 내용은 다르니 타오르는 불과 엉긴 얼음처럼 일정함이 없이 변환變幻합니다. 비록 '어린아이가 부모를 사랑하고 형을 공경하는 것을 보면 사람이 처음 태어났을 때 그 마음은 본래 선하지 않음이 없으며, 길가는 거지도 무례하게 부르

諄諄教人辨危微存亡之機, 求明此理之同然者, 以自盡焉耳, 然而未易辨也. 心之廣大, 舉六合而無所不包, 虎豹豺狼, 莫非生意, 而慈悲普度, 雖摩頂放踵, 在所必爲, 皆心之廣大也. 心之精微, 析萬殊而無所不入, 垢穢瓦礫, 莫非妙道, 而探索隱僻, 雖鉤玄鑢塵, 剖析虛空, 皆心之精微也. 心之神明, 千變萬化, 而無所不用, 縱橫翕張, 莫非圓機, 而與世推移, 雖神通妙解, 倏忽流轉, 皆心之靈變也. 天理人欲, 同行異情, 焦火凝冰, 變幻靡定. 雖曰觀諸孩提之愛敬, 人生之初, 其心本無不善, 觀之行道, 乞人不受呼蹴,

거나 발로 차며 주는 음식을 받지 않는 것을 보면 질곡을 당해 마음을 잃은 뒤에도 본심이 없어지지 않았다.'라고 말하기는 하지만, 이것들은 곧 성현이 여러 방법으로 사람들을 이끌어 주려고 하신 말씀이어서 혹은 본심을 잃기 전의 상태로 가르쳐 주고 혹은 이미 잃어버린 뒤의 상태로 가르쳐 주었다는 사실을 모르고 있습니다. '생각을 할 수 있음'과 '생각을 하지 않음'은 성인과 광자狂者가 나뉘게 되는 본질이니[3] 사람들로 하여금 그 참된 마음을 알고서 스스로 보전하게 하려 한 것이 아님이 없습니다. 그렇지 않다면, 사람은 어린아이가 아니었던 이가 없는데 점점 자라면서 외물에 이끌려 가고 습관에 옮겨 가지 않은 이가 있었습니까? 거지도 무례하게 부르거나 발로 차며 주는 음식은 받지 않지만 영구히 이 마음을 보전하고 잃지 않은 이가 있었습니까? 요사이에 심학心學을 논하는 이들은 어찌하여 경쟁하듯 보통 사람들의 현재하는 마음을 가리켜 곧바로 성인과 동일하다고 하는 것입니까? 공자의 더할 수 없는 깨끗함은 씻고 말려서 가지게 된 경지입니다.[4] 그런데 갑자기 보통 사람들의 씻거나

梏亡之後, 本心未泯, 不知此乃聖賢多方引誘, 或指點於未喪之前, 或指點於旣喪之後, 克念罔念, 聖狂攸分, 無非欲人自識其眞心, 以自存也. 不然, 人莫不爲孩提也, 曾有漸長不爲物引習移者乎? 乞人不受呼蹴, 曾有永保此心而勿喪者乎? 近之論心學者, 如之何競指衆人見在之心, 卽與聖人同也? 孔子之皜皜不可尙者, 以濯之暴之而後有此也, 乃遽以衆人見在之習心未嘗暴濯者, 強同之立躋聖位, 非吾所知也.

3　생각을 … 본질이니:『書經』「多方」, "惟聖, 罔念作狂; 惟狂, 克念作聖."

4　공자의 … 경지입니다:『맹자』「滕文公上」, "昔者, 孔子沒, 三年之外, 門人治任將歸, 入揖於子貢, 相嚮而哭, 皆失聲, 然後歸. 子貢反, 築室於場, 獨居三年, 然後歸. 他日子夏・子張・子游以有若似聖人, 欲以所事孔子事之, 強曾子. 曾子曰: '不可. 江漢以濯之,

358

명유학안 권24, 강우왕문학안 9

말린 적이 없는 현재하는 습심習心을 가지고 억지로 성인의 경지로 끌어올린다면 이는 내가 아는 바가 아닙니다.

| 24-27 | 『서경』에 "위대한 상제가 백성에게 '충衷'을 내렸기에 항구한 본성을 따를 수 있다."라고 하였습니다. 이것은 백성의 항구적 본성은 곧 상제가 내려 준 '충'이라는 것입니다. 맹자가 "형색形色이 천성天性이다."라고 하였는데[5] 이것은 기질이 곧 천성이라는 의미입니다. 공자는 "물物이 있으면 칙則이 있다."라고 하였는데[6] 이것은 형색이 천성이라는 의미입니다. 성은 본디 있음과 없음, 은미함과 드러남, 안과 밖, 정미함과 거침을 하나로 합한 것입니다. 그런데 뒷날의 유자들은 기질지성氣質之性이라는 것이 있다고 말합니다. 무릇 사람은 기질을 떠나서 생겨날 수 없고 성은 기질 이외에 다른 것을 부여받은 것이 아닙니다. "기氣는 곧 성性이고 성은 곧 기여서 혼연히 구별이 없다."고 말하였으니 본디 '기氣의 바깥에 성性이 있고 성의 바깥에 리가 있다'라고 말할 수 없습니다. 그런 식으로 말하면 성과 기를

| 24-27 | 書曰: "惟皇上帝, 降衷於下民, 若有恒性." 是下民之恒性, 卽上帝之降衷, 孟子謂: "形色天性也." 是氣質卽天性也. 孔子言: "有物有則." 卽形色天性之謂. 性固合有無隱顯內外精粗而一之者也, 後儒乃謂有氣質之性. 夫人不能離氣質以有生, 性不能外氣質以別賦也. 謂氣卽性, 性卽氣, 渾然無別, 固不可謂氣之外有性, 性之外有氣, 不

秋陽以暴之, 皜皜乎不可尙已."

5　맹자가 … 하였는데: 『孟子』 「盡心上」, "形色, 天性也. 惟聖人, 然後可以踐形."

6　공자는 … 하였는데: 『孟子』 「告子上」, "詩曰: '天生蒸民, 有物有則. 民之秉彝, 好是懿德.' 孔子曰: '爲此詩者; 其知道乎? 故有物必有則. 民之秉彝也, 故好是懿德.'"

둘로 가르는 것을 면치 못합니다. 천지지성天地之性과 기질지성氣質之性을 나누어서 스스로 그 성을 둘로 쪼갠 것이 어찌 이상하겠습니까? 천지가 만물을 화생化生할 때 유기遊氣가 어지럽게 전개되어 서로 다른 수많은 차이들을 만들어 냅니다. 그래서 사람이 품부받은 것에는 맑거나 흐리거나 두텁거나 얇은 차이가 또한 그로 인해서 생기게 됩니다. 차이가 나는 것은 기질이고, 기질지성이 아닙니다. 기질에는 청탁, 후박厚薄, 강약의 다름이 있지만 성은 한 가지입니다. 확대하여 채울 수 있으면 기질이 구속할 수가 없습니다. 양명이 "기질은 그릇과 같고 성은 물과 같다. 한 항아리의 물을 얻은 이도 있고 한 통의 물을 얻은 이도 있으며 한 단지의 물을 얻은 이도 있는데 이것은 그릇에 의해 국한되는 일면이다. 하지만 물 자체는 그릇의 구속으로 인해 그 아래로 젖어드는 본성을 바꾸지 않는다. 사람의 본성이 어찌 기질의 구속으로 인해서 그 본연의 선을 바꿀 수 있겠는가?"라고 하였습니다. 이 기氣와 질質과 성性은 나누어 말할 수도 있고 겸해서 말할 수도 있습니다. 기질이 천성이라고 해도 괜찮지만 기질지성이라고 말하는 것은 잘못입니다. 사람이 성을 길러서 그 기질을 변화시켜야 한다고 말하는 것은 괜찮지만 기질지성을 변화시켜서 천지·의리의 성을 보존해야 한다고 말하는 것은 잘못입니다.

免裂性與氣而二之, 何怪其分天地之性, 氣質之性, 而自二其性哉! 天地化生, 遊氣紛擾, 參差萬殊, 故人之所稟, 清濁厚薄, 亦因以異是. 不齊者, 氣質也, 非氣質之性也. 氣質有清濁, 厚薄, 強弱之不同, 性則一也, 能擴而充之, 氣質不能拘矣. 陽明子曰: "氣質猶器也, 性猶水也, 有得一缸者, 有得一桶者, 有得一甕者, 局於器也. 水不因器之拘, 而變其潤下之性, 人性豈因氣質之拘而變其本然之善哉!" 是氣也, 質也, 性也, 分言之可也, 兼言之可也. 謂氣質天性可也, 謂氣質之性則非矣. 謂人當養性以變化其氣質可也, 謂變化

氣質之性以存天地
義理之性則非矣.

| 24-28 | "'그침'이라는 말은 '귀적(歸寂: 적연함으로 돌아감)'을 말하는 것입니까?"라고 물어서 "'오, 그윽하다'라고 하는 체體는 운행하여 그침이 없으니 이것은 하늘의 '그침'이고, 심밀한 본성은 반응하여 방소方所가 없는 것은 사람의 '그침'입니다.[7] 적연부동寂然不動하되 감이수통感而遂通하지 않은 적이 없고 감이수통하되 적연부동하지 않은 적이 없습니다. '현저함'과 '심밀함'이 혼륜하고 '깊음'과 '거대함'이 끝이 없기 때문에 『주역』은 '움직임과 정지함이 제시기를 잃지 않음'으로 '그침'의 의미를 밝혔던 것이니 어찌 전적으로 적연부동을 가지고 말할 수 있겠습니까."라고 대답하였다.

"지선至善을 귀속으로 삼는다면 과연 방체方體라고 할 만한 것이 있습니까?"라고 물어서 "사람의 성은 본래 선하여 지극히 움직이되 신묘하고 지극히 감이수통하되 적연부동합니다. 텅 비고 융화하고 넓고 커서 본래 안과 밖, 현저함과 은미함의 간극이 없으니, 한번 방소方所가 있게 되면 지선이 아니고 비록 지선은 천리의 혼융渾融이어서 이름 지을 수가 없지만 성선

| 24-28 | 問: "止之云者, 歸寂之謂乎?" 曰: "於穆之體, 運而不息, 天之止也; 有密之衷, 應而無方, 人之止也. 寂而未嘗不感, 感而未嘗不寂, 顯密渾淪, 淵浩無際, 故『易』以動靜不失其時, 發明止之義也, 何可專以寂言耶?"

曰: "以至善爲歸宿, 果有方體可指歟?" 曰: "人性本善, 至動而神, 至感而寂, 虛融恢廓, 本無外內顯微之間, 而一有方所, 非至善也. 雖至善, 乃天理之渾

---

7 오 … '그침'입니다: 『中庸』, "詩云: '維天之命, 於穆不已.' 蓋曰天之所以爲天也. '於乎不顯, 文王之德之純.' 蓋曰文王之所以爲文也. 純亦不已."

性善은 인륜을 따라서 여러 모습으로 드러나 안배할 필요가 없고 온갖 감응 따라 각각 천칙天則에 합당하여 일진一眞이 응취되고, 취산聚散도 없어 은현隱顯도 없이 저절로 그 그칠 곳에 편안하게 됩니다."라고 대답하였다.

"지知는 하나인데 이미 '그침을 안다'라고 하고 또 '근본을 안다'라고 말한 것은 무엇 때문입니까?"[8]라고 물어서 "지知는 이 몸의 신령神靈이고 몸은 이 신(神: 신령)의 집입니다. 이 양지가 몸속에 구족되어 있으니 몸에 근본을 두고 구하면 뿌리가 흙에 심어진 것과 같아서 자연히 생의生意가 뻗어날 것입니다. 그래서 '그침'이란 곧 '이 몸이 선에 그침'이고 '근본을 둠'이란 '이 선이 몸에 근본을 둠'입니다. '그침'의 바깥에 '근본을 둠'이 없고, '근본을 둠'의 바깥에 '그침'이 없으니 하나로 관통할 뿐입니다."라고 대답하였다.

┃24-29┃ "만물이 모두 나에게 갖추어져 있다."

融, 不可名狀, 而性善隨人倫以散見, 不待安排, 隨其萬感萬應, 各當天則, 一而眞凝然, 無聚散無隱顯, 自爾安所止也."

曰: "知一也, 旣云知止, 又云知本, 何也?" 曰: "知爲此身之神靈, 身爲此神之宅舍, 是良知其足於身中, 惟本諸身以求之, 則根苗著土, 自爾生意條達. 故止卽此身之止於善, 本卽此善之本諸身, 止外無本, 本外無止, 一以貫之耳."

┃24-29┃ "萬物皆備

---

8 지(知)는 … 때문입니까: 『禮記』 「大學」, "大學之道, 在明明德; 在親民; 在止於至善. 知止而后有定, 定而后能靜, 靜而后能安, 安而后能慮, 慮而后能得. 古之欲明明德於天下者, 先治其國; 欲治其國者, 先齊其家; 欲齊其家者, 先脩其身; 欲脩其身者, 先正其心; 欲正其心者, 先誠其意; 欲誠其意者, 先致其知. 物有本末, 事有終始, 知所先後, 則近道矣. 物格而后知至, 知至而后意誠, 意誠而后心正, 心正而后身脩, 身脩而后家齊, 家齊而后國治, 國治而后天下平. 自天子以至於庶人, 壹是皆以脩身爲本. 其本亂, 而末治者, 否矣; 其所厚者薄, 而其所薄者厚, 未之有也. 此謂知本, 此謂知之至也."

라는 말에 대해 지금 담론하는 사람들은 반드시 "만물의 리가 모두 나의 본성에 갖추어져 있다."라고 해석하고, '치지격물致知格物'에 대해 반드시 "내 마음의 앎은 이루고 사물에 있는 이치를 궁구한다."라고 해석합니다. 잘 모르겠습니다만, 성현의 저술에는 어찌하여 이 '리理'라는 글자를 아껴서 한 번도 쓰지 않고 반드시 뒷사람이 추가시킨 뒤에야 그 말의 의미를 밝힐 수 있단 말입니까? 『주역』에서 "건乾은 양에 속하는 것이고 곤坤은 음에 속하는 것이다."라고 말하였고, 『중용』에서 "성誠하지 않으면 물物이 없다."라고 말한 것도 또한 '리理'자를 더한 뒤에야 그 의미가 밝아지겠습니까? '리일분수理一分殊'란 각자 올바름이 있다는 말입니다. 물物의 본말로 말하면, 천하·국·가·신·심·의·지는 물物의 분(分: 개별)이 다르기가 어떠합니까? 일의 종시終始로 말하면, 격·치·성·정·수·제·치·평은 일의 분(分: 개별)이 다르기가 어떠합니까? 하지만 천하·국·가·신·심·의·지를 합하여 하나의 물物에 통합하고 격·치·성·정·수·제·치·평을 합하여 하나의 일에 통합하니, 일 중에서 먼저 해야 할 것은 오직 격물에 있습니다. 일과 물物의 '리理가 하나임'이 또한 어떠합니까? 게다가 『대학』의 도道는 근본을 탐구하고 근원을 궁구하는 것이 오직 격물에 있으니 몸이 물物의 근본입니다. [격물이란 이 몸을 격(格: 바로

於我", 今之談者, 必曰"萬物之理, 皆備我之性." "致知格物", 必曰"致吾心之知, 窮在物之理." 不識聖賢著述, 何爲吝一理字, 必待後人增之, 而後能明其說也? 『易』謂"乾陽物, 坤陰物", 『中庸』"不誠無物", 亦將加一理字而後明乎? 理一分殊, 言各有攸當也. 自物之本末言之, 天下國家身心意知, 物之分殊何如也? 自事之終始言之, 格致誠正修齊治平, 事之分殊何如也? 然合天下國家身心意知, 而統之爲一物, 合格致誠正修齊治平, 統之爲一事, 而事之先惟在格物, 事物之理一爲何如也? 且『大學』之道, 探本窮源, 惟在

잠음)한다는 의미입니다.] "한결같이 모두 수신을 근본으로 삼는다."라고 하였으니 성현의 수훈은 어찌 상세하고 간명하기가 이와 같다는 말입니까? 정말입니다! 물物은 하나일 뿐입니다. 존재하지 않지만 존재하지 않은 적이 없고 존재하지만 존재한 적이 없습니다. 하나의 실체이면서 만 가지로 다르고 만 가지로 나뉘면서 근본은 하나입니다. 그래서 한마디로 천지의 도道를 다할 수 있으니, (『중용』의) "그 물物이 둘로 갈리지 않으면 그 물物을 낳음이 이루 헤아릴 수 없다."라는 말입니다. 『주역』에서 "건乾은 큰 시작을 알고 곤坤은 작용을 통해 물物을 이룬다."라고 하였고, 또 "복復으로써 자신을 안다."라고 하였습니다.[9] 복復은 작아서 물物과 분별됩니다. 합하여 보면 지知는 과연 하나일까요, 아닐까요? 물物은 과연 하나일까요, 아닐까요? 지知과 물物은 하나일까요, 아닐까요? 그 체體가 하나임을 참되게 믿는다면 용用이 자연히 하나가 아닐 수 없다는 것은 변론을 거치지 않고도 자연히 명백합니다.

| 24-30 | 천명天命의 '오, 그윽하여 그침 없음'

格物, 而身爲物本, (格物者, 格此身也.)壹是皆以修身爲本, 聖賢垂訓, 何其詳切簡明, 一至此哉! 諒哉! 物一而已矣. 無而未嘗無, 有而未嘗有, 一實而萬殊, 萬分而一本. 故一言以盡天地之道, 曰 "其爲物不貳, 則其生物不測." 『易』曰: "乾知大始, 坤作成物." 又曰: "復以自知." 復小而辨於物, 合而觀之, 知果一乎? 否也. 物果一乎? 否也. 知之與物一乎? 否也. 眞信其體之一, 則用自不容以不一, 皆不待辨而自明矣.

| 24-30 | 天命之於

---

9   복(復)으로써 … 하였습니다: 『周易』「繫辭上」, "履以和行, 謙以制禮, 復以自知, 恒以一德, 損以遠害, 益以興利, 困以寡以怨, 井以辨義, 巽以行權."

과 인성人性의 '깊음'·'거대함'·'보이지 않음'·'들리지 않음'은 만일 형용하려고 하면 허공을 묘사하려고 하는 것과 같은데 허공이 무든 형상이 있습니까? 허공은 묘사할 수가 없지만 허공은 만물의 있음과 없음인데 비슷하게나마 형용할 수 없겠습니까? 저것이 '태허太虛로 말미암아 천天이라는 이름이 있게 된 것이니' 태허는 곧 천입니다. 우레·바람·비·눈이 또한 하늘이 아닌 것이 없습니다. 우레와 바람이 움직이지 않고 비와 눈이 내리지 않을 때는 적연하고 묘연(杳然: 아득함)하게 하나의 태허일 뿐입니다. 그러다 때가 되어 우레가 진동하고 바람이 불고 비가 적시고 눈이 차갑게 내리면 음양이 각각 그 때에 맞게 펼쳐지는 것이니 텅 빈 듯한 태화太和가 아니겠습니까? 우레·바람·비·눈이 적연함 속에 감춰져 있다는 점에서 태허라고 부릅니다. 태허는 본래 태화의 기氣 속에 포함되어 있으니 본래 이 우레·바람·비·눈이 없다고 말하는 것은 옳지 않습니다. 왜냐고요? 그것들이 존재하게 되었을 때 이 태허로부터 나온 것이지 태허의 밖으로부터 온 것이 아니기 때문입니다. 우레·바람·비·눈이 때에 맞게 움직이는 것을 태화라고 합니다. 태화는 곧 태허 속에 있는 것이니 그 처음에 이 우레·바람·비·눈이 있다고 말하는 것은 안 됩니다. 왜냐고요? 그것이 없을 때 태화가 아닌 적이 없었지만 다만 태화

穆不已也, 人性之淵淵浩浩, 不睹不聞也, 欲從而形容之, 是欲描畫虛空. 而虛空何色象乎? 雖然虛空不可描畫矣. 而虛空萬物之有無, 不可以形容其近似乎? 彼由太虛有天之名, 則太虛卽天也, 雷風雨雪亦莫非天也. 雷風之未動, 雨雪之未零, 寂然杳然一太虛而已矣. 時乎雷之震, 風之噓, 雨之潤, 雪之寒, 陰陽各以其時, 不其沖然太和矣乎? 自雷風雨雪之藏諸寂, 謂之爲太虛也. 太虛本含乎太和之氣, 謂其本無此雷風雨雪, 不可也. 何也? 及其有也, 由太虛而出, 非自太虛之外來也. 自雷風雨雪之動以時, 謂之爲太和

라고 이름을 지을 수 없기 때문입니다. 태허 속에 본래 자연히 태화가 존재하고 있고 태화 밖에 별도로 태허가 존재한 적이 없습니다. 태 허와 태화는 이름은 같지 않지만 천天이 하나 일 뿐이니 태허와 태화도 또한 하나일 뿐입니 다. 희로애락이 인성의 우레·바람·비·눈임 을 알 수 있습니다. '희로애락이 발생하지 않 은 것을 중中이라고 하니' 사람의 태허가 아니 겠습니까? '발생하여 모두 절도에 맞는 것'은 사람의 태화가 아니겠습니까? 태허의 중中은 짐조朕兆를 엿볼 수 없지만 그 무엇도 포함하지 않는 것이 없고 그 무엇도 천天이 아닌 것이 없 습니다. 미발未發의 중中은 텅 비어 있듯이 짐 조가 없지만 어떤 것이든 갖추고 있지 않으며 어떤 것이든 성이 아니겠습니까? 그러므로 미 발은 '없음'이 아니고 단지 '있음'이라고 말할 수 없을 뿐입니다. 비록 자기가 홀로 아는 바 에 말미암지만 묵묵히 인식하면 볼 수 있는 형 체가 없고 들을 수 있는 소리가 없으니 또한 드넓은 태허일 뿐입니다. 그러다가 무엇을 감 지하는 단계가 되었을 때, 기뻐할 일을 만나면 기뻐하고 분노할 일을 만나면 분노하며 슬픈 일을 만나면 슬퍼하고 즐거운 일을 만나면 즐 거워하니, 발하는 것은 비록 나에게 있지만 어 떤 주관도 개입시키지 않습니다. 『예기』에 '슬 픔과 즐거움은 서로가 서로를 낳는다'라고 하 였으니 바로 '눈을 잘 뜨고 보아도 볼 수가 없

也. 太和卽寓於太虛之中, 謂其始有此雷風雨雪, 不可也. 何也? 方其無也, 未嘗不太和, 特不可乙太和名也. 是太虛之中, 本自有太和者在, 而太和之外, 未嘗別有太虛者存. 太虛太和名有不同, 天則一而已矣, 太虛太和亦一而已矣. 可見喜怒哀樂一人性之雷風雨雪也, 喜怒哀樂之未發, 謂之中, 非人之太虛乎? 發皆中節, 非人之太和乎? 太虛之中, 朕兆莫窺, 而無一不包, 無一非天; 未發之中, 沖漠無朕, 而何一不備, 何一非性乎? 故未發非無也, 特不可以有言也. 雖由己之所獨知也, 然默而識之, 無形之可睹, 無聲之可聞,

고, 귀를 기울여 들어도 들을 수가 없는' 것입니다.[10] 그러니 '발함'은 '있음'이 아니고 단지 '없음'이라고 말할 수 없는 것입니다. 그득하게 태화太和일 뿐입니다. 이는 '발함'과 '발하지 않음'이 모두 희로애락의 관점에서 말한 것이니 비록 '미발(未發: 발하지 않음)은 성性의 미발이고, 발함은 성이 발한 것이다'라고 말해서 노한 괜찮습니다. 만약 이것을 버리고 별도로 미발의 체體를 구한다면 그것은 미혹된 것입니다.

亦廓然太虛而已矣. 及一有所感, 遇可喜而喜, 遇可怒而怒, 遇可哀而哀, 遇可樂而樂, 發雖在我, 而一無所與. 『記』曰: "哀樂相生." 正明目而視之, 不可得而見也, 傾耳而聽之, 不可得而聞也. 則是發非有也, 特不可以無言也, 盎然太和而已矣. 是發與未發, 皆自喜怒哀樂言, 雖謂未發卽性之未發, 發卽性之發焉, 亦可也. 若舍而別求未發之體, 則惑矣.

| 24-31 | '성性에 대해 말할 때'의 그 '고故'[11]는 고오(故吾: 이전의 나)·고인故人·고물故物·고

| 24-31 | 言性之故, 如故吾·故人·故

---

10 『예기』에 … 것입니다:『禮記』「孔子閒居」, "志之所至, 詩亦至焉; 詩之所至, 禮亦至焉; 禮之所至, 樂亦至焉; 樂之所至, 哀亦至焉. 哀樂相生, 正明目而視之, 不可得而見也; 傾耳而聽之, 不可得而聞也. 志氣塞乎天地, 此之謂五至."

11 성(性)에 … 고(故):『孟子』「離婁下」, "天下之言性也, 則故而已矣. 故者, 以利爲本. 所惡於智者, 以其鑿也. 如智者若禹之行水也, 則無惡於智矣. 禹之行水也, 行其所無事也. 如智者亦行其所無事, 則智亦大矣. 天之高也, 星辰之遠也, 苟求其故, 千歲之日至, 可坐而致也."

징군 본청 장황 선생

사故事의 용례와 같아서 모두 '이전부터 있었던 것(즉 고유한 것)'을 근거로 말한 것입니다. 인의예지는 밖으로부터 내 몸을 녹이면서 안으로 억지로 들어온 것이 아니고 내가 본디 가지고 있는 것입니다. 그래서 '고故'로 성性을 설명하는 것입니다. 그런데 고故는 '순리대로 행함'을 근본으로 한다는 것은 무슨 의미일까요? 인仁은 성性에 고유한 것이어서 우물로 들어가는 아이를 갑자기 보면 가슴 덜컹하고 부모의 시신이 벌레에 손상되는 것을 정시하지 못하고 이마에 땀이 나는 것이니 측은지심은 곧 고유한 것이 순리대로 발출된 것입니다. 의義는 성에 고유한 것이어서 거지도 무례하게 부르거나 발로 차며 주는 음식을 받지 않고, 처와 첩이 (남편이 남세스러워서) 뜰에서 마주 보고 울게 마련인 것이니[12] 수오지심은 곧 고유한 것이 순리대로 발출된 것입니다. 어린아이가 할 수 있는 일은 배우거나 생각하지 않고도 할 수 있는 것이니 곧 그 성의 고유한 것이어서 그 부모를 사랑하고 그 형을 공경할 줄 모르는 경우가 없으니 곧 그 고유한 것이 순리대로 발출된

物·故事, 皆因其舊所有者言之也. 仁義禮智, 非由外鑠我也, 我固有之也, 是以故言性也. 而故者以利爲本, 何也? 仁乃性之故也, 乍見入井之怵惕, 睨視之頯泚, 而惻隱卽故之利也. 義乃性之故也, 乞人不受呼蹴, 妻妾相泣中庭, 而羞惡卽故之利也. 孩提之能, 不待學慮, 乃其性之故, 莫不知愛敬其親長, 卽其故之利也. 雖牿亡之後, 而夜氣之好惡相近, 亦莫非其故之利也. 惟其故之利, 所以又曰: "乃若其情,

---

12 처와 … 것이니: 『孟子』「離婁下」, "齊人有一妻一妾而處室者, 其良人出, 則必饜酒肉而後反. 其妻問所與飲食者, 則盡富貴也. 其妻告其妾曰: '良人出, 則必饜酒肉而後反; 問其與飲食者, 盡富貴也, 而未嘗有顯者來, 吾將瞷良人之所之也.' 蚤起, 施從良人之所之, 徧國中無與立談者. 卒之東郭墦間, 之祭者, 乞其餘; 不足, 又顧而之他, 此其爲饜足之道. 其妻歸, 告其妾曰: '良人者, 所仰望而終身也. 今若此.' 與其妾訕其良人, 而相泣於中庭. 而良人未之知也, 施施從外來, 驕其妻妾."

것입니다. 오직 그것이 고유한 것의 순리적인
발출이기 때문에 또 "그 정상적인 정情이라면
선善을 행할 수 있다."라고 하였던 것입니다.[13]
정情이 선하면 재才도 선하니, '이전부터 있었
던 것'이 순리적일 수 있는 이유일까요? 이 '순
리대로 행함'이라는 것은 자연히 그렇게 되고
그 사이에 조금도 억지나 작위를 개입시키지
않는다는 뜻입니다. 성을 따라서 움직이면 이
롭고 성에 맞지 않게 억지로 움직이면 이롭지
않고 손상이 생깁니다. 비록 그러하나 '갯버들
가지를 손상시키거나'[14] '물을 쳐서 뛰어오르
게 하는'[15] 것에 대해서는 그것이 본성을 손상
시킨 것임을 쉽게 알 수 있지만, '성이 선함이
없고 선하지 않음이 없음'의 경우는 '고유한 것
의 순리적인 발출'인 듯한 점이 있지 않겠습니
까? (그래서인지) 저들은 '무無'를 종지로 삼아 정
情과 재才, 지知와 능能을 모두 유행·발용으로
간주하여 제거해 버리니 이것은 (본성을) 손상
시킴이 더욱 심합니다. 무릇 '생각하지 않아도

則可以爲善矣." 情
善才亦善, 故之所以
利也歟? 是利之云
者, 自然而然, 不容
一毫矯強作爲於其
間耳. 順性而動則
利, 強性而動則不利
而鑿矣. 雖然, 戕賊
杞柳, 搏激乎水, 其
爲鑿易知也, 至於性
無善無不善, 不有似
於故之利乎? 彼以
無爲宗, 並情才知能
悉以爲流行發用而
掃除之, 是其鑿也更
甚. 夫不慮而知, 非
無知也, 不學而能,
非無能也. 無欲其
所不欲, 如無欲害人

---

13 오직 … 것입니다:『孟子』「告子上」, "乃若其情, 則可以爲善矣, 乃所謂善也. 若夫爲不
善, 非才之罪也?"

14 갯버들가지를 손상시키거나:『孟子』「告子上」, "告子曰: '性猶杞柳也, 義猶桮棬也. 以
人性爲仁義, 猶以杞柳爲桮棬.' 孟子曰: 能順杞柳之性, 而以爲桮棬乎? 將戕賊杞柳, 而
後以爲桮棬也? 如將戕賊杞柳, 而以爲桮棬, 則亦將戕賊人, 以爲仁義與? 率天下之人而禍
仁義者, 必子之言夫."

15 물을 … 하는:『孟子』「告子上」, "人性之善也, 猶水之就下也. 人無有不善, 水無有不下.
今夫水, 搏而躍之, 可使過顙, 激而行之, 可使在山, 是豈水之性哉?"

안다'라는 것은 앎이 없는 것이 아니고, '배우지 않고도 능하다'라는 것은 능함이 없다는 것이 아닙니다. '그 바라지 않아야 할 것을 바라지 않음'이란 '사람을 해칠 생각이 없음' 같은 것이 그것입니다. (도덕적 인격을) 수립하고 싶음'과 '(도덕적 인격을) 발전시키고 싶음' 같은 것까지 없앤다는 것이 옳겠습니까? '그 하지 말아야 할 것을 하지 않음'이란 '도둑질을 하지 않음' 같은 것이 그것입니다. 의로움을 보고도 하지 않는다는 것이 옳겠습니까? '일이 없게 행함'이란 단지 '지교智巧를 사용하여 행함이 없다'라는 말입니다. '반드시 일삼음이 있음'까지도 없애는 것이 옳겠습니까?

| 24-32 | 본체를 바로 가리킨다면 인仁이 곧 마음이고, 공부를 바로 가리킨다면 의義가 곧 길입니다. 한 가지 일이 합당한 것은 곧 이 마음의 운용이고, 한때가 합당한 것은 곧 이 마음의 유행입니다. 그렇다면 일마다 합당한 것은 그것이 곧 마음이 온전히 존재하여 인仁의 '일의 근간이 되어 빠뜨릴 수 없음'이 아니겠습니까? 때마다 합당한 것은 그것이 곧 마음이 온전히 존재하여 인의 '때와 함께 행함'이 아니겠습니까?

| 24-33 | 도道라는 이름은 '함께 걸어가는 길'을 가리킵니다. 남쪽으로 월(粵: 廣東省)까지 가

之類是也. 並欲立
欲達而無之可乎?
無爲其所不爲, 如無
爲穿窬之類是也.
並見義而不爲焉可
乎? 行所無事, 特無
事智巧以作爲之云
耳, 並必有事焉而無
之可乎?

| 24-32 | 指點本體,
仁卽是心. 指點功
夫, 義卽是路. 一事
合宜, 卽此心之運用
也, 一時合宜, 卽此
心之流行也. 然則
事事合宜, 非卽事事
心在而爲仁之體事
不遺乎? 時時合宜,
非卽時時心在而爲
仁之與時偕行乎?

| 24-33 | 道之得名,
謂共由之路也. 南

고 북쪽으로 연(燕: 河北省)까지 갈 때 각각 평탄하고 큰길이 아닌 것이 없는 것이고, 성인이 말한 인의의 길은 모두 실제의 내용입니다. 현능하거나 지혜로운 이는 숙여서 거기로 나아가고 어리석거나 불초한 이는 우러러 거기로 나아갑니다. (일반적인 사람들은) '부모를 사랑하고 어른을 공경하는 일'을 날마다 행하면서도 (그것이 무슨 의미인지) 알지 못하지만, '성性을 다하고 명命에 이르는' 데 있어서 성인이 어찌 이것을 버리고 다른 것을 말미암겠습니까? 이것이 가르침이 서로 가까운 이유이고 도道가 하나인 이유입니다. 노장과 불교는 이미 허무虛無와 적멸寂滅을 심성心性으로 여기고 그로 인해 허무虛無와 적멸寂滅을 오묘한 도道라고 여기고 "일월을 곁에 두고 우주를 끼고서" "팔극八極을 내달리면서도 신기神氣가 변하지 않는다."라고 하고 "햇빛이 밝게 비추어 통하지 않음이 없고" "도량에서 움직이지 않으면서 법계法界에 두루 미친다."라고 하면서 곧장 태허를 활보하고 삼계三界를 곧장 초월하고자 하니, 어떻게 같은 날에 함께 얘기할 수 있겠습니까? 일찍이 천시天時를 살펴보니 만물은 모두 그 두루 포함하고 두루 덮고 있는 것 속에 있었습니다. 하지만 만유萬有는 종류가 다른데 함께 존재하면서 서로 해치지 않고, 사시는 다른 시절인데 함께 운행하면서 서로 어긋나지 않으니 누가 이것을 주재하는 것입니까? 『주역』에서 "건乾

之粵, 北之燕, 莫不各有蕩平坦夷之途, 而聖人仁義之途, 皆實地也. 在賢智者, 可俯而就, 在愚不肖者, 可企而及. 愛親敬長, 日用不知, 而盡性至命, 聖人豈能舍此而他由哉! 此教之所以近, 道之所以一也. 若二氏旣以虛寂認心性, 因以虛寂爲妙道, 曰"旁日月, 挾宇宙", "揮斥八極, 神氣不變", 曰"日光明照, 無所不通", "不動道場, 周遍法界", 直欲縱步太虛, 頓超三界, 如之何可同日語也? 嘗觀諸天時, 物皆在其包涵遍覆中也. 然萬有異類矣, 並育不相害, 四時異候矣, 並行不相悖, 孰主張是? 『易』曰: "乾知大始", "乾以

은 큰 시작을 안다."라고 하였고 "건乾은 쉬움으로 안다"라고 하였으니 하늘만 한 '앎'이 없는 것이 마땅합니다. 하지만 하늘의 명은 '오, 그윽하고', 하늘의 일은 소리도 냄새도 없습니다. 하늘의 앎은 끝내 엿볼 수가 없으니 사람이 홀로 하늘과 다르겠습니까? 그러므로 앎은 하나입니다. 귀에서는 귀밝음이고 눈에서는 눈밝음이며 마음에서는 사유함이고 예지睿智입니다.

소리가 귀에 접하지 않았을 때 귀밝음과 소리는 모두 '적연'의 상태에 있지만 오성五聲을 듣는 것은 귀밝음입니다. 비록 그 청력을 이미 다하면 그 소리에 따라 모두 듣는 것이 흐려지지 않아서 마치 귀밝음이 정해진 자리가 있는 듯이 보이기는 하지만, 그런 이유로 돌이켜서 귀밝음 그 자체를 들어 보려고 하면 필경 귀에 잡히는 것이 없을 것입니다. 그런데 스스로 그것을 귀밝음이라고 여기고 붙잡고서 천하의 소리를 분변하고자 한다면 먼저 자신이 스스로 그 귀밝음을 막아 버리는 것이니 어찌 사총(四聰: 사방을 볼 수 있는 귀밝음)에 도달할 수 있겠습니까?

색이 눈에 접하지 않았을 때 눈밝음과 색은 모두 '민연(泯然: 혼합되어 있음)'의 상태에 있지만 오색을 보는 것은 눈밝음입니다. 비록 그 시력을 이미 다하여 그 모습에 따라 모든 보는 것이 어지럽게 되지 않으면 마치 눈밝음이 정

易知". 宜乎有知莫天若也. 然天命本於穆也, 天載無聲臭也, 天之知終莫之窺焉, 人獨異於天乎? 故知一也, 在耳爲聰, 在目爲明, 在心爲思, 爲睿智也.

聲未接於耳, 聰與聲俱寂也, 然聽五聲者聰也. 雖旣竭耳力, 隨其音響, 悉聽容之不淆焉, 似乎聰之有定在矣, 卽此以反聽之聰, 則畢竟無可執也. 苟自以爲聰, 執之以辨天下之聲, 則先已自塞其聰, 何以達四聰乎?

色未交於目, 明與色俱泯也, 然見五色者明也. 雖旣竭目力, 隨其形貌, 悉詳睹之不紊焉, 似乎明

해진 방소方所가 있는 것처럼 보이기는 하지만, 그런 이유로 돌이켜서 눈밝음 자체를 보려고 하면 필경 눈에 그려지는 것이 없을 것입니다. 그런데 스스로 그것을 눈밝음이라고 여기고 그것을 잡고 천하의 색을 살피려고 한다면 그것은 먼저 자신이 스스로 그 귀밝음을 가려 버리는 것이니 어찌 사목(四目, 사방을 관찰할 수 있는 눈)을 밝힐 수 있겠습니까.

사려가 싹트지 않았을 때 예지睿智는 사물과 함께 모두 수렴되어 있습니다. 신통하고 만변하는 것은 사려의 예지입니다. 비록 마음의 사려를 다하고 그 사물에 따라 대응하여 기미에 완전히 들어가게 되어서 마치 예지가 정해진 것이 있는 듯이 보이기는 하지만, 그런 이유로 스스로 돌이켜 구하면 예지는 필경 엿볼 수 있는 것이 없을 것입니다. 그런데 스스로 그것을 예지라고 여기고 그것을 잡고 천하의 변화에다 대응하려고 한다면 그것은 먼저 자신이 스스로 그 사려를 막아 버리는 것이니 어떻게 '사려함이 없지만 통하지 않음이 없는' 경지에 이를 수 있겠습니까?

| 24-34 | 천지만물의 리理는 모두 나의 마음에 갖추어져 있습니다. 사람이 사람일 수 있는 자격은 또한 학문을 하여 이 마음을 간직하는 데 있을 뿐입니다. 마음이란 적연부동寂然不動하면서도 감이수통感而遂通한 것입니다. 감이수통하

之有定方矣. 卽此以反觀之明, 則畢竟無可象也. 苟自以爲明, 執之以察天下之色, 則先已自蔽其明, 何以明四目乎?

思慮未萌, 睿智與事物而俱斂矣, 然神通萬變者思之睿也. 雖竭心思, 隨其事物以酬酢之而盡入幾微, 似乎睿智有所定矣. 卽此以自反焉, 睿則畢竟無可窺也. 若自以爲睿, 執之以盡天下之變, 則先已自窒其思, 何以無思無不通乎?

| 24-34 | 天地萬物之理, 皆具此心, 人之所以爲人, 亦爲學存此心而已. 心寂而感者也, 感有萬端

는 데는 만 가지가 있지만 적연부동은 하나로 확정되어 있습니다. 이는 마음이 마음일 수 있는 본질이 또한 적연부동함뿐인 이유입니다.

학잠 4조

| 24-35 | 하나, 『대학』의 '명명덕明明德', '친민親民', '지어지선止於至善'과 『중용』의 '경륜經綸', '근본을 세움', '화육化育을 앎'은 이것이 성인의 전체 학문이니 그래야 학문에 귀숙歸宿이 있게 된다.

| 24-36 | 하나, 순舜임금의 "인심은 위태하고 도심은 미묘하니 정밀히 하고 한결같이 하라."라는 말씀과 공자의 "잡으면 존재하고 놓으면 없어진다."라는 말씀은 이것이 심학心學의 올바른 전승이니 그래야 학문에 입문처가 있게 된다.

| 24-37 | 하나, 안연顔淵의 "그만두려고 해도 그럴 수 없다."라는 말과 증자曾子의 "죽은 뒤에야 그친다."라는 말은 이것이 학문을 하는 참된 기틀이니 그래야 중도에 그만두지 않을 수 있게 된다.

| 24-38 | 하나, 정명도程明道는 매번 인륜의 도리에 있어 얼마나 본분을 다하지 못한 것이 있

而寂貞於一, 是心之所以爲心, 又惟寂而已.

學箴四條

| 24-35 | 一曰『大學』明德親民, 止至善; 『中庸』經綸立本, 知化育. 此是聖人全學, 庶幾學有歸宿.

| 24-36 | 一曰虞廷危微精一, 孔子操存舍亡. 此是心學正傳, 庶幾學有入路.

| 24-37 | 一曰顔子欲罷不能, 曾子死而後已. 此是爲學眞機. 庶幾不廢半塗.

| 24-38 | 一曰明道每思彝倫間有多少

는지 생각하였고 육상산은 인정(人情: 사람의 온
갖 마음)과 물리(物理: 세상의 이치)의 여러 변화
들 속에서 공부를 하였는데 이것이 학문을 하
는 실제 내용이니 그래야 이단에 미혹되지 않
을 수 있다.

不盡分處, 象山在人
情物理事變上用功
夫.　此是爲學實地,
庶幾不惑異端.

첨사 모강 풍응경 선생

僉事馮慕岡先生應京

|24-39| 풍응경馮應京은 자가 대가大可이고 호는 모강慕岡이며 우이盱眙[1] 사람이다. 만력萬曆 임진년(1592)에 과거에 급제하여 호부주사戶部主事에 제수되었고 병부兵部로 옮겼다. 세감稅監인 진봉陳奉[2]이 호북성 지역에서 악행을 저지르고 있을 때 조정은 지방에 격변이 생길 것을 두려워하여 선생을 첨사僉事로 옮겨서 무한武昌·한구漢口·황피黃陂 등 세 군을 진무鎭撫하게 하였다. 선생은 부임하자마자 학궁學宮에서 읍령邑令들을 단속하며 말하기를, "읍邑에 본디 광석礦石이 없는데 매 읍에 해마다 금 4천여 민緡을 바치라고 하니 어찌 (금이) 하늘에서 떨어지고 땅에서 솟겠는가. 나는 삼척(三尺: 법률)에

|24-39| 馮應京, 字大可, 號慕岡, 盱眙人也. 萬曆壬辰進士. 授戶部主事, 改兵部. 稅監陳奉播惡楚中, 朝議恐地方激變, 移先生僉事鎭武·漢·黃三郡. 先生下車, 約束邑令於學宮曰: "邑故無礦, 而每邑歲輸金四千餘緡, 豈天降地出乎? 吾以三尺從事

1 　우이(盱眙): 盱眙縣은 江蘇省 淮安시에 있는 지역이다.
2 　진봉(陳奉): 환관으로서 萬曆 27년(1599)에 稅使로 임명되었고, 荊州에서 묘를 파헤치고 부녀자를 능욕하는 등 갖은 악행을 저질렀다.

따라서 처리할 것이다."라고 하였다. 이에 읍령邑令들이 광석이 없다고 세감稅監에게 보고하였다. 그러자 세감이 비록 노하기는 했지만 곤란하게 만들지는 못하고 곧바로 운양鄖陽·양양襄陽으로 달려감으로써 선생을 피하였다. 신축년(1601) 맹춘에 삼사三司가 세감들에게 잔치를 베풀어 주었는데 진봉의 병사가 대포를 들고 선생에게 분노를 풀려고 하였다. 백성이 모여서 시위를 벌이자 진봉의 무리가 그 모인 사람을 체포하고 백여 명을 살상하였다. 선생이 이 일로 상소문을 올려 진봉의 불법 행위 아홉 가지 큰 죄를 보고하였는데 진봉도 상소문을 올려 국세 징수를 방해했다면서 여러 나쁜 말로 공격하였다. 그러자 조서詔書를 내려 선생을 체포하여 진무사鎭撫司의 옥獄에 내려보내게 하였다. 삼초(三楚: 湖北省) 지역 백성이 대궐로 달려가서 억울하다고 호소하여 곡성이 땅을 진동하였지만 성상은 굽어 살피지 않았다. 선생은 감옥에 4년 동안 갇혀 있으면서 동료인 사리司李 하동여(何棟如: 1572-1637)·화각華珏과 함께 강학을 그치지 않았다. 갑진년(1620)에 비로소 풀려나서 집에서 세상을 떠났다. 선생은 추남고(鄒南皐: 鄒元標)를 스승으로 모셨고, 그의 『구유서초拘幽書草』는 모두 우환을 만난 시기에 자신의 득력得力이 어떠하였는지 설명한 내용이다. 하동여는 자가 자극子極이고 호가 천옥天玉이며 벼슬이 태복시 경에 이르렀다.

矣." 於是邑令以無礦移稅監, 稅監雖怒而無以難也, 卽走鄖·襄以避先生. 辛丑孟春, 三司宴稅監, 陳奉兵擧炮, 思泄怒於先生. 百姓聚而噪之, 奉黨鈞其聚者, 殺傷百餘人. 先生因疏奉不法九大罪, 奉亦疏阻撓國課, 惡語相加, 詔遂逮先生下鎭撫司獄. 三楚之民, 叩闕鳴冤, 哭聲震地, 上不爲省. 先生在獄四年, 與同事司李何棟如, 華珏講學不輟. 甲辰始出, 卒於家. 先生師事鄒南皐, 其拘幽書草, 皆從憂患之際, 言其得力. 棟如字子極, 號天玉, 官至太仆寺卿, 亦講學於廣陵, 則先生之傳也.

또한 광릉에서 강학하였으니 선생을 전승한
것이다.

인명 · 개념어 · 서명/편명 색인

인명 색인

가干賈逵 81, 223

간艮 193

강동면공康東沔公 185

강빈江彬 211, 323

강태공姜太公 235

건강乾江 193

경耿선생 117

경암공敬菴公 335

경천대耿天臺 109

계공桂公 324

계문양桂文襄 212

고공高公 349

고반룡高攀龍 17

고자告子 61, 118, 297

고정考亭 336

고종高宗 302

고충헌高忠憲 17

공곽公廓 276

공리孔鯉 353

공맹 290, 301

공문거孔文舉 182

공수묵龔修默 42, 47

공융孔融 182

공자 30, 41, 44, 46, 89, 112, 124, 130,
131, 133, 135, 153, 162, 173, 175, 195,
197~199, 201, 202, 215~217, 239,
244~246, 269, 280, 283, 293, 296~298,
300, 314, 319, 322, 325, 347, 353, 355,
358, 374

곽묵지郭墨池 26, 32

곽원진郭元振 182

곽윤후郭允厚 234

곽이제郭以濟 22, 35

곽존보郭存甫 49

곽진郭震 182

곽홍치郭興治 232, 235

광호匡湖 276

교校 187

구극경歐克敬 34

구란仇鸞 289

구양남야歐陽南野 183

구양덕歐陽德 157

구양명경歐陽明卿 249

구양문장歐陽文莊 157

구양문조歐陽文朝 182, 183, 185, 191

구양왈색歐陽曰穡 193, 194

구여지丘汝止 115

구인求仁 185

기자箕子 199

기질 359

나근계羅近溪 114, 327

나대굉羅大紘 276

나동지羅東之 191

개념어 색인

수修 315

수신修身 129, 172, 215, 267, 299, 300, 315, 364

수양 70

수오지심 112, 170, 247, 368

수증修證 61

습기習氣 23, 81, 140, 184, 354

습심習心 120, 145, 359

시비지심 77, 170, 235, 236, 247

식識 66, 252

식신識神 45, 252

식정識情 274

신愼 80, 178

신神 59, 66, 70, 79, 109, 110, 151, 178, 251, 331, 332, 340, 346, 362, 363

신身 38, 315, 330

신기神氣 148

신동愼動 306

신독愼獨 27, 38, 48, 49, 219, 252, 255, 268, 300, 319, 320

신령神靈 362

신명神明 122, 293, 296, 342, 348, 357

신민新民 353

신식神識 237

신심身心 196, 269, 280, 349

신화神化 179, 348

실實 158, 338

실리實理 163

실마리[端] 87

실천 349

실학實學 46, 70

실행實行 45

심心 38, 47, 57, 92, 93, 115, 149, 163, 166, 167, 176, 248, 251, 265, 272, 277, 278, 293, 298, 315~317, 330, 337, 338, 363

심각心覺 180

심법心法 165, 298

심성心性 269, 371

심신 14

심원心源 150

심종心宗 328, 329

심체心體 23, 44, 47, 48, 51, 53, 64, 111, 112, 121, 143, 149, 188, 237, 301, 310, 329, 350

심학心學 213, 218, 358, 374

안安 215, 309

앎[知] 96, 130, 158, 245, 253, 255, 303, 308, 309, 349, 351

앎의 체 131

야기夜氣 307

약約 45

약례約禮 45, 174, 200, 203, 221

양능良能 304~306

양정養靜 213, 300

양지良知 39, 41, 56, 58, 77, 96, 128, 166, 172, 184, 186, 199, 209, 212, 213, 224, 252, 263, 290, 304~307, 310, 311, 322, 349, 350

역易 74, 100

역전易傳 196

연기硏幾 14, 63, 75, 151, 332

염념 47, 54, 55, 57, 66, 115, 117

영령靈 304

영각靈覺 171, 298, 304

서명/편명 색인

저자

황종희(黃宗羲, 1610-1695)

중국 명말청초(明末淸初)의 학자이다. 자는 태충(太沖), 호는 남뢰(南雷) 또는 이주(梨洲)이며, 절강성(浙江省) 여요(餘姚) 사람으로 동림파(東林派) 관료였던 황존소(黃尊素)의 아들이다.

청년 시절 동림의 후예이자 목사(復社)의 닝사토서 횔약하며 정치 운동에도 참가하였고, 청(淸)나라 군대가 남하하자 의용군을 조직하여 저항하였다. 명조(明朝) 회복의 희망이 사라진 뒤에는 학문과 저술에 전념하며 청조(淸朝)의 부름을 거절하고 명(明)의 유로(遺老)로서 일생을 마쳤다.

스승인 유종주(劉宗周)를 통해 양명학(陽明學)의 온건한 측면을 계승하고 관념적인 심학(心學)의 횡류(橫流)를 비판하였으며, 경세(經世)를 위한 경학(經學)과 사학(史學)을 제창하여 청대 고증학의 형성에 기여하였다. 저술로는 『명이대방록(明夷待訪錄)』, 『명유학안(明儒學案)』, 『역학상수론(易學象數論)』 등 다수가 있다.

역주자

전병욱(田炳郁)

고려대학교 한문학과를 졸업하고 같은 대학교 철학과에서 석사와 박사학위를 받았다. 현재 중국 난창(南昌)대학교 교수로 재직하고 있으며, 중국과 한국의 성리학에 관심을 갖고 연구를 진행하고 있다. 논문으로 「주자 수양론에서 성의 공부의 의미」(2022), 「『입학도설』의 심성론에 대한 철학적 재해석」(2020), 「장횡거 철학에서 심통성정의 의미」(2020), 「퇴계 철학에서 '리도'의 문제」(2012) 등이 있다. 저서로는 『시대 속의 맹자, 주제 속의 맹자』(공저, 2021), 『밀암 이재 문파 연구』(공저, 2020), 『성학십도 역주와 해설』(공저, 2009) 등이 있고, 번역서로는 『사서장도은괄총요』 상중하(2019), 『양명철학(원제: 유무지경)』(2003) 등이 있다.

명유학안 역주

An Annotated Translation of
"Records of the Ming Scholars"